※ 南京长江第四大桥是国务院批准的南京市城市总体规划中“五桥一隧”过江通道之一；是南京绕越高速公路的过江通道和重要组成部分。它是南京市建设的第一座大型悬索桥，也是国内目前跨径最大的三跨悬索桥，在同类桥型中居世界第三。

※ 项目起始于宁通高速公路横梁互通，在龙袍以西，经石埠桥（距南京二桥下游 10km 处）跨越长江，止于江宁区麒麟镇麒麟互通，接沪宁高速公路和绕越高速公路东南段。

※ 全长约 28.996km，其中：跨江大桥长约 5.437km，主跨 1418m，塔顶设计高程 +230.6m，主通航孔净高 50m，通航净宽为孔双向通航净宽 890m；北接线长 13.083km，路基为主，设横梁、龙袍 2 处互通立交，滁河特大桥一座；南接线长 10.465km，全线高架为主，设栖霞、麒麟 2 处互通立交。双向六车道高速公路标准设计。

※ 项目总投资为 68.57 亿元。批准建设工期 5 年。

中交二航局

NANJING CHANGJIANG DISIDAQIAO JIANSHE

南京长江第四大桥建设
安全生产管理与实践

ANQUAN SHENGCHAN GUANLI YU SHIJIAN

专项方案篇

• 南京重大路桥建设指挥部 主编

人民交通出版社
China Communications Press

图书在版编目(CIP)数据

南京长江第四大桥建设安全生产管理与实践. 专项方案篇 / 南京重大路桥建设指挥部主编 . — 北京 : 人民交通出版社,2012.11

ISBN 978-7-114-10213-4

Ⅰ.①南… Ⅱ.①南… Ⅲ.①公路桥—桥梁工程—安全管理—南京市 Ⅳ. ①U448.14

中国版本图书馆 CIP 数据核字(2012)第 276560 号

书　　名:南京长江第四大桥建设安全生产管理与实践——专项方案篇
著 作 者:南京重大路桥建设指挥部
责任编辑:张征宇　赵瑞琴
出版发行:人民交通出版社
地　　址:(100011)北京市朝阳区安定门外外馆斜街 3 号
网　　址:http://www.ccpress.com.cn
销售电话:(010)59757973
总 经 销:人民交通出版社发行部
经　　销:各地新华书店
印　　刷:北京市密东印刷有限公司
开　　本:787×1092　1/16
印　　张:20.25
字　　数:502 千
插　　页:2
版　　次:2012 年 12 月　第 1 版
印　　次:2012 年 12 月　第 1 次印刷
书　　号:ISBN 978-7-114-10213-4
定　　价:68.00 元

《南京长江第四大桥建设安全生产管理与实践》

参加编写的单位

南京重大路桥建设指挥部

理工大学工程兵工程学院南京工程建设监理部

中铁武汉大桥工程咨询监理有限公司

南京交通建设项目管理公司

中交第二航务工程局有限公司

中铁大桥局集团第四工程有限公司

江苏省交通工程集团有限公司

中交二公局第三工程有限公司

山东省路桥集团有限公司

中铁宝桥(扬州)有限公司

《南京长江第四大桥建设安全生产管理与实践》

编审委员会

主任委员：陆　冰　娄学全　陈　雷　武焕陵

副主任委员：彭更生　卜红旗　章登精　王承江

编审委员会委员：（按姓氏笔画排序）

马欣生　王隽超　王　超　方龙芝　冯　斌
严永强　杜亚江　沈　伟　沈　斌　张庆玉
张　进　郁　犁　罗明秋　金志强　郑　峰
郑　敏　胡文续　钟　瑶　费国新　钱飞飞
郭志明　黄淞文　戚兆臣　葛宝翔　曾才民
潘晓琼　濮　卫

编写组

主　编：武焕陵

副主编：郁　犁　郑　峰

编写人员：（按姓氏笔画排序）

马海彬　王尹园　田　欣　刘　敏　刘卫军　刘亚文
江克斌　阮嘉鹏　吴小兵　吴永利　宋建旭　张　进
张龙成　张庆玉　李宝健　李贵宗　杨　琳　杨奉举
狄　鹏　陆　威　陈　君　陈一飞　陈　旭　季袁民
罗明秋　姚　军　查荷生　柳东继　贺湘华　赵国明
徐　亮　黄亮华　游庆华　葛宝翔　韩　冰　穆金禄
魏　星

Qianyan 前言

南京长江第四大桥(以下简称“南京四桥”)是国务院批准的南京市城市总体规划中“五桥一隧”过江通道之一。主桥为主跨 1418m 双塔三跨悬索桥,全长 28.996km。在同类型桥梁中国内第一,世界第三。南京四桥主桥结构新颖,建设项目规模大,施工环境复杂,时间节点紧,技术难度大,质量要求高,安全风险大,给南京四桥的安全生产管理工作提出了更高的要求。南京四桥全体参建者,在交通运输部、江苏省交通运输厅的大力指导下,进行了大量细致的周密部署和艰苦的施工安全管理工作,努力在组织、人员、制度、措施和资源等方面下工夫,始终坚持质量与安全双轨驱动,创新安全管理思路和模式,从意识上防范安全隐患,从行为上规范安全管理,从技术上保证安全施工,从过程上控制安全事故,牢牢把握住了安全工作的主动权,各单位取得了一系列卓有成效的“平安工地”建设成果,2010 年南京四桥全线 4 个标段获得部级“平安工地”示范单位,占全省总量的 50%;2011 年又有 11 个标段获得省级“平安工地”示范单位,南京四桥建设项目获得部级“平安工程”示范单位,实现了安全生产零责任事故工作的目标。

通过南京四桥安全生产管理的实践,为更好地总结安全生产管理工作经验,南京四桥指挥部组织了参建的监理单位和施工单位编写了《南京长江第四大桥安全生产管理与实践》系列丛书,系统阐述南京四桥安全生产法制化、规范化、制度化的建设,特大型桥梁施工的安全控制技术,以及安全生产管理过程中的体会和主要做法。该系列丛书分为安全生产管理篇、施工安全技术篇和施工安全专项方案篇三册。

本册为《南京长江第四大桥建设安全生产管理与实践》专项方案篇。编入了南京四桥主桥主要的危险性较大的分部分项工程安全施工专项方案以及南北接线工程的部分施工安全专项方案。

本册由武焕陵担任主编,郁犁、郑峰担任副主编并统稿。编写分工及参加编写的人员如下:查荷生、杨琳、王尹园、杨奉举、李宝健、姚军、郁犁、张庆玉、葛宝翔、罗明秋、张进编写第一章至第十章;郑峰、陈君、赵国明、游庆华、韩冰、李贵宗、高海云、刘卫军、陈一飞、刘亚文、江克斌、安博、魏星编写第十一章至第十五章。

本书以现行标准和规范为依据，通过南京四桥安全生产管理工作的实践，系统地总结了南京四桥安全生产管理工作经验与体会，具有较强的实践性和操作性，可供公路工程施工建设单位、监理单位、施工企业现场安全管理人员使用，或作为现场安全人员、作业人员的培训、教育用书，也可作为大专院校教学参考用书。

由于编著者水平和成书时间限制，书中一定存在很多不足和缺点，敬请各单位在使用过程中提出宝贵意见。

编　者

2012年10月

Mulu

目录

第一章 南塔基础安全专项施工方案

第一节 工 程 概 况

一、概　　况

南京长江第四大桥为双塔三跨悬索桥，其中主桥南塔基础采用 48 根 D3.2～D2.8m 变直径钻孔灌注桩基础，梅花式布置，按端承桩设计，桩底高程－60.0m，桩顶高程－3.3m，桩长56.7m。桩尖持力层为微风化砂砾岩。钻孔桩采用 C35 混凝土，单根桩混凝土最大方量为 $500m^3$。主筋为 HRB335 的 ϕ32mm 钢筋，主筋间采取滚扎直螺纹连接，单根桩钢筋笼重37.06t。

钻孔桩采取搭建水上钢平台进行钻孔的方式进行施工，钢平台由 48 根钢护筒连接组成，钢护筒参与结构受力，钢护筒材质为 Q345C，其内径为 3.5m，壁厚 24mm，钢护筒底高程为－44.0m。

1. 气象、水文与地质条件

(1)气象条件

桥位区属北亚热带向中亚热带过渡气候带，具有过渡性、季风性、湿润性的特点，主导风向以偏东向为主，春夏季主导风向为东—东南风，秋冬季主导风向为东—东北风。

南京地区每年受台风影响期为 5 月下旬到 11 月下旬，集中期 7～9 月，占 86.2%，6 月前后为一年一度的梅雨季节，平均年雨量 1015.3mm，6～8 月雨量占年降水量 45%。

南京地区光照充足，平均年日照 2155h，年平均气温 15.5℃，极端最高气温 43.0℃，极端最低气温－14.0℃。

南京地区主要灾害性天气有大风、连阴雨、冰雹、干旱、台风、寒潮、冰冻、浓雾和暴雪、高温、暴雨、飓风等。其中寒潮以 11 月出现的概率最大，3 月次之；冰雹以 3～5 月出现概率最高；雾 11～1 月最多，7～9 月最少；炎热高温以 7 月中旬至 8 月下旬出现最多。

(2)水文条件

南京河段位于长江下游，上起七坝与上游新济洲河段衔接，下迄三江口进入镇扬河段的仪征水道，主河道全长65km，水流方向在八卦洲以上呈东北向，以下呈东南向。桥位处江面宽2000m左右，水下地形呈不对称“V”形，边坡南陡北缓，深泓偏南岸，最大水深约27m。

南京四桥桥位处长江水位受长江径流与潮汐复合影响，水位每日涨、落两次。11月份时，高潮位时水位高程多为2.6～3.0m，低潮位时为1.4～1.8m，潮差一般1.0～1.2m，为非正规半日潮。涨潮历时3个多小时，落潮历时8个多小时。

(3)地形地貌

南京长江第四大桥南塔墩位于长江南侧深水域，地层江域受长江冲刷作用较大，长江在该位置以冲刷为主，上部地面起伏较小，地面高程－15.82～－17.96m，下伏基岩面也较平缓，基岩顶面高程－42.22～－43.45m，与地面较为一致，覆盖层厚24.10～26.90m。

(4)地质条件

该段①$_1$层位全新统淤泥质亚黏土，局部亚砂土，流塑状，工程地质条件极差；①$_2$层全新统松散～中密状粉细砂为可液化土层，工程地质条件极差；②$_1$层稍密～中密状粉砂、细砂为可液化土层，工程地质条件差；②$_2$层中密～密实状粉细砂，局部为可液化土层，厚度大，层位稳定，工程地质条件一般；②$_2$层亚黏土，软塑～流塑，为软弱土层，工程地质条件差；④$_2$层粉细砂，分布稳定，呈密实状，工程地质条件良好。但该土层较薄，其上覆土层侧摩阻力不大，所能提供的单桩承载力有限，不能满足荷载设计要求。下伏基岩地层为白垩系葛村组砂岩、砂砾岩和泥岩，基岩面较平缓，分布稳定，岩石强度高，无明显断裂形成破碎带，裂隙不甚发育，工程地质良好，为较理想的桩基持力层，见表1-1-1。

南塔桩基具体地质构造 表1-1-1

土　　层	层底高程(m)	土层厚度(m)	层底深度(m)
游泥质亚黏土	－19.12	2.00	2.00
粉砂	－39.12	20.00	22.00
细砂	－43.22	4.10	26.10
弱风化砂岩	－48.92	5.70	31.80
微风化砂岩	－59.92	11.00	42.80
微风化砂砾岩	－65.12	5.20	48.00
微风化砂岩	－69.62	4.50	52.50

2. 前期准备

南塔基础位于主航道南侧河床变坡上，泥面高程为－15.0～－17.0m，根据水文地质资料及大型水上桥梁基础施工经验，南塔基础施工拟采用以钢护筒为主要承重结构，钢管桩受力为辅的高桩平台方案。

另由于南塔平台与南岸材料码头间的净距仅为120m，如材料码头和南塔平台旁边均有2艘左右的施工船舶停靠的话，中间净距仅60～70m，如再考虑船舶进出及移位，中间空间更小，非施工船舶根本无法通行，即使通行，也存在极大的风险。因此，经与海事与航道部门协商，将南主墩平台与南岸码头间的水域设置为禁航区，禁止非施工船舶通行，同时，为减少后续混凝土浇注施工时砂石料运输船对主航道的影响，将材料码头与平台间采用钢栈桥连通，将混凝土搅拌站设置在陆上，采用运输车运输至施工现场，再采用拖泵泵送至各施工点。

3. 施工用电

钻孔钢平台搭设阶段，由于用电量较小，生产用电采用1台400kW的发电机组，待起始平台搭设完毕，并且导向架移出起始平台后，将业主提供的、供电容量为2×630kVA的变压器安放在南塔平台下游，之后的生产用电主要由此变压器来提供。而前期施工的400kW的发电机组作为高压停电的备用电源，确保施工连续进行。

二、编 制 依 据

(1)《江苏省南京长江第四大桥A1标段招标文件》

(2)《南京长江第四大桥主桥南北主塔基础及过渡墩墩身及基础施工图》(2008年8月)

(3)《公路桥涵施工技术规范》(JTG/T F50—2011)

(4)《建设工程安全生产管理条例》(国务院393号令)

(5)《中华人民共和国水上水下活动通航安全管理规定》(2011年5号令)

(6)《建筑施工高处作业安全技术规范》(JGJ 80—91)

(7)《施工现场临时用电安全技术规范》(JGJ 46—2005)

(8)《建筑机械使用安全技术规范》(JGJ 33—2001)

第二节　结构安全设计计算

一、钢护筒吊装

1. 施工准备

(1)导向架改造完毕，并验收合格。

(2)导向架正式安装使用前，各滑动、旋转装置均应可靠连接并运转正常。

(3)运至现场的钢护筒应经质检部门检验，并通过监理验收，对于检验不合格的产品，严禁使用。

(4)卡环：50t(4个)；65t(2个)；32t(4个)。

吊索：钢丝绳：ϕ43：10m(4根)双肢使用竖直吊装钢护筒用。

钢丝绳：ϕ56：50m(2根)；40m(2根)双肢使用水平吊装钢护筒用。

　　　　ϕ43：40m(2根)；28.96m(2根)双肢使用吊装导向架用。

以上钢丝绳强度均为1870MPa，满足现场安全施工需要。

2. 吊索强度验算

(1)状态1：导向架吊装就位

$F_0=G/(4\times\sin65.5°)=75/(4\times\sin65.5°)=20.6$t，$\phi$43钢丝绳破断力为97.3t，钢丝绳走

双，安全系数 $K_0=97.3\times2/20.6=9.4>5$，满足安全要求。

(2)状态 2：钢护筒水平吊起

$F_1=55/\sin54^\circ=68t$，$\phi56$ 钢丝绳破断力为 180t，吊索双肢使用，安全系数 $K_1=180\times2/68=5.3>5$，满足安全要求。

(3)状态 3：钢护筒由水平转为竖直

4 点吊起，$G_{平}=27.5t$，$F_3=27.5\times5/\sqrt{5^2-(3.5/2)^2}=29.4t$，$K_3=97.3\times2/29.4=6.6>5$，满足安全要求。

护筒水平吊装采用 2 个 65t 卡环，竖直吊装采用 4 个 50t 卡环，导向架吊装采用 4 个 32t 卡环。

二、钻孔平台设计

1. 设计条件

平台顶高程取+7.0m，冲刷按 6m 计算(平台搭设完毕)；
设计高水位：7.69m(起始平台正常作业)；
设计高水位：6.5m(整个平台正常作业)；
设计低水位：+0.5m；
施工水位：+3.0m；
设计泥面高程：-22.0m(考虑了 6.0m 冲刷深度)；
流速：2.0m/s；
风速：正常工作风速：20.0m/s；抗台风速：28.4m/s。

2. 设计荷载

钻机荷载：考虑采用 KP3500 型钻机，南主墩平台同时布置 6 台钻机，钻机隔孔布置，单台钻机荷重 1250kN，动力系数 1.3。

塔吊：钻孔平台区中间位置布置一台 9000kN·m，起始平台上布置一台 1250kN·m 塔吊。

系缆力：平台两侧各考虑 200kN。

堆载：$10kN/m^2$。

水流荷载：取流速 $v=2.0m/s$(平台整体计算)。

风荷载：取正常工作风速：20.0m/s，抗台风速：28.4m/s。

3. 验算工况

工况一：单桩稳定计算(流速取 $V=2.00m/s$)；
工况二：起始平台正常作业；
工况三：整个平台正常作业；
工况四：整个平台抗台；
工况五：塔吊基础独立工作；

工况六:起始平台抗台。

由以上可知,平台完全满足施工安全要求。

三、钻孔灌注桩施工

1. 施工准备

(1)钻机检修完毕,并验收合格;

(2)钻孔施工使用的各项设备均可靠连接并运转正常;

(3)钻孔施工平台搭设完毕,各项安全设施安装到位;

(4)卡环:20t,4 个;16t,4 个;

吊索:钢丝绳:ϕ43:6m(2 根)双肢使用,吊装钢筋笼用;

ϕ28:4m(4 根)双肢使用,吊装钢筋笼用;

钢丝绳:ϕ28:10m(4 根)双肢使用,吊装钻机使用;

以上钢丝绳强度均为 1870MPa,满足现场安全施工需要。

2. 钢筋笼吊装及钻机移位

(1)钢筋笼的分节

钢筋笼长度为 58.42m,必须分成多节才能进行运输和现场的拼装。考虑到主筋的规格、长度及其分布的位置,以及规范的要求和现场的安全安装需要,将钢筋笼分成 5 节。见表1-2-1。

钻孔桩钢筋笼分节　　表 1-2-1

分　节　号	5	4	3	2	1	总长(m)
1 号主筋长度(m)	12	12	12	10.42	12	58.42
2 号主筋长度(m)	12	12	12	12.51	—	48.51
3 号主筋长度(m)	10.5	12	12	9	—	43.5
节段重量(t)	8.541	8.871	8.871	7.89	3.02	—

(2)后场及码头上的起吊

根据钢筋笼分节及重量情况,钢筋笼后场及码头倒运采用 35t 汽车吊或者 16t 克令吊四点吊装。吊点的位置设置在两端第二道加劲箍和主筋连接位置。钢筋笼的后场起吊示意图如图 1-2-1 所示。

(3)前场起吊

前场钢筋笼的吊装直接利用浮吊进行,吊点设置在每节钢筋笼最上一层加劲箍处,对称布置,共计 4 个。吊耳采用圆钢制作并与相应主筋焊接,随着钢筋笼的不断接长,钢筋笼重量在不断增加,为避免钢筋笼发生吊装变形,钢筋笼顶口设置专用吊架,吊架结构如图1-2-2所示。

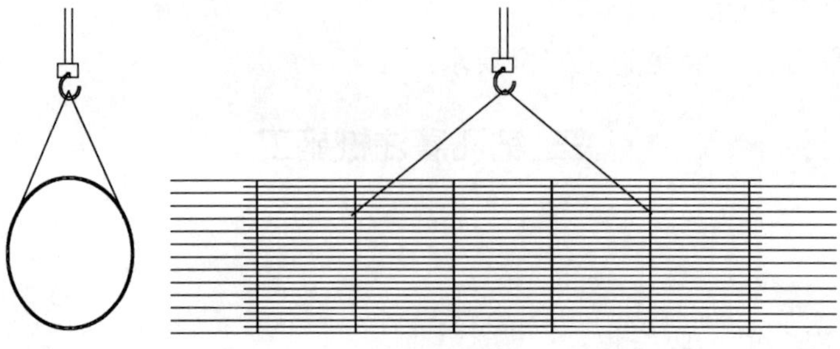

图 1-2-1　钢筋笼后场起吊示意图

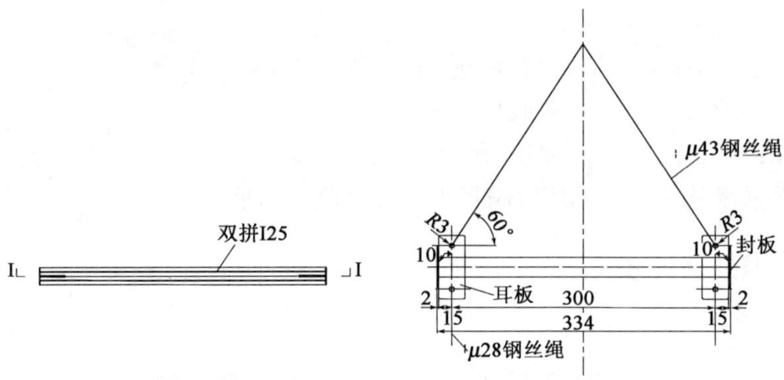

图 1-2-2　钢筋笼吊架示意图(尺寸单位:cm)

3. 吊索强度验算

(1)吊装钢筋笼

上端钢丝绳强度验算:2 根钢丝绳起吊,按两点受力计算。$G=185\text{kN}$,则有:

$$F_1=G/\sin60°=20/\sin60°=229\text{kN}$$

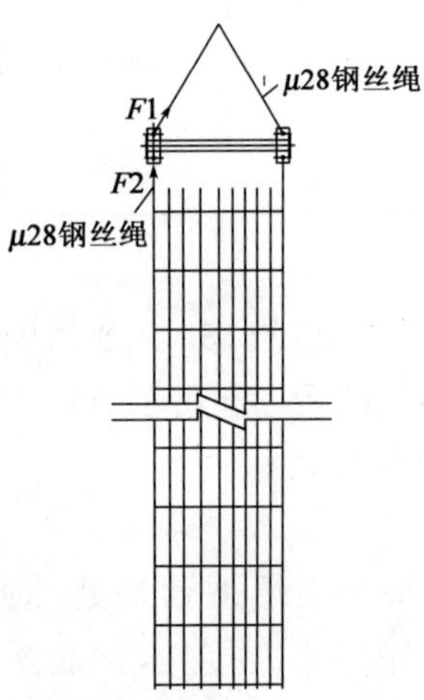

图 1-2-3　钢筋笼吊装示意

$\phi43$ 钢丝绳(强度为 1870MPa)破断力为 973kN,钢丝绳走双。

$K=97.3\times2/22.9=8.5>5$,满足安全要求。

下端钢丝绳强度验算:

4 根钢丝绳起吊,按 3 点受力计算,G=125kN,则有:

$$F_2=G/\sin60°=12.5/\sin60°=155\text{kN}$$

$\phi28$ 钢丝绳破断力为 432kN,钢丝绳走双。

$K=43.2\times2/15.5=5.6>5$,满足安全要求。

吊装示意图如图 1-2-3 所示。

(2)钻机吊装

钻机单重为 50t,采用 4 根钢丝绳起吊,按 3 点受力计算,$G=167\text{kN}$,$\phi28$ 钢丝绳破断力为 432kN,钢丝绳走双。

$K=43.2\times4/16.7=10.3>5$,满足安全要求。

第三节　各项工序安全措施

一、钢护筒制作及沉放

(1)制作时电、气焊等特种作业人员必须持证上岗;按规定穿戴个人防护用品;并认真执行电、气焊工的安全操作规程。

(2)当护筒已经埋设完毕而未及时钻进时,护筒顶部须设置盖板,防止人员或工具落入孔内,保障施工安全。

(3)当几台焊机并行作业时,焊机和闸刀要编号,氧气瓶、乙炔瓶的摆放必须大于5m的安全距离,施工现场用电严格执行《施工现场临时用电安全技术规范》(JGJ 46—2005)。

(4)大直径护筒水上沉放时要考虑风浪的影响。

二、水上钻机平台施工

(1)水上钻机平台上钻机布置、移位及钻杆等各种配件材料的堆放,应符合平台的设计工况要求,并应码放整齐。

(2)水上钻机平台施工时,要遵守水上作业安全操作规程要点中的有关要求。

(3)平台四周及上下平台爬梯应设置护栏,平台上所有的跳板必须绑扎牢固。

(4)如果用钢管桩平台,则沉桩时应按照水上沉桩安全操作规程进行操作,钢平台的强度和稳定性必须满足要求。

(5)平台上所有孔洞必须铺设安全网保护。

(6)汛期和台风季节,应事先做好度汛和防台准备。

三、钻机安装就位

(1)钻机安装就位时,钻机各部件应连接牢固,钻机上不得有未固定的工具、铁件等杂物,以防坠落伤人。

(2)水上吊装时充分考虑风浪带来的影响,避免浮吊吊臂晃动造成挤压事故。

(3)钻机移位时应将钻架放下,移动到新的位置重新安装。

四、成　　孔

(1)钻机成孔工作前应检查传动装置、制动装置、卷扬机电器设备、钢丝绳及各连接部件,是否都良好可靠,并经常检查螺丝的松动情况。

(2)钻机工作时除操作人员外,其他闲杂人员不得进入工作场地。

(3)操作人员爬钻架时,应采取防护措施,防止失手坠落。在钻架上工作时应注意不要将卡环和其他连接件脱落,以免伤人。

(4)在成孔过程中如遇到故障和事故时,应根据事故的类型采取切实可行的处理办法,并由施工技术负责人进行安全交底,在处理事故过程中严防操作人员落入孔中,夜间施工要有足够的照明。

(5)钻进和成孔过程中，如果遇到卡钻、埋钻、掉钻头、护筒变形等意外情况，必须人工潜水进行水下探摸、打捞钻头、封堵、焊接、切割作业，遵守《潜水工安全操作规程》。

(6)涉及起重作业时，指挥人员必须持有效特种作业人员证件，吊点、吊耳等部件要定期检查验收。

五、钢筋笼沉放

(1)钢筋笼起吊沉放时应有揽风绳定位，不得任其随意摆动，以免伤人。

(2)钢筋笼现场拼装时，孔口应采取防护措施，以免操作人员坠入孔中，作业人员应穿戴好救生衣。

(3)起吊钢筋笼时要检查吊具及钢丝绳的情况，发现问题及时处理。

六、混凝土浇注

(1)浇注混凝土前，应对所有浇注混凝土设备进行一次检查，特别是导管的拼装连接，升降机械设备、隔水栓阀、漏斗滑槽等。

(2)提检导管时发现导管埋深过大，或被钢筋笼卡住拔不动时，不得硬行上拔，要找出原因，采取相应措施。

(3)成孔后检测时，检测人员要注意安全，孔口上要铺设跳板。

第四节　风险分析及相关安全操作规程

一、工程的风险分析

1. 通航船舶碰撞风险

由于南塔墩紧邻主航道，且处于下行船舶航道侧，万一通航船舶失控，施工船舶及平台有被通航船舶撞击的风险。

采取的措施如下：

(1)与海事部门合作，在平台上游设置防撞趸船，海事部门派人长期驻扎在现场。

(2)上游平台在近航道侧，修成一个大的倒角，万一通航船舶失控，对失控船舶可起到导向和缓冲的作用，避免对施工船舶和平台造成破坏。夜间，防撞船、上游平台及施工船舶按照要求悬挂信号灯，对通航船舶起到警示作用。

2. 浮吊缆绳被拉断或发生走锚现象

根据吊装期间最不利情况计算船舶所受的水流力，选择具有足够强度的锚绳和锚，以避免发生锚绳断裂及走锚现象。

作用在浮吊上的流水压力标准值为：

$$F_W = KAYV^2/(2g)$$
$$=1.3\times26\times3\times10\times1.5\times1.5/20$$
$$=114kN$$

浮吊顺水流方向停靠，前后各抛2个八字锚，抛锚角度为30°，锚为8t海军锚，锚绳为直径36mm的钢芯钢缆，每根钢缆长400m，绞车卷扬机15t，锚头抛出长度约200m；锚着力按规范取4，即锚着力为320kN，2个锚共640kN，大于水流力114kN，满足安全要求。ϕ36mm的钢丝绳破断拉力为578kN，远远大于114kN，满足安全要求。

3. 钻孔桩施工钢平台的防撞措施

钻孔平台形成后为确保施工安全，应按相关法律法规要求及时设置安全警示标志，并在平台四周设置防护栏杆和布设救生圈、灭火器等安全设施。

(1)根据施工作业要求，确定施工占用水域，依据相关程序上报，及时向海事管理部门申请水上水下施工许可证。

(2)依据相关规定在作业船舶和平台上设置障碍物夜间警示灯。

(3)尽量先安排拐角的钻孔桩先施工，尽快成桩，以提高整个平台的稳定性。

(4)大型施工船舶(包括大型起重船、打桩船、水上混凝土搅拌船等)均要求自行抛锚，无特殊情况不能在平台上带缆，并且施工船舶与钢平台之间要有一定的安全距离，防止船舶在风浪的作用下撞击平台。平台通过连接爬梯与平台相连，作为人员上下平台的施工通道。

(5)在护筒区平台两侧的辅助桩上挂设防撞护舷作为船舶挤靠时的消能装置。

二、钻孔钢平台处的河底防护

钢平台允许冲刷深度为6.0m。为了确保在钢平台施工以及钻孔桩施工期间的安全，在钢平台施工期间定期进行平台处以及周边一定范围内河底泥面高程的动态监测，当冲刷深度接近6.0m时，使用袋装砂进行防护。

三、施工过程各类安全管理措施

1. 水上施工全过程的安全管理措施

(1)严格遵守劳动纪律、坚守工作岗位，上班前不准喝酒，进入施工现场必须穿戴整齐，戴好安全帽，不得赤脚、穿拖鞋、打赤膊工作。

(2)水上作业应配齐救生设备。水上施工船舶必须锚固可靠，无论在顺水、逆水或有风浪的情况下，都应该有足够的控制能力。

(3)水上作业必须具备必要的安全设施，施工人员进入水上施工前，应接受水上安全教育，水上作业人员必须遵守安全操作规程，严格执行施工组织设计和安全技术措施。

(4)船舶或平台的拼装、航行、施运、招锚、定位和其他有关标志均须符合航运要求和水上交通管理部门的有关规定。水上作业平台不应有油污、细砂等易滑物，平台铺板要坚固平整，平台周围应设置牢固的防护栏。必须按规定设置信号灯或航标。

(5)水上作业应尽量避免单人操作，作业中应注意自我保护和相互监护。

(6)乘船必须等待船停稳后,才能从指定的通道码头上下船。上下船时应集中注意力,以防踏空落水。

(7)水上作业需要移动行走时,应从设有安全设施的地方通过。

(8)应指定专人负责检查船舶有无断缆、跑锚、漏水现象,如发现有危险因素,必须立即报告,同时采取有效措施消除危险因素。

(9)在水上施工过程中,必须与气象、水上监测部门保持联系,掌握水位水流变化情况,制订切实可行的对付突然情况发生措施,确保安全作业。

(10)大(雷)雨、大雾或风力大于六级以上的恶劣天气,严禁作业。暴风雨后,必须进行一次全面检查,发现问题,及时处理。遇有台风警报时,必须采取有效的避风措施。

2. 水上吊装安全操作规程

(1)吊装设备和索具、卡环、眼板符合要求。

(2)吊装作业过程开始前,应制订详细的吊装作业施工方案,落实各个工序的责任人,并进行安全技术交底。

(3)针对主要的风险制定措施,并消除风险,这些风险主要包括:拖拉设备、吊装索具强度不够;设施重量、重心不明;起重船扒杆跨距、吊高不够;甲板强度不够;登高作业等。

(4)作业前,起重设备、工具应由操作人员检查并确认状态良好,必须保证足够的安全系数储备,通信工具携带齐全有效。

(5)施工过程中,加强对水上自然环境条件及主要天气现象的观测。

(6)施工过程中,加强对施工水域内来往船舶的动态进行观测,防止其他船只闯入施工水域等意外情况的发生。

(7)制订安全监控表,设专职安全员监控落实。

第五节　安全、文明与环保措施

一、安全组织机构

施工单位应建立安全保障组织体系,其组成如图1-5-1所示。设 2 名专职安全员负责日常安全管理工作,各班组兼职安全员 8 名。项目经理是安全生产的第一责任人。

专职安全员持证上岗,在现场均需佩戴好工作标志。建立完善的安全管理网络,施工单位应明确生产副经理主管安全生产工作,成立各部门、工段负责人参加的领导小组。负责研究与决策有关安全方面的重大问题。下设专职安全员,负责针对工程实际制订切实可行的安全措施计划,并限期实施。完善并执行安全规章制度,主要包括:机械安全操作规程,安全用电制度,防火安全制度,水上作业安全制度,起重作业安全制度,特殊工种安全制度,事故报告制度等,做好各项安全预控。实行安全目标管理,层层分解落实安全指标,严格执行与经济挂钩奖惩制度,坚决实施安全否决权制度。成立一支随时听从专职安全员指挥的紧急救援队。

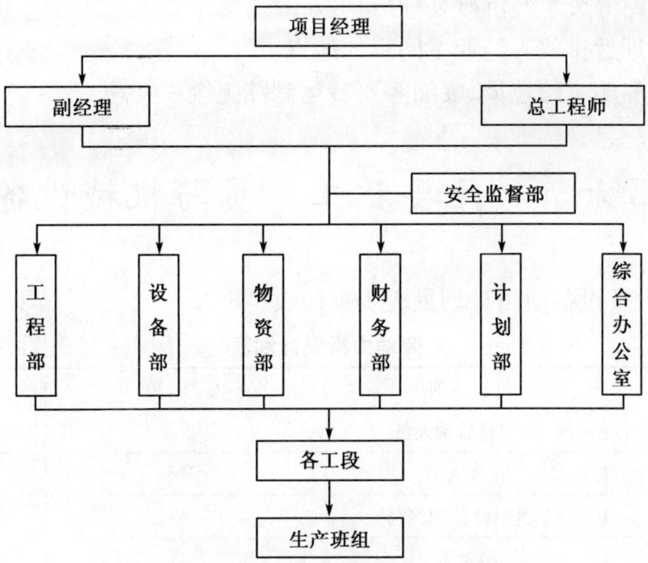

图 1-5-1 安全保障组织体系

二、文明施工

对施工现场进行有效的管理，做到平面布置合理有序、功能齐全、作业程序流畅。

(1)场地相对平整，排水系统顺畅，环境整洁。

(2)现场便道、管道、电气、通信线路等条理有序。

(3)按规定设置各类区域标志，明显清晰。

(4)各种材料、施工机械堆(停)放整齐。

(5)遵守有关环保法律规定，控制施工现场的各种粉尘、废弃物对环境的污染。

(6)加强精神文明建设，提高职工队伍的整体素质。

(7)加强治安管理，杜绝违法乱纪事件发生。

(8)开展丰富多彩的娱乐活动，丰富职工业余文化生活。

(9)安全防护设施齐全。

三、环保

1. 噪声与振动

基础作业噪声、振动主要为振动锤、发电机等作业而产生，由于邻近无大片居民区，因而施工作业噪声对外界不构成干扰。

2. 施工期废水排放与弃渣

本标段居住较集中。施工期间将对项目基地生产、生活废弃物进行严格控制，避免造成环境污染。

(1)生活基地粪便污水采用化粪池处理。

(2)混凝土搅拌站等废水经沉砂处理后排放。

(3)废水集中处理后排放入经业主同意的地点。

(4)施工平台及船舶上的垃圾、废油等要转运到陆上统一处理。

第六节　主要施工人员与机械设备

施工主要劳动力及设备使用计划见表 1-6-1、表 1-6-2。

劳动力需要计划表　　表 1-6-1

序　号	工　种	人　数	备　注
1	管理及后勤人员	20	
2	技术人员	10	
3	专职质检员、安全员	2	
4	测量工	4	含测量技术人员
5	起重工	4	
6	电焊工	30	
7	电工	4	
8	机修工	2	
9	辅助工	60	
合计		138	

船、机设备使用计划　　表 1-6-2

机械设备名称	规格型号	单　位	数　量	设备状态	备　注
起重船	250t	艘	1	良好	
	40t	艘	1	良好	
汽车吊	35t	台	1	良好	
	50t	台	1	良好	
平板车	20t	台	2	良好	
混凝土运输车		台	4	良好	
KP3500 钻机		台	6	良好	
$120m^3/h$ 搅拌站		台	2	良好	
电焊机	BX3-500 交流电焊机	台	6	良好	
900t·m 塔吊		台	1	良好	
250t·m 塔吊		台	1	良好	
拖泵		台	2	良好	

第二章 南锚碇基坑安全专项施工方案

第一节　工程概况

一、概　　述

南京长江第四大桥南锚碇基础采用井筒式地连墙结构形式，平面形状为"∞"形，长82.00m，宽59.00m，由两个外径59m的圆和一道隔墙组成，墙厚为1.50m。地连墙施工平台高程为6.5m，底高程为－35.00～－45.00m，嵌入中风化砂岩约3.00m，总深度40.00～50.00m。

帽梁沿地连墙外墙及隔墙设置，外墙处帽梁悬出地连墙内侧1.0m，总宽度2.5m，高3.0m，隔墙处帽梁悬出隔墙两侧各1.0m，总宽度3.5m，高3.0m。

为满足地连墙开挖节段受力要求，在地连墙内侧设置钢筋混凝土内衬，内衬高3.0m，厚度自上而下依次为1.0m、1.5m、2.0m，各内衬底面设置成20°的斜坡，并在与隔墙相交处设置倒角。帽梁及内衬混凝土采用C30混凝土。

基坑开挖至基岩面－38.120～－29.230m处，总开挖深度44.620～35.730m。南锚基坑布置如图2-1-1所示。

二、施工条件

(1)气象条件

桥位区属北亚热带向中亚热带过渡气候带，具有过渡性、季风性、湿润性特点，主导风向以偏东方向为主，春夏季主导风向为东～东南风，秋冬季主导风向为东～东北风。南京地区每年受台风影响期为5月下旬到11月下旬，集中期7～9月，占86.2％，6月前后为一年一度的梅雨季节，平均年雨量1015.3mm，6～8月雨量占年降水量45％。

南京地区光照充足，平均年日照2155h，年平均气温15.5℃，极端最高气温43.0℃，极端最低气温－14.0℃。

南京地区主要灾害性天气有大风、连阴雨、冰雹、干旱、台风、寒潮、冰冻、浓雾和暴雪、高温、暴雨等。其中寒潮以11月出现的机率最大，3月次之；冰雹以3～5月出现机率最高；雾

11～1 月最多,7～9 月最少;炎热高温以 7 月中旬至 8 月下旬出现最多。

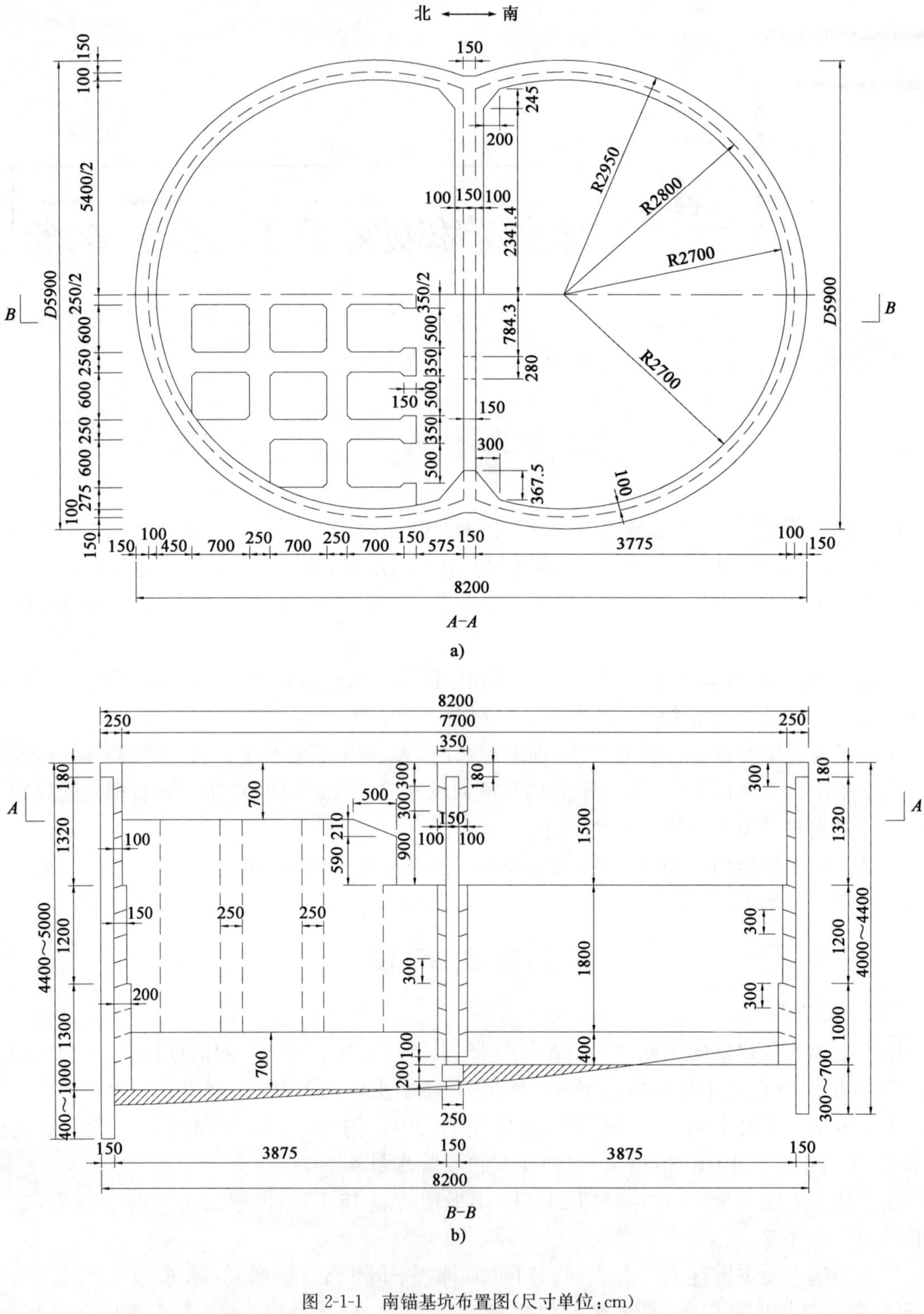

图 2-1-1　南锚基坑布置图(尺寸单位:cm)

(2)水文条件

长江是区内最大的河流，近东西向流经本区，桥位处江面宽2000m左右，水下地形呈不对称"V"形，边坡南陡北缓，深泓偏南岸，最大水深约27m。总体上看，南岸岸坡陡直，为冲蚀岸。据《南京长江第四大桥预可水下地形测量、水文观测、河势分析专题报告》中南京水位站（下关区唐山路江边）资料，长江历年水位最大变幅为7.81m，最小变幅为4.89m。2003年7月6日桥位处断面测时水位6.05m，断面面积40500m^2，断面流量51400m^3/s，平均流速1.27m/s。长江下游汛期为5～10月，11月～次年4月为枯季，最大水位月份为7、8月份，最小月份为1、2月份。

大桥桥位处长江水位受长江径流与潮汐复合影响，水位每日涨、落两次。11月份时，高潮位时水位高程多为2.6～3.0m，低潮位时为1.4～1.8m，潮差一般1.0～1.2m，为非正规半日潮。涨潮历时3个多小时，落潮历时8个多小时。

(3)地形地貌

南锚碇位于长江南侧大堤外，属于长江下游冲积平原漫滩地。锚碇位于南京精研磁性科技有限公司厂区内，地面高程约5.4～8.1m；场地及周围建筑物密布，南锚碇北界距江堤及江边分别60多米和200余米，东约600m处为九乡河河口。

(4)工程、水文地质条件

南锚碇区地层属扬子地层区，宁镇—江浦地层小区，受沉积间断及构造运动的影响，区内地层发育较全，伴有火成岩侵入。南锚碇区松散层共分3个大层：①～②和④层，其中①层又分为4个亚层，②层又分为2个亚层、④层分为3个亚层。南锚碇附近岩土层工程地质特征见表2-1-1。

南锚碇附近岩土层工程地质特征　　表2-1-1

土层编号	岩土名称	层厚(cm)	主要特征	分布范围
①$_0$	粉质黏土	2.20～4.10	灰黄色，可塑～软塑，含铁锰质浸染，表层约1m为素填土	锚碇区均有分布
①$_1$	淤泥质粉质黏土	3.10～7.60	灰色，流塑，夹粉砂薄层，单层厚一般0.1～0.5cm	锚碇区均有分布
①$_2$	粉砂，局部细砂	0.80～3.80	灰色，饱和，松散，分选性较好，含云母碎片，夹粉质黏土，单层厚度一般0.5～3cm，局部互层状	锚碇区局部地段缺失
①$_{1夹}$	淤泥质粉质黏土夹粉砂	4.95～11.30	灰色，流塑，夹粉砂，单层厚一般0.2～2cm，局部互层状	锚碇区均有分布
②$_1$	粉砂	0.90～8.50	灰色，饱和，稍密～中密，分选性较好，含云母碎片，局部夹粉质黏土薄层	锚碇区南侧缺失
②$_3$	粉质黏土	9.00～21.90	灰色，软塑～流塑，下部粉质含量较高，夹粉土、粉砂薄层，局部夹粗砾砂薄层，单层厚0.1～10cm不等，局部含少量卵砾石，粒径2～60mm	锚碇区均有分布
④$_2$	粉砂，局部细砂	4.25～11.10	灰色，饱和，密实，局部中密，局部夹粉质黏土，层底部大多含卵砾石，粒径一般0.5～5cm，个别达10cm	锚碇区北侧有分布

续上表

土层编号	岩土名称	层厚(cm)	主要特征	分布范围
④$_3$	圆砾	0.50～1.20	杂色，饱和，密实，含卵石，石英质，粒径 20～60mm，中粗砂充填	仅锚碇区西北侧有分布
④$_4$	粉质黏土	1.30～2.50	灰绿色，可塑，含少量铁锰质浸染，局部含钙质结核，粒径 1～10mm	仅锚碇区西北侧有分布
⑦$_2$	强风化砂岩、砂砾岩	0.40～4.10	灰色、黄灰色，砂质结构、砂砾结构，层状构造，风化裂隙发育，局部夹薄层泥岩，岩芯大多呈碎块状，互击声哑，手掰易断易碎，局部风化成砂土状	锚碇区分布稳定
⑦$_3$	中风化砂岩、砂砾岩	2.70～15.80	灰色、黄灰色，砂状结构，砾状结构，层状构造，砂岩与砾岩呈多层状沉积，局部夹砂质泥岩、泥质粉砂岩，岩芯以柱状为主，少量碎块状，局部地段发育裂隙	锚碇区均有分布
⑦$_4$	微风化砂岩、砾岩	未揭穿	灰色、灰褐色，砂状结构、砾状结构，层状结构，坚硬，岩芯较完整，呈长柱状，砂岩与砾岩呈多层状沉积	锚碇区均有分布

南锚碇处地下水可分为松散岩类孔隙水和基岩裂隙水。孔隙水主要为承压水，从目前现场勘察地下水位约为＋4.5m，含水层由粉砂组成，北侧厚，南侧基本缺失，渗透系数 k＝4.29m/d，影响半径 R＝127.34m；基岩孔隙不发育，裂隙仅少量发育，且裂隙连通性较差，故赋水性和透水性均较差。

三、编制依据

(1)《江苏省南京长江第四大桥 A3 标段招标文件》

(2)《南京长江第四大桥主桥南锚碇施工图》

(3)《公路桥涵施工技术规范》(JTG/T F50—2011)

(4)《建设工程安全生产管理条例》(国务院 393 号令)

(5)《危险性较大的分部分项工程安全管理办法》(建质[2009]87 号)

(6)《建筑施工高处作业安全技术规范》(JGJ 80—91)

(7)《施工现场临时用电安全技术规范》(JGJ 46—2005)

(8)《建筑机械使用安全技术规范》(JGJ 33—2001)

(9)《建筑施工安全检查标准》(JGJ 59—2011)

(10)《建筑基坑支护技术规程》(GJ 120—99)

第二节　总体施工方案

一、概　　述

南锚基坑被隔墙槽段分为两个直径 56m 的大半圆，最大开挖深度 46m，采用厚 1.5m 圆形地连墙为围护结构，开挖总方量约 15 万 m^3。

二、总体施工工艺及流程

基坑开挖共分 14 层进行施工，且南北两侧基坑同步进行。基坑土体开挖采用岛式法施工，先对称开挖坑内周边土体，后开挖中间土体。基坑每层开挖深 3.0m，开挖方量为 10908m^3，单层开挖周期约 7d。

每层基坑开挖前将坑内地下水位降低至基坑开挖底面以下 1m，保持基坑内开挖相对干燥。基坑第一层开挖直接将自卸车开至基坑内，用反铲挖土装车后外运至弃土点。基坑第2～14 层开挖，先用反铲在基坑内挖土并装入料斗，然后履带吊吊土并倒放至基坑外平台，最后用装载机装车并运至弃土地点。基坑开挖流程如图 2-2-1 所示。

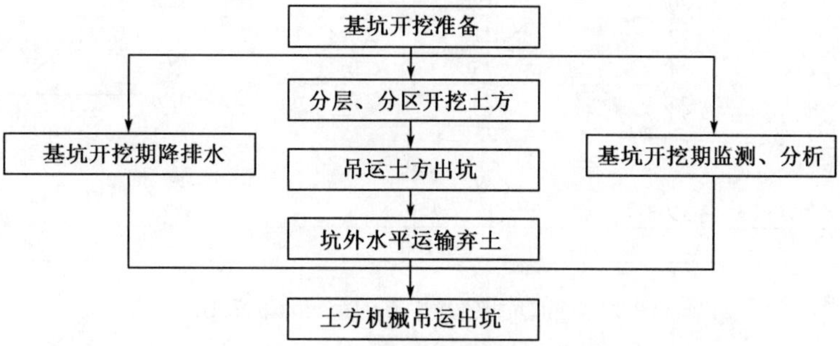

图 2-2-1 基坑土方开挖施工工艺流程

三、基坑开挖顺序

当帽梁施工完毕达到 80%设计强度及基坑内顶部软土层加固满足要求，并接到开挖令后，开始进行基坑土方开挖。

基坑开挖严格按设计工况分层分区进行，分层厚度同内衬分层高度(3m/层)，每层平面上分区进行，土方开挖采用 6 台反铲对称开挖，各区开挖的先后按照内衬分段的施工顺序确定。开挖采用岛式法进行，每层先开挖周边 4m 区域内土方后，立即施工内衬体系，在施工内衬的同时开挖中间区域土方，待上层内衬混凝土强度达到 80%设计强度后再开挖下一层周边土方。在设置横撑的土层，先开挖横撑处土体，然后进行横撑施工，再开挖坑内周边及中间土体。如此循环直至基底。基坑从上到下按阶梯形开挖。基坑开挖顺序如图 2-2-2 所示。

图中①、②…㉕表示开挖顺序。

四、基坑开挖方法

土方开挖前按设计要求，将坑内地下水位降至开挖面以下 1m。采用反铲挖掘机配其他设备按中心岛法进行分层开挖，一次开挖到底。各层土方采用放坡开挖，先开挖周边 4m 区域内土方，用反铲掘松，履带吊配料斗出坑，周边土方开挖后立即施工内衬体系，内衬施工时开挖中间土方。履带吊采用定点取土方式，通过反铲将基坑中部土方倒运到料斗取土点由履带吊吊运出坑。履带吊布置时尽量避开内衬施工区，基坑开挖如图 2-2-3 所示。

每层土方在内衬部位开挖到底时预留 10～20cm 采用人工开挖整平，避免出现回填土找平现象，降水管井周围 50cm 范围内的土方采用人工开挖，开挖过程中根据要求注意在需要的地方放出排水坡。

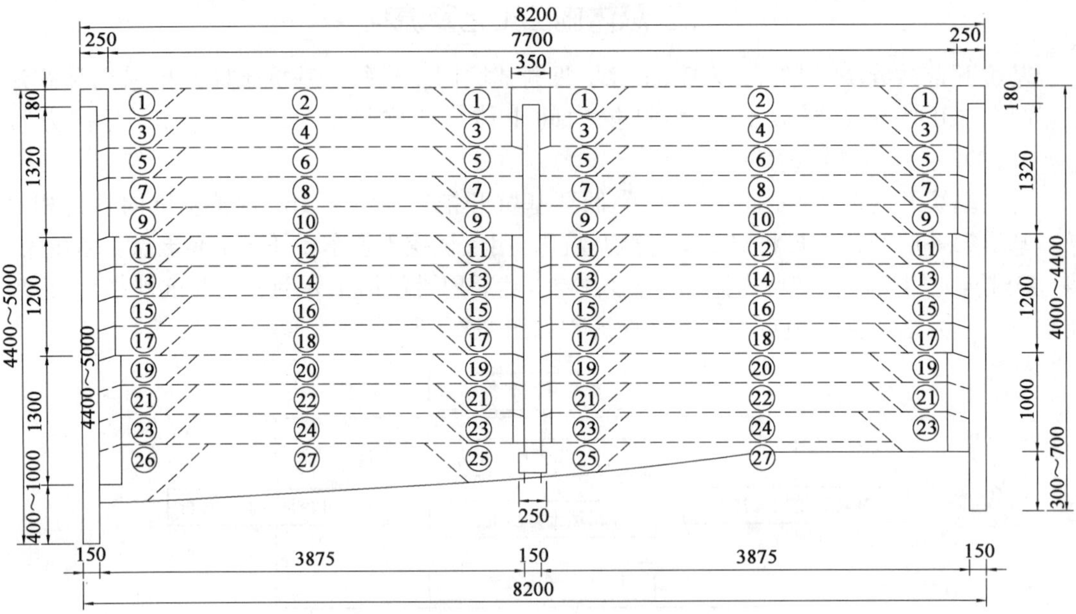

图 2-2-2 基坑开挖顺序示意图(尺寸单位:cm)

图 2-2-3 基坑开挖

a)、b)第 1 层自卸车直接入坑取土;c)履带吊配吊斗取土;d)内衬底部土方开挖第1层土方设斜坡道由自卸车直接开入基坑，反铲挖土装车，运至弃土场弃土。

第2～14层土方开挖，采取2～3台履带吊配$10m^3$料斗从基坑内取土外吊。先用反铲在基坑内挖土并装入料斗，然后履带吊吊土并倒放至基坑外平台，最后用装载机装车并运至弃土地点。

五、基坑开挖功效分析

基坑开挖及设备分析，第1层土方开挖直接将自卸车开入基坑，并用反铲装车，开挖工期考虑3d，第2～14层开挖工期功只考虑2台履带吊取土时的工期，实际配3台履带吊。基坑开挖总工期约68d，满足总工期120d要求。

履带吊大钩起吊平均速度为15m/min，空载落钩时平均速度为18m/min。工作提升重量按20t计算。$1.0m^3$反铲每小时开挖能力为$60m^3/h$。设备每日工作时间按16h计。

设备：2台$1.0m^3$反铲和2台$0.2m^3$反铲，3台100t履带吊。

若开挖过程中履带吊效率不能满足表中效率要求，则及时增加履带吊，确保满足每层开挖时间控制在预计时间内。

六、弃　　土

基坑开挖的土方运到业主指定的弃土区。弃土时合理布置弃土车辆行驶路线。弃土场区内配备1台推土机，对自卸车运弃堆高的土及时推平，并整理形成自然排水坡，在低洼处设置排水沟和集水坑，雨天配潜水泵抽排集水入主排水系统，使雨天可正常进行基坑开挖施工，弃土方案将另外上报。

七、机械进出坑

在本基坑内的施工机械设备最大重量均不超过20t，进、出坑采用100t履带吊配专用吊具吊运。

八、开挖注意的事项

(1)在开挖过程中采用周密的监控措施，实行信息化施工，确保施工安全。

(2)基坑开挖与内衬施工要保持一致，严格按设计要求进行。

(3)开挖过程中注意降、排水系统的正常运转，确保基坑“干施工”。

(4)在基坑开挖过程中采取周密的安全防护措施，设置足够的安全工作通道，并加强对降、排水系统和监测设施进行保护。

(5)基坑施工期间，坑外的载重车辆和堆载不得超越设计规定的范围。

(6)在基坑开挖过程中定时对工作面的空气质量定时进行检测，若不满足要求则采取有效的通风措施。

九、其他施工(内衬及横撑施工)

圆形地连墙内衬壁为从上到下不等厚的钢筋混凝土环形结构，内衬从上向下依次为：

15m 深度内厚 1.0m,15～27m 深度内厚 1.5m,27～40m 深度内厚 2.0m。隔墙槽段处地连墙内衬两侧厚度均 1.0m,其中 6～15m 深度内无内衬,隔墙底部设置横撑,横撑宽 2.5m,高 2m。

1. 总体施工工艺及流程

内衬竖向按 3m 高分层,同层内衬共分 12 段施工,其中圆弧部分分 8 段,隔墙部分分 4 段,单节施工长度按不大于 30m 控制,内衬上下层接缝错开 2m。同层内衬在基坑南北两侧同步施工,单侧按照图 2-2-2 中①～⑥顺序分段间隔施工。内衬采用逆作法施工,即开挖一层土体施工一层内衬,当同一层内衬混凝土强度达到 80%后开挖下一层土体。内衬施工工艺流程如图 2-2-4 所示。

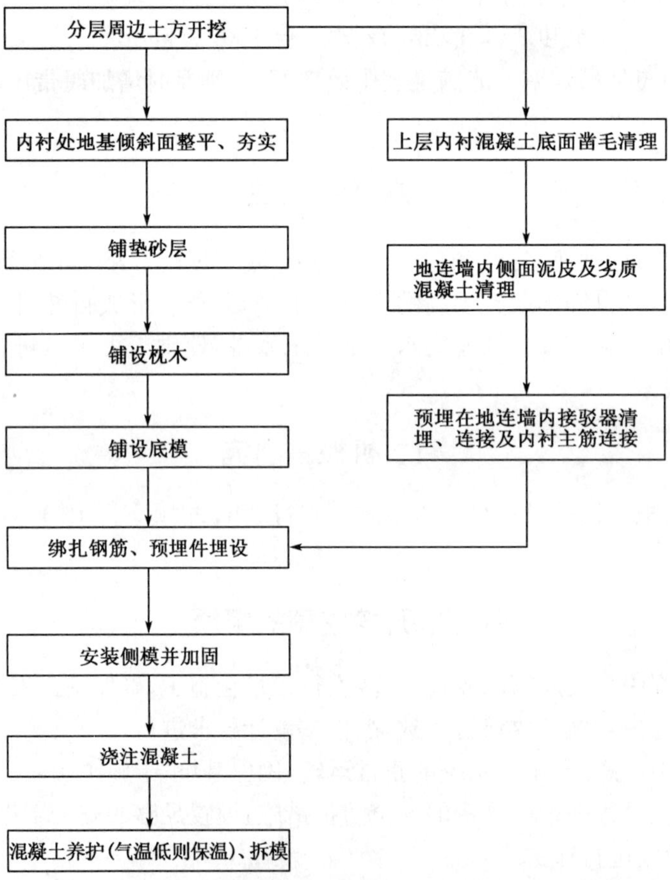

图 2-2-4　内衬施工工艺流程

2. 主要施工工序

基础处理及墙面清理→内衬钢筋施工→内衬模板施工→模板安装→内衬混凝土浇注→混凝土养护→混凝土温控计算→内衬处附属设施施工→横撑施工。

十、施 工 计 划

1. 主要机械设备使用计划(表 2-2-1)

主要机械设备使用计划　　表 2-2-1

序　号	名　称	型　号	单　位	数　量	备　注
1	塔吊	145t·m	台	3	
2	履带吊	100t	台	3	
3	汽车吊	35t	台	1	
4	平板车	40	台	1	
5	挖掘机	$1m^3$	台	4	
6	挖掘机	$0.2m^3$	台	2	
7	装载机	50 型	台	2	
8	自卸车	20t	台	15～26	
9	推土机		台	1	
10	搅拌站	$120m^3/h$	台	2	
11	输送车	$8m^3$	台	6	
12	门机吊	80t	台	2	
13	空压机	$20m^3$	台	2	
		$1.6m^3$	台	4	
14	风镐		把	60	
15	潜水泵		台	10	
16	离心泵		台	1	
17	拖泵	TB60	台	1	
18	防离析装置		套	3	

2. 施工劳动力使用计划(表 2-2-2)

施工劳动力使用计划　　表 2-2-2

序号	工　种	人数	序号	工　种	人数
1	现场管理人员	6	8	钢筋工人	90
2	技术人员	20	9	混凝土凿毛工人	72
3	工长	3	10	模板安装及混凝土工人	90
4	测量人员	6	11	起重工	12
5	安全人员	6	12	电工	4
6	质检员	4	合计		325
7	监控人员	12			

3. 施工进度计划

2009 年 8 月底完成帽梁施工，2009 年 9 月 1 日至 2009 年 12 月 20 日完成基坑开挖及内衬施工，如图 2-2-5 所示。

标识号		任务名称	工期	开始时间	完成时间	前置任务
1		**基坑开挖及帽梁内衬施工**	**154 工作日**	**2009年7月20日**	**2009年12月20日**	
2		帽梁施工	37 工作日	2009年7月20日	2009年8月25日	
3		开挖前期准备工作	5 工作日	2009年8月26日	2009年8月30日	2
4		第一层基坑开挖	3 工作日	2009年9月1日	2009年9月3日	3
5		**第二层基坑开挖及内衬施工**	**8 工作日**	**2009年9月4日**	**2009年9月11日**	**4**
6		第二基坑开挖	5 工作日	2009年9月4日	2009年9月8日	
7		第一层内衬施工	5 工作日	2009年9月4日	2009年9月8日	
8		混凝土强度等待	3 工作日	2009年9月9日	2009年9月11日	7
9		**第三层基坑开挖及内衬施工**	**8 工作日**	**2009年9月12日**	**2009年9月19日**	**8**
10		第三基坑开挖	5 工作日	2009年9月12日	2009年9月16日	
11		第二层内衬施工	5 工作日	2009年9月12日	2009年9月16日	
12		混凝土强度等待	3 工作日	2009年9月17日	2009年9月19日	11
13		**第四层基坑开挖及内衬施工**	**8 工作日**	**2009年9月20日**	**2009年9月27日**	**12**
14		第四基坑开挖	5 工作日	2009年9月20日	2009年9月24日	
15		第三层内衬施工	5 工作日	2009年9月20日	2009年9月24日	
16		混凝土强度等待	3 工作日	2009年9月25日	2009年9月27日	15
17		**第五层基坑开挖及内衬施工**	**8 工作日**	**2009年9月28日**	**2009年10月5日**	**16**
18		第五基坑开挖	5 工作日	2009年9月28日	2009年10月2日	
19		第四层内衬施工	5 工作日	2009年9月28日	2009年10月2日	
20		混凝土强度等待	3 工作日	2009年10月3日	2009年10月5日	19
21		**第六层基坑开挖及内衬施工**	**8 工作日**	**2009年10月6日**	**2009年10月13日**	**20**
22		第六基坑开挖	5 工作日	2009年10月6日	2009年10月10日	
23		第五层内衬施工	5 工作日	2009年10月6日	2009年10月10日	
24		混凝土强度等待	3 工作日	2009年10月11日	2009年10月13日	23
25		**第七层基坑开挖及内衬施工**	**8 工作日**	**2009年10月14日**	**2009年10月21日**	**24**
26		第七基坑开挖	5 工作日	2009年10月14日	2009年10月18日	
27		第六层内衬施工	5 工作日	2009年10月14日	2009年10月18日	
28		混凝土强度等待	3 工作日	2009年10月19日	2009年10月21日	27
29		**第八层基坑开挖及内衬施工**	**8 工作日**	**2009年10月22日**	**2009年10月29日**	**28**
30		第八基坑开挖	5 工作日	2009年10月22日	2009年10月26日	
31		第七层内衬施工	5 工作日	2009年10月22日	2009年10月26日	
32		混凝土强度等待	3 工作日	2009年10月27日	2009年10月29日	31
33		**第九层基坑开挖及内衬施工**	**8 工作日**	**2009年10月30日**	**2009年11月6日**	**32**
34		第九基坑开挖	6 工作日	2009年10月30日	2009年11月4日	
35		第八层内衬施工	5 工作日	2009年10月30日	2009年11月3日	
36		混凝土强度等待	3 工作日	2009年11月4日	2009年11月6日	35
37		**第十层基坑开挖及内衬施工**	**8 工作日**	**2009年11月7日**	**2009年11月14日**	**36**
38		第十基坑开挖	6 工作日	2009年11月7日	2009年11月12日	
39		第九层内衬施工	5 工作日	2009年11月7日	2009年11月11日	
40		混凝土强度等待	3 工作日	2009年11月12日	2009年11月14日	39
41		**第十一层基坑开挖及内衬施工**	**8 工作日**	**2009年11月15日**	**2009年11月22日**	**40**
42		第十一基坑开挖	6 工作日	2009年11月15日	2009年11月20日	
43		第十层内衬施工	5 工作日	2009年11月15日	2009年11月19日	
44		混凝土强度等待	3 工作日	2009年11月20日	2009年11月22日	43
45		**第十二层基坑开挖及内衬施工**	**8 工作日**	**2009年11月23日**	**2009年11月30日**	**44**
46		第十二基坑开挖	6 工作日	2009年11月23日	2009年11月28日	
47		第十一层内衬施工	5 工作日	2009年11月23日	2009年11月27日	
48		混凝土强度等待	3 工作日	2009年11月28日	2009年11月30日	47
49		**第十三层基坑开挖及内衬施工**	**13 工作日**	**2009年12月1日**	**2009年12月13日**	**48**
50		第十三基坑开挖	7 工作日	2009年12月1日	2009年12月7日	
51		横梁施工	5 工作日	2009年12月1日	2009年12月5日	
52		第十二层内衬施工	5 工作日	2009年12月6日	2009年12月10日	51
53		混凝土强度等待	3 工作日	2009年12月11日	2009年12月13日	52
54		**第十四层基坑开挖**	**7 工作日**	**2009年12月14日**	**2009年12月20日**	**53**
55		第十四基坑开挖	4 工作日	2009年12月14日	2009年12月17日	
56		转入下一工序	3 工作日	2009年12月18日	2009年12月20日	55

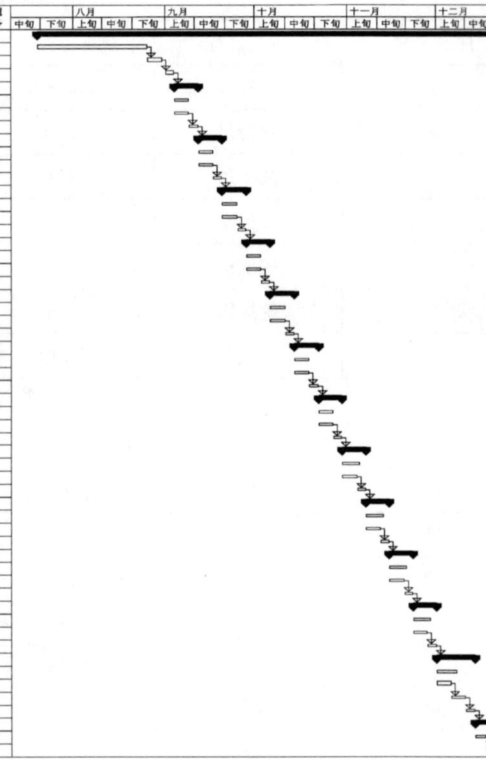

图 2-2-5　南锚基坑开挖及帽梁内衬施工进度计划

第三节　安全管理措施

为了使南锚基坑施工能够顺利进行，控制施工过程中“人的不安全状态”，做到“四不伤害”。施工单位坚持强调“以人为本”工作理念，一切都围绕“人”来做文章，首先组织一批有施工经验的人员进场，建立良好的工作基础；其次是对新进场的工人进行各类作业安全培训和交底，召开基坑施工技术安全交底会，对施工作业过程中可以预见或可能出现的风险进行了评估。对每位工人进行交底，旨在提高工人的安全意识、规范工人的作业行为。通过前期的努力，特别是通过学习、教育、培训，将彻底扭转部分工人对作业过程中存在的风险认识不足、盲目乐观的“轻敌”观念。

一、基坑施工过程中安全保证体系

基坑开挖是南锚施工全过程的重点，是施工安全重点考虑因素。因此施工单位制订相应的安全管理措施。

1. 建立安全保证体系

本工序安全保证体系如图 2-3-1 所示。

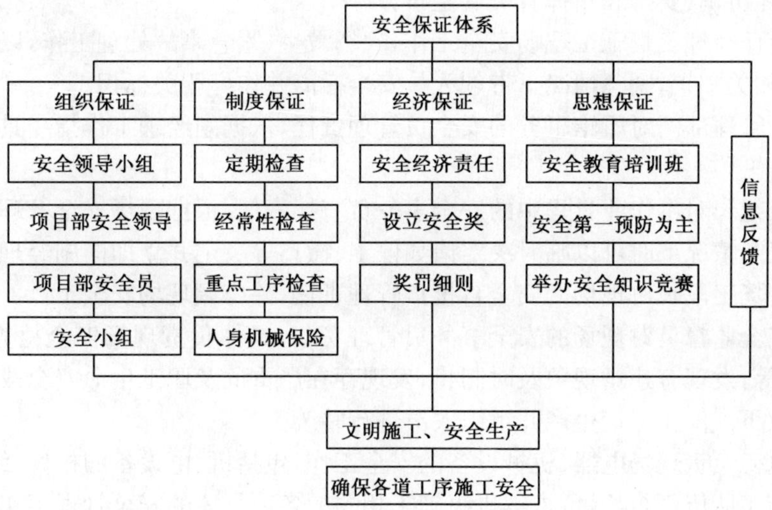

图 2-3-1　安全保证体系

2. 基坑施工安全管理组织机构设置

基坑开挖施工安全管理组织机构框图如图 2-3-2 所示。

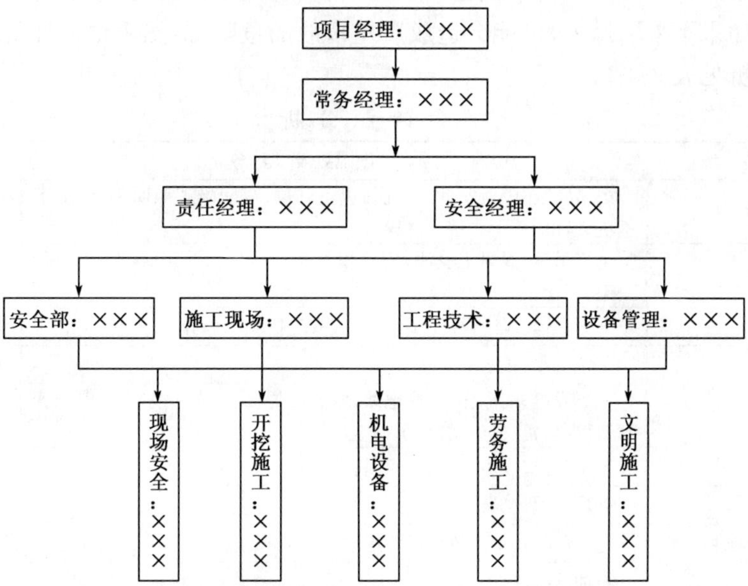

图 2-3-2　基坑施工安全管理组织机构框图

相关人员职责和权限如下：

(1)项目经理对本项目的安全生产负第一责任，对本作业过程中的安全生产事务有决策权和指挥权。

(2)安全副经理对本项目的安全生产负领导责任，负责具体落实项目经理指令、指示，在本作业过程中具体协调、安排和指挥有关安全事务。

(3)现场责任经理负责施工现场安全工作，现场救生、紧急事故处理工作，以及组织员工学习急救方法和相关知识，紧急情况下带领人员安全撤离并作好相关标识。

(4)各职能管理部门对所辖事务的安全负管理责任，依据副经理工作指令具体落实各项安全事务。

(5)现场班组长对本作业过程中的安全事务负直接责任，根据现场安全管理需要合理调配各类资源，在紧急情况下时可以临时决定诸如停工、撤离等决定并立即向副经理汇报。

(6)施工现场工段长对现场的安全直接负管理责任，并协调现场安全工作。

(7)现场安全监督员对现场的安全事务负管理责任，具体负责现场安全检查、监督整改存在事故隐患等等，发现有违章现象及时制止，发现存在严重危及职工生命安全或国家财产安全的隐患时，有权下令停止一切生产并组织人员进行整改。

(8)现场电工负责现场电器、机械设备的安全工作，包括机、电设备的检修、维护工作。

(9)劳务施工队伍班组长，负责本班组施工相关的各项具体的安全管理工作。

二、基坑施工过程潜在风险评价及安全配套设施

南锚碇位于长江南侧大堤外，基础距输油管线最近距离 58.5m，距长江大堤最近距离61m。施工过程受地质条件影响较大，而基坑开挖施工属于深基坑作业，所以我们对施工过程存在的危险因素进行了详细评价和论证，结合项目资源配置情况、技术能力状况等多方面分析研究，确定出(如果不采取措施)可能会造成严重事故的危险源，然后根据评价结果确定控制方案。危险源分析见表 2-3-1。

危险源分析 表 2-3-1

序号	危 险 源	活 动 产 品 及 服 务	可能造成的后果
1	高处坠落	塔吊安装、模板安拆、基坑临边不到位、夜间施工照明不良、上下基坑、塔吊	人员伤亡
2	起重伤害	土方吊运、混凝土浇注、钢筋模板搬运/安装/拆除、施工楼梯/脚手架	财产损失/人员伤亡
3	物体打击	土方吊运、风、混凝土浇注、模板安装拆除、钢筋制作安装	财产损失/人员伤亡
4	淹溺	基坑透水、积水	财产损失/人员伤亡
5	触电	现场发电、配电作业、临电线路、金属焊接、混凝土搅拌、混凝土振捣、机电设备、机械切割、手持电动工具、雷击、静电	财产损失/人员伤亡
6	火灾	气割、乙炔库房、电线短路、管线受损	财产损失/人员伤亡
7	坍塌	基坑坍塌	财产损失/人员伤亡
8	化学/物理性爆炸	化学危险品储存/使用、气割、压力容器(氧气、乙炔、液化气气瓶)	财产损失/人员伤亡
9	中毒	石油管线受损	财产损失/人员伤亡
10	自然灾害:风，雨，雾，雷电	施工作业全过程	人员伤亡/财产损失

1. 安全设施配置

施工单位购置了合格的反光衣、救生圈、安全帽、安全带等个体防护(救生)用品,同时使用符合国家标准的基坑照明装置。

2. 其他安全配套系统

(1)信息收集处理

施工单位建立信息处理终端,及时与指挥部、监理、海事以及相关方沟通和交流,获得相关信息后及时分析和处理。安全部门负责每天(或中长期)的气象收集和发布,当风力大于 6 级时停止起重作业并要求相关部门作好防风工作。当出现暴风雨天气立即要求现场做好基坑排水工作。

(2)通信保障

施工单位现场指挥人员均配置对讲机作为备用通信工具,确保 24h 能够与现场人员联络,不管出现什么情况,都能够在第一时间作出快速反应。

三、基坑施工过程中安全检查工作

1. 一般性检查

一般检查以现场安全员以及现场施工技术、管理人员检查为主,按照基坑安全施工控制要求及其他安全施工控制要求对现场安全随时进行检查。

2. 重点检查

基坑施工过程中重点检查项目有:基坑作业防护设施检查,起重作业施工操作过程检查,机电设备安全检查。

(1)基坑防护设施检查

施工期间,现场安全员、技术管理人员、施工班组长须定期对基坑临边设施进行仔细检查,对受损处及时进行维护、修补;所有施工人员都有义务保护好临边防护设施,对故意损坏安全设施的人员进行教育或罚款。

(2)起重作业施工安全操作过程检查

基坑施工期间,起重作业将成为整个施工过程中的控制重点,包括起重设备的检查,起重司机的规范操作,信号工的规范指挥,吊物捆绑的牢固程度都是检查的重点。

(3)机电设备检查

机电设备操作人员以及指挥人员一旦发现异常应停止相关作业,并及时向现场管理人员汇报,现场维护修理人员及时检修。在整个施工期间,机电设备操作、维护人员必须定期对设备进行检修、维护与保养。

四、应急救援预案

为了保障南锚基坑施工的顺利进行,保证从业人员在施工过程中的安全与健康,保护施工现场的生态环境,最大限度地控制危险源和不良环境因素,尽可能地减少事故造成的人员伤亡和财产损失，遏止环境污染和资源浪费。认真落实国家、地方安全、环保法律法规以及相关方要求，施工单位编制了《基坑开挖应急救援预案》予以实施，各项安全预案和措施均从组织机构及物质配备上作了具体的部署和准备，具备极强的应急、处理能力。

第四节　施工安全措施

一、锚区照明及电路布置

锚区主要照明灯布置如图 2-4-1 所示，在原有三处照明灯基础上另增加三处照明灯，新增加的三处照明灯布置在塔身上，数量根据基坑开挖深度适当增加。

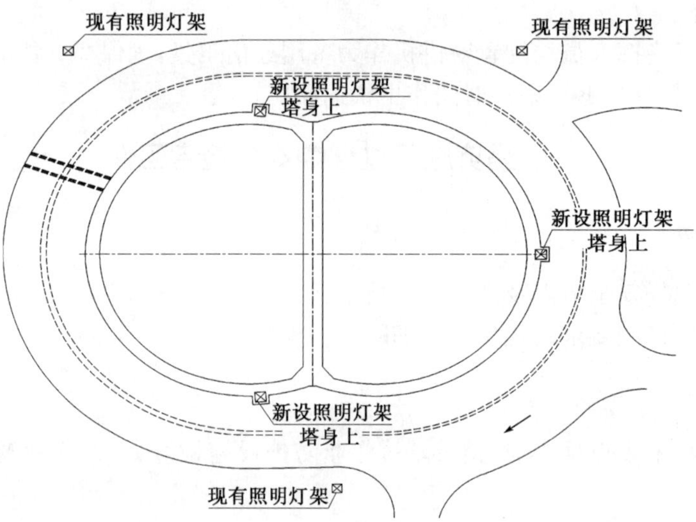

图 2-4-1　基坑照明布置示意图

基坑电路由箱变接出后，穿越外平台及环形道路预埋管道，沿帽梁顶面布置到个分配点，基坑电路布置与分配如图 2-4-2、图 2-4-3 所示。

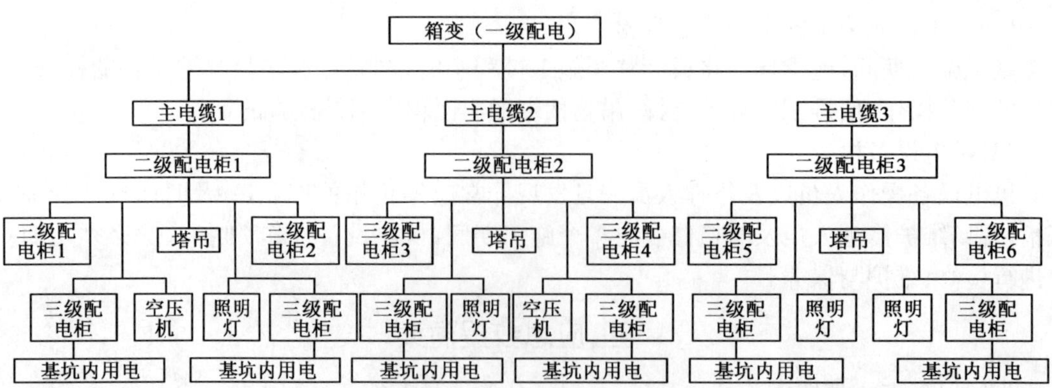

图 2-4-2　基坑用电分配图

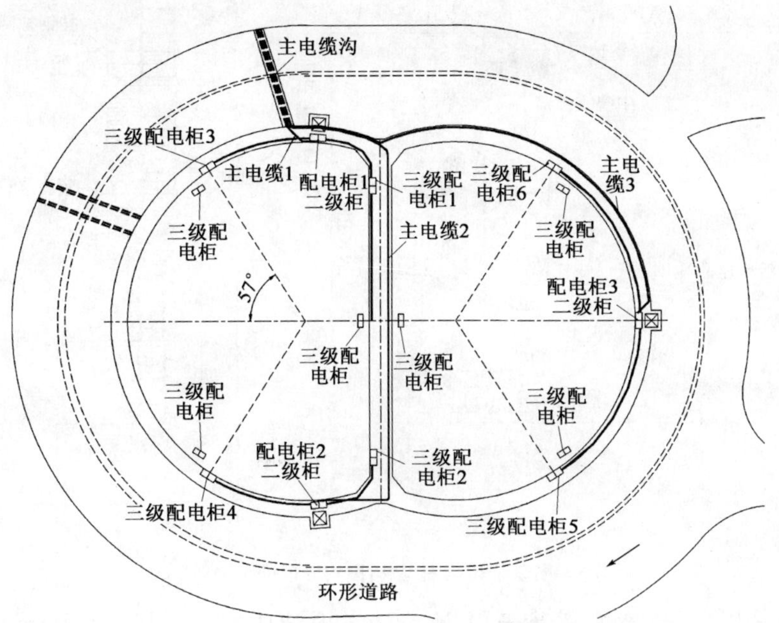

图 2-4-3　基坑电路布置示意图

二、临时通道——爬梯

基坑开挖时，在两侧基坑东西侧，沿内衬面各布置一处爬梯，爬梯布置如图 2-4-4 所示。

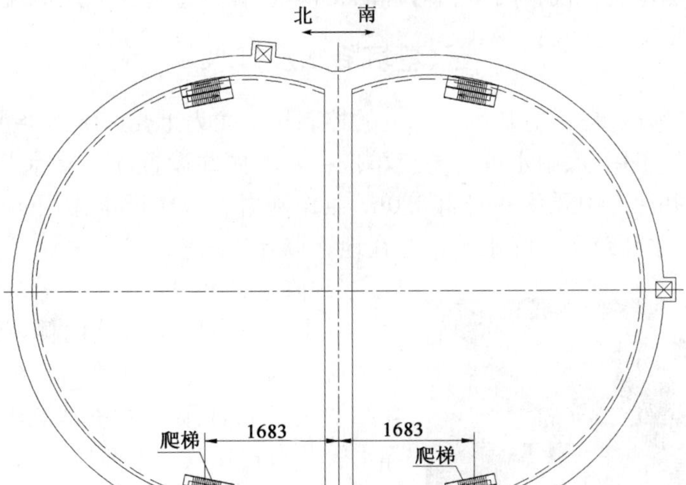

图 2-4-4　爬梯平面布置图(尺寸单位:cm)

爬梯采用“之”字形结构，单节高度 3.0m，宽度 1.4m，踏步高 0.2m，踏步宽度 0.25m。爬梯底部受开挖影响，需设置活动梯。爬梯通过预埋件固定在内衬壁上。爬梯结构如图 2-4-5 所示。

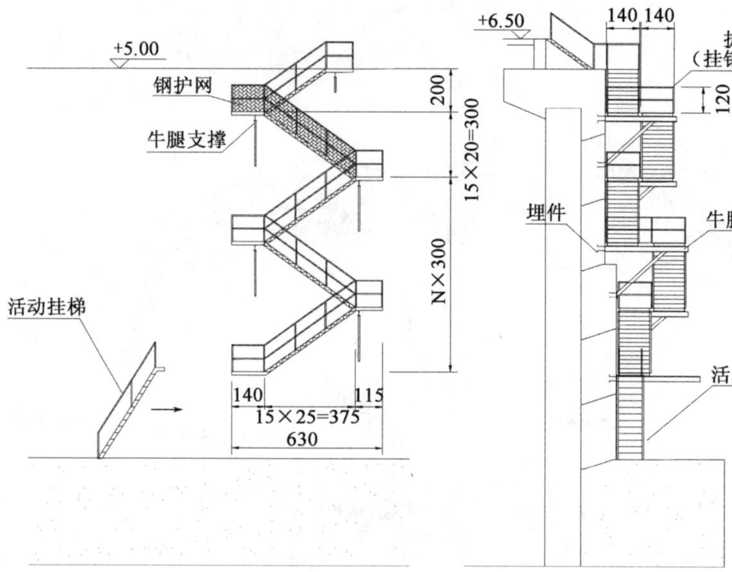

图 2-4-5　爬梯结构图(尺寸单位:cm)

爬梯骨架采用 16 号槽钢,踏步采用 8mm 防滑板,护栏采用 ϕ48×3.2mm 钢管,支撑牛腿采用 25 号工字钢及 14 号槽钢。为防止高空坠物,整个爬梯采取边缘封闭结构,即爬梯踏步用钢板封闭,护栏采用钢护网封闭,如图 2-4-6 所示。爬梯以 3m 为一个单元体,根据基坑开挖深度从上往下安装,每开挖一层安装一个单元。

考虑到基坑开挖至最后,坑底作业人员密度大的特点,为保证通道的畅通及应急预案的落实,施工单位在两侧基坑各设置两个相对称的爬梯,以备紧急情况下人员疏散使用。

三、基坑降水及排水

为防止淹溺及触电事故,对基坑内水位的控制显得尤为重要。坑内降水、排水主要包括坑内岩石裂隙渗水、施工用水、雨水等。施工单位在基坑内共设置 5 口降水井,采用降水管井抽排出基坑,降水管井深入中风化基岩内 3.0m,兼作基岩内减压排水作用。软土层内采用砂砾渗井(砂桩)加速排水和疏干。降水井已经在地连墙施工之前完成。

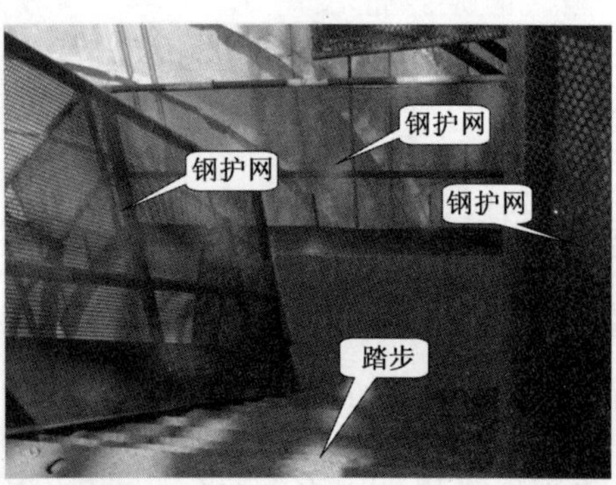

图 2-4-6　爬梯

(1)降水管井设计

降水管井布置在基坑内侧,根据润扬长江大桥北锚碇基坑和阳逻长江大桥南锚碇基坑工程经验,并结合南京长江第四大桥基坑围护结构形式,坑内降水管井布置在基坑内离地连墙内侧约 4.5m 处,具体位置如图 2-4-7 所示。图中锚区北侧布置 3 口降水井,南侧布置 2 口降水井。

(2)基坑抽水试验

最后一个地连墙槽段施工完成并达到设计强度后,利用坑内 5 口降水井在基坑范围内进行抽水试

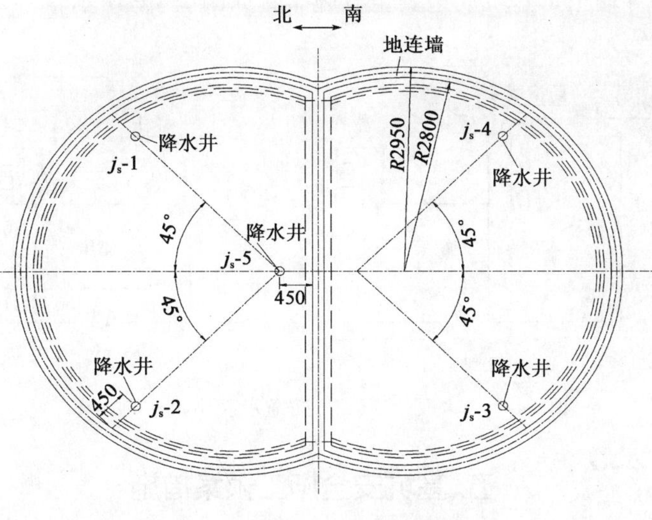

图 2-4-7　降水井布置图(尺寸单位:cm)

验,将坑内水位分阶段降至最大设计水头高程处,以检验地连墙帷幕的封水效果。基坑抽水试验期间对基坑结构受力变形及周围土体、水位等进行严密监测,一旦发现较大渗漏,对监测数据进行计算分析,确定渗水量及位置,有针对性地采用接缝高喷等应急预案措施,预案实施后需再行抽水试验,确保基坑满足封水要求后再进行开挖。

(3)基坑降水与排水施工

为了使基坑开挖过程中保持良好的干施工条件,每层土方开挖前通过设在坑内的 5 口降水管井降低基坑内的地下水位,降水过程中要注意观察坑内水位,确保每次水位降深在开挖面以下1m,不得超降。

降水管井随开挖面下降拆除,孔口始终保持高于开挖面 1.5m。潜水泵岩基坑内衬布置固定管路,管路绕过帽梁及外施工平台,水系经平台排水沟流至主排水沟。排水管路采用 $\phi83\times4$mm 钢管,钢管节段之间采用法兰连接。如图 2-4-8 所示。

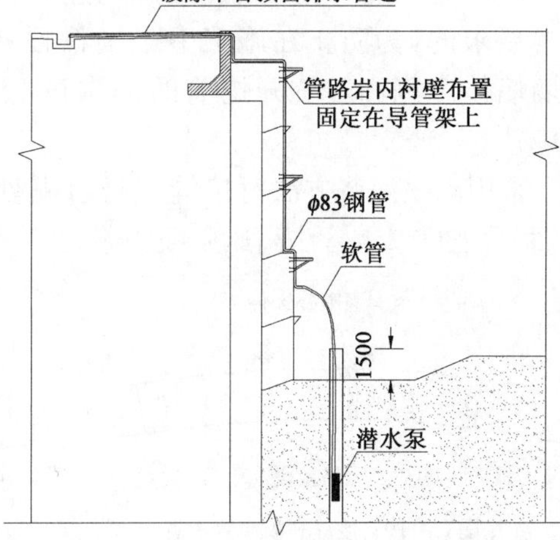

图 2-4-8　降水井管路布置示意图(尺寸单位:mm)

另在亚黏土和淤泥质亚黏土层,因土的渗透系数较小,为了加快该层的降水速度和改善降水效果,特别是雨季,在坑内用反铲开挖若干排水沟和集水坑,利用小型潜水泵及时抽排坑内积水。

四、临边安全设施布置

在外导墙及帽梁顶部设置防护栏杆,栏杆采取 $\phi48\times3.2$mm 钢管制作,高 1.2m,并用密度较大的钢护网封闭。同时在外导墙上设置防撞墙,防撞墙采用截面为 25cm×25cm 方木制作,方木用钢筋固定在导墙上。基坑周边安全设施布置如图 2-4-9 所示。

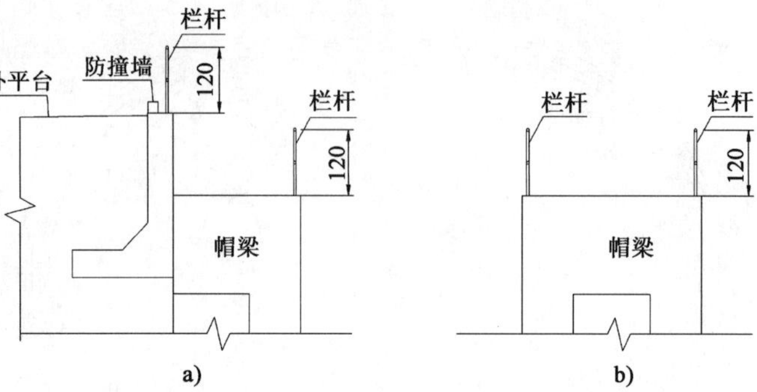

图 2-4-9 基坑周边安全设施布置示意图(尺寸单位:cm)

五、基坑安全施工预案措施

为确保南锚基坑的施工安全,当开挖过程中基坑出现渗漏时有可靠的应对之策,虽然地连墙成墙后利用预埋注浆管对墙体逐个槽段进行超声波检测(对检测发现存在质量薄弱环节的接缝或槽段在开挖前进行处理),但在开挖过程中地连墙仍有可能出现局部的薄弱环节(地连墙墙段接缝连接不良;相邻槽段出现错位较大;混凝土浇筑过程中出现冷缝、蜂窝和孔洞等现象),通过研究和试验,制订了以下预案:

接缝高压旋喷施工,本工程地连墙采用铣接法接头,正常情况下是能够满足本基坑防渗要求的,为防止在施工中个别槽段接缝出现薄弱环节,在地连墙施工完成后通过地连墙墙体声测和基坑开挖前的抽水试验确定是否对部分地连墙接头采取接缝高喷补强措施。

采用高喷灌浆方法对接缝进行事先处理。即在墙体接缝外侧 30～40cm 处钻一个高喷孔,而后进行二重管法高压旋喷灌浆,其布置形式如图 2-4-10 所示。

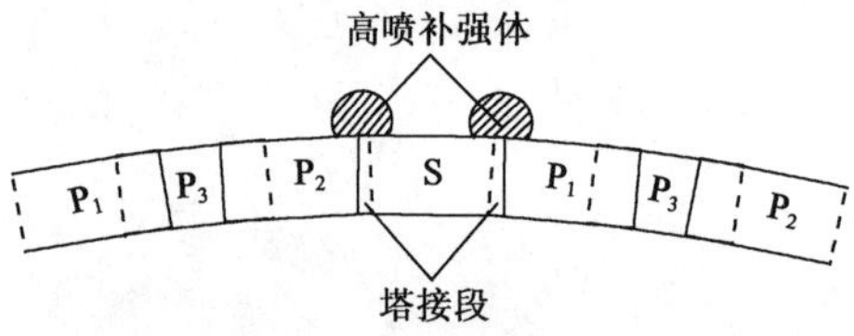

图 2-4-10 接缝高喷布置示意图

高喷灌浆的起始深度为基岩面以下 0.5m 处,向上提升终止深度为深层搅拌支护桩底以上 1.0m处。

高喷灌浆施工应待地连墙墙体材料已达到 80% 强度后进行。在导墙施工时已在接缝处预埋了高喷孔管道,以满足高喷钻孔要求。

六、基底涌水处理

南锚基坑地质情况复杂,施工存在着一定的风险,虽然采取了多种措施,但仍不能排除基底出现涌水的可能性,在基坑开挖到底后,一旦出现涌水,将采取以下几项措施:

(1)采用基底注浆,在坑底钻孔高压灌注水玻璃溶液对涌水点进行封堵。

(2)加大盲沟断面和集水井尺寸或增加数量,启用备用水泵,加大坑内抽排水能力。

(3)尽一切力量加快垫层施工,尽早实现封底。

七、地连墙墙体因局部缺陷出现渗漏

在基坑开挖过程中地连墙墙体因局部缺陷出现渗漏，水量较小时，在坑内采用聚氨酯—氢凝高压对墙体注浆；水量较大时，在坑外钻孔采用高压注水玻璃溶液，进行化学注浆。

八、基坑施工安全操作一般规定

(1)坚持“谁施工、谁负责安全”的原则，落实各级人员的安全生产责任制，强化参建员工的“四不伤害”教育，提高职工的自我保护意识。

(2)所有参加基坑施工作业的人员必须身体健康，凡犯有高血压、心脏病、及医生认为不适合从事深基坑施工作业的，不得从事施工作业。

(3)参加基坑施工的人员，必须熟知本工种的安全技术操作规程。特种作业人员必须持证上岗，并备注相应的技术素质和安全应变技能。

(4)正确规范使用个人劳动用品。进入施工现场，必须戴安全帽，扣好帽带，穿好反光背心；高空悬空作业时必须系好安全带，扣好保险扣并穿防滑鞋。

(5)施工现场挂设天气预报记录牌，塔吊上部装设风力、风向装置。当塔身处风力大于(等于)6级或遇霜雪、浓雾、雷雨等能见度受限的恶劣气候时应暂时停工。同时必须根据地方气象预报，在恶劣天气来临之前，作好现场施工人员及有关设备、设施的撤离、转移及加固工作，确保人、机、设施的安全。

(6)为防止高空坠落与物体打击，基坑周边及爬梯临边应挂警示牌，起重作业时应严格听从指挥，不得违规违章作业。

(7)施工人员应保持有效的通信联络，配置符合施工条件的对讲机。

(8)塔吊及各类起重设备，应严格执行起重机械安全操作规程，并填写设备运行日志。

(9)起重工要严格执行起吊“十不吊”的规则。吊点选择合理、信号统一、哨音明亮、手势清晰。

(10)临边作业所需的工索具及材料等，应放在工具包内或临时固定，严禁上下抛掷工具及物件。

(11)作业所需的氧气、乙炔瓶应装入铁框中提升和吊运，临边作业处的氧气、乙炔瓶应用绳索绑扎牢固，防止滚动和坠落。

(12)夜间施工必须保证足够的照明设施。

(13)各类电气设备必须按《建筑施工现场用电安全规范》(JGJ 46—2005)的要求保证有效的安全接地措施，安全防漏电保护装置，施工设备及工程设施必须有防雷击装置。

(14)各类电气及机械设备必须专人操作，严禁他人操作和玩弄机电设备。

(15)横梁支撑体系、膜板支撑等，投入施工前必须先验算其承重、刚度稳性等安全系数，确保万无一失。

(16)分项工程开工前，应做好安全技术交底工作，由分项工程负责人向施工人员讲清楚工艺流程中存在的危险点、可能发生的事故及采取的安全技术措施。坚持安全技术交底签字制度。

(17)严格限制堆在基坑临边的设备和材料数量，基坑旁的设备及施工用具应堆放整齐，防止落入基坑中。

(18)电焊机必须设置有独立的电源开关,禁止多台电焊机共用一个电源开关。电源控制装置应安装在便于操作的位置,周围设安全通道。电焊机裸露接线柱须设置安全防护罩,其附近不得堆放易燃、易爆物品。

(19)进行焊接、切割作业时,应根据作业位置和环境定出危险范围,禁止在作业下方及危险区域内堆放可燃、易爆物品和停留人员。严禁把焊接电缆、气体胶管、钢丝绳混在一起。严禁对挂在吊钩上的工件和设备进行切割。焊接、切割工作完毕应及时清理现场,彻底消灭火种后,方可离开施工现场。

(20)凡进入基坑内的工作人员,均应严守规程,上下爬梯时应秩序井然,不准争先恐后、嬉戏打闹、快跑急跳,严禁将头或身体伸出防护栏杆东张西望、抛接物件。

第五节　施工设备安全控制

一、自安装起重设备——塔吊

塔吊选用 145t・m F0/23B 型塔吊,最大起重高度 59.8m,起重能力 23～100kN。基坑周围布设 3 台塔吊,作为基坑钢筋混凝土施工过程中的吊装设备及基坑开挖辅助设备。

1. 塔吊安装

帽梁施工时安装塔吊基础,基础采用预埋柱脚方式。塔吊在基坑开挖前 20d 进行装拼、安装及调试,塔吊拼装时在高度方向上错开,每台塔吊相差 3～4 个 3m 高标准节。塔吊吊臂两端及顶部必须安装警示灯,以避免夜间施工时塔吊之间相互干扰,发生事故。

三台塔吊基础分别布置在对应 P1、P12、S20 槽段处的帽梁上,其平面位置如图 2-5-1 所示。

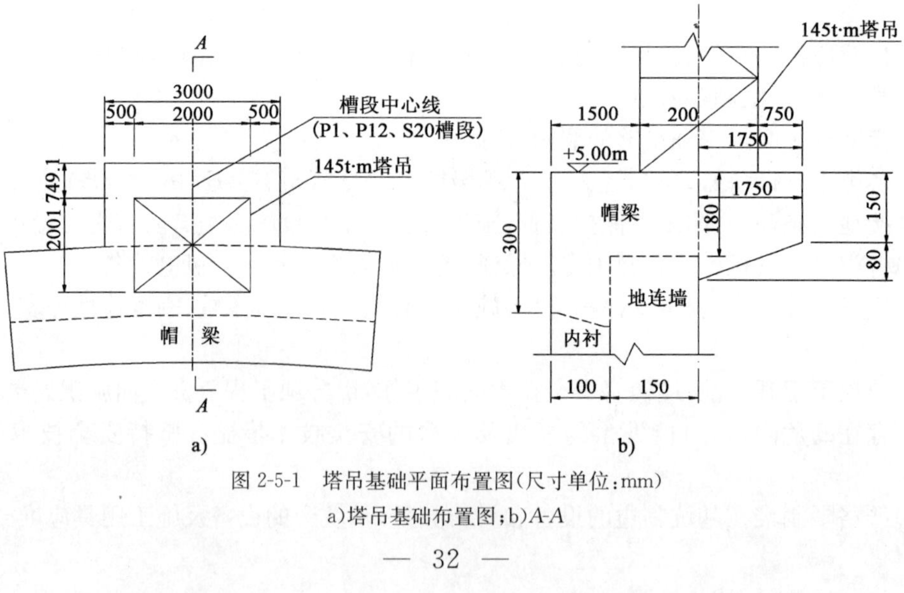

图 2-5-1　塔吊基础平面布置图(尺寸单位:mm)

a)塔吊基础布置图;b)A-A

2. 基础结构

塔吊标准节柱脚平面尺寸为 2.0m×2.0m，其基础采用钢筋混凝土基础。帽梁施工时，拆除 P1、P12、S20 槽段处外侧导墙，按照图 2-5-1 尺寸将帽梁尺寸扩大。考虑到塔吊基础受力较大，需要在基础处增加部分钢筋。塔吊基础钢筋布置如图 2-5-2 所示。

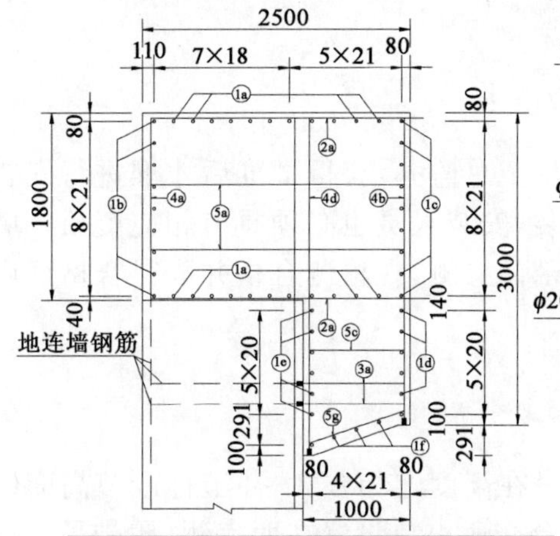

编号	型号	编号	型号	编号	型号	编号	型号
1a	φ25	1e	φ25	4a	φ20	5c	φ16
1b	φ25	1f	φ25	4b	φ20	5g	φ16
1c	φ25	2a	φ25	4d	φ20		
1d	φ25	3a	φ25	5a	φ16		

a）

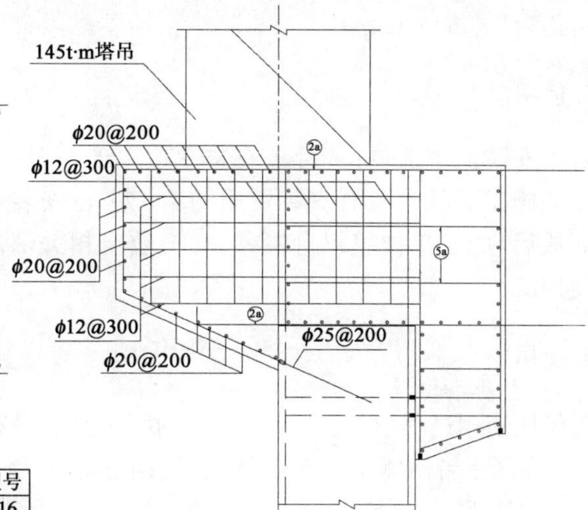

b）

图 2-5-2　塔吊基础钢筋布置(尺寸单位：mm)

a)帽梁配筋图；b)塔吊基础配筋图

塔吊标准节直接预埋在钢筋混凝土内，塔吊底节段配带柱脚，将柱脚预埋至混凝土内 80cm，每个柱脚上设置 8 根锚杆。塔吊与钢筋混凝土基础连接方式如图 2-5-3 所示。塔吊与帽梁连接时注意预埋防雷接地引线(直接接入土层)。

3. 混凝土基础受力验算

(1)荷载条件

非工作状态下塔吊柱脚最大拉力 680kN，最大压力 1080kN。

工作状态下塔吊柱脚最大拉力 1570kN，最大压力 1920kN。

混凝土为 C30 混凝土，钢筋为二级钢筋。

(2)计算结果

采用 Midas-GTS 程序计算基础全部为素混凝土时的混凝土应力。

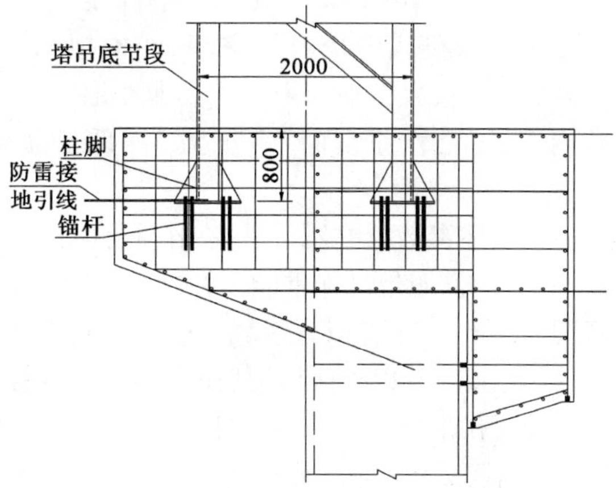

图 2-5-3　塔吊与钢筋混凝土基础连接构造图(尺寸单位：mm)

经计算混凝土最大拉应力：2.9MPa，只出现在塔吊反重力支撑点区域，根据规范 C30 混凝土抗拉设计允许值为 2.2MPa,需要局部加强。

实际上塔吊基础及柱脚处有配筋,基础受力满足安全要求。

4. 塔吊基础对基坑受力验算及影响分析

通过采用 Midas 程序建立计算模型,由计算分析可知:塔吊基础反力对基坑整体受力和变形影响甚小,可以不考虑。

5. 使用前

塔吊安装前施工单位上报《安装专项施工方案》至总监办,获得批准后才准进行安装施工。安装施工必须是具有安装资质的单位进行安装,安装人员也必须具有相应资质。塔吊安装完成后,施工单位组织自检,同时报政府相关部门检测,在检测合格并取得合格证后方允许使用。

6. 使用中

为保证使用过程中 3 台塔吊互不干扰,3 台塔吊在高度上相差 3～4 节标准节高度(9～12m),因锚区平台南侧布置有搅拌站,同时整个平台交通出口设置在西南侧(履带吊通行频繁),则锚区南侧塔吊(S20 槽段处)最高,为 54.1m,锚区西侧塔吊(P12 槽段处)高度次之,为 42.1m,东侧塔吊(P1 槽段处)最低,为 33.1m。

二、租 赁 设 备

1. 履带吊

前期基坑周围布置 2 台 100t 履带吊,作为主要的吊土外运设备之一,后期基坑周围布置 3 台 100t 履带吊,作为主要的吊土外运设备之一。

因 3 台 145t·m 塔吊中最小高度为 33.1m(帽梁以上),布置在锚区北侧的 100t 履带吊大臂长度需考虑塔吊空间,经模拟选用 30m 长大臂较适宜。根据履带吊性能参数表可知:30m 长大臂时,履带吊作业半径为 7～28m,吊重 60.5～11.1t。履带吊在以上参数内,其正常作业空间(高度方向)低于最矮塔吊的吊臂。履带吊与塔吊立面关系如图 2-5-4所示。

在上述参数下的履带吊,在作业半径 16m 时,其吊重为 24.5t,作业半径为 28m 时,其吊重为 11.1t。履带吊起重能力在 24.5t 时(吊 10m^3 土,料斗重 1.5t),其作业半径覆盖了以锚区圆心 15.2m 半径以外区域。履带吊起重能力在 10.1t 时(吊 4m^3 土),其作业半径覆盖了以锚区圆心 5.2m 以外区域,其作业半径基本覆盖整个锚区,覆盖区域如图 2-5-5 所示。

履带吊取土在 1m^3 斗挖机配合下进行,挖机半径按照 3m 考虑,履带吊每次吊土 10m^3 时,其实际取土作业半径达到 22m,取土区域达到 76%。若履带吊每次吊土 4m^3 时,其实际取土作业达到 34m,取土区域为 24%。在挖机配合下履带吊取土区域可达到 100%。为提高履带吊功效,履带吊取土半径 22m 以外土,考虑用挖土机倒运土。

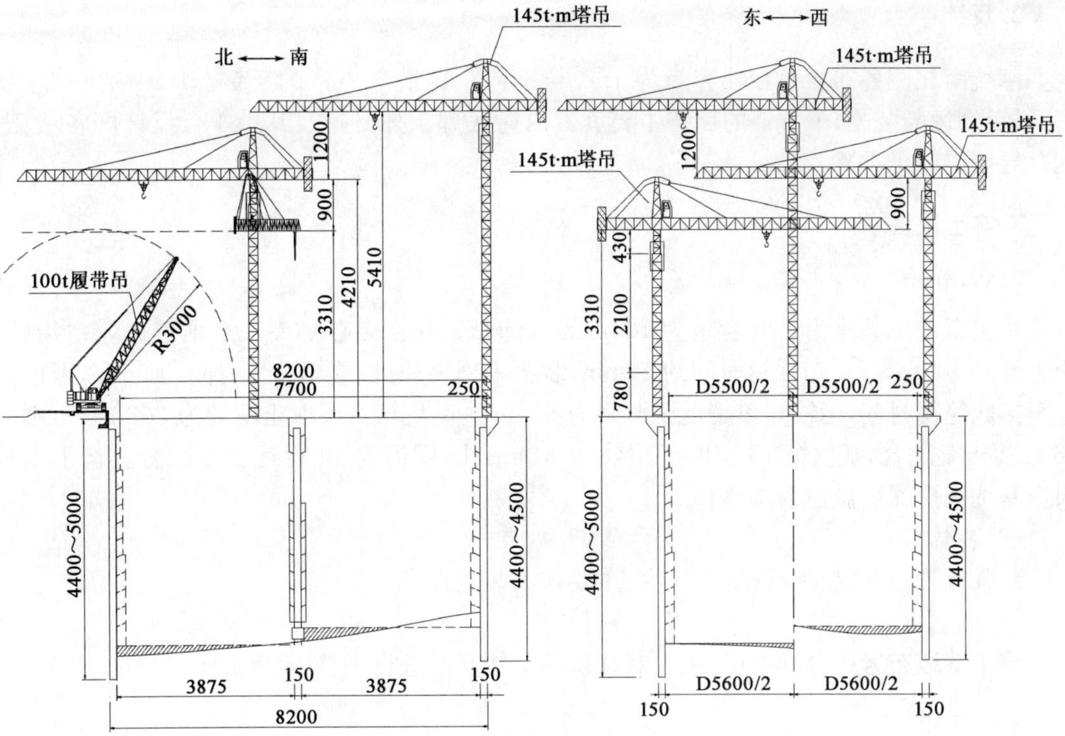

图 2-5-4 塔吊立面布置图(单位尺寸:cm)

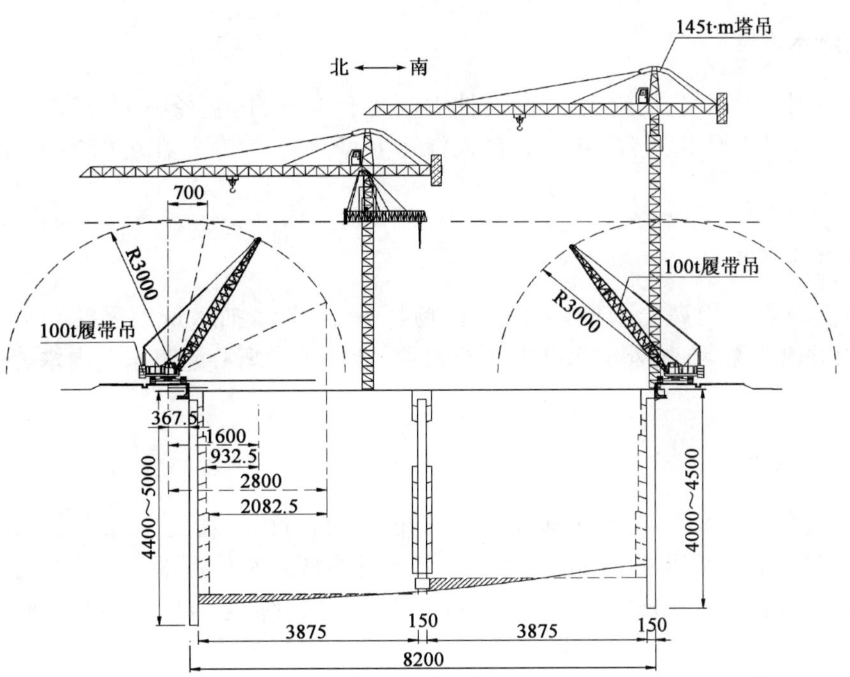

图 2-5-5 履带吊与塔吊空间关系图(单位尺寸:cm)

2. 反铲

基坑南北侧各布置 2 台斗容量为 $1m^3$ 与 1 台斗容量 $0.2m^3$ 的反铲。$1m^3$ 的反铲主要负责开挖、倒运与装土；$0.2m^3$ 的反铲主要负责内衬底部土体开挖。其中 1 台反铲配备液压炮，配合导墙混凝土拆除。

3. 弃土设备

(1)自卸车

运土车采用载重为 20t，容量为 $10m^3$ 的自卸车。弃土点在栖霞 312 国道边业主指定点，距工地约 10km，运土车往返时间约 50min，装土采用装载机，单车装土时间约 5min，考虑到运土车排队等待时间，运输车单趟运土时间为 60min。基坑第 2 层取土功效为 $268m^3/h$，则需要 26 台运土车配合，基坑第 13 层取土功效为 $140m^3/h$，则需要 14 台运土车配合。运土车数量根据基坑开挖深度做适当调整。

(2)装载机

装载机采用 50 型装载机，共 2 台，主要作为装土设备。

(3)推土机

弃土基地布置 1 台推土机，主要对堆积的土体及时进行平整，确保弃土场地通道畅通。

4. 空压机

施工单位将租用 3 台 $20m^3$ 的空压机用于地连墙混凝土凿毛。

5. 基坑降水设备

抽水采用深井潜水泵，扬程大于 60m，抽水量大于 $30m^3/h$，直径小于 250mm，可直接放入降水管井。深井潜水泵共 8 台，其中 5 台入深水井降水，2 台布置在坑内抽水(雨水及养护水)，1 台备用。

6. 平台清洗设备

平台冲洗设备采用高压水枪，采用 1 台扬程大于 50m，抽水量大于 $30m^3/h$，直径小于 250mm 的深井潜水泵，在坑外取水井取水至水箱，通过 1 台离心泵将水箱内水分流至平台各设置点。

7. 设备安全控制

(1)每台设备配备 2～3 名技术熟练、富有责任感、有道德的驾驶员。驾驶员证照齐全，具备上岗操作资格，塔吊及履带吊另行配备了 1 名现场维修管理人员，保证设备的完好状态；

(2)加强设备日常运转日志及交接班制度的完善。以设备运转日志为标准进行定期例保，交接班要有记录。

(3)加强起区重设备于起重人员的沟通与协调。每班作业前进行班前交底，将本班的作业内容、工作量、工作区域进行详细交底，确保通信信号的畅通。

(4)设备专项检查每月不少于 2 次。

(5)所有进场设备必须通过政府相关部门检测,并取得有效合格证书,方可进场使用。

第六节　文明施工及各类管线布置

一、平台清洗管路布置

平台冲洗设备采用高压水枪,采用 1 台扬程大于 50m,抽水量大于 $30m^3/h$,直径小于 250mm 的深井潜水泵,在坑外东北角处取水井取水至水箱,通过一台离心泵将水箱内水分流至平台各设置点。平台清洗管路布置如图 2-6-1 所示,主管路经排水沟沿帽梁顶面环向布置,并均匀布置 8 处水阀,平台清洗时,直接用软管连接水阀取水。为保证临时便道清洁,基坑开挖期间,在锚区西南侧临时便道旁边设置出场渣土车清洗平台,其清洗水直接从旁边排水沟取水至水箱后,从高压泵送出。

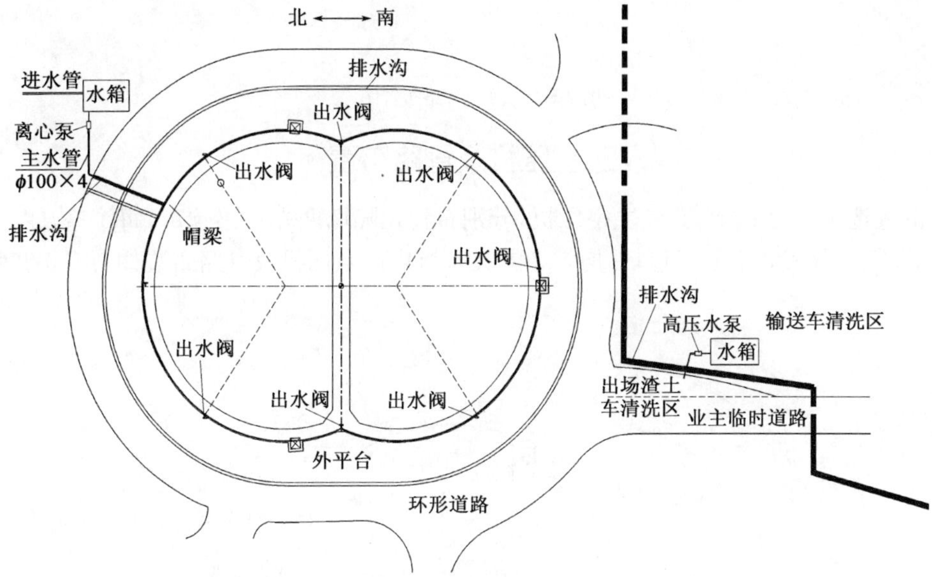

图 2-6-1　平台清洗管路布置图

二、养护水管路布置

为减少养护水流入基坑,混凝土养护采取喷淋养护,即在内衬顶部分段布置一圈 $\phi32$ 自来水管,在自来水管上每隔 0.6m 布置一个喷淋头,喷淋头喷出均匀水后沿内衬壁下流,达到内衬混凝土湿水养护目的。

养护系统布置如图 2-6-2 所示,在清洗管路上接出分水管($\phi32$),并安装止水阀,每个分水管连接一根长度不大于 50m 的养护水管($\phi32$)。养护水管布置在帽梁内侧的导管支架上,并距离内衬壁 30cm。每根养护水管上间隔 0.6m 用三通连接一个喷淋头。采取此喷淋养护系统非常方便:一方面可以减少养护水用量;另一方面可减少大量人工。

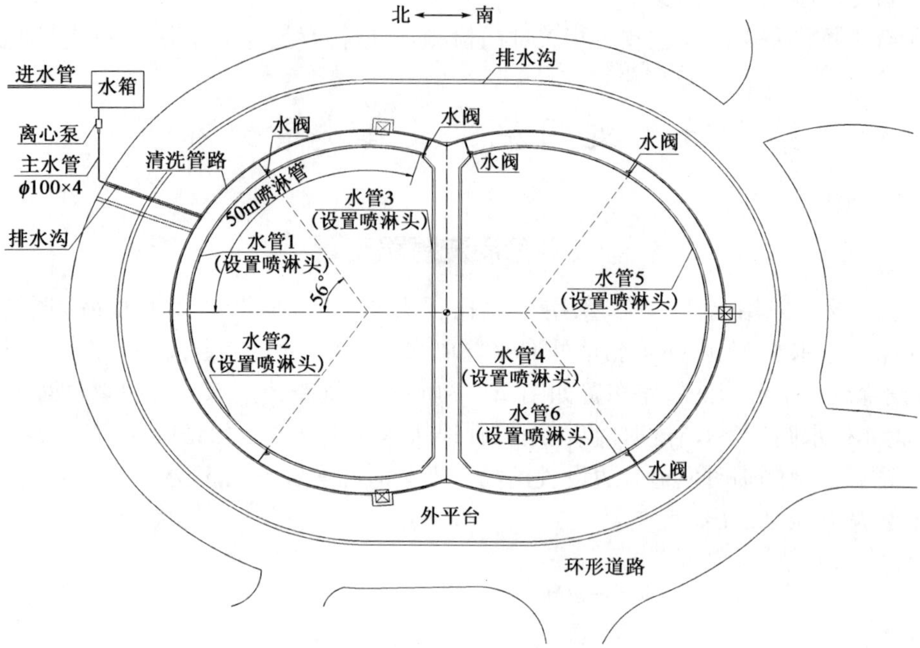

图 2-6-2　养护管路布置图

三、空压机及管路布置

基坑凿毛选用 2 台 $20m^3$/min 主空压机，分别布置在隔墙两端帽梁顶部，每个空压机配备一个主气包，主气包分成 3 个分气包，并均匀布置在基坑内。空压机及管路布置如图 2-6-3 所示。

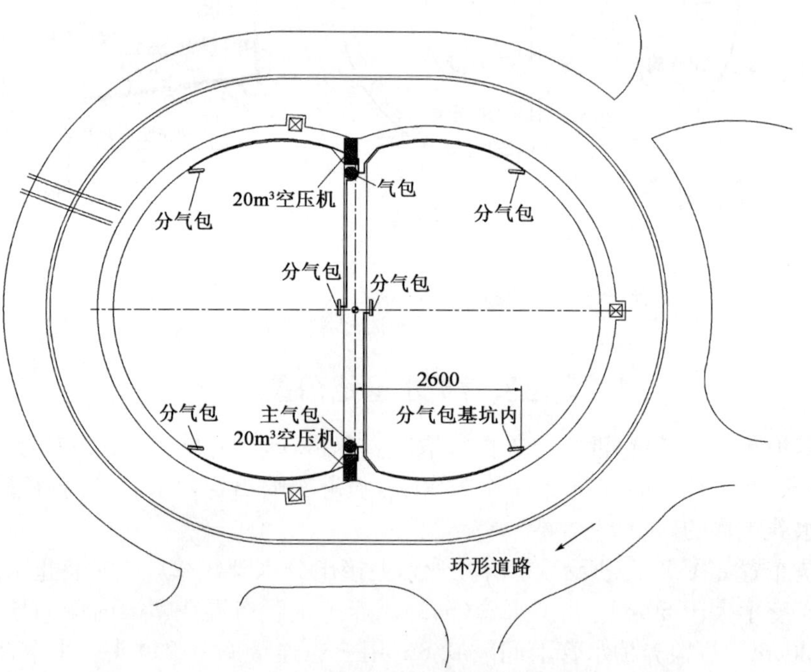

图 2-6-3　空压机及管路布置示意图

四、倒土平台布置及对基坑影响分析

1. 倒土平台布置

为保证平台清洁，在履带吊倒土区域设置“U”形挡土框，挡土框采取 HN588 型钢制作，外形尺寸为 10m×8m，挡土框随履带吊作业位置移动。履带吊倒土布置如图 2-6-4 所示。

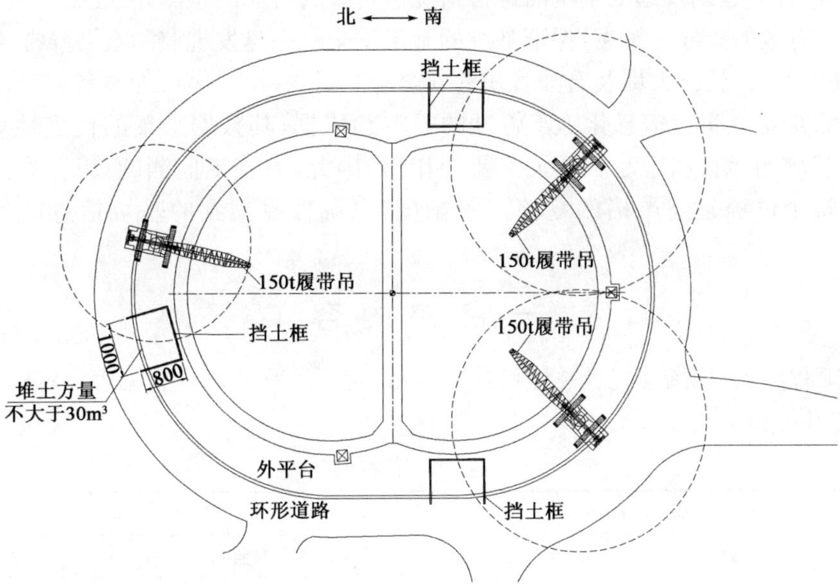

图 2-6-4　履带吊倒土布置图

2. 履带吊作业对基坑影响分析

履带吊自重 110t。堆土平台最大堆积量 $30m^3$。

采用 Midas 程序建立计算模型，结算结构表明履带吊作业时对地连墙基本上没有影响。

第七节　基坑开挖施工安全监测

南锚锚区距长江大堤较近且临近高架石油管线，锚区地质情况复杂，存在一些不确定因素，造成了基坑施工安全的不确定因素多，仍有一定的施工风险。施工安全监测是控制基坑施工安全及控制周围构造物变形的最有效手段之一，通过在地连墙、内衬和基坑内外土体内埋设相应的传感器，作为深基坑开挖施工时的“眼睛”，随时掌握围护结构的位移、变形和受力情况以及基坑内外土体的变化情况，发现问题及时反馈、及时分析，以便及时采取相应措施，确保基坑开挖和基坑结构的安全。

根据现场监测数据资料，实施锚碇基坑施工变形位移的智能预测与控制，是施工安全监测的重要环节，是动态控制基坑施工安全的重要方法。首先对基坑变形进行正演分析，将预测结果与变形警戒值作出比较和控制决策，调整设计、施工参数，以减小后续施工中将发生的变形，达到控制变形的目的。监测中，随时将现场测试的基坑变形数据与预测值及变形警戒值进行比较，运用反演分析，辨识土体新的等效弹模，建立更完善的空间有限元模型，进行开挖工况变形位移值模拟计算，并通过人工智能分析，以进一步改善预测结果，确切保证施工中各受力部位的稳定与安全。

在基坑施工中严格执行信息化施工管理。根据监测信息并结合基坑结构受力、封水等情况进行系统分析，对近期及远期基坑的运行情况进行较为可靠的预测，并在施工过程中对基坑施工及时提出有效的指导性意见，保证基坑的施工安全。一旦发现监测数据异常，则立刻实施施工预案，确保基坑、长江大堤及石油管线的安全。

施工监测是基坑实行信息化施工管理的根本和依据，其数据采集的代表性和可靠性对于及时掌握基坑的运行状态起着至关重要的作用，因此，对施工监测的设计、布点及数据的采集和分析整个过程建立严格的复核审查制度，以确保收集到的基坑信息的代表性和可靠性。

一、监 控 内 容

根据本工程特点、现场情况及总体设计要求，设定本工程监测内容见表 2-7-1，具体情况见《南锚碇基坑开挖施工监控方案》。

监 测 内 容　　表 2-7-1

序　号	基坑系统	监测项目	测试手段
1	围护墙体	墙顶水平位移监测	光学测量
2		墙顶竖向位移监测	光学测量
3		墙体深层水平位移	测斜仪
4		墙体内力监测	钢筋应力计
5	支撑系统	隔墙内力监测	钢筋应力计
6		内衬应力监测	钢筋应力计
7	周边环境	周边地表竖向位移监测	光学测量
8		地下水位监测	潜水和承压水
9		坑外土压力监测	土压力计
10		坑外孔隙水压力监测	渗压计
11		周边建(构)筑物变形	光学测量
12		长江大堤监测	光学测量
13		油管结构内部损伤监测	声发射系统

二、施工监控频率

为确保基坑安全，本工程实施中以建立一个立体的监测预警系统为目的，根据基坑运行的变化规律，按照经济合理的原则安排监测进程。在基坑开挖阶段，各监测项目每天监测一次。具体监测频率见表 2-7-2。

监测频率　　表 2-7-2

监测项目	监测频率			
	地连墙施工	坑内降水	开挖至底板	施工至地面
周边地基土沉降	—	1 次/3d	1 次/1d	1 次/7d
围护墙顶垂直、水平位移	测点埋设	—	1 次/1d	1 次/7d
围护墙侧向位移	测点埋设	—	1 次/1d	1 次/7d
连续墙钢筋应力	测点埋设	—	1 次/1d	1 次/7d
内衬墙钢筋应力及内横撑应力	—	测点埋设	1 次/1d	1 次/7d
坑外孔隙水压力	测点埋设	1 次/3d	1 次/1d	1 次/7d
坑外土压力	测点埋设	1 次/3d	1 次/1d	1 次/7d
坑内、外地下水位	测点埋设	1 次/3d	1 次/1d	1 次/7d
温度	测点埋设	1 次/1d	1 次/1d	1 次/7d

注：①现场监测将采用定时观测与跟踪观察相结合的方法进行；
②监测频率可根据监测数据变化大小进行适当调整；
③监测数据有较大变化时，监测频率加密到每天 2～3 次。

三、施工期安全监控

1. 监测数据处理与预警

拟在现场设立计算机数据处理系统进行实时处理。每次观测数据经检查无误后送入计算机，经过专用软件处理，自动生成报表。监测成果以日报和周报的形式及时提交给相关部门。

现场监测工程师分析当天监测数据及累计数据的变化规律，与报警值比较，如果接近报警值时即向业主、施工单位、监理方提出告警，提请有关部门关注。同时一起参与应对方案的制定和研究。

每月提交监测月报，提交测试数据变化走势图；每个施工阶段提供监测阶段报告，监测工程结束后 3 周内提供监测总结报告。

如果监测结果超过设计的警戒值当即紧急提示，并提出相应的对策，供有关方面参考。鉴于有关规范对基坑安全性判别标准中均涉及相关参数的设计取值（如设计时应用的侧压力等），实施中的预警值还需经过设计方确定。

2. 监测数据的正反演分析

实施深基坑监测的目的是为了给深基坑工程的信息化施工提供决策依据，因此在对深基坑支护工程进行认真监测并获得准确的数据之后，一个很重要的工作就是要对所得数据进行定量的分析与评价，及时进行险情预报，同时提出合理化的应对措施与建议，并进一步检验措施处理后的效果，直至解决问题。

另外在基坑施工过程中根据实际开挖情况，外荷载的变化或通过反演辨识土体新的等效参数，对基坑进行正演分析，了解基坑的运行状态，为基坑施工组织安排提供决策依据。

四、开挖令制度及信息化专题会议制度

由于南锚基坑开挖施工存在一些不确定性因素，需要每一个环节控制到位方可确保基坑的施工安全，因此必须实施严格的开挖令制度，即施工负责人在掌握了降水、内衬混凝土强度、基坑运行状态、现场开挖各项准备工作到位等情况，并具备安全开挖条件的情况下，签发开挖令。现场收到开挖令后，方可严格按照开挖令指定的步骤及时间进行开挖，以及内衬施工。

基坑信息化施工专题会议一般每月召开一次，参加单位包括业主、监理、设计、施工、封水、监控、正反演分析等单位，主要根据上月的监测情况，对基坑的运行状态进行分析，对下阶段基坑施工提出具体要求，专题会议在需要时可由业主单位牵头组织、紧急召开。

五、监控人员配备

本工程投入的控制分析与监测人员均为具有相关丰富经验的工程技术人员，监测组人员在长期大量的工程实践中积累了丰富的理论知识和实践经验，具有高度的责任感和敬业精神，能做好各方面的协调和管理工作。

为确保监测工作顺利进行，加强施工与质量管理，成立项目组。现场设项目组长一名，全面负责监测的分析与控制。下设 3 个分系统，即几何测试分系统（5 人）、物理测试分系统（4 人）以及一个数据采集与控制分析系统（2 人）。

第三章 南索塔液压爬模系统安全专项施工方案

第一节 工程概况

一、概 述

南京长江第四大桥南塔的H形索塔坐落在高度为8.5m的72.5m×27m的哑铃形承台(钢筋混凝土结构)上,索塔双肢均为变斜率空心的钢筋混凝土柱,主塔总高为229.40m,其中索塔的下塔肢高度为41m。该段横桥向以半径231205cm的圆弧向内收坡,此段顺桥向外侧面以半径67474.5cm的圆弧向内收坡,内侧面以半径67263.7cm的圆弧向内收坡,下塔肢最大截面为12000mm×9000mm,下横梁下侧交结处设有R5821.3cm的圆弧倒角,下横梁高度为10m。中塔肢高度为116.30m,顺桥向外侧面和内侧面均以1∶38.92的斜率向内收缩,横桥向方向变为垂直方向不收缩。中横梁为钢箱拱梁,总高度15m,上塔肢高度为33m,塔肢收缩状态与中塔肢相同,上横梁为预应力混凝土结构,梁高6m,塔顶设女儿墙变截面造型,各塔肢最大截面为:下塔肢起步段12000mm×9000mm,中塔肢为8800mm×6500mm,上塔肢为8800mm×6500mm,整个塔身外侧设1000mm×1600mm直角倒角。

二、编 制 依 据

(1)《南京长江第四大桥跨江大桥施工图设计主塔及过渡墩(二)南、北主塔》

(2)《南京长江公路四桥南塔液压爬模施工图册》

(3)《建筑工程模板施工手册》

(4)《建设工程安全生产管理条例》(国务院393号令)

(5)《建筑机械使用安全技术规程》(JGJ 33—2001)

(6)《建筑施工高处作业安全技术规范》(JGJ 80—91)

(7)《施工现场临时用电安全技术规范》(JGJ 46—2005)

(8)《建筑施工安全检查标准》(JGJ 59—2011)

第二节　系统介绍及施工方案

一、南京四桥液压爬模系统介绍

1. 系统介绍

本系统根据南京长江第四大桥主塔塔身施工的具体要求及相关技术条件（节段高度4.5m、浇筑时间30m^3/h等），采用武汉港湾工程设计研究院研究开发的HF-ACS 100型液压自动爬模系统的技术成果，选用其通用部件配置成两套液压自动爬模系统，专用于主塔塔身施工。

液压爬模体系包括预埋件，液压爬升装置，模板移动支架，悬吊装置，以及由3个上部平台、1个工作平台和2个下部清理平台及电梯入口平台组成的外爬架，主操作平台宽2.9m，爬架总高度16m。

钢木组合大面模板体系通过模板移动支架或悬吊装置与爬升主体相连，液压自动爬架的3个上部平台、1个工作平台和2个下部清理平台之间采用固定扶梯相连，在同一平面上，平台间连成一条贯穿的通道。

液压顶升装置由轻型油缸驱动，操作十分方便快捷，液压顶升装置依靠多个液压油缸与相关的控制部件，包括远距离电子控制系统，保证施工人员可以很方便地完成提升工作。

在单肢桥墩的施工过程中，整个一圈的爬升体系即可整体同步爬升又能单面爬升，带动大面模板均匀上升。单个油缸通过控制调节器相互协调同步工作。另外，液压油缸还配备了防止油管破裂的安全装置。

（1）预埋件

预埋件由埋件板、高强螺杆、锚锥、六角发兰面螺栓等组成（图3-2-1）。

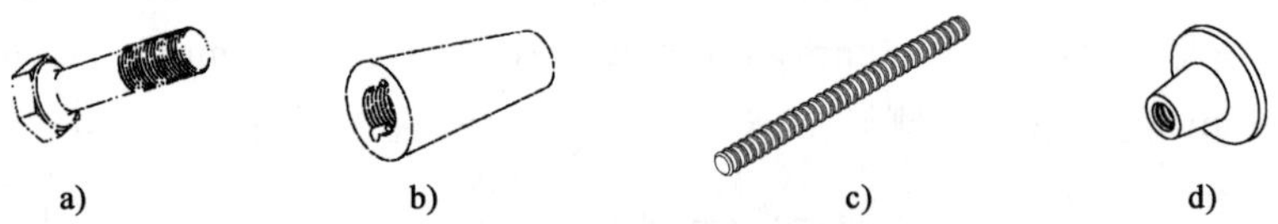

图3-2-1　预埋件

埋件板与高强螺杆连接，能使埋件具有很好的抗拉效果，同时也起到省料和节省空间的作用。因为其体积小，免去了在支模时埋件碰钢筋的问题，而锚锥和六角发兰面螺栓的周转使用更是节省了工程成本。埋件板大小、拉杆长度及直径须按具体情况设计计算确定。

（2）爬升装置

爬升装置主要功能是在塔肢节段施工时支撑整个系统，并承受系统自重及浇注节段混凝土的侧压力等荷载；在一个节段浇筑施工完成后自动爬升，带动整个系统爬升至下一个浇注节段位置；如此循环至完成塔肢施工。主要由锚板、锚靴、爬头、轨道、下撑脚、步进装置、承重架及下支撑等部件组成，如图3-2-2所示。

(3)移动模板支架

移动模板支架主要功能是在浇筑混凝土时安装和支撑模板并承受部分混凝土侧压力；混凝土浇筑完毕后，通过支架上齿轮齿条带动固定在支架上的模板整体脱模，并可让出足够空间，进行模板维护工作，通过移动模板支架上的可调撑杆可调整模板的倾斜角度，如图 3-2-3 所示。

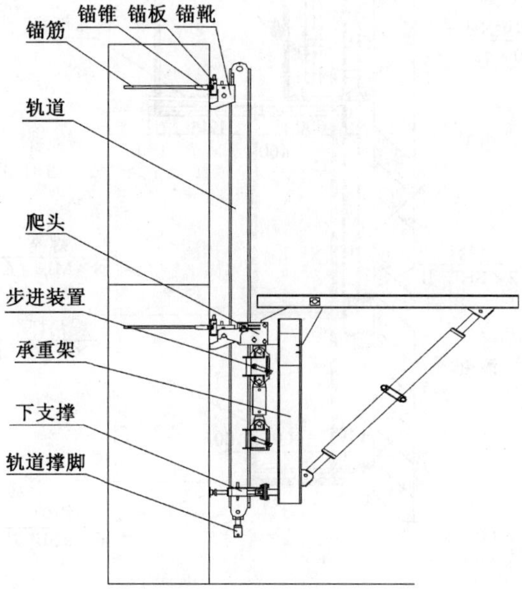

图 3-2-2　爬升装置

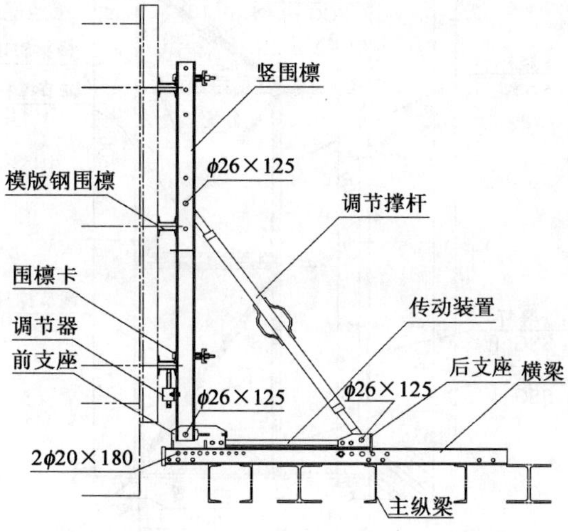

图 3-2-3　移动模板支架(尺寸单位:mm)

(4)外爬架

外爬架主要功能是构成模板的安装、调整、拆除，锚锥的安装及未浇混凝土段的塔肢钢筋绑扎处理，爬升装置的操作，锚锥的拆除，塔肢混凝土表面修饰及设置电梯入口等工作平台的支架。爬架从下到上分为－2、－1、0、＋1、＋2、＋3 共 6 层工作平台。

－2 层：电梯入口平台。

－1 层：主要用于锚锥的拆除及修饰塔肢混凝土表面。

0 层：爬升装置的操作平台。

＋1 层、＋2 层：主要用于模板的安装、调整、拆除，锚锥的安装。

＋3 层(顶层)：主要用于未浇混凝土段的塔肢钢筋绑扎处理及混凝土浇筑时的工作平台。

外爬架桁片是由若干基本单元构件(包括竖杆、横梁和可调斜杆等)拼装而成，采用螺栓和销轴连接，根据其位置又分为上爬架和下吊架，其构造如图 3-2-4 所示。各架桁片间用水平梁连接形成平台，且可适当收分，满足索塔外形施工需要。

(5)技术参数

①系统的主要技术参数如下：

a. 爬升装置单元设计额定垂直爬升能力：100kN。

b. 最大垂直爬升能力：130kN。

c. 爬升装置单步步长：160mm。

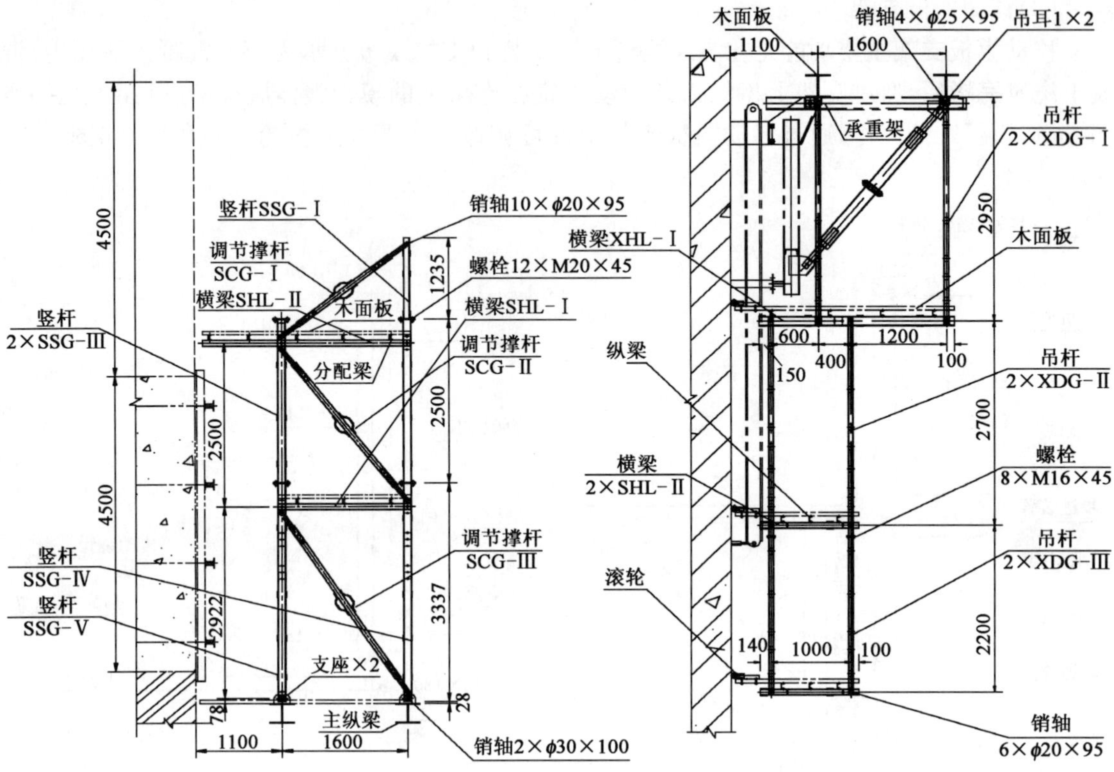

图 3-2-4 上爬架和下吊架(尺寸单位:mm)

d. 最大爬升倾斜角:±17.50。

e. 最大施工节段高度:4.5m。

②模板、浇筑、钢筋绑扎工作平台

a. 单层最大承载能力:3kN/m^2。

b. 总体额定承载能力:3kN/m^2。

c. 爬升装置工作平台最大承载能力:1.5kN/m^2。

d. 修饰及电梯入口平台单层最大承载能力:1.0kN/m^2。

③液压系统额定工作压力:20MPa

最高工作压力:25MPa。

④供电制式:三相交流:380/220V

⑤单边平台外形尺寸

a. 垂直状态最大高度:17.5m。

b. 垂直状态最大宽度:2.96m。

(6)液压爬模工作原理

HF-ACS 100 型液压自动爬升设备的爬升工作原理为:导轨依靠附在爬架上的液压油缸来进行提升,导轨到位后与上部爬架悬挂件连接,爬架与模板体系则通过顶升液压油缸沿着导轨进行爬升,典型爬升工艺如图 3-2-5 所示。具体如下:

①起始段浇筑中，在组合模板上，按照设计图纸中的位置，埋设爬升锥体（该部分可以收回利用），并保证埋件位置的正确。

②待混凝土达到强度（20MPa）要求后，拆模，利用起始段预埋爬升锥体，依靠吊机将HF-ACS 100型液压自动爬升设备主支撑体系挂于锚点之上，并锁紧安全销，随后吊装组合模板体系，调整组合模板位置，保证安装精度，支模后进行第二步浇筑工作。

③拆模，利用控制面板，提升轨道，使其上部与预埋的锚锥体固结，形成上升轨道。

④利用液压装备，使爬架体系与组合模板共同沿上升轨道完成同步爬升，在此过程中，爬轨的上部与混凝土结构通过预埋锚锥固结，以作为爬升过程中的立足点。

⑤支模，并重复上述流程的工作。

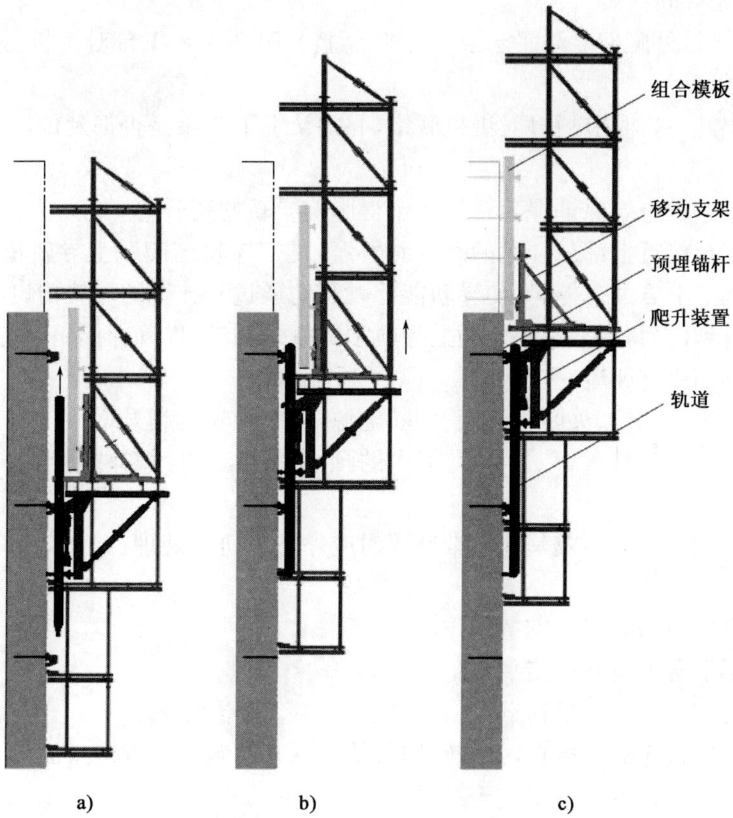

图 3-2-5　典型爬升工艺图

a）轨道爬升状态；b）爬架爬升状态；c）系统到位状态

2. 爬升工序

由于塔身为双肢对称排列，桥墩基座以上每个节段的浇筑高度为4.5m，故采用的模板系统也为相应的对称结构，大面积模板设计高度为4.65m，其中下部0.1m作为新旧混凝土面的压踏脚，上部0.05m防止混凝土浆水溢出污浊混凝土表面和工作平台，从基座底至墩顶，总的爬升工作周期为48次。

(1)导轨爬升

①导轨爬升前应做好以下工作:

a. 安装上部爬升锚板和爬靴并及时检查其实际位置与理论位置是否一致,不符合要求的应进行相应的调整。爬升悬挂件安装好后,应派专人检查其连接高强螺栓是否完全到位。

b. 用棉纱清洁导轨,并在导轨表面涂上润滑油。

c. 改变上下爬箱中复位机构摆杆的状态,使其一致向上。

d. 导轨爬升时,液压装置应由专人操作,现场施工负责人必须到场。

e. 与实验室联系确认混凝土强度是否已达到 20MPa 以上。

确认爬升准备工作完全符合要求后,打开液压油缸的进油阀门、启动控制柜,拆除导轨顶部楔形插销,开始导轨的爬升。

②导轨爬升时,外爬架 0 号平台及 1 号平台上个配 3 人和 1 台对讲机,并选用专用频道,以保证通信畅通。

③轨道每爬升一格时应通过对讲机联络,并确认上下爬箱是否都到位,到位后才可开始下一格爬升。

④导轨爬升过程中要保证保险钢丝绳不得影响导轨的爬升。

⑤导轨爬升至接近上部悬挂靴的高度时暂停,复核导轨与爬靴上导轨槽口的位置是否一致,若不一致,调节下方的支撑脚,使导轨能够顺利地通过悬挂靴的导轨槽口。

⑥导轨爬升到位后,应从右往左插上导轨顶部楔形插销,以确保插销锁定装置到位。下降导轨使顶部楔形插销与爬靴完全接触。

⑦关闭油缸进油阀门、关闭控制柜、切断电源,完成导轨的爬升。

⑧拆除下层爬架悬挂件,取出混凝土内的预埋锚锥,及时修补螺栓孔,以便进行爬架的爬升。

⑨发现导轨爬升不同步及其他异常情况时应停下来研究处理。

(2)爬架爬升

①爬架爬升前应做好以下准备工作:

a. 撤除各层平台中所有连接平台。

b. 应清除爬架上不必要的荷载(如钢筋头、氧气乙炔空瓶等)。

c. 抬起爬升导轨底部支撑脚,并旋转伸长使其垂直顶紧塔身混凝土面。

d. 将承重架下支撑的支撑脚完全缩回。

e. 改变上下爬箱中复位机构摆杆的状态,使其一致向下。

f. 检查爬架长边与短边的连接(如电线)等是否已解除及安全保护绳是否已套牢。

g. 检查塔吊至爬架主电缆的悬挂长度,保证爬架爬升时电缆有足够的长度。

h. 爬架爬升时,液压装置应由专人操作,现场施工负责人必须到场。

i. 检查上节段混凝土修补是否已符合要求。

②经确认爬架爬升准备工作已完全符合要求后,打开液压油缸的进油阀门,启动控制柜,拔去安全插销,开始导轨的爬升。

③爬升时,外爬架+2 平台各配 4 人和 1 台对讲机,并选用专用频道,以保证通信畅通。0 号平台安排 4 人观察,1 人操作。

④爬架架体荷载通过导轨来传递后，拔去承重销。

⑤在轨道上每爬升一格需通过对讲机联络，让爬架爬升操作者确认上下爬箱是否都完全到位，到位后才可开始下一格爬升。

⑥爬架快爬升至锚靴高度时，开始单面爬升，爬架升至稍高于承重销轴孔时停止爬升，注意好爬头不能顶到导轨楔形块，这个过程要小心进行。当爬架爬升到位后，应及时插上承重销及安全插销。

⑦关闭油缸进油阀门，关闭控制柜，切断电源，完成爬架的爬升工作。

⑧旋上支撑脚至混凝土面，调节支撑架使竖向支架与混凝土面平行。

⑨当爬架爬升不同步及其他异常情况时，应停下来研究处理。

⑩爬架爬升到位后，检查所有平台的滚轮是否顶紧混凝土面。

二、液压爬模系统施工方案

拟采用液压自爬模对塔身外侧施工，内筒自中塔肢以上采用内筒架吊爬模施工。

1. 下塔肢施工

主塔下塔柱外表面的液压自爬模施工自塔座以上开始，即主塔施工始于高程 7.00m。

下塔肢第一节段施工时下部存在实心段，为避免大体积混凝土浇筑及养护时发生太大的温度差异，引起起步段混凝土内外应力不均，起步段浇筑高度一般应控制在 3m 高度左右，施工图中如特殊要求且施工上能够保证混凝土内部散热的要求，也可按整节段浇筑混凝土。第一节采用钢管脚手架施工，实心段拉杆全部采用固定拉杆，下口采用型钢斜撑固定，模板下口混凝土浇筑前应用砂浆封堵，防止混凝土浇筑时跑浆，所有模板竖向拼缝口应粘双面胶。

接着使用液压自爬模的专用模板进行第二节段施工，节段浇筑高度 4500mm，在第二节段施工中要注意：模板进下口用小爬锥压紧，模板内应按设计位置安装液压自爬模爬锥，爬模安装是在初始的 3 个浇筑节段里逐步完成的。第二节段模板收分与裁切应按施工附图（主塔中塔肢 2—2 剖面模板配置方案）中规定的位置进行裁切。模板裁切量原则是：模板下口按混凝土实际成形尺寸，上口按理论尺寸进行裁切（实际施工时可根据情况两节段裁一次）。

下塔肢第 10 节以下混凝土施工时应注意如下事项：圆弧段采用以直代曲的方案。每次合模后模板上口应与理论点一致。

从第 2 节开始，索塔就可以使用液压自爬模施工，对于下塔肢内筒起步段吊爬模不能兼顾的地方，应由工地搭设临时脚手架，以确保安全施工。

无论是采用横梁后浇方案还是塔梁同步浇筑方案，原先已安装爬模系统均不需拆除，只需在对应位置埋设爬锥即可。下塔肢施工完成后向中塔肢转换时，斜爬面的面位安装位置均不需变动，由圆弧段向直线段变化时，由于变化幅度不大，液压爬模可适应调整，不需做任何变化。

2. 中塔肢施工

主塔中塔柱外表面的液压自爬模施工自第 12 节段开始到第 38 节段结束。其中 12～19 节段横桥向外侧均为圆弧过渡，自 20 节段开始，该面变化为垂直状态，经计算横桥向的圆弧段误差仅为 1mm。如采用采用以直代曲的方案实施工，可大幅简化施工程序，此误差值爬模可自适应爬升，不必做任何改动。

中塔肢第 2 节施工时同时安装内侧面爬模架及内筒爬模架体。

对于爬模来说，在中塔肢施工段应做好整体模板系统的控制工作，即要保证整体中塔肢以上模板成形迹线按理论方向一致，不能出现模板支设上模板倾斜度校正不到位的情况。在索塔下段的截面变化较快，为适应上部的截面，平台搭设范围有限，下塔墩顶部角的处理方法是在两边的平台上放置活动式跳板，但仍然要求对该活动式跳板牢固搭设防护栏杆。每次液压自爬模爬升前后都必须分别拆装一次这个活动式跳板，随着截面变化可在平台不再使用活动式跳板时将其去除。我们在设计模板的时候已经考虑到了中塔肢的模板规格尺寸，使得下塔柱所使用的模板可以直接用于索塔中塔肢，不造成浪费及额外的工作量。在索塔的内模板使用 15mm 国产板用于内模收缩面模板，竖筋采用[8，其余角模均使用 6mm 钢板作为面板。角模均为钢模板（主要考虑到内模重复次数较多且易损坏）。中下塔肢部分主平台的悬挑长度较大，所以有必要在两个斜爬和俯爬面加设高强绷带，以便在不增加机位的前提下使平台爬升过程中稳定性增强。

3. 上塔肢的浇筑施工方法

主塔上塔柱外表面的液压自爬模施工自拱角以上开始，从第 40 节段开始到第 50 节段结束。其中 40～50 节段顺桥向、外侧均为 1∶38.92 过渡，横桥向为垂直状态。

上塔肢施工是整体施工过程最为简单的部分，其中因其结构的变化，模板进入该施工段后，均不再进行裁切，合模时只需控制好模板的角度及位置即可。进入中横梁拱角位置时，爬模采用先施工的办法，对拱角钢筋进行预留，等到爬模越过该段后，进行中横梁施工。

三、液压爬模系统的优点

（1）液压爬模可整体爬升，也可单榀爬升，爬升稳定性好。

（2）操作方便，安全性高，可节省大量工时和材料。

（3）除了因为建筑结构的要求（如墙面突然缩进或形状突变）需要对模架改造之外，一般情况下爬模架一次组装后，一直到顶不落地，节省了施工场地，而且减少了模板（特别是面板）的碰伤损毁。

（4）液压爬升过程平稳、同步、安全。

（5）提供全方位的操作平台，施工单位不必为重新搭设操作平台而浪费材料和劳动力。

（6）结构施工误差小，纠偏简单，施工误差可逐层消除。

（7）爬升速度快，可以提高工程施工速度。

（8）模板自爬，原地清理，大大降低塔吊的吊次。

第三节　系统安全控制

为保证主塔液压爬模系统的正常施工，确保系统的使用安全，杜绝和防止事故的发生，我们从液压爬模系统的设计制作、安装、自检、使用等关键环节的施工过程中，针对各类危险源形成了一整套的安全控制措施，这些都是我们要做的重点工作。

一、系统安全控制

1. 设计制作

南京四桥南主塔液压爬模系统（HF-ACS 100 型）为中交武汉港湾工程设计研究院设计，并由武港院委托具有多年爬模制作经验的厂家制作，并具备相应的系统设计计算书，内容包括恒载、施工荷载、风荷载及环境温度变化情况下主要构件的受力及变形计算。

HF-ACS 100 型液压自动爬模系统在安庆长江大桥主塔、苏通长江大桥主塔、杭州湾跨海大桥主塔、湖南湘潭湘江四桥主塔、涪陵李渡长江大桥主塔、上海长江大桥主塔等项目，整套系统的爬升功能、模板体系的可行性和安全性得到了很好的检验，在保证施工质量和安全性的前提下，大大提高了工作效率，使用方便、安全。

2. 构件自检

南京四桥索塔液压爬模系统包括爬升装置、模板移动支架、外爬架、高强度螺栓锚锥、六角发兰面螺栓、液压系统等通用部件及部分“非标准件”组成。系统全部构件由专业厂家制造，运抵到四桥施工现场进行组拼、安装，所有外采购部件均有产品质量证明书或合格证。

二、安装安全控制

液压爬模系统采用单面预拼，整体吊装的方式进行安装。在节省工期的同时，最重要的是减少了高空作业工序时间，以最大程度地降低了安全风险。

液压爬模系统由施工单位组织，按照设计单位提供的《爬模使用手册》进行安装，特种作业施工人员均持证上岗，并对所有液压爬模系统安装人员进行了爬架性能及安装安全操作规程交底。

液压爬模系统处在整个主塔的防雷系统内（主塔塔吊防雷系统），但其本身也具有良好的防雷和接地装置，整个爬架钢结构与塔柱防雷接地主筋连接，经检测，液压爬模系统接地电阻为 0.1Ω，远小于设计要求值 4Ω。

安装完成后，施工单位组织各部门、总监办对液压爬模系统进行了全面的验收。

三、使用安全控制

爬模系统施工始终处在动态变化中，应加强施工过程控制，既保证在爬模系统承载、静态状况下各种受力构件的安全。

1. 承载试验

液压爬模系统安装完毕后，所有承载面均进行了承载试验，试验内容主要有：承重架上部件有无变形、损伤，调解螺杆螺纹是否完好；下支撑有无变形、损伤，支撑螺杆螺纹、保险销是否完好；轨道和轨道撑脚有无变形、损伤，固定是否牢靠，轨道导向缘是否平整无卡阻，爬架上缘口是否完整；步进装置有无损伤，固定是否牢靠，换向杆与轴连接是否可靠，换向锁撑支柱是否固定牢固；爬头结构有无变形、损伤，连接销轴是否固定牢靠；锚靴有无变形、损伤，销轴固定是否牢靠。

在四桥爬模系统承载试验中，系统整体工况良好，表明了液压爬模系统安装成功，适用于现场工况。

2. 施工过程构件安全控制

液压爬模系统主要靠各类精加工构件(锚锥、六角发兰面螺栓、承重销轴)承重，怎样保证这些构件的合格及控制其使用寿命是至关重要的。

(1)在这些构件使用前，保证所有构件均通过出厂检验合格。

(2)施工单位将对此类构件按不同的百分比抽样检测，确保100%样品合格。

(3)我们将针对受力最大或受损最严重的承重销轴和高强度螺栓定期予以更换，以防止构件疲劳受损。

(4)周期性对液压爬模架体结构、连接件、安全装置、电气系统进行检查，记录检查结果。

3. 人员管制及现场告知

液压爬模系统施工过程是一项高空高危作业，工序较多，技术要求高，因此在施工过程中必须严格按有关安全操作规程的要求施工，因此施工单位将液压爬模系统施工作为一项重大危险源进行现场告知，并制作了上爬架作业人员管制牌及液压爬模系统施工安全操作规程牌，悬挂在施工现场，规范人员管理的同时，针对爬模安装、爬升、作业等各个工序提出具体的要求，并提供现场指导。

4. 安全交底

在保证设备安全状态的基础上，如何杜绝人的不安全行为成为液压爬模系统安全控制措施的重点。在落实安全交底的工作上，主要做到：一是对液压爬模施工的所有人员进行施工安全技术交底，使施工人员熟知液压爬模系统施工中爬模工艺流程中存在的危险点、可能发生的事故及采取的安全技术措施；二是对爬模安装人员进行爬架性能及安装安全操作规程交底；三是对爬模爬升、维护人员进行专项安全操作规程交底，增强操作人员重视程度，使得液压爬模系统的每次爬升都万无一失；四是对爬模上所有作业人员进行高空作业安全教育，以提高施工人员在液压爬模上作业的自我保护意识。

四、爬升过程安全控制

针对爬模系统最重要的爬升工序阶段，施工单位制定了专门的安全检查表，在爬模爬升前及爬升后，针对各项准备工作及架体的结构检查，经现场爬模操作人员、施工负责人及安全、结构监理签字确认后，方可进行爬升及其他施工作业。主要为防止高空坠落与物体打击，使得爬架作业面形成绕塔身封闭的高空作业系统，以确保爬架在爬升过程中始终保持垂直、平衡、稳定爬升。

因爬模系统分4个爬架面，分属于4套液压装置，4套液压装置可同步操作，但因油管传递滞后性，不可能保证4面爬架保持在同步爬升，根据现场实际操作，相邻爬架之间最大有

5cm 左右的滞后。因此 4 面爬架在爬升过程中均分割为独个整体，相邻架体之间只保持软连接(铁链)，拆除所有硬连接(钢管)，在爬升就位后再进行钢管连接。

液压爬模系统本身有防坠步进装置，施工单位另外配备了一批保险绳作为爬模的防坠装置，即在爬模脱离锚栓爬升时，用保险绳环绕液压爬模架体固定在主塔劲性骨架和主筋上。

五、爬模临边防护安全、消防防护布置

临边防护安全、消防防护布置如图 3-3-1～图 3-3-8 所示。

六、爬模临时用电布设

爬模临时用电布设如图 3-3-9 所示。

七、南京四桥液压爬模系统安全检查标准

施工单位应建立健全液压爬模系统各类安全控制措施和管理制度，并对液压爬模系统进行检查，检查标准除符合本实施办法外，还应符合国家现行或行业有关标准的规定，以保证液压爬模系统的安全性。

1. 总体要求(表 3-3-1)

爬模施工前总体要求　　表 3-3-1

序号	检查内容	目标要求	结　果	说　明
1	设计文件	具有相应的设计计算、文件签章齐全	必须具备	
2	使用手册(说明书)	设计单位提供	必须具备	
3	质量自检	外采购部件有质量证书或合格证，自制部件有自检记录，有签章	必须具备	
4	操作规程	应具有	必须具备	告知
5	承载试验验收报告	应有设备名称、试验日期、载荷工况和负责人签章	必须完成	
6	安装自检记录	三方验收、有签字	必须完成	
7	安全技术交底	须有内容和签字	必须完成	
8	锚固点的隐蔽工程验收记录	应有、有签字	必须具备	爬升前验收
9	设备方案评估	专家评审、有签字	必须完成	

2. 现场检查标准

(1)根据交通部 2007 年 1 号令要求，爬模等自行式架设设施，首先应当组织有关单位进行检查验收。因此施工单位在液压爬模系统安装完成，并进行了调试和试爬升，具备验收条件后，组织了设计单位、安装单位、使用单位及南京四桥总监办公室对系统进行了验收。

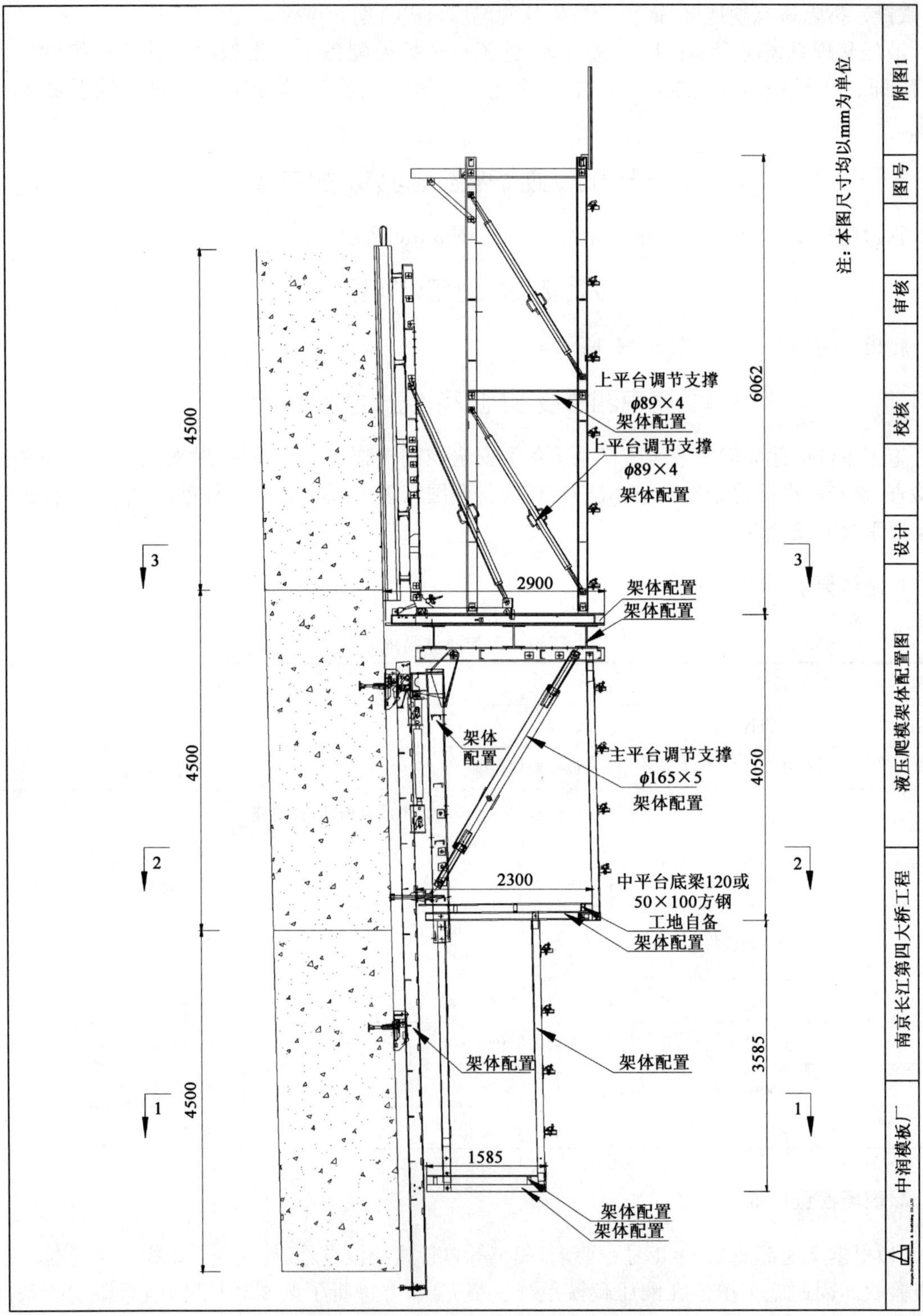

图3-3-1　液压爬模架体配置图

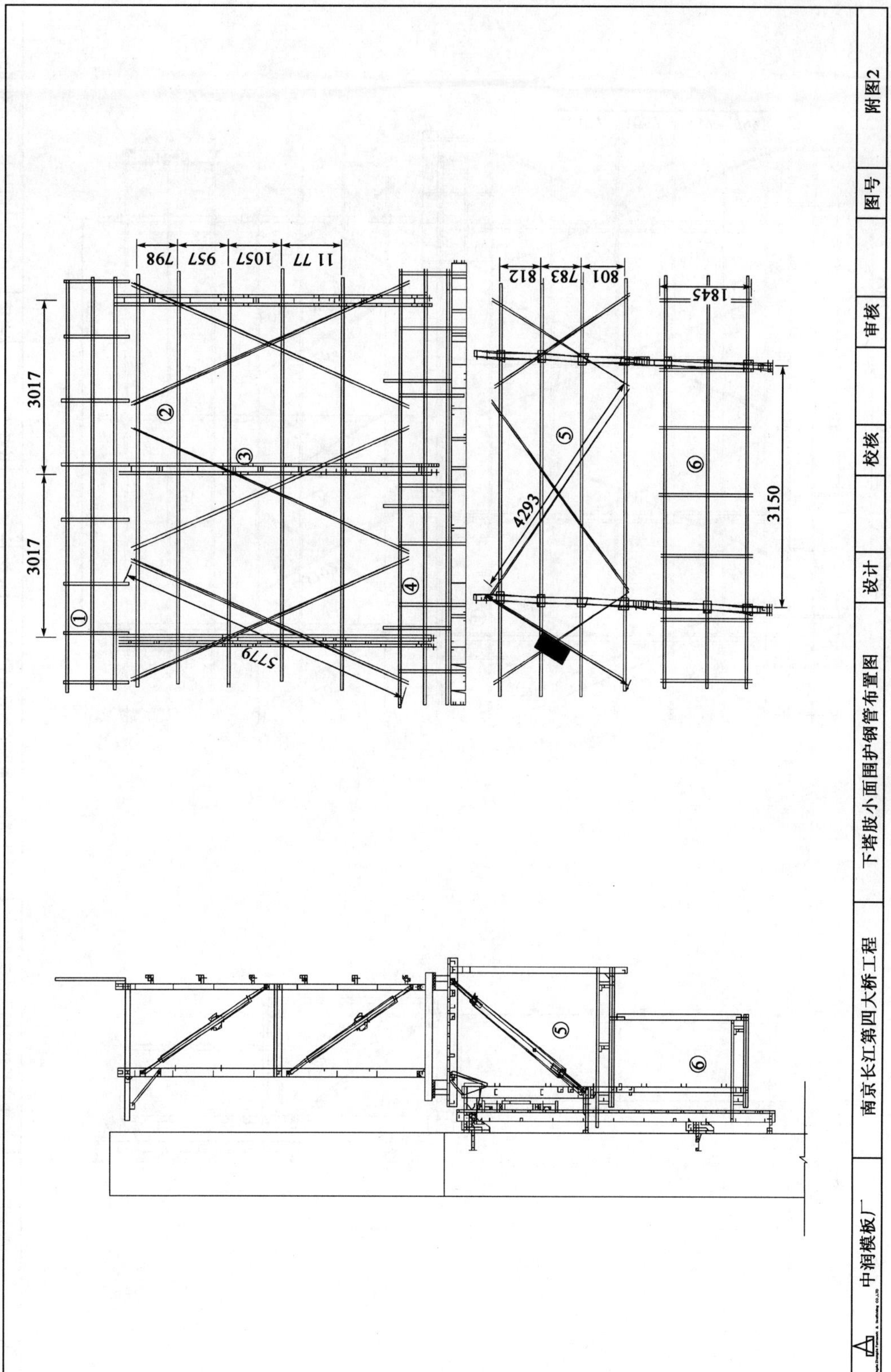

图3-3-2　下塔肢小面围护钢管布置图(尺寸单位: mm)

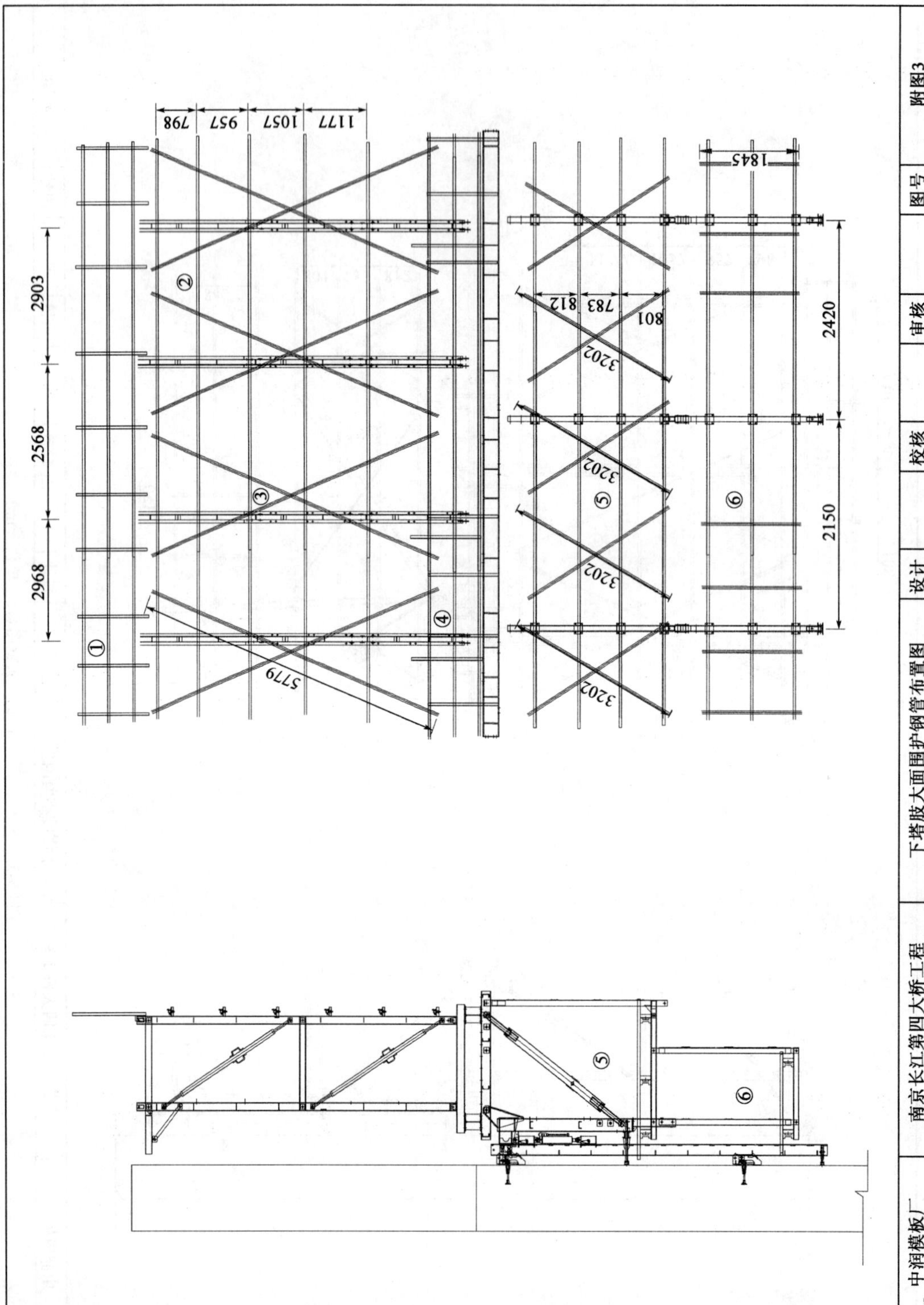

图3-3 下塔肢大面围护钢管布置图(尺寸单位: mm)

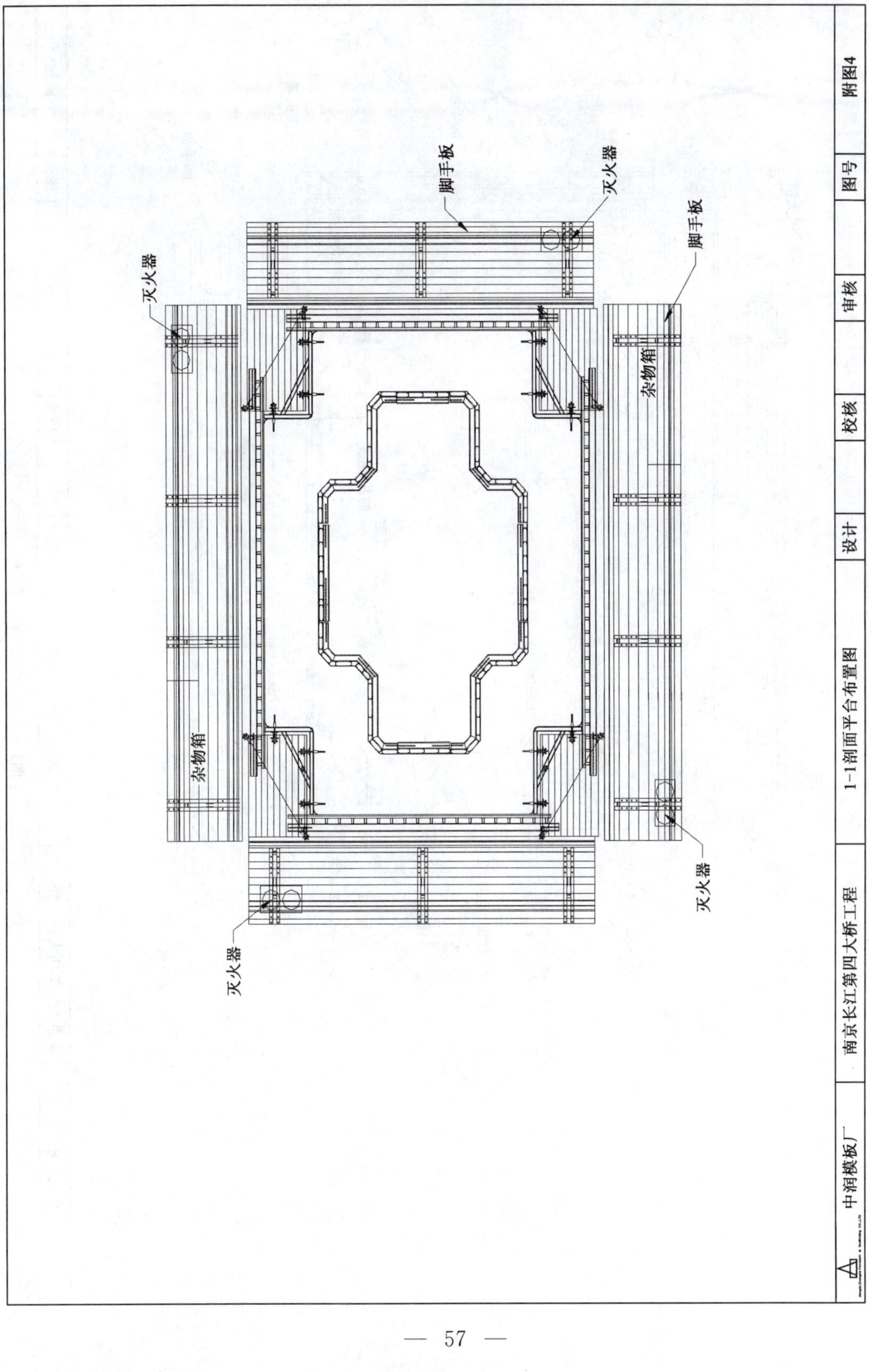
脚手板
灭火器
脚手板
灭火器
杂物箱
杂物箱
灭火器
灭火器
中润模板厂
南京长江第四大桥工程
1-1剖面平台布置图
设计
校核
审核
图号
附图4

图3-4 剖面平台布置图

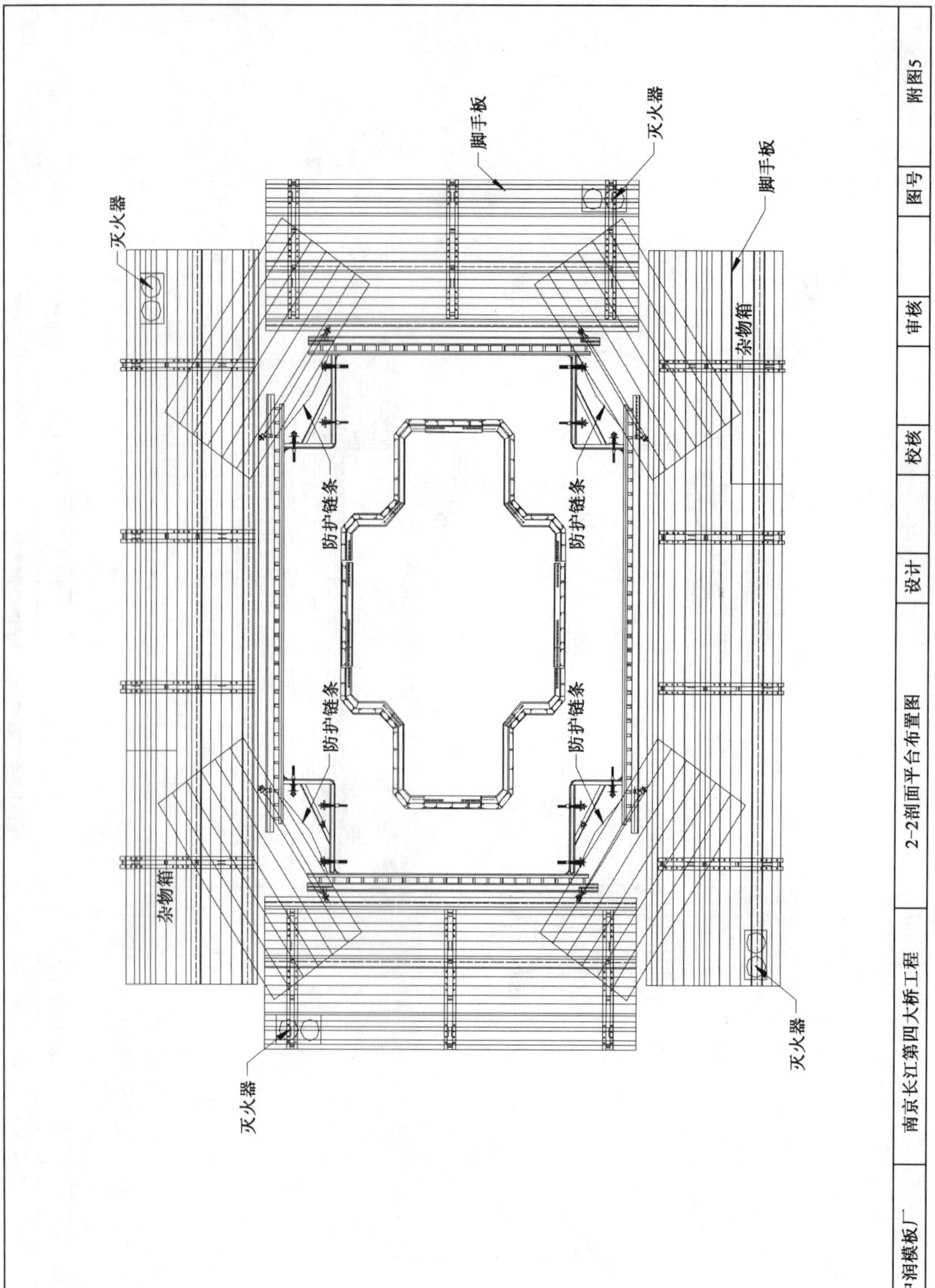

图3-3-5 2-2剖面平台布置图

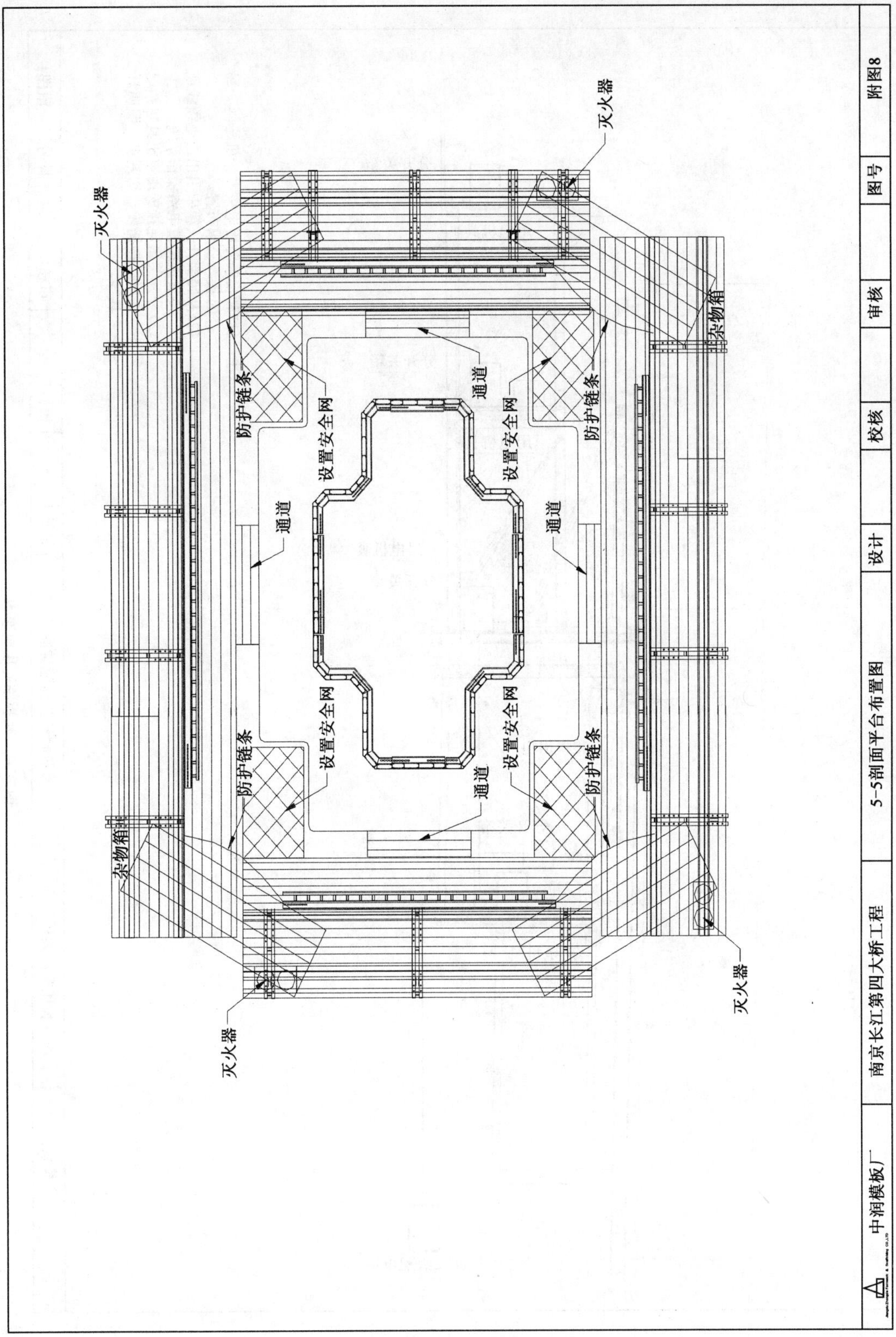

图3-3-8 5-5剖面平台布置图(尺寸单位: mm)

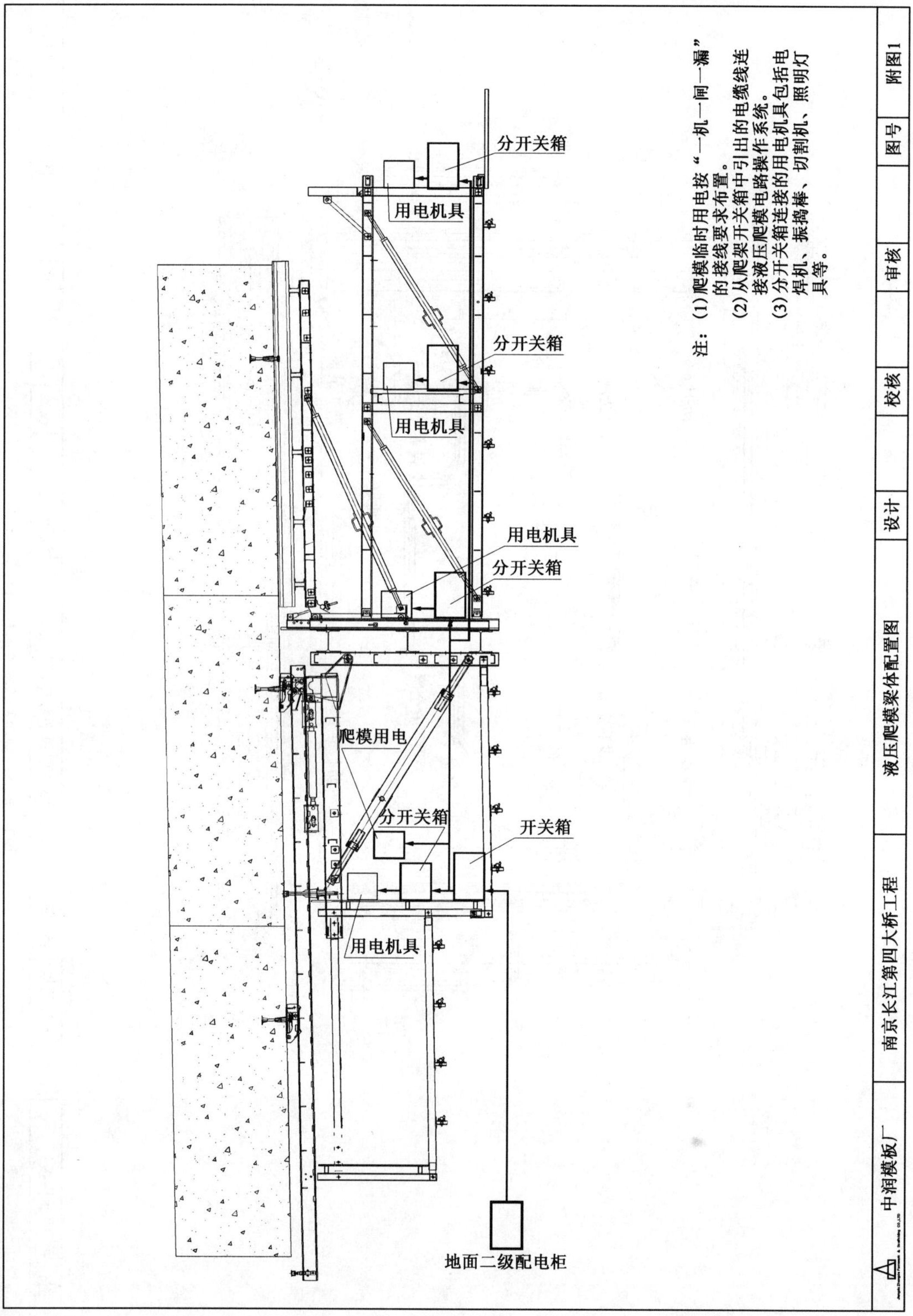

图3-3-9 爬模临时用电布设

(2)专业检查

①预埋件检查

根据南京长江第四大桥主塔塔身施工的具体要求及相关技术条件,主塔每节段均设置预埋锚锥,每次在锚锥预埋→混凝土浇筑→混凝土强度过程中,必须经过现场技术人员检查,施工责任人复查,结构监理审核三道程序,并由相关人员签字确认,以确保预埋件按图纸要求精确埋设。

②液压装置检查

液压装置是液压爬模系统的爬升动力所在,液压缸采用并联负载刚性连接的同步方法,并在运行前利用手动二通阀作适当调节,以减少偏载的影响。在液压缸承重腔油口配置有防管路破裂阀,系统工作转换、停止或中断时,液压缸承重腔油口可快速封闭保压,以保证系统的安全。除日常的检查外,施工单位必须每半年进行一次专业检查。

③电气系统检查

液压泵电机设有过载及短路保护,为减小液压泵电机的起动电流,液压泵电机采用星三角起动方式。所有控制电路、继电器、液压电磁阀均设置断电闭锁电路,当发生事故断电时系统及液压油缸均处于闭锁状态,防止意外事故发生。

液压爬模系统电气系统的检查由施工单位的电气工程师负责,根据(JGJ46—2005)临时用电规范,每周对电气系统进行一次彻底的维修与检测,保持对地绝缘电阻保持在 0.5MΩ 以上,接地电阻保持在 4Ω 以内,并书面记录结果。

(3)日常检查

为加强对液压爬模系统工作期间的安全控制,保证系统每日工作安全,要求总监办结构、安全监理在日常旁站过程中,应对液压爬模系统消防、临时用电、平台木板铺设、临边防护、人员行为规范等方面进行旁站、检查。

(4)设备检查

在架体结构、连接件、架体安全防护、安全装置及重要承重部件等方面,施工单位相关部门应根据施工变化,随时对液压爬模系统进行跟踪观察,了解架体安全状态,以确保液压爬模系统运行良好。并定期更换承重部件,以防止构件疲劳受损。设备检查见表 3-3-2。

设备检查 表 3-3-2

名称	序号	内容	要求	检查人员	检查频率	说明
架体结构、连接件	1	承重架	纵梁、横梁、连接板、斜撑杆等无变形、损伤,调节螺杆螺纹完好,防护油漆良好	监理施工单位	每半月	
	2	下支撑	无变形、损伤,支撑螺杆螺纹完好,有保险销	监理施工单位	每半月	
	3	轨道	无变形、损伤,固定牢靠,轨道导向平整无卡阻	监理施工单位	每半月	
	4	轨道撑脚			每半月	
	5	步进装置	无损伤,固定牢靠,换向杆与轴连接可靠有防脱保险,换向锁撑支柱固定牢靠	监理施工单位	每半月	

续上表

名称	序号	内容	要求	检查人员	检查频率	说明
架体结构、连接件	6	爬头	结构无变形、损伤，连接销轴固定牢靠	监理施工单位	每半月	另外承重销轴、高强螺栓、锚锥等受力构件建议在使用中定期做磁粉探伤及超声波检测
	7	锚靴	结构无变形、损伤，销轴固定牢靠	监理施工单位	每半月	
	8	锚板	结构物损伤、承载螺栓使用10.9级高强螺栓、连接牢固	监理施工单位	每半月	
	9	下吊架和上爬架	主要承力结构物明显变形、锈蚀等缺陷，立面的剪刀斜撑完好	监理施工单位	每半月	
	10	紧固件和销轴	销轴应有开口销等防脱落装置，螺栓应紧固丝杆露出螺母不少于3个螺距	监理施工单位	每半月	
架体的安全防护	11	外侧安全网	应用安全白网全封闭围挡，无空挡	监理施工单位	每半月	
	12	底部防护	底部应保持全封闭，尤其是在拐角位置的防护	监理施工单位	每半月	
	13	安全网设置	应固定牢靠	监理施工单位	每半月	
	14	架体与塔身之间开口处防护	必须有可靠的防止人员及物体坠落的临边防护措施，并固定牢靠	监理施工单位	每半月	
	15	架体内侧与塔身之间距离	不宜超过40cm，超过40cm应有可靠的技术措施或临边防护，作业层下方应封闭严实	监理施工单位	每半月	底层爬架必须全封闭
安全装置	16	液压锁	每个液压缸必须设置、且与液压缸刚性连接	监理施工单位	每半月	
	17	防过载装置	保持有效	监理施工单位	每半月	
	18	安全销	应设置、并有防轴向串动或脱落的锁定装置	监理施工单位	每半月	

第四节　人员、机械设备组织及施工进度计划

一、人员组织

人员组织计划见表3-4-1。

人员组织计划　　表3-4-1

序号	工种	数量	备注	序号	工种	数量	备注
1	项目副经理	1		9	起重工	5	
2	现场施工负责人	2		10	机械工	4	
3	工程技术人员	4		11	电工	2	
4	试验人员	5		12	电焊工	15	
5	测量人员	4		13	钢筋工	10	
6	质检员	2		14	混凝土工	10	
7	安全员	2		15	普工	30	
8	司机	12		合计		105	

二、机械设备组织

机械设备组织计划见表 3-4-2。

机械设备组织计划　　表 3-4-2

序　号	设 备 名 称	型　号	单　位	数　量	备　注
1	混凝土工厂	HZS150	座	2	
2	砂船	800t	艘	4	
3	石船	800t	艘	6	
4	水泥船	400t	艘	4	
5	粉煤灰船	400t	艘	3	
6	混凝土输送泵	HBT80C	台	3	
7	塔吊	STT293	台	2	
8	电梯	SC200	套	2	
9	平板驳	800t	艘	1	
10	仓驳	400t	艘	1	
11	千斤顶	150t	台	4	
12	千斤顶	450t	台	4	
13	发电机	500kW	套	2	
14	电焊机	BX1-500-2	台	8	
15	气割设备		台	2	
16	载重汽车		台	2	
17	试验设备		套	1	
18	钢筋加工设备		套	3	
19	振动棒	ϕ70	台	若干	

三、施工进度计划

索塔施工工期为 14 个月 6 天。计划开工、竣工日期：2009 年 12 月 1 日～2011 年 2 月 6 日。

第四章 上部结构猫道安装安全专项施工方案

第一节 工程概述

本工程为南京长江第四大桥上部安装工程的牵引系统和猫道架设安装工程。

一、牵引系统

牵引系统是悬索桥上部结构安装的重要组成部分，主要用于猫道的架设和主缆索股的架设，分为两个阶段：猫道架设阶段的牵引系统和主缆索股架设阶段的牵引系统，分别采用单线和双线往复式牵引系统。

1. 猫道架设阶段牵引系统

猫道架设阶段牵引系统采用单线往复式牵引系统，主要用于托架承重索、定位索、猫道承重索、门架承重索、猫道扶手索架设及猫道面网铺设下滑时的拽拉。

该系统主要由南、北岸的 2 台 250kN 卷扬机、牵引索、拽拉器、塔锚导轮组、锚块上导轮组及锚碇基础转向导轮组成。该系统布置如图 4-1-1 所示。

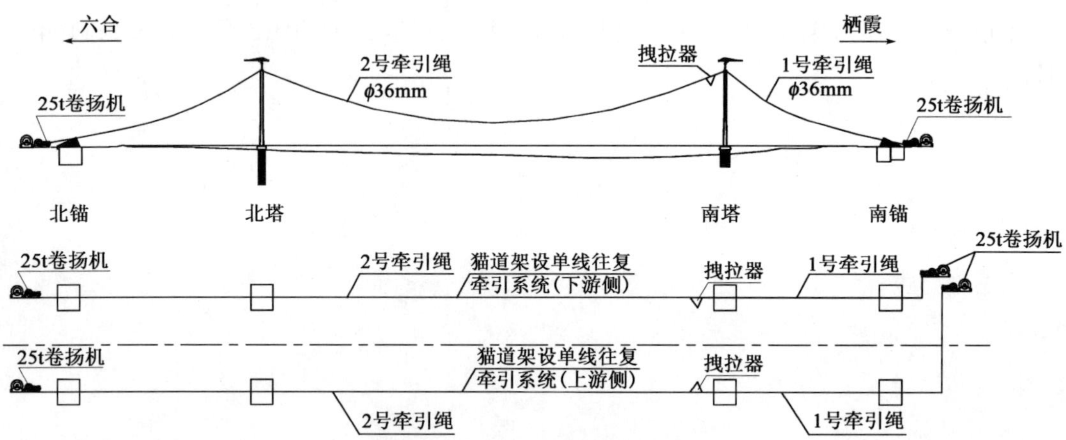

图 4-1-1 猫道牵引系统结构示意图

2. 主缆索股架设牵引系统

主缆架设阶段牵引系统主要用于主缆架设，由双线往复式牵引系统和放索区辅助牵引系统组成。双线往复式牵引系统主要由两台 250kN 牵引卷扬机、牵引索、拽拉器、鞍部导轮组、塔锚导轮组、猫道门架及导轮组、放索架、各部位滚轮等组成。该系统布置如图 4-1-2 所示。

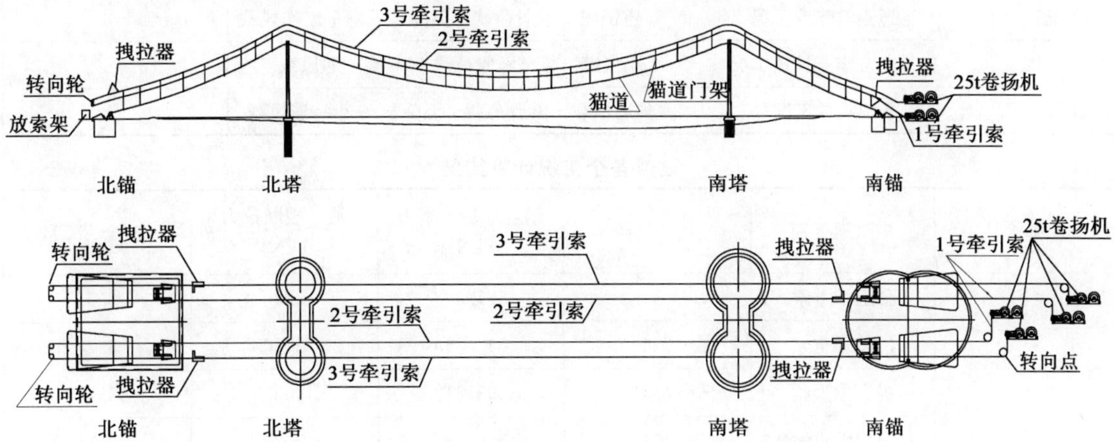

图 4-1-2　主缆牵引系统结构示意图

二、猫 道 系 统

猫道系统是悬索桥上部结构安装最重要的临时工程之一，猫道主要由猫道索、猫道面层、横向通道、锚固体系、猫道变位下拉装置、塔锚转鞍等组成。作为主缆索股牵引、索股调整、主缆紧固、索夹和吊索安装、钢箱梁吊装、主缆缠丝防护以及缆系附属结构的施工平台，贯穿上部结构安装的始终。

猫道系统的设计复杂，对所使用的材料有较高要求，架设难度大，架设过程在总工期的关键路线上。猫道在施工过程中还需要进行精确的调节与转换，猫道的拆除工作也会直接影响到后续工程的进行。

猫道结构采用三跨连续的无抗风缆体系，抑振机构预留接口，作为备用措施。

南京四桥主跨为 1418m，南、北边跨分别为 481.8m、576.2m，猫道横桥向与主缆轴线呈对称布置。在上、下游对应于主缆中心线下方各设一幅猫道。

三、猫道结构受力和抗风稳定性分析

1. 结构受力分析

根据猫道结构计算分析，猫道计算工况和各工况猫道索受力结果见表 4-1-1、表 4-1-2。猫道索安全系数均大于 3.0。

2. 抗风稳定性分析

猫道抗风稳定性分析委托西南交通大学风工程中心进行猫道风洞试验，并进行猫道抗风稳定性非线性计算分析。

猫道计算工况统计 表 4-1-1

序　号	名　称	荷载组合	备　注
工况一	猫道空载工况	猫道恒载+20年一遇风载	
工况二	猫道空载校核工况	猫道恒载+温降+20年一遇风载	
工况三	猫道正常作业工况	猫道恒载+索股荷载+温降+人群+工作风载	
工况四	猫道正常作业校核工况	猫道恒载+索股荷载+20年一遇风载	
工况五	猫道检验工况	猫道恒载+索股荷载+温降+20年一遇风载	

猫道各个工况计算结果 表 4-1-2

荷载状况	猫道索类别	直　径	钢丝绳最大索力(kN)	最小破断拉力(kN)	安全系数
1	猫道承重索	ϕ54	571.483	2030	3.55
	门架承重索	ϕ54	543.369	2030	3.74
2	猫道承重索	ϕ54	593.319	2030	3.42
	门架承重索	ϕ54	559.684	2030	3.53
3	猫道承重索	ϕ54	609.184	2030	3.33
	门架承重索	ϕ54	578.758	2030	3.51
4	猫道承重索	ϕ54	629.625	2030	3.22
	门架承重索	ϕ54	602.652	2030	3.37
5	猫道承重索	ϕ54	640.740	2030	3.17
	门架承重索	ϕ54	606.124	2030	3.35

经计算分析，在静风作用下，在中跨两个横向联系之间的小跨跨中容易发生扭转失稳，但失稳风速均高于静力失稳检验风速，结构具有足够的抗风稳定性。结果见表 4-1-3。

猫道静力稳定性计算结果 表 4-1-3

猫道形式		10m高度静力失稳检验风速(m/s)	10m高度失稳风速(m/s)	评　价	13.5m/s风速最大位移	
无制振索	中跨	33.0	55	安全	4.68	1.08
	左边跨	33.0	57	安全	1.66	0.51
	右边跨	33.0	56	安全	1.48	0.45
有制振索	中跨	33.0	55.5	安全	4.59	1.02

3. 猫道系统工程量

猫道系统工程量见表 4-1-4。

猫道架设工程量一览表 表 4-1-4

序号	安装项目	规格	单位	数量	部位	备注
1	托架承重索	ϕ32	根	2×2	全桥	转为猫道扶手索
2	托架定位索	ϕ22	根	2×1	全桥	
3	猫道承重索	ϕ54	根	2×8	全桥	
4	门架承重索	ϕ54	根	2×2	全桥	
5	锚固系统	自制	套	2×2	锚碇	
6	猫道下压装置	自制	套	2×3	塔顶顺桥向	
7	猫道变位刚架	自制	套	2×4	塔顶顺桥向	
8	猫道变位刚架	自制	套	2×2	鞍墩顶顺桥向	
9	塔顶转索鞍	自制	套	4×4	塔顶	
10	鞍墩顶转索鞍	自制	套	2×4	鞍墩顶	
11	猫道面网		m^2	31693		
12	横向通道		道	14		

第二节 上部结构猫道安装施工方案

一、施工工艺流程

1. 牵引系统架设

牵引系统架设流程如图 4-2-1 所示。

2. 猫道架设

猫道架设流程如图 4-2-2 所示。

二、牵引系统架设

1. 总体架设方案

牵引系统架设采用 ϕ13 先导索过江，牵引 ϕ22 中间索至北塔顶，由中间索牵引北侧 2 号牵引索至南塔顶，与 1 号牵引索连接，形成单线往复式牵引系统。

安装猫道门架及导轮组，架设 3 号牵引索，北锚后卷扬机移位至南锚后，形成索股架设双线往复式牵引系统。

牵引系统架设施工程序如图 4-2-3 所示，安装方案见表 4-2-1。

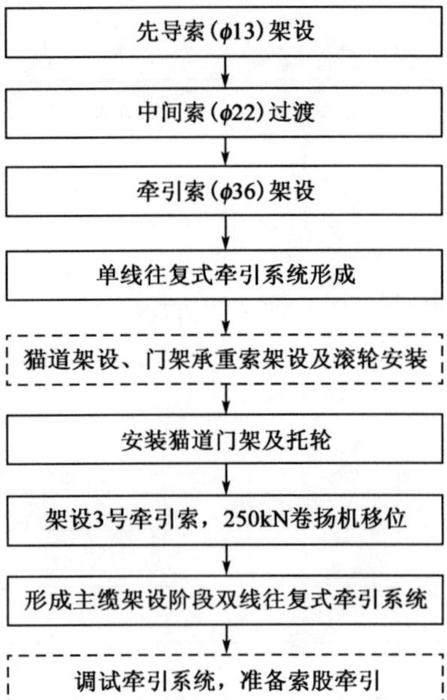

图 4-2-1　牵引系统架设施工工艺流程图

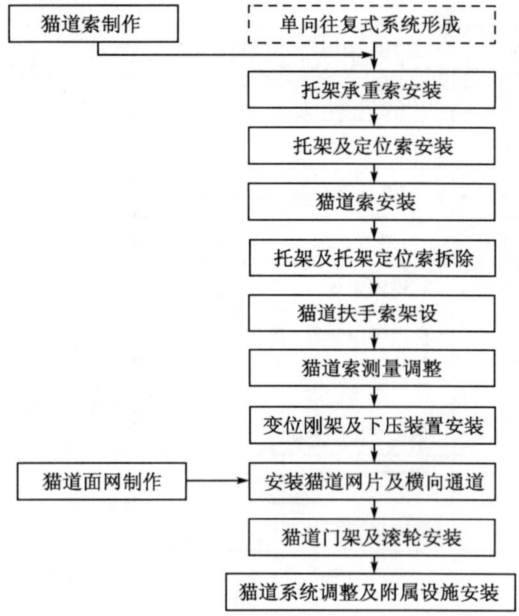

图 4-2-2　猫道架设施工工艺流程图

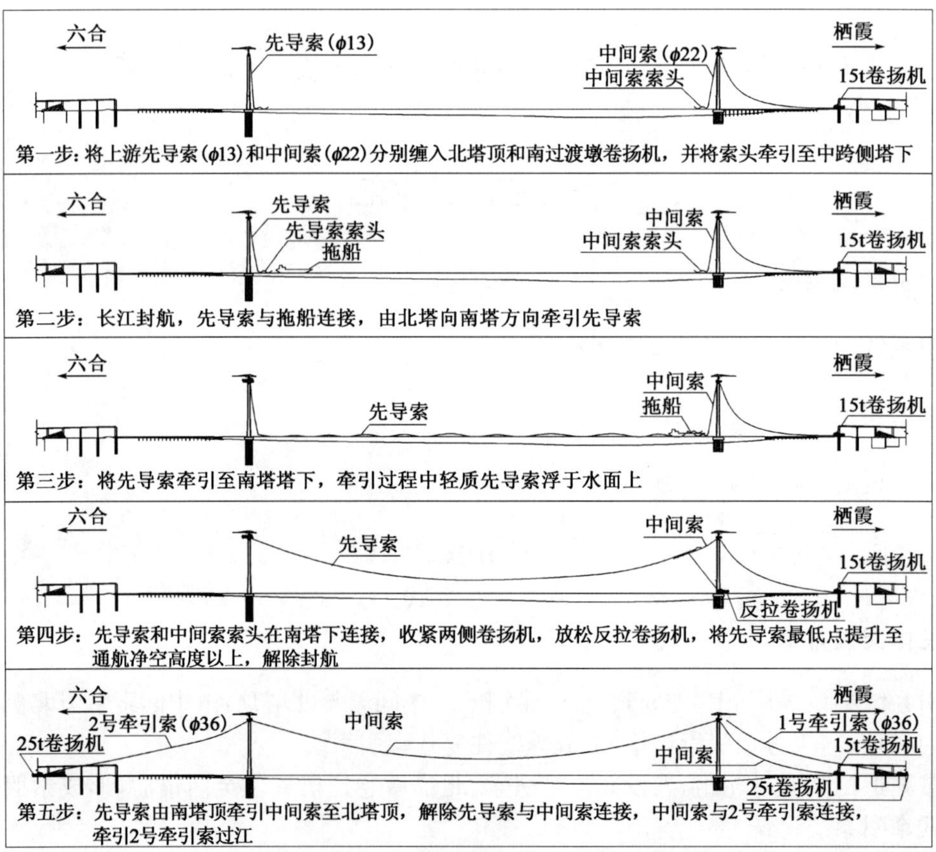

图　4-2-3

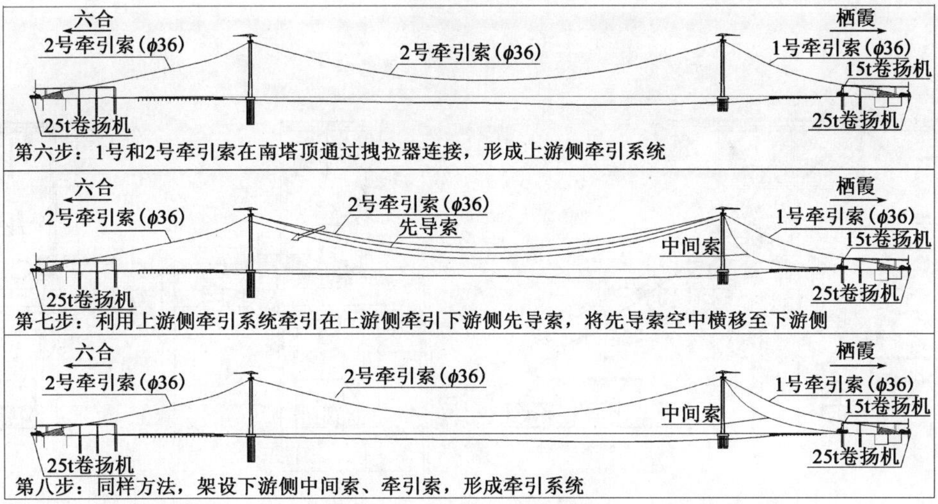

图 4-2-3　牵引系统架设施工程序图

牵引系统架设安装方案一览表　　表 4-2-1

项 目 名 称	安装方案	施工场合	项 目 名 称	安装方案	施工场合
先导索过江	拖轮水面牵引	中跨	锚碇导向轮及支架	塔吊	锚碇
中间索架设	先导索牵引	中跨	25t 卷扬机	履带吊	锚碇
牵引索过渡	中间索牵引	全桥	猫道门架及导轮组	牵引系统	全桥
塔顶、锚碇门架导轮组	塔吊	塔、锚			

2. 施工准备及作业平台布置

索鞍安装完毕后，对塔顶、锚碇门架进行改造，安装牵引系统及猫道连接构件。安装塔顶中、边跨侧施工平台及上横梁通道，施工平台布置如图 4-2-4、图 4-2-5 所示。

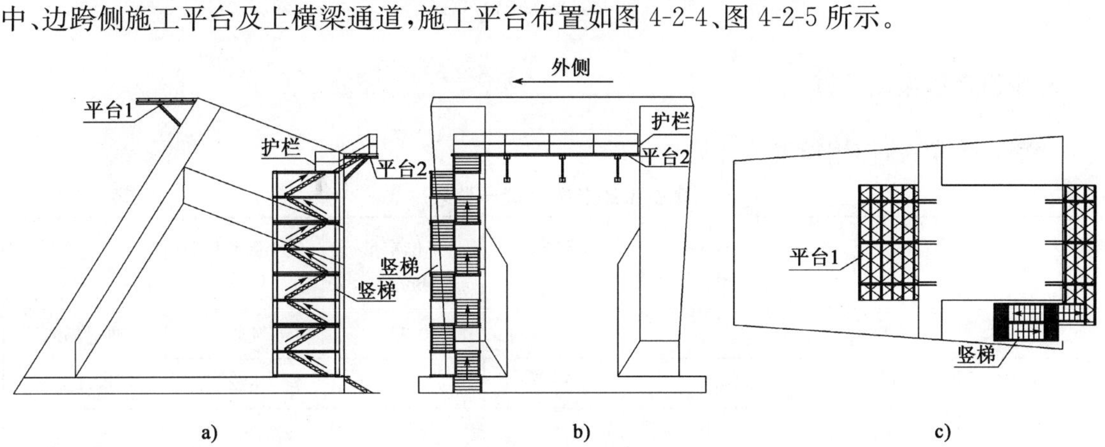

图 4-2-4　锚碇施工平台示意图

a)侧面视图；b)正面视图；c)俯视图

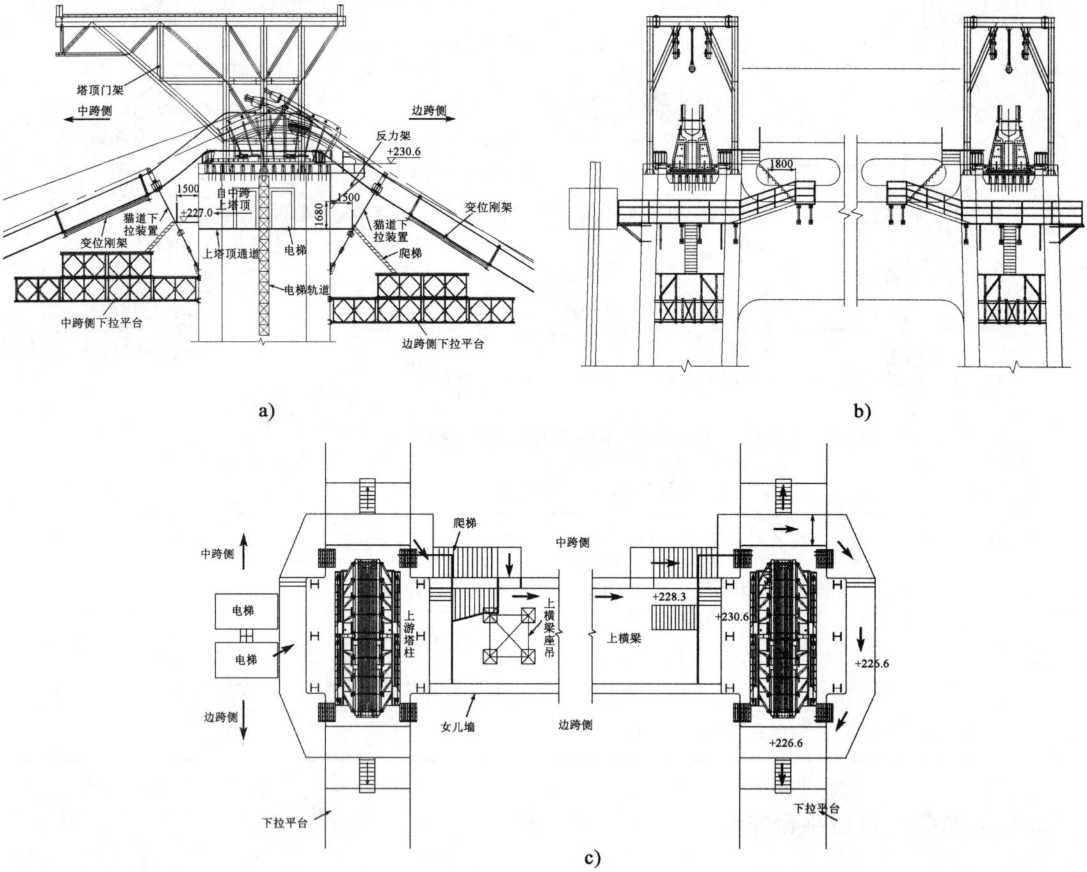

图 4-2-5 塔顶施工平台示意图

3. 牵引系统架设计算

牵引系统架设，使用绳索统计见表 4-2-2。

牵引系统各索性能一览表 表 4-2-2

序号	名称	强度等级(MPa)	直径(mm)	单位重量(kg/m)	最小破断拉力(kN)	备注
1	先导索		13	0.112	132	迪尼玛绳
2	中间索	1870	22	2.07	322	钢丝绳
3	牵引索	1870	36	5.58	863	钢丝绳

经计算，先导索、中间索和牵引索在牵引系统架设过程最大拉力及安全系数，见表4-2-3。

牵引系统索力计算 表 4-2-3

序号	名称	最小破断拉力(kN)	各工况最大索力(kN)					安全系数
			先导索过江	中间索过渡	先导索横移	牵引索过渡	索股牵引架设	
1	先导索	132	3.0	32.7	2.2			4.03
2	中间索	322		32.7		87.6		3.67
3	牵引索	863				87.6	227.5	3.79

三、猫道架设方案

由单线往复式牵引系统架设猫道索，通过塔顶卷扬机设施和牵引系统架设猫道面层、横向通道及其他构件。安装方案见表 4-2-4，猫道架设施工程序如图 4-2-6 所示。

猫道架设安装方案一览表 表 4-2-4

项 目 名 称	安 装 方 案	施 工 场 合
托架承重索	吊环法	中、边跨
托架及托架定位索	在托架承重索上牵引下滑	中、边跨
猫道承重索 门架承重索	托架法	中、边跨
扶手索	托架承重索转换	中、边跨
变位刚架、下压装置	塔吊吊安	塔顶、锚碇
猫道面层	牵引系统牵拉下滑	中、边跨
横向通道	随面层下滑	中、边跨

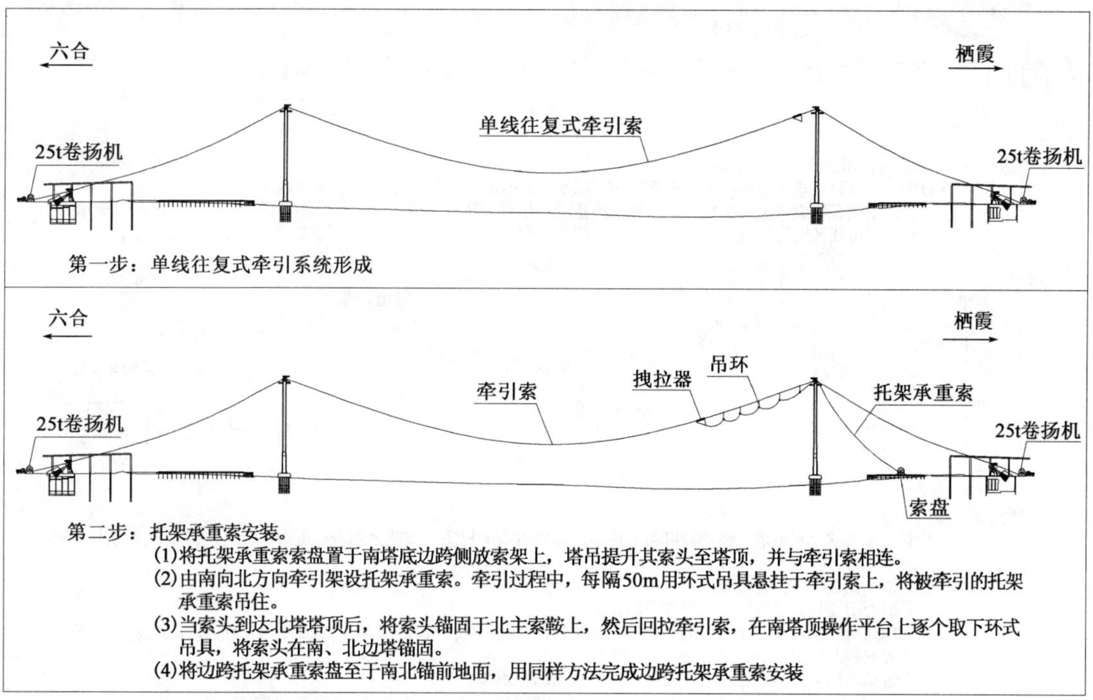

图 4-2-6

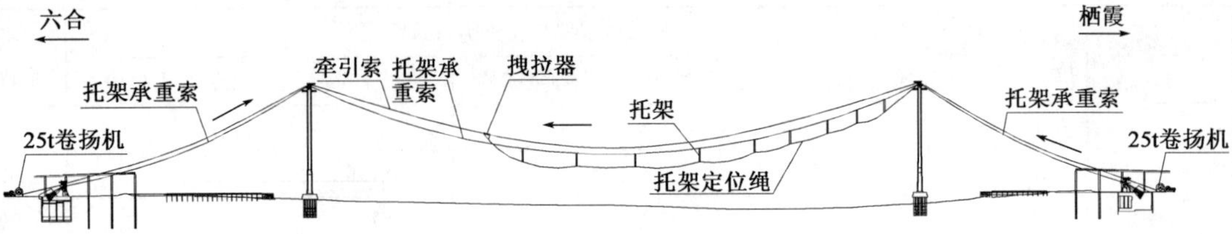

第三步：托架架设。

(1)托架架设，中跨由南塔向北塔，北边跨由北锚向北塔牵引，南边跨由南锚向南塔牵引。

(2)在南塔平台及南北锚碇平台上安装托架，托架按100m间距固定于托架定位绳上，托架下口与定位绳连接，上口通过滑轮架在承重索上

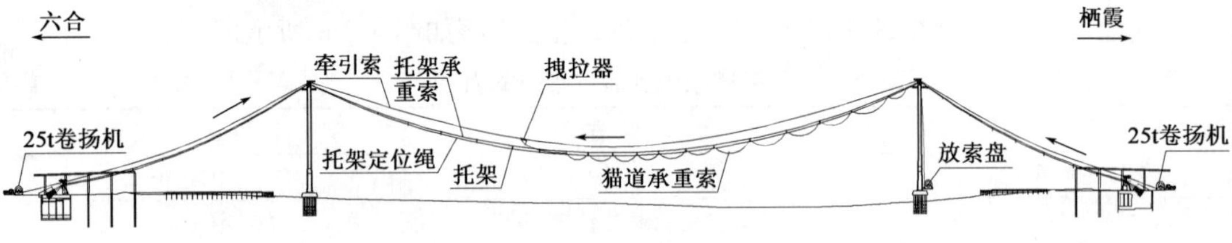

第四步：猫道承重索及门架承重索架设。

(1)猫道承重索及门架承重索均分三段分别自南塔往北塔、自北锚往北塔、自南锚往南塔方向，按照上、下游对称，中、边跨对称的顺序，采用托架法依次架设。

(2)架设完毕后，在塔顶处连接成连续体系，后进行线形调整

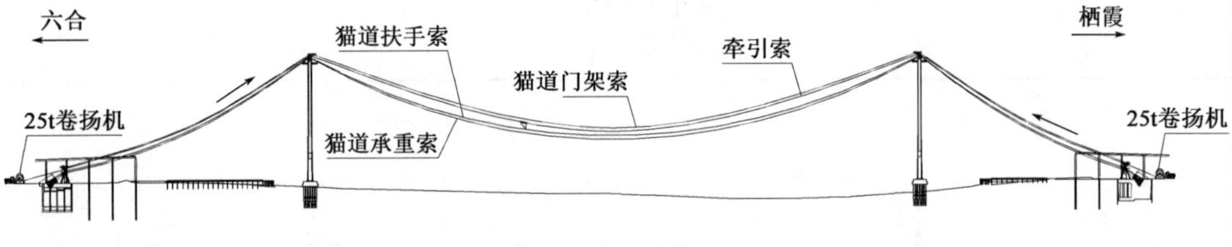

第五步：托架拆除，承重索转换扶手索。

(1)中、边跨猫道承重索和门架承重索安装完成后，进行托架、定位索和架承重索拆除。

(2)利用塔顶和锚碇门架卷扬机，解除托架承重索与塔顶和锚碇的临时锚固。两侧卷扬机上提中、边跨托架承重索，将其转换为猫道扶手索。中跨与边跨扶手索索节连接，边跨扶手索锚端锚固于前锚面预埋件上

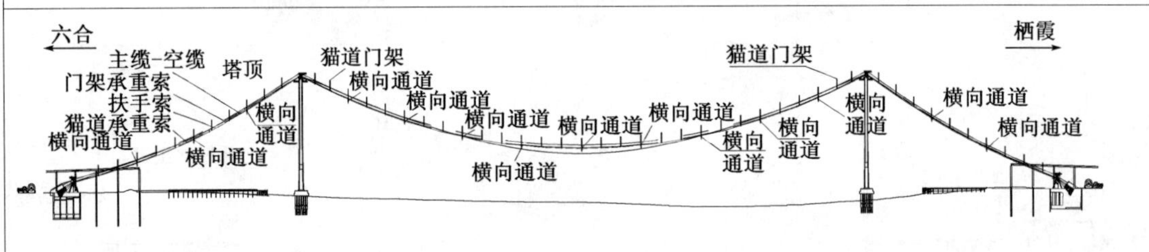

第六步：猫道形成。

(1)猫道索调整。利用塔、锚卷扬机和手拉葫芦将猫道索的标志点调整到相应标志点位置上，调整顺序为先中跨后边跨。

(2)变位刚架及下压装置安装。

(3)猫道面层安装。猫道面层采用下滑铺设法。

(4)横向通道安装。横向通道在地面上拼装成整体，在猫道面层铺设过程中，由塔吊吊至横向通道在猫道相应位置安装。横向通道与面层连接后，随面层一起下滑。

(5)安装猫道门架、门架导轮组、托架滚轮及猫道照明系统

图 4-2-6　猫道架设流程图

四、安全管理及风险分析

1. 安全管理组织机构

本方案的编制按照“安全第一、预防为主、综合治理”的安全管理方针，在施工过程中，针对各个作业点(范围)中所涉及的安全因素进行了识别，并对此采取相应的措施，以指导现场安全管理和施工，并建立健全安全保证体系，从技术上、制度上、思想上、组织上加强安全管理，制定并落实好安全预控措施，防患于未然。

牵引系统及猫道架设安全管理组织机构如图4-2-7所示。

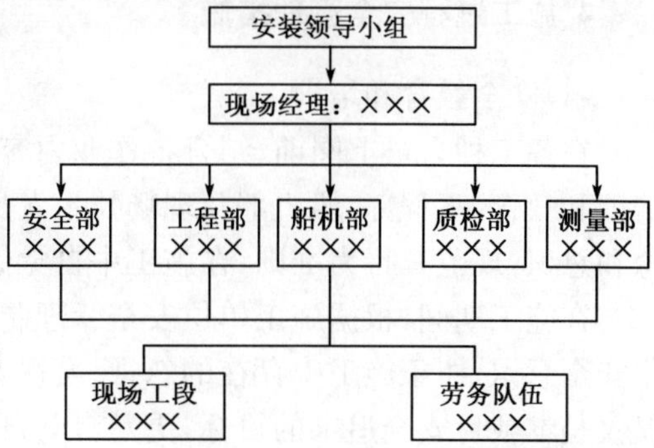

图 4-2-7　牵引系统及猫道架设安全管理组织机构图

2. 安全生产领导小组职责

(1)负责安全生产职责分工，并按时检查其安全生产职责履行情况，积极组织开展安全生产工作；分析研究安全生产形势。

(2)在计划、布置、检查、总结、评比生产时，同时计划、布置、检查、总结、评比安全生产工作。

(3)组织领导安全生产大检查，做到检查有记录，隐患有通知，整改有回单，复查有结论。危险性较大的关键设备和操作场所、重大隐患要组织人员现场研究，及时整改。重大隐患未整改以前，应有可靠的临时安全生产措施。领导、协调全局所属各单位的安全生产工作。认真贯彻“安全第一、预防为主、综合治理”的方针，落实国家、中交总公司以及地方政府有关安全生产的政策、法令、法规、标准、指示和规定等；

(4)督促施工单位各部室、工段认真执行上级各阶段部署的有关安全生产的具体工作要求，并按要求收集、汇总情况上报；发生影响、损失较大的生产事故，组织力量按“四不放过”的原则进行调查处理；

3. 各主要职能部门分工

为了有效对猫道架设进行安全管理，针对猫道架设施工特点，各职能部门分工如下：

安全部：全面负责整个猫道架设过程中安全管理工作，主要侧重于对施工现场安全设施设置及操作行为的安全规范，防护用品的穿戴等安全规章制度的贯彻落实。

工程部：主要对施工中涉及的各种操作平台、通道、吊具等结构受力，构件加工、制造负技术安全责任，并对猫道架设的各种安全技术准备工作安全负责并辅助安全部门对施工贯彻落实各项安全规章制度。

船机部：主要对卷扬机以及大型起重设备的安装、运行安全负责并辅助安全部门做好卷扬机设备的安全管理工作。

质检部：主要负责对结构物的加工、制造、安装质量进行检查，杜绝质量安全事故的发生。

劳务队：主要对猫道架设安全操作负责，以及对卷扬机的正常操作和维护，落实各项安全检查制度负责。

4. 施工过程安全管理措施

(1)安全教育和培训

在各工种人员上岗前，结合各作业内容特点，由安全部按要求负责组织进行岗前安全知识培训和教育，工程部、船机部及现场技术人员辅助其进行技能培训，以加强操作工人的安全观念和意识，规范其行为准则，在施工中自觉做到、做好自我防护和对他人的安全保护。

在施工期间，根据施工单位安全管理制度定期组织对各工种的安全培训和教育，进一步强化安全意识，纠正施工中存在的忽视、漠视安全的陋习，使工人们充分意识到"零伤亡"事故不仅仅是本项目安全追求的目标，更是对其自己及他人安全负责的体现，使其思想由强制遵守安全规章制度转化到自发、自觉的遵守上来。

(2)加大安全投入，确保施工安全

安全就是效益，为了确保施工安全，施工单位将加大对安全设施的投入，制作必要的安全警示标语，设置夜间作业危险点的警示灯，保障提供足够的符合要求的安全防护用品以及完善各种安全防护设施。

(3)猫道架设安全责任制

安全责任制是安全管理制度的核心，只有将每个子项的安全工作落实到具体的安全责任人身上并有效实施，才有利于对各项安全管理工作的贯彻和落实，才能使猫道架设的各个作业点、作业面处于受控状态。

猫道架设安全责任为基础建立和健全安全生产责任制，并在施工中有效实施。

5. 牵引系统及猫道架设作业安全风险分析及安全控制措施

作业范围：牵引系统和猫道架设安装工程。

安全风险分析以及安全控制措施见表 4-2-5。

牵引系统及猫道架设施工安全风险分析及安全控制措施 表 4-2-5

序号	安全风险分析	安全控制措施	责任人
1	各种设备、设施在安装和操作过程中存在高空作业风险	对高空作业的通道、走廊、作业平台设置可靠的防护栏，同时为了防止高空坠物，同时在其四周设置踢脚板，清理平台及走道上的油污，在容易滑倒的地方(如梯道等)采用防滑钢板，设置防滑条或铺设麻袋等。高空作业必须挂好安全带	×××
2	存在因操作平台无踢脚板、临边无栏杆和踢脚板造成高空坠物伤人的危险	(1)在临时作业平台和走道栏杆处设置踢脚板，防止高空坠物； (2)必要时挂上安全网，便于人员在平台上作业的安全	×××
3	存在因吊具出现变形、焊缝脱落导致的钢构件或其他吊物掉落而引起的人员伤亡和混凝土成品损坏的风险	在起重吊装前，对卷扬机、钢丝绳、滑轮、卡环、预埋件、吊具进行例行检查，发现有变形、裂缝、焊缝脱落或开裂现象及时进行更换或补救，并将不符合要求的机具标识作废	×××

续上表

序号	安全风险分析	安全控制措施	责任人
4	因通信不畅或指挥不当而引起钢丝绳受力过大或者线形错误影响通航的危险	在进行牵引系统操作时，配置足够数量的对讲机进行信息沟通，每个操作点至少配备2部，对讲机设置成专用频道进行指挥	×××
5	在牵引系统架设施工前，对卷扬机的实际能力不明，可能不能满足荷载的要求引起的安全风险	在牵引系统架设施工前先对卷扬机进行验收，验收合格后才能正式投入使用	×××
6	在恶劣天气下强行作业而引起的设备损坏和人员伤亡	在大风(超过7级)、大雾、大雨等不良的天气条件下，停止牵引系统作业。	×××
7	由于卷扬机故障导致牵引钢丝绳失控下坠而对地面或水上船只造成的事故	对卷扬机各组成部件定期地进行细致的进行安全检查，发现问题或隐患立即进行维修或整改，并作好维修、整改记录	×××
8	存在牵引系统指挥人员的指挥能力不高、指挥错误等引起的安全风险	负责起重吊装的人员必须持证上岗，上岗前进行岗前培训和教育，同时应选择具有较强的责任心及具有重型构件起重经验的起重人员进行指挥	×××
9	牵引操作过程中被牵引的钢丝绳存在垂度过大的风险	利用吊环法对被牵引的钢丝绳牵引高度进行控制，保证地面和江面的安全	×××
10	牵引系统及猫道架设施工过程存在与主塔施工、引桥节段梁施工、锚碇区域施工产生交叉作业的风险	在可能形成交叉作业的各标段或班组之间进行事先的交流沟通，合理安排施工内容及施工地点，确保避免高低空交叉作业	×××
11	主塔下拉平台悬挑长度较大，存在结构失稳造成的贝雷架坠落和人员伤亡风险	在每个下拉平台的两侧利用钢丝绳一端将悬挑的贝雷架前端连接，另一端与塔顶门架连接固定	×××
12	猫道组件下放过程中存在高空坠物的风险	(1)为防止猫道面层基本单元间发生下滑挤压情况，将塔顶卷扬机钢丝绳依次连接在面层网及型钢上，保证猫道面层下放安全； (2)组件下放前仔细检查有无工具或者其他杂物遗留在上面，待确认后再进行下放操作	×××
13	在边跨侧进行猫道架设施工时会经过当地的石油管廊和沿江道路，存在高空坠物伤人或损坏油管的风险	(1)南边跨可利用南引桥节段梁施工时搭设的防护棚对经过的石油管廊和沿江道路进行防护； (2)在有人、车通行的施工区域设置警示标牌等对高空施工进行告知	×××

第三节　猫道下方作业区域及航道的安全防护

猫道系统是南京长江第四大桥上部结构安装的重要组成部分，在猫道架设完成后，贯穿上部结构安装的始终，猫道上的作业全部为高空作业，施工人员承受着天气状况、风速、雨水(雨雪)、台风等自然环境影响,猫道的架设与拆除难度大、危险程度高,猫道的维护和使用对施工人员的安全是至关重要的。因此猫道的使用施工作业,必须防范在猫道发生高空坠落、坠物伤人等安全事故。

作为本项目施工中安全控制的难点之一,切实做好各项安全防护工作,特别是针对猫道系统人员流动的频繁性,怎么做好高空安全防护措施,是现场施工中的重点。

一、安全防护目的和范围

(1)为了保障南京长江第四大桥上部结构施工的顺利进行,确保猫道系统的安全使用和从业人员在施工过程中的安全与健康,最大限度地控制和消除安全隐患,尽可能地减少事故造成的人员伤亡和财产损失。

(2)在上部结构施工过程中,对猫道上、下方的人员及设备设施的安全防护,注重立体防护的安全控制,避免或减少施工过程中的人员伤亡和财产损失。

二、猫道安全管理

施工单位在对猫道系统施工过程中潜在的危险源进行辨识后分析发现,猫道从南至北共跨越南锚体、输油管线、栈桥、南塔顶、江面、北塔顶、北栈桥、北锚体,总长约 2600m,共分有 4 处入口,分别在南锚散索鞍支墩、南塔、北塔、北锚索鞍支墩上。因猫道下方个别区域人员流动频繁,如果安全防护措施不到位,将造成严重后果。

施工单位为加强对这些危险源的控制,针对涉及的栈桥码头、上下交通船、猫道作业等点(线),均制定了相应的安全管理规定。

1. 栈桥便道安全管理规定

(1)进入栈桥、码头的人员,必须规范佩戴安全帽,请主动走安全通道,对猫道施工的区域进行避让,严禁无任何安全防护措施的情况下在栈桥观光。

(2)施工车辆通过施工栈桥、码头应严格按照有关规定和标识慢速通行,严禁超车和占道行使。进入道口区时需仔细观察,服从指挥,在确保安全的情况下方可通过。

(3)进入施工栈桥、码头应自觉接受值班人员的检查;无有效证件的人员、车辆禁止进入,未经同意,与工程建设无关的车辆、人员禁止进入栈桥、码头。

(4)各施工单位及船舶应严格按照作业区管理规定使用码头和水域,尽量避开猫道施工投影区域,如需在猫道施工投影区域作业,必须佩戴好安全帽。

(5)严禁非施工车辆占道停放或占用施工作业区停放;各施工车辆应严格按照规定在作业区作业;船只应按照规定停靠码头,无关船只不得停靠。

(6)外来参观人员进出栈桥、码头时,应提前与相关部门联系,统一组织进出,并由管理人员引导方可进入,否则值班人员有权拒绝其进入栈桥、码头。

(7)在栈桥、码头作业的人员及车辆应严格遵守施工单位相关规章制度,特种作业人员应持有效证件作业,汽车吊、克令吊、抓斗吊等起重设备应严格按安全操作规程作业。

(8)各单位车辆无通行证不得进入栈桥、码头,如未经允许强行进入施工现场,安保人员有权查问,必要时可报公安机关处理。

(9)因为施工需要,码头、栈桥有大型运输车辆通行,为确保人员车辆安全,杜绝栈桥码头交通安全隐患,载人小车及非施工需要车辆全部停放到指定停车场所,一律不予进入栈桥和码头。

2. 猫道作业安全管理规定

(1)上猫道的所有人员都必须戴好安全帽(系紧帽带),穿好安全带。

(2)为防止火灾,施工作业人员一律不准带火机、火柴等物品上猫道。

(3)作业人员作业过程中,应随时注意周边的工作环境及站位,确保自身处于安全状态。

(4)严禁向下乱扔杂物,对使用的工具、材料采取防坠措施,小型工具随身挂带,材料绑扎在猫道面网上,并注意过往船只安全。

(5)在猫道上行走,特别是夜间施工时,严禁奔跑,防止滑跌、绊倒等意外发生。

(6)所有作业人员应熟知施工现场的各安全宣传牌及安全警示牌内容,严禁违规违章作业。

(7)注意保持工作环境整洁,做到工完场清,不准随地大小便,塔顶有移动厕所可供使用。

3. 猫道安全防护专项措施

(1)安全宣传牌的布置

施工单位在南北锚、南北塔 4 个上下猫道的入口处,布置危险源告示牌、猫道安全管理规定、进入施工现场安全纪律等安全宣传牌 20 块。如图 4-3-1 所示。

(2)安全警示牌的分布

施工单位在 2600m×2 幅的猫道侧网上每隔 25m 张挂安全警示牌 2 张,计划密布安全警示牌 200 块(400 张)。

(3)猫道面网防护布置

施工单位为更好地在主塔、散索鞍施工区域内做好安全防护,在主塔向南北猫道及散索鞍向主塔侧猫道区域铺设木板,另外在跨越输油管线部分的猫道上满铺木板。木板铺设范围为靠边跨侧、中跨侧各 35m,单块木板长度为 3. 95m,宽度为 30cm,厚 5cm。近塔处防护如图 4-3-2所示。

图 4-3-1　猫道入口处安全警示牌

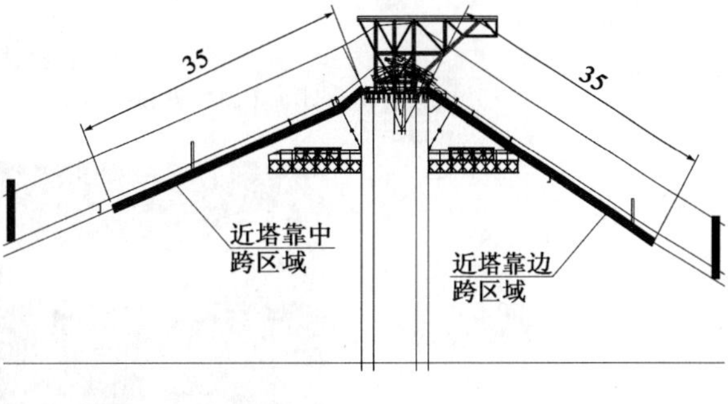

图 4-3-2　近塔处猫道防护示意图(尺寸单位:m)

在猫道近南北锚碇区域铺设木板,木板铺设范围为靠边跨侧 35m。在猫道跨越南岸管道公司石油管线区域铺设木板,木板铺设范围为 25m,如图 4-3-3 所示。计划共铺设 $68m^3$ 木板。

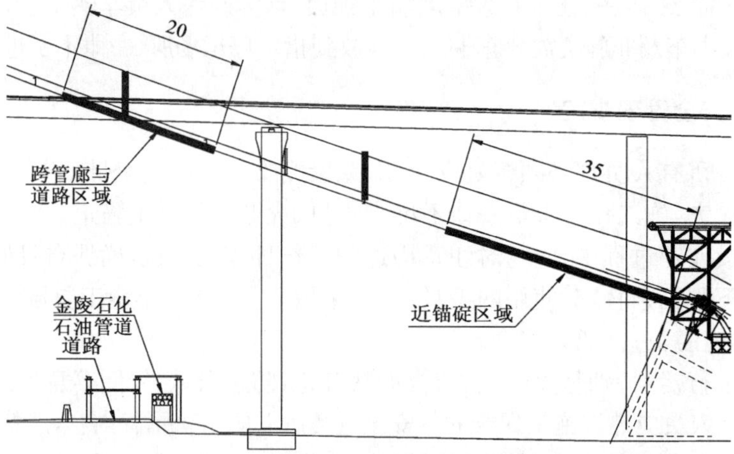

图 4-3-3　近锚区与跨石油管线区域猫道防护示意图(尺寸单位:m)

4. 主要通道的安全防护措施

为保证交通船乘坐人员安全,施工单位在南栈桥人行通道处搭设安全通道 90m。其结构如图 4-3-4 所示,防护棚效果图如图 4-3-5 所示。

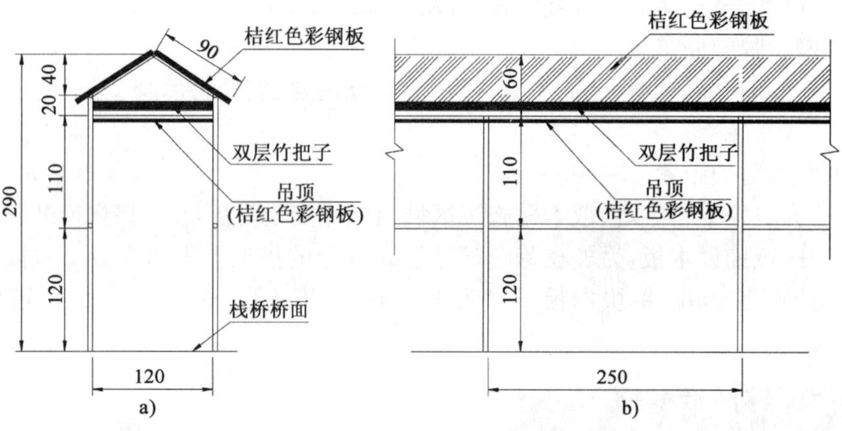

图 4-3-4　防护棚布设结构图(尺寸单位:cm)

注:所有护棚骨架才俩均为 f48×3.5mm 钢管,外露杆件均涂红白相间油漆。

图 4-3-5　防护棚效果图

第四节　安全事故应急处理流程及应急救援措施

一、应 急 流 程

1. 总则

(1)适用范围

适用于在牵引系统及猫道架设过程中所发生的高处坠落、触电事故、物体打击、机械伤害等人身安全事故、机械事故的应急处理。

(2)应急预案处置方针与原则和目的

①应急预案处置方针预防为主,常备不懈,反应及时,将损失减小到最低程度。

②应急预案处置原则坚持“以自救为主,以人为本”的原则。当发现事故征兆或事故发生后,以最快的方式对事故中受伤者进行救治和安置,确保救援人员不再受到伤害,减小事故损失和最大限度地降低社会影响。

③应急预案处置目的

提高猫道架设施工管理和作业人员安全意识,在施工生产过程中,和日常生活中对突发事件的应变能力,尽快控制事态,尽量减少损失,尽早恢复施工生产秩序。

2. 事故应急救援的组织机构

(1)根据实际情况,施工单位可成立应急救援领导小组、应急救援办公室。

①应急救援领导小组

组　长:×××

副组长:×××、×××

组　员:×××、×××、×××、×××

②应急救援办公室主要职责

a. 督促做好治安事件应急救援的各项准备工作,组织救援演练。

b. 发生事件时,传达应急救援响应指令。

c. 通知救援小组实施救援行动。

d. 向上级报告事故和事故救援情况。

e. 必要时向有关部门发出救援请求。

f. 完成应急救援领导小组交办的其他事项。

应急救援办公室设在安全部,应急救援办公室电话:×××。

(2)安全部、工会、办公室、财务部、工程部、船机部等职能部门负责应急救援预案具体工作和日常救援协调工作,部门职责和分工如下:

①安全部。负责事故现场的保护、拍摄现场照片、收集事故现场资料,配合调查事故经过和分析事故原因,为事故处理提供原始依据和事故发生后现场指导工作。

②工会。主要负责发生事故后，联系急救医院，以免延误急救时间，现场的协调及相关人员的安抚工作。

③工程部、船机部。负责高空作业、水上作业、船舶管理等危险源的应急归口管理，防止事故扩大和预防技术措施。

④办公室。负责后勤物资供应，为提前做好应急救援准备工作。

⑤财务部。负责保证应急救援工作处理的急需资金，特殊情况下可先支付现金后补办手续。

3. 事件(故)应急救援配合与协调原则

(1)救援配合与协调原则

事故应急处置预案领导小组按照分组负责的原则，分别协调相关应急处置预案工作。需要其他班组、涉外单位、部门配合时，由领导小组组长或副组长负责与联系协调相关事宜。

应急救援领导小组下设6个专业小组：

①警戒保卫组。由安全部负责，事故部门配合。其主要职责是：负责事故现场治安，交通指挥，设立警戒，指导职工疏散，特种物资(财务)保卫。

②抢险救灾组。由现场负责人牵头，事故部门配合。其主要职责是：排除险情，救助遇难，遇险人员，最大限度地减少损失。

③后勤保障组。由办公室、工会、船机部、物资、财务部门牵头，事故部门配合。其主要职责是：保障运送抢险救援人员，物资、器材所需的车辆，保障抢险道路和施救现场通信的畅通；提供施救所需的机械设备和物资器材；保障救援人员所需食品、饮水的供应，提供休息场所及其他生活必需品；提供应急救援资金保障。

④善后处理组。由工会牵头，事故部门配合。其主要职责是：做好事故伤亡人员家属的安抚工作，妥善安排家属生活；按政策负责遇难者及其家属的善后处理和受伤人员的医疗救助等。

⑤宣传报道组。由工会牵头，事故部门配合。其主要职责是：客观地报道事件和抢险救援、善后工作等。

⑥事故调查组。由安全部牵头，事故单位或部门配合。其主要职责是：查明事故经过、原因、责任和应吸取的教训，按"四不放过"的原则处理事故。

(2)协调与配合的工作要求

①确保应急救援器材及设备数量充足，状态良好，保证遇到突发事件时各项救援工作正常实施。

②物资设备部门要配备足够的通信设备，救援物资的储备情况；

③要保障信息渠道畅通。上级管理机构应急服务机构的联系方式，以及各专业小组间联络方式、现场员工名单等要经常保持相对稳定，当变更后，要及时通知到达各信息环节。

4. 各类事故的救援流程

(1)处置程序

施工现场一旦发生事故时，施工现场负责人应根据当时的情况立即主动采取相应的应急处置措施或进行现场抢救，紧急救援领导小组组长接到报告后，要立即赶赴事故现场，组织、指挥抢救排险，并根据规定向上级有关部门报告，尽量把事故控制在最小范围内，并最大限度地减少人员伤亡和财产损失。

遇突发紧急事故时，各救援班组各就各位，各司其职：

①施工场地若发生了事故，则由现场负责人进行现场指挥，一边急救伤员，疏散人员、机械设备，将其撤离到安全地带；一边向领导小组组长或副组长汇报，以减少人员伤亡和降低财产损失为宗旨，同时尽力保护好现场。

②安全部接到危险源发生事故的报告后，根据实际情况，立即组织相关救援班组及人员、准备急救器材，迅速进行抢救工作。

③施工单位领导接到危险源发生事故的报告后，立即组织联系有关部门及人员指挥抢救工作。

伤员在运送途中紧急救援的方法及措施如下：

①现场只能进行简单的抢救，重伤员需及时送往市、区级医院进行抢救。

②在现场进行抢救的同时要组织好运送车辆和担架救护队，以保在车辆无法通行的情况下，用担架抬送伤员。

③与医院联系做好抢救准备，落实救护车或租用车辆接送。

④联系沿途施工单位在救护车辆和担架队受阻时给予接送。

(2)医疗救助和联络方式

一旦发生事故时，施工现场应急救援小组在进行现场抢救、抢险的同时，优先联系与施工单位签订了急救绿色通道的医疗机构。

二、应急救援措施

1. 创伤止血救护

出血常见于割伤、刺伤、物体打击和辗伤等。如伤者一次出血量达全身血量的30%～35%以上时，生命就有危险。因此，及时止血是非常必要和重要的。遇有这类创伤时不要惊慌，可用现场物品如毛巾、纱布、工作服等立即采取止血措施。如果创伤部位有异物不在重要器官附近，可以拔出异物，处理好伤口。如无把握就不要随便将异物拔掉，应立即送医院，经医生检查，确定未伤及内脏及较大血管时，再拔出异物，以免发生大出血措手不及。

2. 触电急救

遇有触电者施救人员首先应切断电源，若来不及切断电源，可用绝缘物体挑开电线。在未切断电源之前，救护者切不可用手拉触电者，也不能用金属或潮湿的东西挑电线。把触电者抬至安全地点后，立即进行人工呼吸。

其具体方法如下：

(1)口对口人工呼吸法。方法是把触电者放置仰卧状态，救护者一手将伤员下颌合上、向后托起，使伤员头尽量向后仰，以保持呼吸道畅通。另一手将伤员鼻孔捏紧，此时救护者先深吸一口气，对准伤员口部用力吹入。吹完后嘴离开，捏鼻手放松，如此反复实施。如吹气时伤员胸臂上举，吹气停止后伤员口鼻有气流呼出，表示有效。每分钟吹气16次左右，直至伤员自主呼吸为止。

(2)心脏按压术。方法是将触电者仰卧于平地上,救护人将双手重叠,将掌根放在伤员胸骨下部位,两臂伸直,肘关节不得弯曲,凭借救护者体重将力传至臂掌,并有节奏性冲击按压,使胸骨下陷 3～4cm。每次按压后随即放松,往复循环,直至伤员自主呼吸为止。

3. 手外伤急救

在工作中发生手外伤时,首先采取止血包扎措施。如有断手、断肢要应立即拾起,把断手用干净的手绢、毛巾、布片包好,放在没有裂缝的塑料袋或胶皮带内,袋口扎紧。然后在口袋周围放置冰块、雪糕等降温。做完上述处理后,施救人员立即随伤员把断肢迅速送医院,让医生进行断肢再植手术。切记千万不要在断肢上涂碘酒、酒精或其他消毒液。这样会使组织细胞变质,造成不能再植的严重后果。

4. 骨折急救

骨骼受到外力作用时,发生完全或不完全断裂时称作骨折。按照骨折端是否与外相通,骨折分为两大类:即闭合性骨折与开放性骨折。前者骨折端不与外界相通,后者骨折端与外界相通,从受伤的程度来说,开放性骨折一般伤情比较严重。遇有骨折类伤害,应做好紧急处理后,再送医院抢救。

为了使伤员在运送途中安全,防止断骨刺伤周围的神经和血管组织,加重伤员痛苦,对骨折处理的基本原则是尽量不让骨折肢体活动。因此,要利用一切可利用的条件,及时、正确地对骨折做好临时固定、临时固定应注意以下事项:

①如有开放性伤口和出血,应先止血和包扎伤口,再进行骨折固定。

②不要把刺出的断骨送回伤口,以免感染和刺破血管和神经。

③固定动作要轻快,最好不要随意移动伤肢或翻动伤员,以免加重损伤,增加疼痛。

④夹板或简便材料不能与皮肤直接接触,要用棉花或代替品垫好,以防局部受压。

⑤搬运时要轻、稳、快,避免震荡,并随时注意伤者的病情变化。没有担架时,可利用门板、椅子、梯子等制作简单担架运送。

5. 脊柱骨折急救

对于脊柱骨折的伤员,急救时可用木板、担架搬运,让伤者仰躺。无担架、木板需众人用手搬运时,抢救者必须有一人双手托住伤者腰部,切不可单独一人用拉、拽的方法抢救伤者。否则,把受伤者的脊柱神经拉断,会造成下肢永久性瘫痪的严重后果。

第五节　猫道架设施工过程中安全检查工作

一、一般性检查

一般检查以现场安全员以及现场施工技术、管理人员检查为主,按照猫道架设安全施工控制要求及其他安全施工控制要求对现场安全随时进行检查。

二、重点检查

猫道架设施工过程中重点检查项目有:高空作业防护设施检查,猫道架设过程检查,机电设备安全检查。

1. 高空及水上防护设施检查

猫道架设施工期间,现场安全员、技术管理人员、施工班组长须定期对高空设施进行仔细检查,对受损处及时进行维护、修补;所有施工人员都有义务保护好高空设施,对故意损坏安全设施的人员进行教育或罚款。

2. 架设过程检查

卷扬机操作人员应在每日工作前对行程限位、紧急停止、制动等各安全装置进行检查,正常运转后方可使用。

起重吊装或者卷扬机牵引施工前对所用吊具、索具、接头进行仔细检查,不合标准立即更换。牵引施工过程中要严格控制中跨段钢丝绳的最低点高程,不得低于+55.0m,以免对大型通航船舶航行造成影响,由专业的测量人员全程进行监控和报告。牵引系统和猫道架设时要严格按照设计程序作业,不得图简便盲目操作;南北两岸应固定南北塔之间牵引作业时使用的对讲机频道,每个卷扬机操作点至少确保有两个持有对讲机的操作人员;在猫道上施工使用的机具要放置在安全的位置,防止坠落。

三、机电设备检查

猫道索提升时,卷扬机、滑车组按照计算提索力,布置滑车组绕绳,保证卷扬机设备使用安全和猫道索架设安全。

机电设备操作人员以及指挥人员一旦发现异常应停止相关作业,并及时向现场管理人员汇报,现场维护修理人员及时检修。在整个施工期间,机电设备操作、维护人员必须定期对设备进行检修、维护与保养。

第六节　主要机械设备及人员使用计划

主要机械设备及人员使用计划见表4-6-1、表4-6-2。

主要机械设备使用计划　　表4-6-1

设备名称	规格型号	数量	进场日期	技术状况	备注
塔吊		6台	已有	良好	每塔2台、每锚1台
电梯	SCQ200	2台	已有	良好	两主塔
卷扬机	250kN	4台	已有	良好	牵引用
卷扬机	150kN	2台	已有	良好	中间索架设

续上表

设备名称	规格型号	数量	进场日期	技术状况	备注
卷扬机	100kN	12台	已有	良好	引索、提索
卷扬机	50kN	8台	已有	良好	辅助牵引
千斤顶	80t	16台	已有	良好	调整猫道索
千斤顶	300t	4台	已有	良好	调整猫道索
手拉葫芦	10t	10台	已有	良好	猫道索下压
手拉葫芦	3t、5t	20台	已有	良好	横移猫道索及其他

劳动力使用计划 表 4-6-2

序号	工种	人数	备注
1	工程技术管理人员	28	
2	专职质检员	4	
3	专职安全员	6	
4	试验工	3	试验工程师1人
5	测量工	8	测量工程师3人
6	起重工	16	
7	混凝土工	4	
8	钢筋工	4	
9	电焊工、电工	19	
10	木工、架子工	26	
11	机械操作工、机修工	32	
12	辅助工	60	
合计			204

第五章 钢箱梁安装安全专项施工方案

第一节 工程概况

一、概述

本工程为南京长江第四大桥钢箱梁安装施工项目。加劲梁为全焊扁平流线型封闭钢箱梁，全长2189.6m，共划分为9种类型(A、B、C、D、E、F、G、H、I)，144个制造梁段(吊装梁段142个)，其中标准梁段125个，重约251.4t；特殊梁段19个，最大节段重约286.8t。

二、天气情况

桥位区属北亚热带向中亚热带过渡气候带，具有过渡性、季风性、湿润性的特点，主导风向以偏东方向为主，春夏季主导风向为东～东南风，秋冬季主导风向为东～东北风，桥位区的不同重现期设计风速成果见表5-1-1。

桥位区距地10m高不同重现期风速成果 表5-1-1

重现期(a)	10	20	30	50	100
基本风速(m/s)	25.1	27.5	28.0	29.4	31.2

三、施工进度及工艺流程

1. 施工进度计划(表5-1-2)

钢箱梁安装施工进度计划 表5-1-2

序号	工作内容	工作量	时间(d)	开始时间	结束时间	备注
1	缆载吊机拼装	4台	25	2011.10.05	2011.10.24	
2	塔区梁段吊装	6个	3	2011.10.25	2011.10.28	
3	端梁安装	2个	3	2011.11.01	2011.11.03	

续上表

序号	工 作 内 容	工作量	时间(d)	开 始 时 间	结 束 时 间	备　注
4	边跨存梁	36 个	15	2011.11.04	2011.11.18	
5	梁段吊装	126 个	55	2011.11.19	2012.01.12	
6	塔区梁段体系转换	4 个	8	2011.01.13	2012.01.20	
7	合龙段吊装	4 个	4	2012.01.21	2012.01.24	
8	端梁合龙	2 个	7	2012.01.25	2012.01.31	

2. 钢箱梁安装总体施工工艺流程(图 5-1-1)

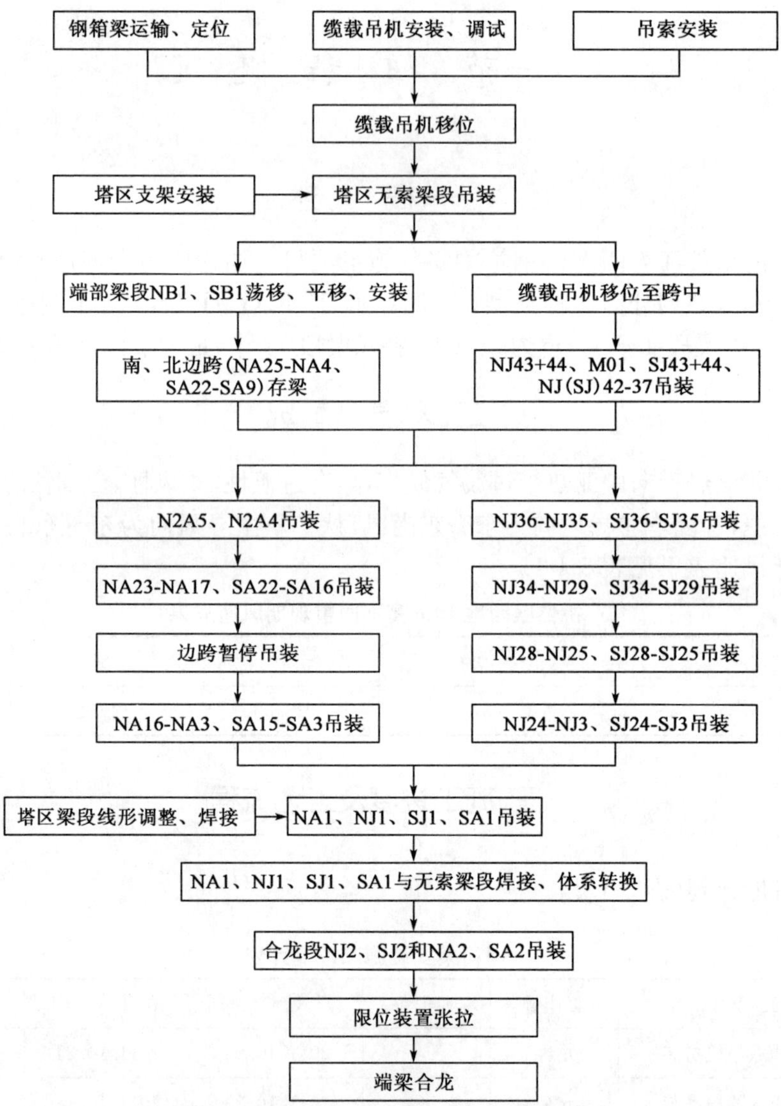

图 5-1-1　钢箱梁安装施工工艺流程图

四、编制依据

(1)《江苏省南京长江第四大桥 A5 标段招标文件》
(2)《江苏省南京长江第四大桥施工图设计》
(3)《公路桥涵施工技术规范》(JTG/T F50—2011)
(4)《建设工程安全生产管理条例》(国务院 393 号令)
(5)《中华人民共和国水上水下活动通航安全管理规定》(2011 年 5 号令)
(6)《建筑施工高处作业安全技术规范》(JGJ 80—91)
(7)《施工现场临时用电安全技术规范》(JGJ 46—2005)
(8)《建筑机械使用安全技术规范》(JGJ 33—2001)
(9)《建筑施工安全检查标准》(JGJ 59—2011)

第二节　主要施工机械设备

一、主要施工机械设备

主要施工机械设备见表 5-2-1。

钢箱梁安装主要施工机械设备一览表　　表 5-2-1

序　号	设备名称	规　格	数　量	用　途	备　注
1	缆载吊机	4000kN	2	钢箱梁吊装	液压提升式
2	缆载吊机	3000kN	2	钢箱梁吊装	卷扬机提升式
3	卷扬机	250kN	4	钢箱梁提升	卷扬机提升式
4	卷扬机	100kN	4	缆载吊机行走	卷扬机提升式
5	卷扬机	100kN	8	钢箱梁荡移	
6	千斤顶	5000kN	16	索鞍顶推	
7	千斤顶	1000kN	24	无索梁段线形调整、限位索张拉	
8	浮吊	2500kN	1	缆载吊机安装	
9	驳船	10000kN	2	构件运输	
10	汽车吊	500kN	4	缆载吊机安装	
11	汽车吊	250kN	2	构件运输	

二、液压提升式缆载吊机

1. 机构组成

本吊机主要由 1 个主横梁、2 个承重梁、2 个在主缆上的步履行走机构、吊具扁担梁、中央控制系统、发电设备、动力设备、2 套吊机移动千斤顶等部分组成。其结构如图 5-2-1 所示。

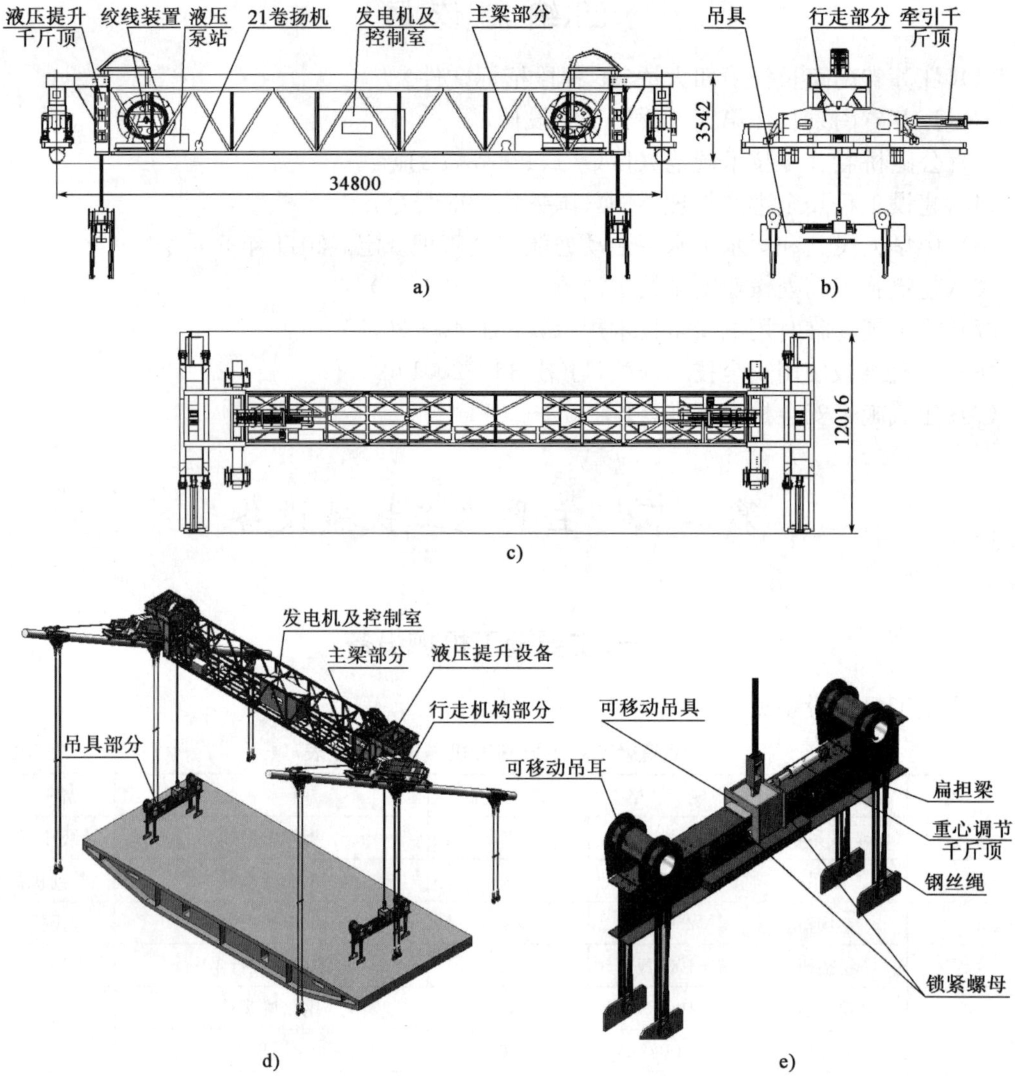

图 5-2-1　液压提升式缆载吊机结构示意图

2. 设备性能

(1)主要特点

采用双液压马达式收放线盘对钢绞线进行收放，采用可靠的液压提升千斤顶结构，避免钢绞线“窝缸”现象的发生。

采用模块式及轻型结构，便于运输；系统完全由计算机控制，易于实现同步控制；吊装时，可以纵向偏转 20°，以便荡移法施工；实现视频监控和传感器控制相结合。

(2)性能参数(表 5-2-2)

(3)行走、固定

缆载吊机在主缆上行走采用“步履式”。在吊机两端沿纵向各备一台 60t 液压千斤顶，作为吊机沿主缆向上行走的动力和向下行走的限制装置，一端锚固在上坡的临时夹具上，另一端锚固在行走系统上。在吊机移动前，收起工作靴，逐渐将吊机荷载转换至滑移导轨靴上，吊机沿导轨移动完成半个循环行走过程，重新落下工作靴至主缆上，导轨向吊机移动方向伸出，完成后半个工作循环。

液压提升式缆载吊机性能参数　　　表 5-2-2

序　号	项　目	性 能 参 数
1	缆载吊机整体提升能力	400t
2	提升用连续千斤顶	2 台 230t
3	平均提升速度	35m/h
4	最大下放速度	80m/h(液压马达放线)
5	最大自重(不含吊具)	120t
6	最大主缆倾角	30°
7	吊机桁架与竖直方向最大倾角	20°
8	缆上平均行走速度	12m/h
9	缆上行走机构通过的最大的索夹尺寸	2400mm×300mm(长×高)
10	动力源	柴油发电机(功率可调整)
11	最低工作温度	−10℃
12	工作状态最大风速	25m/s(吊机平面处 3s 阵风)
13	非工作状态最大风速	55m/s(吊机平面处 3s 阵风)

吊机行走流程如图 5-2-2 所示。

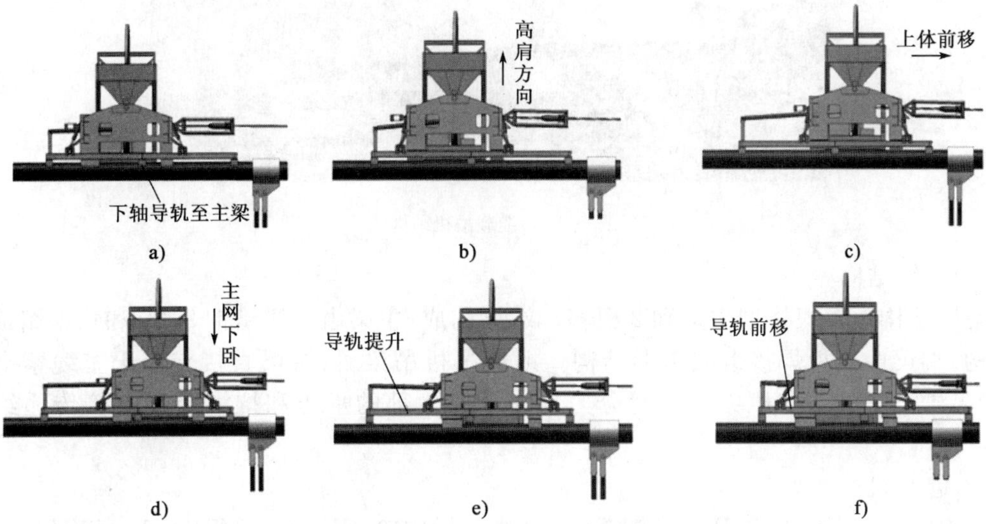

图 5-2-2　缆载吊机行走流程图

a)下放导轨；b)提升缆载吊机主体；c)缆载吊机主体前移；d)下放缆载吊机主体；e)提升导轨；f)导轨前移，完成一个行走流程缆载吊机行走至吊装位置后，通过两支承索夹抱紧于主缆上，如图 5-2-3 所示。

三、卷扬机提升式缆载吊机

该缆载吊机利用 2 根装有索夹的主缆做运行轨道，以主缆索夹为承载支点，由 2 根箱形端梁、1 根格构式主梁构成。起升卷扬机安装于主塔下，由导向滑轮引入钢丝绳与机上滑车组相连。走行采用置于塔顶卷扬机牵引。

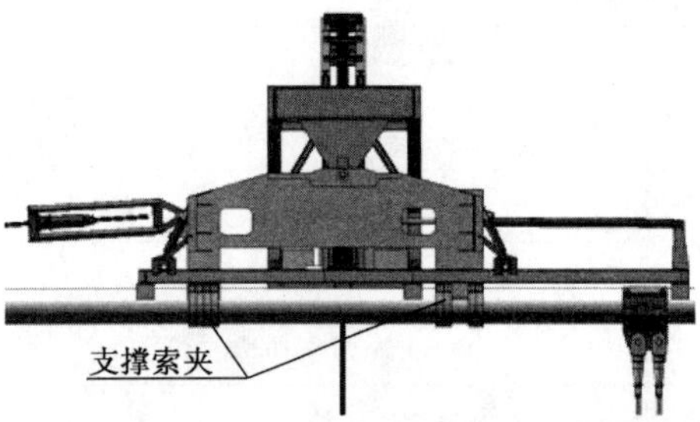

图 5-2-3 缆载吊机支撑索夹固定示意图

1. 缆载吊机特点

(1)采用“四点吊”安装钢箱梁，每台缆载吊机采用 2 台提升卷扬机，每个吊点由 1 台卷扬机控制升降，每台缆载吊机上 2 台卷扬机为二机合一的操纵台，2 台卷扬机可同时动作，也可单台动作，电脑动态显示整个钢箱梁吊装过程及每个吊点的受力情况，保证了钢箱梁吊装平稳。

(2)单个缆载吊机重量轻，安装方便。

(3)采用卷扬机提升方式，起吊速度快，操作简单，一般操作人员作一定培训就可安全操作。

2. 机构组成

缆载吊机由梁体结构、起升机构、行走机构、索夹跨越系统等组成。缆载吊机结构如图 5-2-4、图 5-2-5 所示。

图 5-2-4 缆载吊机结构图

(1)梁体结构

梁体结构由 1 根格型主梁和 2 根箱形端梁构成，主梁由双拼槽钢 2[25 和角钢组成钢桁架结构，端梁由钢板焊接组成箱形结构。缆载吊机吊梁时，端梁直接支承于主缆索夹顶平面，起吊中产生的法向压力和下滑分力均由端梁中部的承压和抗滑装置直接传递给主缆索夹。

(2)起升机构

在主塔根部安装 2 台 JKT25 卷扬机，经塔顶导向轮、定、动滑轮组，走 10 倍率钢丝绳，形成 2×250t 起重能力的起升机构。在动滑轮组下设两分配梁，形成钢箱梁 4 点吊结构，分配梁上吊点可移动，使得钢梁重心与吊点重合解决非标准梁段重心不对称问题。

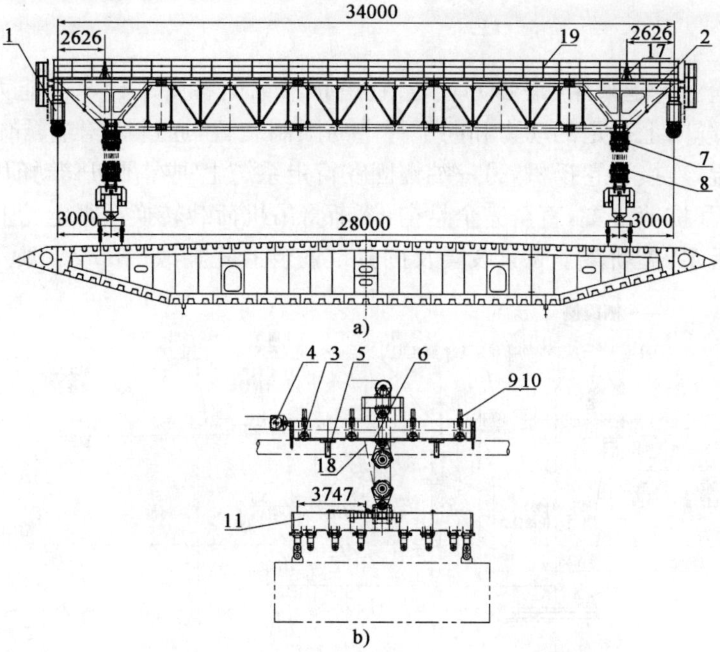

图 5-2-5　缆载吊机结构示意图

(3)行走机构

缆载吊机依靠塔顶 100kN 卷扬机牵引行走。吊机走行时，各夹紧装置和抗滑装置均松开，吊机在各行走轮油缸的作用平行向上抬起，由安装在主塔上的卷扬机牵引向下滑行。吊机上坡时，索引机构的滑轮组安装在吊机的前方，吊机在拉近水平区域行走时，牵引机构的滑轮组安装在吊机的后部。

(4)索夹跨越机构

吊机运行跨越索夹时，依靠液压自动控制系统，通过油缸带动行走轮上下升降，当行走轮接近索夹时自动向上抬起，当行走轮离开索夹时自动下降实现交替跨越行走。

3. 设备性能

LZQ300 型缆载吊机的性能参数见表 5-2-3。

单台缆载吊机性能　　表 5-2-3

起重能力(kN)	2×1500	工作最大坡度	30°
提升卷扬机(台)	2	行走速度(m/min)	0.5
提升速度(m/min)	2	行走卷扬机(台)	2
下落速度(m/min)	2	最低工作温度	−10°
最大自重(t)	65	工作风速(m/s)	25
提升高度(m)	65	抗风风速(m/s)	55
最大轮压力(kN)	170	最大下滑力(kN)	300

4. 行走、固定

缆载吊机在主缆上行走采用“跨步方式”。在塔顶沿纵向各备一台牵引能力 100kN 卷扬系统，作为吊机沿主缆向上行走的动力和向下行走的限制装置，通过滑轮组、导向滑轮和固定于索夹的钢丝绳托辊，连接于卷扬机，另一端锚固在行走系统上。在吊机移动前，收紧卷扬机，解开、收起吊机夹紧和抗剪装置，直至完全悬空，逐渐将吊机荷载转换至行走轮上，操作吊机沿主缆行走一个循环行走，重新落下夹紧装置及抗剪装置至主缆上，如图 5-2-6 所示。

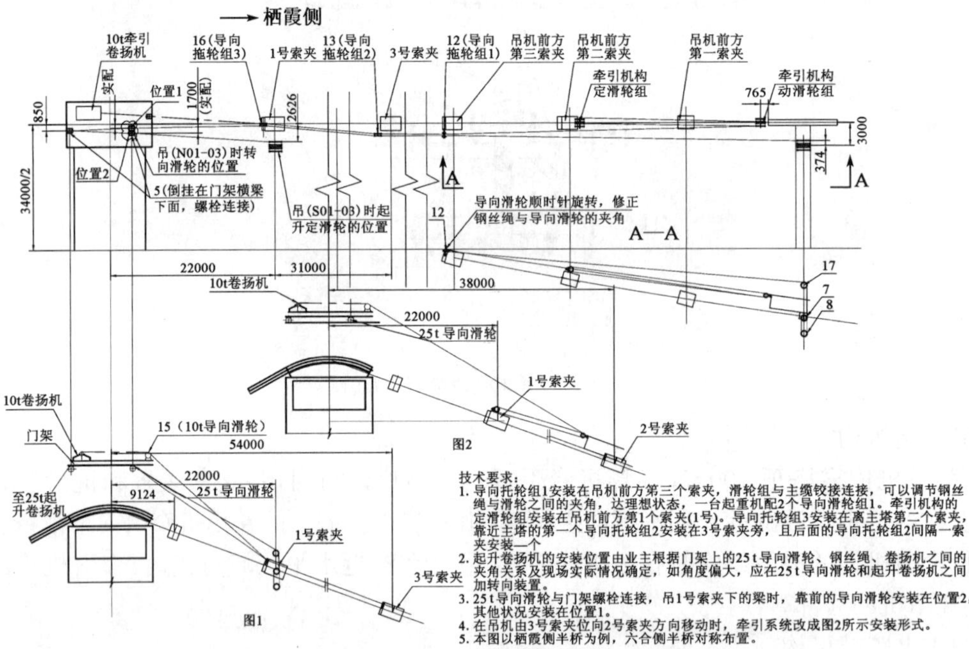

图 5-2-6 缆载吊机行走、固定示意图

缆载吊机行走至吊装位置后，利用锁定装置固定在主缆上，锁定装置由 3 部分组成，分别为：

(1)通过吊机两端梁承压—夹紧机构夹住主缆。

(2)拉紧辅助移动卷扬系统。

(3)在邻近索夹两侧安装调整垫片、抗剪块及顶紧螺栓，顶紧索夹。

四、提升卷扬机(250kN)

提升卷扬机采用主缆牵引系统用 250kN 卷扬机，如图 5-2-7 所示。

图 5-2-7 250kN 卷扬机图

第三节　总体施工方案

一、施工准备

1. 缆载吊机安装

缆载吊机安装详见《液压提升式缆载吊机拼装方案》、《卷扬提升式缆载吊机拼装方案》。

2. 缆载吊机试验

缆载吊机在使用前进行静载和动载试验，以验证其性能。静载荷载不小于 1.2 倍最大吊装重量，动载荷载不小于 1.1 倍最大吊装重量。试验内容为液压提升系统运行、钢结构承载能力、连接件应力、控制系统运转等。

试验方法如下：

①将缆载吊机固定于靠近塔的主缆上，下放吊具，将配重荷载定位后与吊具连接。

②仔细检查缆载吊机各部件的连接情况，确认无误后，驱动缆载吊机液压提升系统，缓缓垂直提升配重块。

③根据提升机构的测力装置，推算缆载吊机吊点承受的荷载，对缆载吊机各部件进行检查，并做好记录。

④待配重块全部由缆载吊机承担，再次检查，并做好记录。配重块离开支架高度控制在 10cm 内。配重块脱离支架并稳定 60min，经检查一切正常后放下配重块。

⑤将配重荷载逐步提速至设计提升速度，做动载试验。

⑥试验时，测量缆载吊机主梁挠度变化。

3. 索夹螺杆紧固、检查

根据施工监控要求，钢箱梁吊装前部分索夹螺杆只紧固两侧螺杆。在钢箱梁吊装至相应索夹部位前，将未紧固的索夹螺杆轴力施加至设计紧固力，已紧固索夹螺杆进行轴力检查、补足。

二、总体方案

钢箱梁安装按梁段结构分为标准梁段安装、塔区无索梁段和临近梁段安装、端部梁段安装、合龙段安装等；按施工位置分为深水区梁段安装、浅(无)水区梁段存梁及吊装、塔区和过渡墩位置梁段安装等。

钢箱梁采用缆载吊机吊装，中跨为液压千斤顶提升式缆载吊机，边跨为卷扬机提升式缆载吊机。除中跨 NJ43＋44、SJ43＋44 两梁段为双节段(两制造节段厂内焊接成一体)吊装，采用两台缆载吊机抬吊，其余梁段均为单节段吊装，采用单台缆载吊起吊安装。

深水区钢箱梁由缆载吊机直接从运梁船上起吊安装，浅(无)水区及索塔、过渡墩墩处钢箱梁由缆载吊机荡移(或荡移存梁)安装。

1. 梁段荡移力计算

根据塔区无索梁段E、F、G梁段荡移角度(通过起吊位置、起吊高度、荡移距离计算)和钢箱梁重量，计算3个梁段荡移力。

(1)F梁段

首次荡移(2号、88号索夹位置)角度为9.9°，梁段重量为214.5t，荡移力为374kN。

二次荡移(1号、89号索夹位置)角度为7.9°，荡移力为298kN。

(2)E、G梁段

E梁段(N2号、S2号索夹位置)荡移角度为10.3°，梁段重量为197.1t，荡移力为358kN。

G梁段(2号、88号索夹位置)荡移角度为9.9°，梁段重量为204.4t，荡移力为357kN。

2. 边跨存梁施工

(1)概述

由于南、北边跨部分区域处于长江浅滩及陆地，该位置梁段运梁船无法直接运输到位，需采用栈桥、平台临时存储，以待缆载吊机由存梁支架上直接起吊。

(2)存梁支架及栈桥施工

存梁支架及栈桥施工详见《塔区无索梁段支架安全专项施工方案》、《临时存梁栈桥施工专项安全施工方案》。

(3)梁段存梁

根据南、北边跨地形及栈桥、平台布置，南、北边跨钢箱梁存梁梁段为端梁2个梁面(NB1、SB1)、南边跨14个梁段(SA9～SA22)、北边跨22个梁段(NA4～NA25)，共38个梁段。

南、北边跨钢箱梁存梁，采用缆载吊机在栈桥前端荡移梁段至栈桥上，通过4台船台小车平移运输至钢箱梁相应位置存储。

3. 端梁安装

钢箱梁两侧过渡墩处梁段为无吊索端部梁段NB1、SB1，梁段重约145t。端梁位于过渡墩上方，需采用缆载吊机荡移安装。由于端梁处吊高较小，一次荡移角度较大，分两次荡移安装(先塔侧荡移、后锚侧荡移)。

4. 标准梁段安装

深水区标准梁段主要包括NA3、NJ3～NJ42、NJ43＋44、M01、SJ3～SJ42、SJ43＋44、SA3～SA8共计90个节段，该区域梁段直接采用缆载吊机垂直吊装。

由于深水区大部分区域均处于主航道区，因此，在吊装前应与海事等部门充分沟通，在吊装区域设置限航标志，实施航道管制。深水区标准梁段吊装工艺如图5-3-1所示。

①缆载吊机定位

缆载吊机定位位置应保证钢箱梁起吊后与已安钢箱梁梁段间有 30～50cm 间隙，以便钢箱梁顺利垂直起吊到位。

②箱梁定位

将钢箱梁运输船定位在缆载吊机的吊点下方，定位误差不大于 50cm，缆载吊机放下吊具，然后根据缆载吊机吊具位置，通过收放运梁船锚绳进行精确定位。

③垂直起吊

缆载吊机提升钢箱梁，注意观测钢箱梁顶面水平状态，根据观测情况及时进行调整，使得缆载吊机吊点受力均匀；当钢箱梁起吊至预定高度，连接钢箱梁与吊索下端，并与相邻已安钢箱梁节段临时连接；放松吊具，使吊索受力，移动缆载吊机进行下一节段吊装。

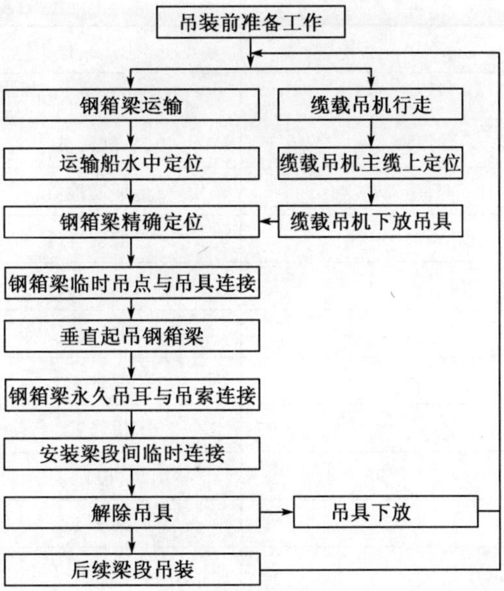

图 5-3-1　深水区标准梁段吊装工艺

5. 塔区梁段体系转换

由于塔区 E、F、G 三个梁段为无吊索梁段，塔区设置竖向弹性支座，钢箱梁为半飘浮体系，塔区三个梁段需由临时支架受力转换为相邻永久吊索受力。塔区梁段体系转换，先将塔区三梁段调整线形、焊接，再吊装相邻 D 梁段（NA1、NJ1、SJ1、SA1），与塔区三个梁段连接、焊接，并解除塔区支架临时支撑。

6. 合龙段吊装

本桥合龙段共有 NA2、NJ2、SJ2、SA2 四段，均采用牵引预偏的方式合龙，另外两端梁 NB1、SB1 采用顶推方式合龙。

根据计算分析，梁段合龙顺序为：先合龙中跨 NJ2、SJ2 梁段，再合龙边跨 NA2、SA2 梁段，最后顶推两端梁 NB1、SB1 合龙。

第四节　劳动力计划及设备计划安排

一、劳动力计划

主缆紧缆、索夹和吊索安装，南、北两岸可独立作业，投入的劳动力资源见表 5-4-1。

由于主缆紧缆作业、索夹和吊索安装主要依靠设备进行，且为高空作业，其相关配套的设备须准备齐全，及时到位，才能确保施工的安全、质量及进度满足要求。

劳动力需求计划　　表 5-4-1

序　号	工　种	人　数	备　注
1	工程技术人员	8	
2	管理人员	14	
3	专职质检员	2	
4	专职安全员	3	
5	试验人员	2	
6	测量人员	8	测量工程师 3 人
7	起重工	12	
8	机修工	2	
9	电工	4	
10	架子工	6	
11	机械操作工	24	
12	辅助工	120	
合计		205	

二、主要机械设备

主要机械设备见表 5-4-2。

主要机械设备一览表　　表 5-4-2

设备名称	规格型号	数　量	进场日期	技术状况	备　注
塔吊		6 台	已有	良好	各塔 2 台、锚 1 台
电梯	SCQ200	2 台	已有	良好	两主塔
浮吊	2500kN	2 台		良好	缆载吊机拼装
汽车吊	500kN	4 台		良好	缆载吊机拼装
汽车吊	250kN	2 台		良好	栈桥搭设
履带吊	500kN	2 台		良好	栈桥搭设
缆载吊机	4000kN	2 台	已有	良好	
缆载吊机	3000kN	2 台	已有	良好	
卷扬机	250kN	4 台	已有	良好	卷扬机式缆载吊机提升
卷扬机	100kN	8 台	已有	良好	卷扬机式缆载吊机行走
卷扬机	100kN	8 台	已有	良好	钢箱梁荡移
天顶小车		12 台	已有	良好	
千斤顶	2500kN	16 台	已有	良好	索鞍顶推
千斤顶	1000kN	24 台	已有	良好	梁段线形调整

第五节　安全风险分析及安全控制措施

一、安全管理组织机构

1. 箱梁吊装安全管理组织机构(图 5-5-1)

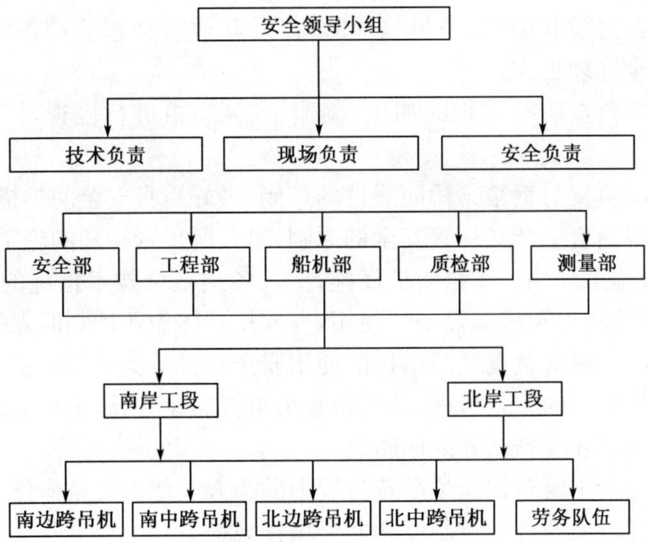

图 5-5-1　安全管理组织机构图

2. 安全生产领导小组职责

(1)负责安全生产职责分工,并按时检查其安全生产职责履行情况,积极组织开展安全生产工作;分析研究安全生产形势。

(2)在计划、布置、检查、总结、评比生产时,同时计划、布置、检查、总结、评比安全生产工作。

(3)组织领导安全生产大检查,做到检查有记录,隐患有通知,整改有回单,复查有结论。重大隐患未整改以前,应有可靠的临时安全生产措施。领导、协调组织机构图中所属各部门(工段)的安全生产工作。认真贯彻"安全第一、预防为主、综合治理"的方针,落实国家、中交总公司以及地方政府有关安全生产的政策、法令、法规、标准、指示和规定等。

(4)督促组织机构图中各部室、工段认真执行部署的有关安全生产的具体工作要求,并按要求收集、汇总情况上报;发生影响、损失较大的生产事故,组织力量按"四不放过"的原则进行调查处理。

3. 各主要职能部门分工

为了有效对钢箱梁吊装进行安全管理，针对缆载吊机吊装施工特点，各职能部门分工如下：

(1)安全部。全面负责整个钢箱梁吊装过程中安全监护工作，主要侧重于对施工现场安全设施设置及操作行为的安全规范，防护用品的穿戴等安全规章制度的贯彻落实。

(2)工程部。主要对施工中涉及的各种操作平台、通道、吊具等结构受力，构件加工、制造负技术安全责任，并对钢箱梁吊装的各种安全技术准备工作安全负责并辅助安全部门对施工贯彻落实施工单位的各项安全规章制度。

(3)船机部。主要对缆载吊机、塔吊、卷扬机以及其他大型起重设备的安装、运行安全负责，并做好设备的安全管理工作。

(4)质检部。主要负责对结构物的加工、制造、安装质量进行检查，杜绝质量安全事故的发生。

(5)测量部。主要负责对钢箱梁桥面线性的控制，做好自身安全防护措施。

(6)现场工段。根据管生产必须管安全的原则，对其所负责指挥的施工现场生产安全工作负重要责任。落实好施工现场的安全防护设施，保证各项安全技术措施的实施。严格遵守安全生产操作规程组织劳动力和机械设备的使用，在安排具体作业计划时保证安全生产重点。

(7)缆载吊机班组。主要负责缆载吊机的使用安全和日常保养及维修工作，对缆载吊机进行可追溯的记录，参加吊机的安全检查，认真检查吊机机械设备、施工用电的安全状态，对吊机的不安全状态及时提出整改措施，并限期整改。

(8)劳务队伍班组。主要对钢箱梁吊装过程中的个人及他人安全操作负责，以及对设备的正常操作和维护，落实各项安全规章制度和安全操作规程。

二、安全风险分析

按照“安全第一、预防为主、综合治理”的安全管理方针，在施工过程中，针对各个作业点(范围)中所涉及的安全因素进行了识别，并对此采取相应的措施，以指导现场安全管理和施工，在建立健全安全管理机构的基础上，从技术上、制度上、思想上、组织上加强安全管理，制定并落实好安全预控措施，防患于未然。

钢箱梁吊装施工属于高空高危作业，根据A5标《施工安全专项风险评估报告》评估结果，钢箱梁吊装过程中可能导致的危险及危害有物体打击、高空坠落、坍塌、机械伤害、其他伤害、淹溺，风险大小在Ⅲ级、Ⅱ级、Ⅰ级。

对施工过程存在的危险因素进行了详细评价和论证，结合项目资源配置情况、技术能力状况等多方面分析研究，根据评价结果确定控制方案。

三、设备风险及安全控制措施

钢箱梁吊装过程中可能导致的坍塌、机械伤害等危险及危险因素，如果缆载吊机系统出现故障或隐患，将很可能会出现跨缆吊机构件固定不牢发生坍塌危险的不安全状态，因此对缆载吊机的安全控制措施尤为重要。

1. 卷扬式缆载吊机安全控制措施(表 5-5-1)

卷扬式缆载吊机安全控制措施　　表 5-5-1

序号	项　目	具体内容
1	一般性要求	操作人员必须仔细阅读操作说明书及操作规程内容,特别是涉及安全防范部分。错误使用起重装置、对设备缺乏适当的维护以及维修方法不当等都是严格禁止的,因为这些做法都会给参与工作的所有人员和设备本身带来危险
2	使用环境要求	不得在大风、雨雾、冰雪等恶劣天气条件下使用起重机
		风力超过 6 级时不允许进行架梁作业,并提前将吊具与已架梁段锚固好,起重机包紧装置与主缆抱死
		禁止在夜间使用起重机
3	操作人员要求	操作人员必须经过专业的培训,具有特种设备操作上岗证
		操作人员必须熟悉设备及起重工作的基本原理和要求,熟悉操作方法和使用说明书中的要求,熟悉指挥信号,安全意识强,责任心强
		所有身体和精神状态不稳定的人员,不得操作起重机
		操作人员和所有参与工作的人员,未穿戴好合适的工作服,不得对设备进行操作
4	吊装荷载要求	不得起吊重量超过额定容量的负载
		不得起吊不平衡的荷载
		不得用负载撞击障碍物,如桥墩、钢梁以及其他设备或机械
5	操作使用要求	不得在悬挂的负载下方穿行、停留和作业
		不得将负载悬在那里,无人照管
		不管处于何种原因,不得触摸正在旋转的滑轮、运动中的钢丝绳(钢绞线)、处于负载连接的区域、正在升降或受力的吊具
		当起升机构运行时,不得使用快速挡抵达"行程末端"区域
		当设备行驶或起吊时,不得突然改变方向
		设备在开动前检查是否有人在危险区域,用适当的信号提醒一定区域范围内的人员,本设备要启动了
		在设备旁指定一个安全负责人,以确定设备运行前没有人在提升钢梁里面或者下面
		突然停止设备的运动,对其自身来说也是一个不利的事情,它可能引起重物振动和悬荷摆动,在使用紧急停止按钮停止设备前,人员应该训练这类事情
6	维修保养要求	不得将钢丝绳用作焊接时的接地电缆
		不得修改机械及电气元件的任何性能特征
		不得修改、重新设定安全装置或者擅改这些装置
		不得进行与规定说明不符的临时性修改
		不得用非原有备件或非厂家推荐的备件来更换损坏的部件或故障部件
		不得相信非授权人员或不合格人员的维修
		在没有设计方的事先书面同意前,不能对设备进行任何修改
		在任何维护、保养工作之前,电力和液压系统必须切断,总开关必须扭到关闭位置

续上表

序号	项　　目	具 体 内 容
6	维修保养要求	机械、液压和电器部件应进行定期的维护和维修检查，所有液压管道和管配件必须定期检查，查看是否存在腐蚀、伤口、漏油或任何其他的缺陷
		不能在设备运动时加润滑油或润滑脂，不能在设备运动时做修理或调整
		在油缸附近进行焊接或切割或打磨作业时，必须对油缸的活塞杆进行必要的防护，以防止活塞杆表面损伤
7	安全设施使用要求	在没有设计方的事先书面同意前，不要旁设其他任何安全开关或者报警装置
		不要修改、移动或者破坏安全装置，对它们进行定期检查以保证其功效状况
		万一遇到危险，通过按紧急停止按钮可以立即停止设备，在重新启动设备前，确保危险已经解除了
8	整机安全操作要求	缆载吊机现场拼装完毕后，要进行载荷和功能试验，确认正常后才能正式投入吊梁作业
		正常工作前，应先作空载运行，以检查整机结构和起升、走行机构以及电气、液压系统等部件有无异常声音和异常现象，并检查制动功能是否正常，切勿带病作业
		每个工作日开始时，必须全面进行一次检查，发现问题及时处理并办理签认记录手续
		定期检查制动器和限位开关，确信这些元件的功能正常
		定期检查钢丝绳和操作按钮面板工作正常，无损坏现象
		确信缆载吊机吊具无裂纹、非正常磨损、损坏等现象
		起吊和运行时，应确保起升空间、运行道路没有障碍物妨碍
		每次作业之前，操作人员必须遵守所有安全标准，设备本身处于正常的工作状态。确认没有人员处在上部走台、梯子等不安全的环境之中
		上部走台和梯子供检查维修人员使用，其他无关人员不得随意攀登。检查维修人员在检查主梁时，也应检查走台跳板的连接以及栏杆的连接是否紧固
		每项动作开始前要求鸣铃警告所有在场的工作人员
		当发出各种不同命令时，避免快速改变正在执行的命令
		在离开操作室之前，先将起重机停机，然后再切断电源
		所有人员在进行各种作业时，应穿戴合适的劳保工作服，确保符合现行的安全作业规程
		操作人员开始工作之前，必须检查制动器和限位开关功能是否正常
		操作人员一旦发现设备出现功能方面的故障或严重问题（故障可能导致重大安全隐患、可能发生设备损坏、危及人身安全，如突然间动作失常，太大的异常噪声等），应立即停止作业，并向安全员及设备主管人报告
		当设备存在安全缺陷或隐患未搞清楚前，安全员及设备负责人应及时检查维修，并采取安全防范措施，不容许设备带"病"工作
		遵守并坚持维护原则，每次维护后，应将观察到的所有有关钢丝绳、制动器和限位开关等有关安全方面的情况记录在案
		在起重机工作之前、工作期间、工作完毕，所有相关人员都要严格遵守安全规程、警告、警示和安全防护措施，确立预防为主的意识，确保设备及人身安全

续上表

序号	项　　目	具 体 内 容
9	起升机构安全操作注意事项	每次吊装时必须先进行低距离试吊，以检查制动性能，必要时可调整制动片间隙，满足吊装要求
		在任何情况下禁止超负荷使用
		钢丝绳切断时，应有防止绳股散开措施
		安装钢丝绳时，应在清洁的环境下拖拉、施工，应防止划、磨、碾压和过度弯曲，钢丝绳应保持良好润滑，新用的润滑剂应符合钢丝绳的要求，并不影响外观检查，润滑时应特别注意看不到和不易接近的部位
		当用新的钢丝绳来更换旧的钢丝绳时，确保滑轮工作导槽和卷筒没有磨损，如果出现这些损坏情况，将滑轮导槽修复到原有形状。更换钢丝绳时，检查轴承及衬套有没有损坏，确认滑轮自由运行，没有过多的偏移
		在卷筒上缠绕钢丝绳时，应紧密相靠并拉紧，保持钢丝绳拉力最小直到将其全部缠完
		如果用旧绳子将新绳子拉到滑轮上，要认真操作避免旧钢丝绳有任何扭结，并将这种扭结传给新钢丝绳，这种情况会危及绳子的使用寿命，更严重的会导致绳股断开或成网状
		钢丝绳在卷筒上应有大于3圈的安全圈数；严格按照国标（ISO 4309）《起重机械用钢丝绳检验和报废使用规范》进行钢丝绳的安装、检查、报废、更换

2. 液压式缆载吊机安全控制措施（表5-5-2）

液压式缆载吊机安全控制措施　　表5-5-2

序号	项　　目	具 体 内 容
1	缆载吊机作业安全注意事项	非缆载吊机操作人员禁止操作吊机
		吊机上的栏杆应完整可靠，禁止乱拆乱割
		每台吊机配备至少两瓶灭火器。应安装在合适高度并固定好以利于取放。灭火器应保证状态良好，随时可用
		液压管路、信号线路应排列整齐并和油管分开固定，避免管路或线路被踩坏或夹断。管路接头应连接可靠避免漏油；信号线接头应安装包裹好，避免水、油污进入
		电器线路应外皮完整并固定可靠，接头应缠包良好，避免发生触电事故；所有用电器具应有良好的接地
		控制室内保持清洁整齐。吊机操作室内的物品应分类堆放整齐。油料、棉纱等易燃品应远离火源单独堆放。电器等发热器件禁止覆盖；烟头等应及时熄灭，严禁乱丢
		在吊机上部或行走机构上工作时，应佩戴安全带和安全帽。安全帽和安全带应系好
		吊机维修时，维修人员应佩戴工具包，防止工具及配件坠入江中
		吊机底部及周围应用钢板或木板、防护网等加以覆盖，防止在维修时工具或螺栓掉落伤及他人
		吊机踏板上的水及油污应及时清理干净，防止发生人员跌伤等人身事故

续上表

序号	项　目	具体内容
1	缆载吊机作业安全注意事项	在钢绞线结冰情况下，在没有可靠的加热融冰手段，不能进行钢绞线收放操作，以免造成因夹片及弹簧底座内结冰，夹片失效
		在缆载吊机上进行焊接时，必须拆掉焊接部件与液压泵站连接的控制信号线，避免电焊机的电流击坏电路板
		千斤顶周围做好安全防护，防止在更换夹片时夹片掉落。可能造成人身事故
		钢绞线应远离焊机、割枪。只能用切割机进行切割下料，打磨机打磨端头
		若钢绞线长度不够，不能进行连接
2	室内操作控制人员安全注意事项	非缆载吊机操作人员禁止操作吊机
		操作人员要谨慎细心，注意力集中
		操作人员对每次吊装重量及各点理论受力应做到心中有数，便于设置预期荷载
		起吊时吊装指挥人员和操作控制人员应保证良好通信。若出现故障，须有应急通信手段
		操作人员在操作时不得随意将系统切入调整状态，防止意外事故发生
		排除故障或其他原因进入安装程序，在退出安装程序前注意检查夹片是否是关闭状态
		注意调整吊机上下游两个行走脚，使其同步。一般靠近索夹调整，过一个索夹调整一次
		上班操作前必须清楚吊机目前所处的状态
		下班前应收回千斤顶，关闭好所有夹片夹持器
		下班后应关掉电脑和所有液压泵站，并收所有钥匙
3	猫道上观测行走安全注意事项	行走观测人员应保证和操作控制人员良好的通信
		行走导轨向上或向下行走时注意观察与60t牵引千斤顶是否有干涉现象
		当3.5m平移千斤顶达到最大或最小时，导轨支撑脚与行走体支撑脚是否有干涉现象
		行走体或导轨行走时的高度是否足够越过索夹或主缆上其他障碍物
		注意观察导轨与行走体间的摩擦，重物移位器两边的侧向滚子是否因为摩擦过大而被卡断现象
		吊机行走时注意观察吊机与猫道内侧扶手角钢干涉
		吊机行走时，注意理顺60t牵引千斤顶的钢绞线
		行走时注意观察扁担梁是否与吊索有摩擦或碰撞
4	室外观测人员安全注意事项	吊机上观察人员在吊装过程中一旦发现钢绞线出现松弛或粘丝现象等，立即通知控制人员停止操作。待处理好后继续进行
		在工作过程中注意观察各连接销轴、螺栓等关键受力处。若有异常应及时通知控制人员停止操作
		注意观察千斤顶上下锚头盖板连接螺栓，是否有拉断现象
		注意观察导索架内的钢绞线，确保顺利通过千斤顶
		注意观察液压泵站内是否有漏油
		检查所有液压油管及电缆，看是否有裂缝或严重磨损，若有疑点应及时更换
		检查所有数据线、控制线的插口接头是否有油污或水，是否有破裂或损坏现象，若有疑点应及时清理或更换
		参观人员和闲杂人员应远离工作区

续上表

序号	项 目	具体内容
5	用千斤顶吊放和移动前操作安全预防措施吊装控制人员和吊机控制人员负责千斤顶操作开始前安全预防措施	吊装控制人员和吊机控制人员必须认同吊装计划并确保千斤顶的预期荷载分析和安全荷载参数，吊装速度和操作顺序均有资料证明并得到理解，吊装计划也必须包括荷载释放方案
		吊装控制人员和吊机控制人员必须清楚所有设备的安全荷载和油泵压力
		检查吊装控制人员，吊机控制人员和驳船管理人员的良好通信状况，如果出现故障，须有应急通信手段
		检查所有将投入使用的千斤顶、液压泵站和电器操作的控制系统
		目测所有液压油管和电缆，寻找是否有裂缝或磨损痕迹，如果有疑点应进行更换，检查所有接头、插头和插座是否安全固定
		保持钢绞线和夹片清洁至关重要，当夹片松夹不顺时，很可能导致"窝缸"现象
		电缆检查点无瑕疵，检查是否有弯折，裂缝或污染物，如有疑点，进行替换
		有焊花溅落的钢绞线必须进行更换并且永不再使用
		不要使用火焰切割钢绞线，只能用切割机进行切割，打磨钢绞线端头使其安装时能顺利通过夹片。防护眼镜应该常戴
		不要连接钢绞线
		检查夹片和锚具是否清洁并润滑
		检查锚具定位弹簧和定位板和其他零件是否正确安装
		将荷载平衡分布于每根钢绞线
		在检查确认所有设备安全可用后，尽快进行操作，如果出现延误，应重新检查
		显示信号警告其他工人，千斤顶正在工作中
		佩戴安全帽，穿安全靴
		如果存在有人在千斤顶后面行走的危险，封闭该区域
		参观人员及闲杂人等应远离工作区域
6	用千斤顶吊放和移动时操作安全预防措施吊装控制人员和吊机控制人员负责千斤顶操作开始时安全预防措施	千斤顶操作需要谨慎细心、精力集中，不要受他人干扰或麻痹大意，随意散漫
		对液压管和数据线定期检查
		将压力溢流阀置于安全位置
		操作即将开始前，检查夹片，锚具和电缆两次
		操作时，不允许任何人站在千斤顶后方
		不允许任何人站在正在吊装的荷载下方或正在移动的荷载后方
		任何人都不得搭乘吊装物
		起吊时观察钢绞线，如果钢绞线出现松弛现象，立即停止操作。如果钢绞线有"粘丝"的迹象，立即停止操作，查明问题的原因并在重新开始前进行纠正
		如果实际顶伸荷载超过预期顶伸荷载，吊机控制人员必须立即通知吊装控制人员并寻求指导
		如果顶伸荷载超过安全荷载系数，吊机控制人员必须停止吊装并告知吊装控制人员
		确保从千斤顶释放出来的钢绞线安全放置，不能伤及人员，将钢绞线系于猫道一侧，在驳船或梁段上，将钢绞线盘成"8"字形

续上表

序号	项　　目	具 体 内 容
6	用千斤顶吊放和移动时操作安全预防措施吊装控制人员和吊机控制人员负责千斤顶操作开始时安全预防措施	放松千斤顶前确保荷载安全
		确保将重复利用的钢绞线保持清洁，蒸汽清洗受到污染的钢绞线，如有疑问，不要使用
		执行设备的维护程序
		检查油泵油箱中的液压油正常更换或过滤，受到污染或劣质液压油是液压问题的主要原因
		检查液压油管是否有裂缝或起泡或磨损
		根据维护程序清洁夹片，不要将夹片露天放置，不要使其生锈
		当吊机上放置服务和维护设备时，用系带安全地固定于钢结构上
		使用后清洁所有设备

四、钢箱梁吊装风险及安全控制措施

1. 钢箱梁运输过程中的风险分析

钢箱梁出厂前，与气象部门取得联系，掌握1周时间段内的天气情况，特别是近3d内的天气情况，选择好的时段进行钢箱梁的运输，如果天气不好，宁可多等几天也不能冒险航行。运输途中遭遇突发恶劣天气，运梁船应就近抛锚，确保安全；运输过程中，船舶间加强联系，做好避让工作。

2. 无索梁段吊装过程中的风险分析

(1)运梁船缆绳被拉断或发生走锚现象

根据吊装期间最不利情况计算船舶所受的水流力及风力，给运梁船配备了足够强度的锚绳和锚，以避免发生锚绳断裂及走锚现象。

同时，为确保完无一失，整个吊装期间拖轮值班，船只一旦发生危险情况，拖轮立即前往支援，确保吊装安全。

(2)吊具、吊索发生破坏

梁段吊装采用的吊具及吊索均进行了详细的计算，该吊具具有足够的安全储备。

(3)支架结构发生破坏

支架由武汉港湾工程设计研究院进行设计，公司技术中心进行验算复核，支架各构件均具有足够的安全储备，同时，支架施工完毕，将会同支架设计人员、监理工程师、工程部、质检部、现场施工负责人等一起对支架进行验收，只有在验收合格的情况下才能进行钢箱梁吊装。

(4)钢箱梁吊装过程中遭遇恶劣天气

提前与气象部门取得联系，选择天气好的时段进行钢箱梁的吊装工作，同时要选择在小潮汛进行钢箱梁的吊装，将不利条件对钢箱梁吊装的影响降低到最小状态。

同时，钢箱梁安装到位，如遭遇恶劣天气，将钢箱梁与支架进行交叉固定。

(5)水上作业

钢箱梁吊装为水上作业，水上作业除具有必备的安全措施(如救生衣、救生圈，救生船等)

外，还要遵守海事相关规定，确保人员及设备施工安全。

施工单位在钢箱梁吊装前已与海事及航道部门召开了专门的协调会。

(6)高空作业

钢箱梁吊装属高空作业，施工作业时，必须系安全带，安全带悬挂时要遵守安全带悬挂的一些相关规定，如安全带应高挂低用；安全带上的构件不得任意拆除等。同时，支架四周的栏杆应牢靠、封闭。

(7)缆载吊机发生倾覆或结构破坏

缆载吊机结构经详细的计算，各构件均具有足够的安全储备，且正式吊装前进行静、动载试验。钢箱梁吊装前，对桥面吊机的主要受力杆件，前支点、后锚点等进行详细检查，检查无问题后才开始吊装，同时，对缆载吊机的完好性及连接情况在钢箱梁起吊前均安排专人进行检查，在各方面均安全的情况下，才可以正式起吊。

3. 运输过程中的安全管理措施

(1)做好航行前的准备，检查船舶海事部门证书，水上作业许可证，航行通告等相关手续齐全。检查船舶航行设备和救生设备是否完好，提前排除故障隐患。

(2)严格执行《水上交通安全法》、《内河避碰规则》、《沿海港口信号》等各项水上安全法规与规定。

(3)在运输过程中，应保证运输船舶的安全有足够的燃料和生活用水及设备零部件。由于梁段为超宽大型运输构件，在转运时应根据船舶的实际使用情况与当地港航部门联系，确定是否护航，并以满足避风时的紧急撤离和紧急救援要求。制定切实可行的避大风，避大潮紧急预案措施。

(4)航行时应尽量选派对桥位水域具有丰富经验的船长操作，航行时加强瞭望，及时收听天气预报，了解气象信息，保证航行安全。

(5)建立施工作业安全生产指挥系统，应有专人负责，通信导航设备齐全完好，船舶锚泊设备、系泊设备、操舵设备齐全完好，确保航行船舶的安全，运输构件免遭船舶碰撞。

(6)施工作业现场应建立值班制度，24 小时值班，观测水位和潮汐变化，确保船舶不走锚，保证船舶自身及大桥的安全。

(7)施工单位设立安全管理小组，坚持定期或不定期安全设施检查，完善安全岗位责任制，并落实到各层次、各岗位及每个人。在运输、定位、吊装各个环节中应服从统一指挥。

4. 吊装过程中的安全管理措施

安全为了生产，生产必须安全。针对本项施工时间紧、任务重、施工难度大的特点，工程施工成立以项目经理为首的安全生产领导小组，确保施工过程中政令畅通。

(1)作业船舶服从海事部门的统一指挥；具有有效船舶登记证书、检验证书、国籍证书及船员适任证等一切有效证书，并符合海事部门的要求。

(2)作业船舶严格执行航行、作业规章制度，办妥各种手续，遵守港章、港规及海上交通法规。作业船按《内规》悬挂作业信号，白天挂 RY 旗，晚上挂上绿下红环照灯。作业中严格执行安全操作规程。

(3)按时收听气象预报,发现有恶劣气候及早作好避风工作,确保船舶安全。作业船均应配有 VHF,与过往船舶及监督站保持联系畅通,发现情况及时联系协调。

(4)安排有经验的船长全程协助作业船舶抛锚、定位。

(5)作业中配备足够的救生圈、救生衣,并置挂在作业现场,能做到可以随时取用,以防万一。

(6)所有的开锚方向悬挂红色小三角旗,晚上悬挂红色环形灯,已示作业船开锚方向,使过往船只了解水下有锚并延伸锚缆。

(7)施工船舶派专人在艏、艉部值班,并用旗帜指挥,示意过往船舶通过方向或远离本船。

(8)作业中还应特别注意顺流而下的航行船舶,措施是在施工船舶的上游方向一定距离用一机动小船,负责出招、鸣号通知过往船舶远离施工船。

(9)吊装严格执行"十不吊"的原则。6 级风以上严禁吊装。

(10)吊装过程中,拖轮 24 小时值班,以便出现问题时能够及时采取措施。

5. 防船舶碰撞措施

施工区域内的主要船舶碰撞危险为栖霞港池船舶的进出与施工船舶之间的干扰,以及航道中的船舶与定位好的运梁船之间的碰撞。

南京四桥建设指挥部已组织施工单位与海事、航道部门就吊梁过程中的航道位置及航道管制进行了有效协商。

第六节　施工过程安全管理措施

一、安全教育与培训制度

在各工种人员上岗前,结合各作业内容特点,由安全部按要求负责组织进行岗前安全知识培训和教育,工程部、船机部及现场技术人员辅助其进行技能培训,以加强操作工人的安全观念和意识,规范其行为准则,做好成品保护工作,并在施工中自觉做到、做好自我防护和对他人的安全保护。

在施工期间,根据施工单位安全管理制度定期组织对各工种的安全培训和教育,进一步强化安全意识,纠正施工中存在的忽视、漠视安全的陋习,使工人们充分意识到"零伤亡"事故不仅仅是本项目安全追求的目标,更是对其自己及他人安全负责的体现,使其思想由强制遵守安全规章制度转化到自发、自觉的遵守上来。

二、加大安全投入,确保施工安全

安全就是效益,为了确保施工安全,施工单位将加大对安全设施的投入,在吊机周围制作必要的安全警示标语,设置夜间作业危险点的警示灯,保障提供足够的符合要求的安全防护用品以及完善各种安全防护设施。

三、钢箱梁吊装安全责任制度

安全责任制是安全管理制度的核心，只有将每个子项的安全工作落实到具体的安全责任人身上并有效实施，才有利于对各项安全管理工作的贯彻和落实，才能使钢箱梁吊装的各个作业点、作业面处于受控状态，上述安全管理组织机构的部室、工段、班组负责人即是具体责任人。

四、缆载吊机安全检查表制度

(1)每日检查表。

(2)行走前检查表。

(3)吊装前检查表。

第六章 钢桥面铺装安全专项施工方案

第一节 工程概况

一、概 述

南京长江第四大桥跨江悬索桥主桥钢桥面铺装(含麒麟互通钢匝道桥试验段)采用“下层浇筑式沥青混合料 4cm＋上层改性Ⅰ型沥青混合料 3.5cm”铺装结构。

南引桥桥面铺装采用 5cm 厚 SMA-13 与 7cm 厚 AC-20C,设置防水层、黏结层。

南接线主线采用沥青路面结构,面层为 4.5cmSMA-13S＋6cm 中粒式改性沥青混合料(AC-20C)＋9.5cm 粗粒式沥青混合料(AC-25C),其中麒麟互通沪宁高速加宽段面层为 4cmSMA-13S＋8cm 中粒式改性沥青混凝土(AC-20C)＋8cm 粗粒式沥青混凝土(AC-25C)。基层顶面设置 SBS 改性乳化沥青下封层。

南接线匝道采用沥青路面结构。面层为 4.5cmSMA-13S＋6cm 中粒式改性沥青混合料(AC-20C)。基层顶面设置 SBS 改性乳化沥青下封层。

南接线箱型人行通道和机耕通道连接线路面结构:面层 18cm 厚水泥混凝土。箱型农汽通道连接线路面结构:面层 20cm 厚水泥混凝土。

南接线桥面铺装和明通道顶面为 4.5cmSMA-13S＋6cmAC-20C,主线桥梁搭板顶面和通道搭板顶面铺装为 4.5cmSMA-13S＋6cmAC-20C＋9.5cmAC-25C,匝道桥梁搭板顶面铺装和通道搭板顶面铺装为 4.5cmSMA-13S＋6cmAC-20C。

南接线路缘带、硬路肩、紧急停车带及中央分隔带开口范围内路面结构采用与行车道相同的结构。

二、编制依据

在对施工现场及周边环境进行详细调查、分析的基础上,主要结合以下资料编制本安全专项施工方案:

(1)江苏省南京长江第四大桥主桥钢桥面铺装及南岸引桥、接线路面施工项目 L1 标段招标文件、《合同文件》、图纸、补遗书。

(2)《公路沥青路面施工技术规范》。
(3)《公路改性沥青路面施工技术规范》。
(4)《公路工程施工安全技术规范》。
(5)《建筑工程安全生产管理条例》(国务院 393 号令)。
(6)《南京四桥钢桥面浇筑式沥青铺装设计方案报告》。
(7)国家《建筑工程施工项目管理规范》(GB 50216—2001)和南京四桥指挥部相应文件。

第二节　总体施工方案

一、原材料及设备信息

1. 钢桥面铺装结构

南京长江第四大桥主桥钢桥面(含麒麟互通钢匝道桥)设计为:钢桥面黏结层(沥青与橡胶系列的黏结剂)、40mm 钢桥面铺装下层(浇筑式沥青混合料+压入碎石)、钢桥面中间黏结层、35mm 钢桥面铺装上层(改性沥青混合料)、钢桥面排水。

钢桥面铺装结构如图 6-2-1 所示。

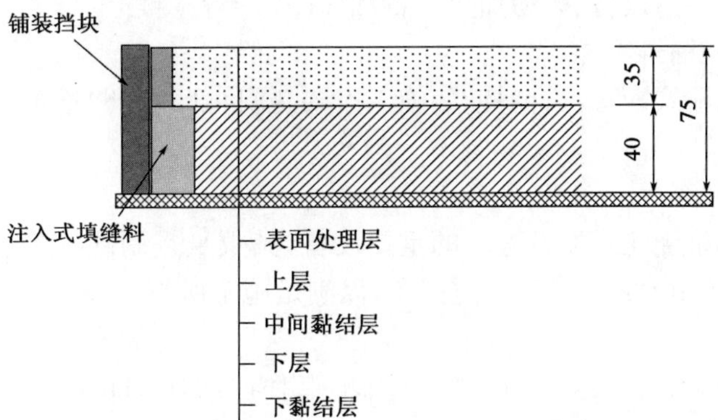

图 6-2-1　钢桥面铺装结构示意图(尺寸单位:mm)

2. 原材料

(1)沥青

浇筑式沥青混合料及上层改性沥青混合料中所需要的沥青采用招标文件规定的直馏沥青、湖沥青(TLA)和改性沥青。

(2)粗集料

粗集料清洁、坚硬而又耐久,不含淤泥、垃圾和有害物质。对于 5mm 筛孔筛分后的部分材料中组成的针片状石片(集料立方的最大长度和最小长度之比大于5的石片)不能超过10%。

(3)细集料

细集料为天然砂、人工砂或两者的合成混合砂。细集料具有清洁、坚硬和耐久性,不含有淤泥、垃圾及其他有害物质成分。

(4)填料

填料主要以矿粉为主,满足规定的指标。

(5)黏结材料

黏结材料使用沥青和橡胶沥青乳化剂类型材料。

(6)接缝材料

为防止雨水从铺装与结构物之间的接触部位等处渗入,为保护钢板,在桥面铺装层与结构物之间设置接缝材料。

3. 机具设备

为高效、安全、优质的完成本项目浇注式沥青混合料铺装的施工,项目部配备了完备的施工机械设备,大部分主要设备均为新进进口设备,性能优良、稳定。

(1)浇注沥青混凝土拌和站

我们采用日工2000型拌和机进行改造满足施工要求,另外增加专用沥青脱桶设备、TLA沥青与基质沥青专用混合设备、矿粉加热装置和TLA沥青冷藏罐。

(2)浇注式沥青摊铺机

为满足本项目浇注式沥青混合料铺装施工需要,项目部新近购置1台德国产浇注式沥青摊铺机。

(3)升温搅拌运输车

升温搅拌运输车是浇注式沥青施工的重要设备,其数量是制约施工进度的关键因素。施工中配备10台德国产10t的立式升温搅拌车,以满足施工所需。

(4)碾压设备

浇注式沥青混合料采用4t级BW130AD宝马小型钢轮压路机、HD0120V振荡式夯实机2台。

(5)表层改性沥青混合料施工设备

拌和设备:日工2000型沥青拌和楼1座。

摊铺设备:沥青摊铺机3台。

碾压设备:HD0120V振荡式夯实机2台、DD-110双钢轮振动压路机2台、XCGXP261轮胎压路机3台。

(6)机具的检验

所有的机械(包括专用设备),在正式施工之前,都要认真、精心检验,使其处于良好使用的待命状态。运料车、摊铺机、压路机坚决杜绝漏油、漏水现象,运料车要特别检验一下车厢的顶起(每次装运混合料前,都必须进行一次检验),收工后料斗要顶起,防止存水。

各种量具(尤其是拌和机上的计量系统)使用前都要重新校验,确保计量准确。

拌和楼控制室内配备有自动打印装置,能够打印日期、时刻、盘数、每盘各矿料的重量及温度、每盘混合料的重量及温度、拌和时间等。

以上的检验在自检合格后，将结果书面报告监理，经监理抽检认可，方能进行施工。

二、施工方法

1. 钢桥面黏结层施工

(1)准备工作。密切注意天气情况，与气象部门及时联系，掌握施工当天即近期天气情况，制定相应的应急预案，以应对可能发生的突发事件；钢桥面经除锈清洁，并将桥面的尘埃、杂物、油污清理干净，保持表面干燥。采取有效的措施，防止黏结层的污染。

(2)施工。配备两个施工组轮流作业，确保完成施工量；黏结层施工在除锈清洁后及时进行。黏结涂抹量按标准分两次涂抹。使用能够均匀涂抹的滚刷或平板刷进行人工涂抹，施工速度和除锈清洁的速度吻合。施工时提前对排水孔进行封堵包裹，避免黏结材料流入排水孔。施工时气温不得低于5℃，如果发生降雨立即停止作业。降雨后的处理，待水分干燥后对施工面进行检查，根据结果进行相应处理。第一层施工后约养护3h以上再进行第二层施工。第二层的涂抹方向与第一层的涂抹方向垂直。施工后，至少养护12h以上。

(3)质量控制要点。原材料的性能、施工条件(温度与基面状况)、涂布量(满布度)及均匀性、涂刷工艺和黏结强度。

(4)注意事项。进入作业区穿鞋套；严禁在作业区喝水、吐痰、吸烟；作业人员要穿防护服；不带擦汗毛巾不得进入作业区；喷涂区和抛丸区设置明显隔离标志。

2. 浇注式沥青施工

(1)施工工序

测量放样 → 清扫 → 桥面干燥 → 浇注沥青混合料拌和 → 运输 → 摊铺 → 预拌碎石撒布 → 碾压 → 接缝处理 → 养生 → 验收。

施工工艺如图6-2-2所示。

(2)施工准备

①主要机械

装载机：4台；

日工NBD-2000-ABP沥青拌和机：1台；

浇注式沥青混合料摊铺机：1台；

升温搅拌运输车：10台；

储油罐：3个；

沥青混合罐：1个；

预拌碎石撒布车：1台；

小型振动压路机：1台；

HD0120V振荡式夯实机：2台；

振动夯：2台。

②人员。实行定岗、定员、定责，制定出明确的岗位责任目标。

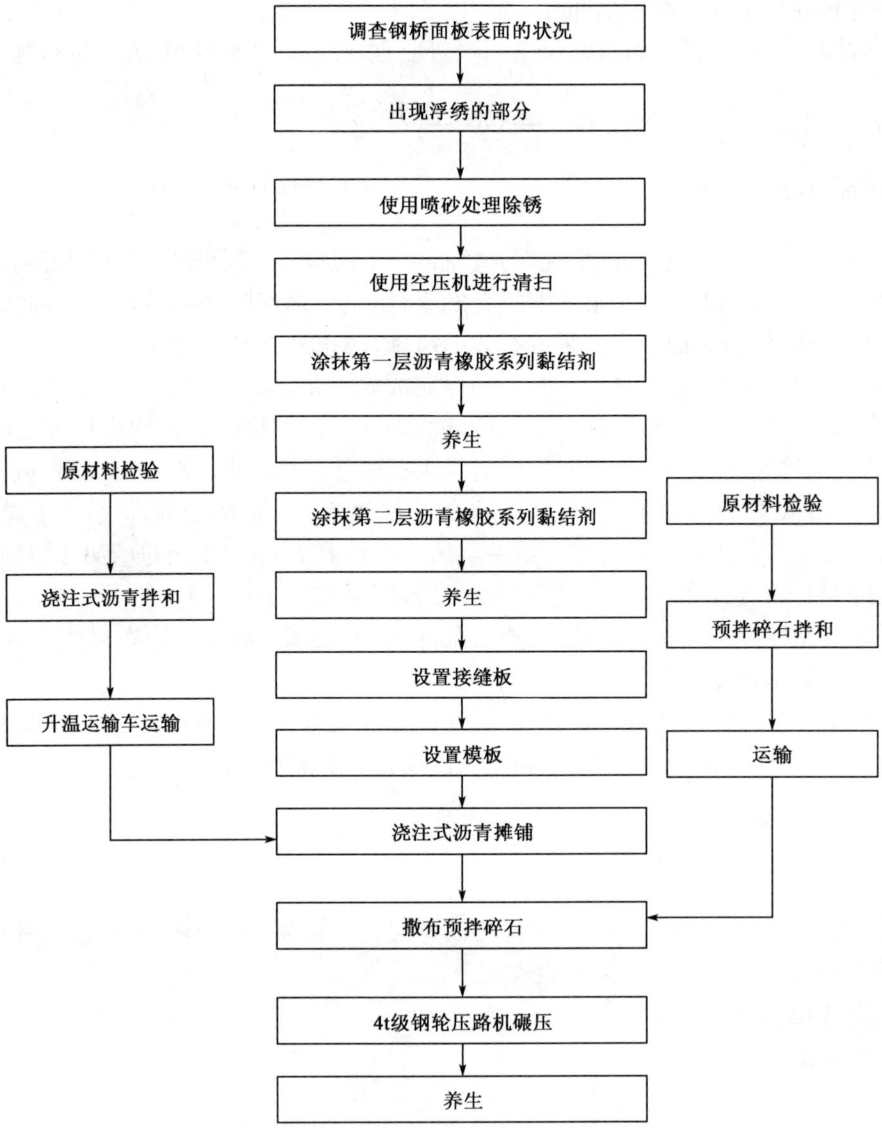

图 6-2-2　浇注式沥青施工工艺框图

③材料。湖沥青：对检验合格的湖沥青进行破碎，规格大小不大于 5cm；粗细集料、砂和矿粉：各项技术指标满足设计要求，并按要求进行存放。

(3)浇注式沥青混合料施工

①测量放样。根据每天施工能力，拟按车道进行分幅摊铺，即每幅分成 4 幅施工。根据分幅宽度进行施工放样和施工模板的放置。

②沥青混合料拌和。根据设计配合比试验为准，依据试验所确认决定的结果进行配合和生产。试验室及时对拌和出的沥青混合料进行试验、检验。做好温度控制，将贮油罐内的基质沥青加热到并保持 150℃～165℃。混合罐内混合沥青的恒温至 170℃～180℃备用。控制矿料加热温度和混合料出料温度。当混合料温度满足规定范围后，即卸入升温搅拌运输车进行

进一步的保温搅拌；每车重量控制在 10t。升温搅拌车加热搅拌时间不能太短，温度不能太高，特别注意必须控制局部温度，同时采取有效措施避免沥青与空气接触产生老化现象。填写送料单。

③浇注沥青混合料的运输。在升温搅拌运输车初次进料之前，应将其温度预热至 160℃左右。从拌和楼生产出来的浇注式沥青混合料还需不断搅拌加温，让混合料升温至 220～260℃。摊铺准备：摊铺前，事先要把钢桥面板上的水分和油等清扫干净并充分进行干燥。为铺设成既定的形状，设置摊铺用模板。

④浇注。浇注沥青混合料摊铺采用浇注沥青摊铺机摊铺，摊铺宽度在 3～5m。采用边侧模板和摊铺机自有控制系统控制厚度与平整度。升温搅拌运输车 3 台以上到达，在确认加热调制后的沥青混合料达到所规定的流动性以后开始施工，并且要连续施工。钢桥面板纵梁的正上方不能设施工缝。要保证施工缝完全密结不能让雨水侵入。摊铺速度控制，设专人计算并控制摊铺速度，根据供料能力尽量匀速摊铺为原则。摊铺方向及顺序，摊铺方向及顺序的设置应能保证摊铺的顺利进行，并尽可能地减少料车及机械在已铺浇筑沥青面层上行驶。

⑤预拌沥青碎石的施工。在浇注沥青混合料生产前，首先生产足够数量的沥青预拌碎石备用。预拌碎石的沥青含量根据设计文件的要求进行。预拌碎石的撒布采取机械方式。撒布完沥青碎石后，在合适的温度条件下，用小型钢轮压路机进行碾压。

⑥接缝处理。施工缝设置纵向施工缝位置严格按照分幅宽度的要求执行。由于每天施工能力的限制，每一幅需要 4～5d 施工完成，横向施工缝不可避免，但是横向施工缝必须设置在钢箱梁的横隔板中间附近，且相邻两幅横缝要错开 1m 左右。

⑦养护浇筑沥青混凝土铺装施工完毕后，要进行封闭养护到温度降到自然环境温度。在此期间禁止一切车辆通行。

3. 改性沥青施工

(1)施工工序

施工准备 → 自动找平平衡梁 → 沥青混合料拌和 → 运输 → 摊铺 → 碾压 →养生 → 验收。

(2)准备工作

①下承层的准备。下承层经检查无缺陷，平整、洁净，如有缺陷进行修整。

②主要机械如下：

装载机：4 台；

日工 NBD：1 台；

自卸汽车：20 部；

ABG 摊铺机：2 台；

自动找平平衡梁：2 套；

洒水车：1 部；

油罐车：1 部；

DD110 双钢轮压路机：3 台；

HD0120V 振荡式压路机机:2 台;

轮胎压路机 YL-26:2 台;

小型手扶振动压路机:1 台;

振动夯板:2 台。

③人员。实行定岗定员,制定出明确的岗位目标。

④材料。所有材料经过检验检测,符合设计要求,并按照相关要求进行存放。

(3)改性沥青施工

①沥青混合料拌和。沥青混合料用日本产日工 2000 型间歇式拌和机拌制;拌和机能分口、分级上料、计量准确、拌和均匀、自动调控自动记录。拌和站设置专门试验室,及时对拌和出的沥青混合料进行试验、检验。

②沥青混合料运输。沥青混合料运输用 15t 以上自卸汽车,运输车的数量根据拌和站生产能力、实际运输车速、运距等情况综合考虑,合理配置 20 部自卸车。运输车装料前必须清洗干净。采取防粗集料的离析措施,运输过程中应加盖防雨篷布以保温和避免污染环境,随时检测沥青混合料的出厂温度和运至现场温度。

③沥青混合料摊铺。沥青混合料摊铺采用两台德国产 ABG423 摊铺机摊铺,具有可加热的振动熨平板及振动夯等初步压实、熨平装置。两台摊铺机采取梯队联合作业,摊铺层的纵向接缝应采用热接缝,避免出现缝痕。摊铺机摊铺过程中以一定的速度稳定匀速前进,不得随意中途变速或停顿。拌和能力、运输能力同摊铺机摊铺能力密切配合,选定合适的摊铺速度。

④沥青混合料碾压。沥青混合料的碾压采用配套的碾压机具,按照试铺段确定的碾压组合进行施工。碾压紧跟摊铺机进行。碾压过程按初压、复压、终压三个阶段进行。碾压组合根据试铺段确定的组合操作。初压、复压、终压的碾压遍数和碾压速度根据试铺段所确定的工艺进行。碾压遵循紧跟、慢压的原则进行,严格控制碾压遍数、碾压速度和碾压温度。

⑤接缝处理。纵向施工缝和横向施工缝的要求。

⑥养生。沥青混合料压实完成后,原则上封闭交通养生,禁止车辆驶入。特殊情况下,在路表温度接近环境温度时,方可开放通行。

第三节　安全管理及安全技术措施

一、安全管理机构

1. 安全目标

无死亡、无重伤、无机械交通事故、无倒塌、无中毒、无爆炸、项目因工受伤事故率控制在 0.5‰以下。

2. 组织机构与安全生产管理体系

成立以项目经理为组长,总工为副组长,各部门负责人、施工处主任为组员的安全领导小组，设置专职安全员，各职能部门和各专业班组均设置兼职安全员。确立明确的安全目标：坚持“安全第一，预防为主，教育开路，制度确保”的方针，坚决杜绝人为重大事故。南京四桥路面工程安全管理框图如图 6-3-1 所示。

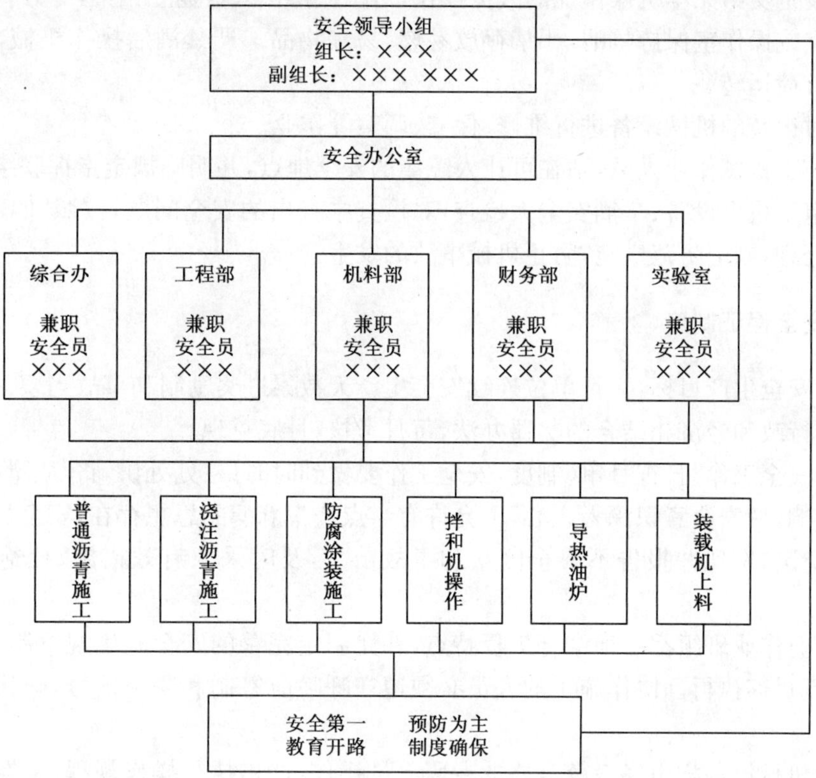

图 6-3-1　南京四桥路面工程安全管理网络图

二、安全管理措施

1. 前提条件

(1)一般规定

①建立可靠的安全管理措施。对进入施工现场、临边、临水作业的防护、高处及立体交叉作业的防护、施工用电安全、机械设备的安全使用、新工艺、新材料、新技术和新结构、自然灾害、防火防爆等，制定有针对性的行之有效的专门安全技术措施。

②沥青拌和场防火防洪要求。

③沥青场地严禁烟火，并备有防火设施和警示牌。

④沥青在脱水和熬制过程中，温度不应超过 180℃，宜采用文火熬制，严防沥青溢出与明火接触发生火灾。

⑤燃料油罐存放库及加油站，应远离沥青场地不小于 200m。

⑥主桥钢桥面黏结材料要做好防火管控，要在通风良好的室内保管，避免接近火源、高

温源。

(2)施工机械

①各种机械操作人员和车辆驾驶员,必须取得操作合格证,不准操作与证不相符的机械,不准将机械设备交给无本机操作证的人员操作,对机械操作人员建立档案,专人管理。

②驾驶室或操作室保持整洁,严禁存放易燃、易爆物品。严禁酒后操作机械,严禁机械带病运转或超负荷运转。

③严禁对运转的机械设备进行维修、保养、调整等作业。

④指挥施工机械作业人员,站在可让人瞭望的安全地点,并明确规定指挥联络信号。

⑤定期组织机电设备、车辆安全大检查,对检查中查出的安全问题,按照“四不放过”的原则进行调查处理,制定防范措施,防止机械事故的发生。

2. 建立安全保证制度

(1)制定安全生产目标,实行单位连续安全生产天数累进奖励制和事故当事人与领导责任追究制,采用行政和经济相结合的奖罚办法,每月考核,月底兑现。

(2)建立安全工作“日查月审”制度,安全工作要做到时时讲、处处讲,将“质量第一,安全第一”的口号叫响,使安全意识深入人心,不允许有半点侥幸麻痹的思想存在,安全员必须每日检查安全生产情况,发现并报告不安全因素和事故苗头,及时采取有效措施,杜绝不安全因素产生。

(3)各专业作业班组都必须结合工程特点,补充制定完善的安全施工规章制度,报项目经理批准后认真贯彻执行。协作施工的人员必须遵守呼唤应答制和联络信号,确认安全后方可操作。

(4)各种机械设备均由经考核合格的专职人员操作,严格执行操作规程,未经培训考核的无证人员严禁擅自操作。实行单机包机制,安全责任到人。加强运输管理,遵守交通规则,礼貌行车,服从当地交警部门的管理,防止交通事故发生。

3. 加强安全教育和基础安全措施

(1)所有工种操作人员都必须加强岗前培训,系统掌握有关安全知识,并通过考核合格后,持证上岗。

(2)利用一切机会开展普遍的安全知识教育,提高职工对自然灾害知识的认识和在险情下的应对能力。

(3)路面施工过程中加强对路基的观察,确保施工人员、机械的安全。

(4)施工单位及施工处驻地设立保安人员,加强与当地公安部门的联系,共同维护好施工区域的治安管理。

(5)在施工作业现场及运输道路上,设置醒目的警示标志及各类操作规程和安全规则。

(6)实行安全生产交接制度,安全措施不落实或不安全、隐患不排除前,不得进入场地。

(7)夏季延长中午休息时间,避免紫外线的强烈照射;当气温达到 30℃高温时,在驻地周围洒水,保持地面湿润防止中暑。施工现场认真做好防暑降温工作。

三、钢桥面铺装主要安全技术措施

1. 防高空坠落安全保护措施

桥面铺装铺装前，标段安全领导小组对桥面进行危险源检查和识别，相应采取了一系列防高空坠落的措施。大桥两侧外护栏有缺口处，桥面铺装施工时，及时安装防护绳和安全网。大桥中设置的安全网存在不同程度的损害的，项目要采取加固和加密安全网方案。定期对施工人员进行体检，具有恐高、癫痫禁忌病症者严禁临空、临边、临水作业。高空作业所采取的措施及其所需料具，必须符合现场施工要求。购置安全网、安全带防护栏，安全员应检查一下出厂合格证，做到防患于未然。严禁酒后和带病上桥作业。严禁上桥嬉戏打闹影响工作注意力。遇有 6 级以上大风、浓雾等恶劣气候，不得进行桥面作业。台风(大风)来临之前，人员机械设备一律撤到安全地带。凡在离地 2m 以上的地点进行高空作业时，强调作业人员应集中精力，严格按以高空安全工作规程执行，防止发生事故。禁止穿硬底和带钉易滑的鞋登高作业，禁止高空平台上下抛掷物件，禁止向桥下江水中投掷物品。距离地面 2m 以上作业设 1.2m 高防护栏杆。桥面上设置齐全的警示标志等。

2. 桥面铺装防暑降温措施

(1)建立组织，加强领导

施工单位成立防暑降温工作小组，由综合办公室牵头，会同施工处、拌和站和有关部门共同做好防暑降温工作。

(2)完善后勤保障体系

做好员工饮食，改善住宿条件，面对艰苦的施工环境，施工单位千方百计提高广大员工的吃住条件；在食堂管理方面，增加菜谱种类，注重饭菜质量、环境卫生和食品卫生，个人卫生要符合规定；在住宿方面，根据不同情况，宿舍分别安装空调、电风扇，配备蚊帐、凉席、蚊香等物品，尽力解除广大员工的后顾之忧，确保大家能够以饱满的工作热情投入到紧张的工作中去，同时后勤部室在车辆管理、物品供应、后勤服务方面工作到位，为前场施工提供强有力的保障。

(3)加大投入，精心做好防暑降温安排

统一发放降温茶，配备了工作服和草帽；后方为施工前线定时供应绿豆汤，确保开水供给；每人随身携带仁丹、藿香正气水等药品，按规定服用；施工现场配备了遮阳用具和中暑应急物品；充实人员，实行换班作业，防止疲劳作业；合理安排，尽量避开高温期间作业；聘请医务人员和配备工地“救护车”现场值班，中暑人员及时得到救治。

3. 桥面交通封闭和交通车辆安全措施

(1)实行主桥桥面交通封闭管理措施

自钢桥面铺装工程进入施工阶段起，为确保工程建设的顺利进行，确保安全生产和桥面防污染工作落实到位，大桥主桥实行严格的交通封闭管理。一切非施工人员和车辆严禁进入主桥施工现场；工程车辆一律凭南京四桥建设指挥部制发的《通行证》或其他统一发放的标志方可驶入主桥桥面封闭区内；施工车辆全线限速在 20km/h 以内，停车须停放在指定区域；允许进入施工现场的人员，要服从现场管理人员劝导，严禁污染桥面，并做好自身安全防护工作。

(2)交通车辆安全保证措施

交通车辆均须持证并考核合格的专职人员操作，严格操作规程，未经培训考核无证人员，严禁擅自操作；加强车辆的维修和保养，保证车辆处于完好状态；针对南京四桥钢桥面项目施工道路做好车队的安全交底工作，签订安全责任书；加强运输管理。驾驶员应做到礼貌行车，遵守交通规则，服从当地交警部门的管理，防止交通事故的发生；交通安全标示牌设置到位。

4. 生产区和生活区用电消防安全措施

(1)用电安全技术措施

生活区应按用电的负荷量，正确合理使用线路，严禁使用高压电。用电线路要整齐统一，固定要可靠，绝缘性能要良好，禁止将线路空中悬挂及较长距离无绝缘固定。生活区内用电线路必须由专业电工设置及维护，严禁私扯线路及带电维修。生活用电严禁使用电炉等高负荷电器设施。例行节约用电，严禁室内无人情况下接通用电(如电热毯、充电器等)，做到人走电关，防止火灾发生。电工应经常检查生活区内的线路设施及用电情况，发现后立即纠正，检查安全保护装置的灵敏性，预防触电事故。任何人不得私自动用电源操作盘，送电合闸，电工停电进行线路维护时应在控制开关上挂放“线路维修，严禁送电”的标牌，并有专人守护，以防事故发生。

(2)拌和生产区防火安全技术措施

仓库油库严禁烟火，严禁任何人携带明火进入；易燃易爆危险物品应置于安全地点，除工程必要的数量外，不得进入工作现场；仓库应指派专人看守，并标明“严禁烟火”字样，如系储蓄挥发性易燃物，应注意温度及通风，并妥善保存；灭火器材应按规定设置，放在明显易取处，并定期检查，应保持随时可用状态，同时要熟练掌握使用方法。对各类灭火器材应经常检查和维护保养，保证使用效果；电线不得使用大保险丝，电力使用后，应确实关闭电源；使用氧气乙炔焊接时，注意附近有无易燃物品，使用易燃物品的人员需经严格训练后方可操作。各种气瓶应单独存放，库房应通风良好，各种设施符合防爆要求。电器设备应经常检查，风雨过后应立刻检查有无损害或漏电现象。厨房炉灶、煤气等易引起燃烧的设备应经常检查，下班时应确认无隐患后方可离开。禁止使用接大功率电器设备，以免发生故障造成火灾。拌和生产区应严禁乱扔烟头，吸烟必须到吸烟室。发现火灾应迅速将可燃物移开，并迅速关闭电源或火源，召集人员灭火。

5. 防腐涂装分项工程安全保护措施

施工现场主要相关机械：自回收式抛丸机、手提式自回收抛丸机、手提式自回收打砂机、打磨机、钢丸回收器、高压吹风机、空压机、搅漆泵、热鼓风机、人员休息车、装载机、发电机、油罐车等。施工人员要严格执行关于安全方面的管理规定。除严格执行公司《安全生产管理规定》的文件外，首先针对本工程施工“人一机一环”的特点，从技术上对人和机械采取措施，同时还应执行以下安全规定：

本次施工需加强安全意识，采取防毒措施，施工人员一律穿工作服，戴安全帽上岗，严禁有不规范行为。施工人员禁止携带火种进入施工区，作业班长负责每次上岗前的教育和检查工作。作业班长在施工期间协助安全员做好安全监护工作。班前认真检查、班中要严格监护，及时纠正违规行为。针对大桥外护栏安全防护，购置防护网和防护绳进行了防护网和临边护栏的加固和加密。在炎热的高温条件施工时，落实好防暑降温措施，保证施工人员的健康。由于抛丸后的桥面有很多砂粒，很滑，因此行走时，要特别小心，小心滑倒、摔伤。严禁所有人员向桥下扔杂物，以免砸伤船上人。抛丸工在施工中必须按规定穿好防护面具、口罩、长袖工作服和手套才能进行施工作业，涂漆工必须戴好口罩及手套，严禁皮肤接触涂料及稀释剂，进入抛丸后现场需穿干净的鞋套。机械设备应有安全防护装置，有防电伤的接地保护，经常检查设备的完好状态。

6. 黏结层分项工程安全保护措施

施工现场主要相关机械有自行研制洒布机、平板拖车、空压机等。首先针对本工程施工"人—机—环"的特点，认清各种机械设备、用电设备可能给施工人员带来的危险因素，从技术上对人和机械采取措施，同时还应执行以下安全规定：

本次施工需加强安全意识，采取防毒措施，施工人员一律穿工作服，戴安全帽上岗，严禁有不规范行为。施工现场配备日常安全救护药品，一旦发现有人员异常情况，应立即进行救护。在炎热的高温条件施工时，落实好防暑降温措施，保证施工人员的健康。严禁所有人员向桥下扔杂物。在施工中必须按规定穿好防护面具、口罩、长袖工作服和手套才能进行施工作业。机械设备应有安全防护装置，有防电伤的接地保护，经常检查设备的完好状态。严格落实全桥交通封闭管理规定。

7. 浇注铺装分项工程安全保护措施

施工现场相关机械设备主要有：日工 NBD-2000 拌和机、沥青混合机、沥青保温罐、脱筒炉、浇注式沥青混合料摊铺机、升温搅拌运输车(库卡车)、双钢轮振动压路机、轮胎式压路机、小型振动压路机、小型压实设备等。首先根据本工程施工"人一机一环"的特点，针对使用的各种机械设备、用电设备可能给施工人员带来的危险因素，从安全保险装置、限位装置等方面采取安全技术措施，同时还应执行以下安全规定：

本次施工需加强安全意识，采取防护措施，施工人员一律穿工作服、戴安全帽和带毛巾上岗，严禁有不规范行为。施工人员禁止携带火种进入施工区，作业班长负责每次上岗前的教育和检查工作。作业班长在施工期间协助安全员做好安全监护工作。班前认真检查、班中要严格监护，及时纠正违规行为。加强桥面外护栏和临边作业安全防护，做好防护网和临边护栏的加固和检查。施工现场配备日常安全救护药品，一旦发现有人员异常情况应立即进行救护。在炎热的高温条件施工时，落实好防暑降温措施，保证施工人员的健康。注意机械设备的安全行驶距离，机械制动良好。严禁所有人员向桥下扔杂物。在施工中必须按规定穿好防护面具、口罩、长袖工作服和手套才能进行施工作业。机械设备应有安全防护装置，有防电伤的接地保护，经常检查设备的完好状态。实施全桥交通封闭管理。一切施工车辆和人员都要严格遵守相关规定。

第四节　应急救援预案

一、组织机构

为最大限度地防止机械伤害、交通车辆、高空坠落、中暑、触电事故对公司财产和员工人身安全造成的危害，高效有序地开展抢险救灾等自救工作，保障工程的顺利完工，结合项目实际，制定相应预案。

1. 预案实施坚持的原则

(1)救人高于一切。
(2)施救与报告同时进行，逐级报告。
(3)局部服从全局，下级服从上级。
(4)分级负责，密切配合。
(5)最大限度地减少损失，防止和减轻次生损失。

施工单位将本着“预防为主”总的指导思想，确保以最大限度减少工程及公司的财物损失和员工的人身安全。

2. 应急指挥及救援组织机构

应急指挥及救援组织机构如图 6-4-1 所示。

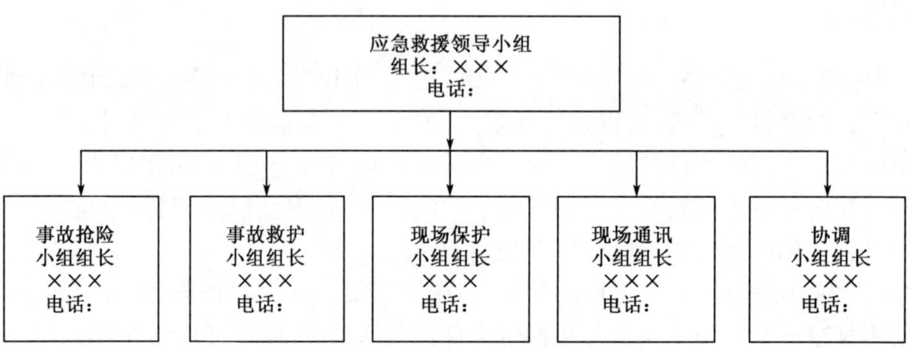

图 6-4-1　应急指挥及救援组织机构图

急救电话：120
××医院：××××××

应急救援领导小组机构由项目经理任组长，下设事故抢险小组、事故救护小组、现场保护小组、现场通信小组、协调小组。

(1)事故抢险组人员组成：由×××任组长，×××、×××为组员。
(2)事故现场救护组人员组成：由×××为组长，×××为组员。

(3)事故现场保护组人员组成:由×××为组长,现场保安人员及警卫为组员。

(4)事故现场通信组人员组成:×××为组长,×××为组员。

(5)协调小组人员组成:由×××为组长,×××为组员。

3.应急指挥及救援组织职责

(1)应急救援领导小组职责

①负责指挥处理紧急情况,保证突发事件按应急救援预案顺利实施。

②负责事故现场的抢险、保护、救护及通信工作。

③负责与上级安全生产管理机构的联系及情况汇报。

④负责工程项目生产的恢复工作。

(2)应急抢险专业小组职责

①事故现场抢险组职责。负责事故现场的紧急抢险工作,包括受困人员、现场贵重物资及设备的抢救、危险品的转移等。

②事故现场救护组职责。负责事故现场的紧急救护工作,及时组织护送重病伤员到医院救治。

③事故现场保护组职责。负责事故现场的保护、人员的清点及疏散工作。

④事故现场通信组职责。负责收集相关单位部门的通信方式,保证各级通信联系畅通,做好联络工作。

⑤协调小组职责。负责事故抢险救援过程中各专业小组之间、施工前后场所需材料、人员等的资源落实;负责与相邻可依托力量的联络求救。

⑥所属车辆和人员在机械伤害发生后,都归应急领导小组指挥。

二、救援具体措施

1.机械和交通车辆伤害应急救援

(1)发生事故后,现场人员不要害怕和慌乱,要保持冷静,迅速对受伤人员进行检查。

急救检查应先看神志、呼吸,接着摸脉搏、听心跳,再查瞳孔,有条件者测血压。检查局部有误创伤、出血、骨折、畸形等变化,根据伤者的情况,有针对性地采取人工呼吸、心脏按压、止血、包扎、固定等临时应急措施。

(2)让人迅速拨打急救电话或安全办电话,以及时向医疗救护单位求援。

急救电话:120

××医院:××××××

(3)拨打急救电话注意事项。在电话中应讲清伤员的确切地点、联系方法、行驶路线等;简要说明伤员的受伤情况、症状等,并询问清楚在救护车到来之前,应该做些什么;派人到路口准备迎候救护人员。

(4)救治须知。遵循"先救命、后救肢"的原则,优先处理颅脑伤、胸伤、肝、脾破裂等危及生命的内脏伤,然后处理肢体出血、骨折等伤;检查伤者呼吸道是否被舌头、分泌物或其他异物堵塞;如果呼吸已经停止,立即实施人工呼吸;如果脉搏不存在,心脏停止跳动,立即进行心肺复苏；如果伤者出血，进行必要的止血及包扎；大多数伤员可以立即抬送医院，但对于颈部背部严重受损者要慎重，以防止其进一步受伤；让患者平卧并保持安静，如有呕吐，同时无颈部骨折时，应将其头部侧向一边以防止噎塞；动作轻缓地检查患者，必要时剪开其衣服，避免突然挪动增加患者痛苦；救护人员既要安慰患者，自己也应尽量保持镇静，以消除患者的恐惧；不要给昏迷或半昏迷者喝水，以防液体进入呼吸道而导致窒息，也不要用拍击或摇动的方式试图唤醒昏迷者。

2. 火灾应急救援

发生火灾后，应大声呼喊。现场工作人员立即展开扑救，防止火情蔓延扩大，并立即通知火灾应急领导小组，必要时应及时报告公司火灾应急领导小组，并通报本单位进行救援，抢险和处理情况。

应急领导小组在接到险情通知后，应在 10min 内迅速进入各自工作岗位组织扑救，应急抢险队伍成员应在 15min 内到齐，按各自分工制定临时应急处理措施，协调做好救援、抢险和应急处理工作，防止事故的蔓延、扩大。

根据事故的性质，组织具有相关专业技术水平的人员进行抢险救援，并视情况及时与外部相关方联系寻求支援；报警时一定要讲清发生火灾的部署、着火的材料、大概面积并留下报警人的电话； 拨打 119 报警后，报警人到马路上等候消防车的到来，并做好向导工作。

接到报警后，火灾应急领导小组应立即通知医务室人员到达现场组织抢救；应急小组组织人员按照疏散图指示，及时疏散留在现场的工作人员，并安排人员管理现场，预防趁乱偷盗行为的发生。

发生火灾后立即切断电源，以防止扑救过程中造成触电；如电器起火应首先切断电源再组织扑救；在火灾现场如有易爆物质，首先转移该物质，以防止爆炸的发生；如精密仪器起火应使用二氧化碳灭火器进行扑救；如油类、液体胶类发生火灾应使用泡沫或干粉灭火器，严禁使用水进行扑救；在扑救燃烧产生有毒物质的火灾时，扑救人员应该佩戴防毒面具后方可进行扑救。

在扑救火灾的过程中，始终坚持“救人第一”的原则，严禁因拯救物资而置生命于不顾；对伤者实施急救措施后，立即送往医院治疗。

应急值班人员坚守岗位，认真负责、做好下情上达工作，对事件发展情况，所采取的措施，存在的问题，要认真做好记录，直至事件完全解决。

3. 触电应急救援

发现有人触电时，应立即使触电人员脱离电源，救护人千万不要用手直接去拉触电的人，防止发生救护人触电事故。

(1)高压触电脱离方法

触电者触及高压带电设备，救护人员应迅速切断使触电者带电的开关、刀闸或其他断路设备，或用适合该电压等级的绝缘工具(绝缘手套、穿绝缘鞋，并使用绝缘棒)等方法，将触电者与带电设备脱离。触电者未脱离高压电源前，现场救护人员不得直接用手触及伤员。救护人员在抢救过程中应注意保持自身与周围带电部分必要的安全距离，保证自己免受电击。

(2)低压触电脱离方法

低压设备触电，救护人员应设法迅速切断电源。如果开关或按钮距离触电地点很近，应迅速拉开开关，切断电源；应准备充足照明，以便进行抢救。如果开关距离触电地点很远，可用绝缘手钳或用干燥木柄的斧、刀、铁锹等绝缘材料解脱触电者，或把电线切断。也可抓住触电者干燥而不贴身的衣服，将其拖开，切记要避免碰到金属物体和触电者的裸露身体；也可用绝缘手套或将手用干燥衣物等包起绝缘后解脱触电者；救护人员也可站在绝缘垫上或干木板上，绝缘自己进行救护。为使触电者脱离导电体，最好用一只手进行。如果触电人的衣服是干燥的，而且不是紧缠在身上时，救护人员可站在干燥的木板上，或用干衣服、干围巾等把自己一只手做严格绝缘包裹，然后用这一只手拉触电人的衣服，把他拉离带电体。

如果人在较高处触电，解脱电源后，可能会造成高处坠落而再次伤害的，要迅速采取地面拉网、垫软物等预防措施，防止切断电源后触电人从高处摔下。

注意：应切断电源侧（即来电侧）的电线，且切断的电线不可触及人体。千万不能使用任何金属棒或湿的东西去挑电线，以免救护人触电。

(3)落地带电导线触电脱离方法

触电者触及断落在地的带电高压导线，在未明确线路是否有电，救护人员在做好安全措施（如穿好绝缘靴、带好绝缘手套）后，可用干燥的木棒、木板、竹竿或其他带有绝缘柄（手握绝缘柄）工具，迅速将电线挑开。救护人员应疏散现场人员在以导线落地点为圆心 8m 为半径的范围以外，以防跨步电压伤人。

发现者应及时向单位领导和调度汇报，明确事故地点、时间、受伤程度和人数；调度应根据现场汇报情况，决定停电范围，下达停电指令。

根据其受伤程度，决定采取合适的救治方法，同时用电话等快捷方式向当地的 120 抢救中心求救，并派人等候在交叉路口处，指引救护车迅速赶到事故现场，争取医务人员接替救治。在医务人员未接替救治前，现场人员应及时组织现场抢救。

4. 高空坠落应急救援

(1)事故发生后，现场人员应积极采取自救措施，防止事故的扩大。

(2)安全事故发生后，事故发生地的施工单位负责人和施工管理人员，必须严格保护好现场，并迅速采取必要措施抢救人员和财产。

(3)工程施工现场管理和作业人员及其他在场的所有人员都有参加有组织的安全事故抢险救援工作的义务。

(4)因抢救伤员、防止事故扩大以及疏通道路交通等原因需要移动现场物件时，必须做出标志、拍照、详细记录和绘制事故现场图，并妥善保存现场重要痕迹、物证等。

(5)在抢险救援过程中的人员调动安排，物资、车辆设备的调用，占用房屋场地，任何组织和个人不得阻拦和拒绝。

(6)事故发生后，必须以最快捷的方式立即将所发生的安全事故的情况报告应急救援领导小组，应急救援领导小组应立即投入运行，有关负责人应迅速到位，履行职责，及时组织实施应急预案。并随时将事故应急救援情况报告上级相关部门与公安、建设、安监等有关部门。

5. 现场急救

(1)人工呼吸。口对口(鼻)吹气法是现场急救中采用最多的一种人工呼吸方法。

(2)心肺复苏。胸外心脏按摩是心脏复苏的主要方法,它是通过压迫胸骨,对心脏给予间接按摩,使心脏排出血液,参与血液循环,以恢复心脏的自主跳动。

(3)止血。当伤员身体有外伤出血现象时,应及时采取止血措施。

(4)搬运转送。转送是危重伤病员经过现场急救后由救护人员安全送往医院的过程,是现场急救过程中的重要环节。因此,必须寻找合适的担架,准备必要的途中急救力量和器材,尽可能调度速度快、振动小的运输工具。

第七章 上部结构猫道拆除安全专项施工方案

第一节 工程概况

一、概述

猫道是悬索桥上部结构安装的重要临时施工设施，在主缆缠丝、涂装及缆上附属结构基本安装完毕后，需将猫道结构予以拆除。

1. 猫道拆除概况

目前猫道结构主要有猫道索(猫道承重索、扶手索和门架索)、变位刚架、猫道面层(含猫道改吊绳、侧网、面网、型钢横梁)和猫道索锚固系统等构件。

猫道拆除顺序按猫道架设的逆向顺序进行，按猫道面层、变位刚架、猫道索的顺序进行。

2. 附属结构工程量(表 7-1-1)

猫道结构拆除工程量　　表 7-1-1

项目名称	单位	数量	单重(kg)	总重(kg)	备注
猫道面层	m^2	20800			
1-①底网组件	片	1223	45.6		2.1m长
1-②侧网	片	2446	6.4		2.1m长
猫道型钢横梁1	根	100	373		猫道门架处，每50m一处
猫道型钢横梁2	根	110	108.2		中间扶手立柱处，每50m一处
猫道型钢横梁3	根	208	64.5		中间加强梁，每25m一处
变位刚架	件	12	3120		塔锚处
猫道承重索Φ54	根	16			
扶手索Φ32	根	4			
门架承重索Φ54	根	4			

二、编 制 依 据

(1)《江苏省南京长江第四大桥 A5 标段招标文件》
(2)《江苏省南京长江第四大桥 A5 标段招标补遗书》
(3)《江苏省南京长江第四大桥施工图设计》
(4)《公路桥涵施工技术规范》(JTG/T F50—2011)
(5)《公路工程质量检验评定标准》(JTG F80/1—2004)
(6)《危险性较大的分部分项工程安全管理办法》(建质[2009]87 号)
(7)与本工程相关的交通、建筑行业规范和国家标准工作内容

第二节　施工计划及设备人员安排

一、施工进度计划

施工进度计划安排见表 7-2-1。

猫道拆除施工进度计划　　表 7-2-1

序　号	工 作 内 容	时间(d)	备　注
1	猫道面层拆除	25	
2	变位刚架拆除	5	
3	猫道索拆除	15	

二、劳动力计划

劳动力需求计划安排见表 7-2-2。

劳动力需求计划　　表 7-2-2

序　号	工　种	人　数	备　注
1	工程技术人员	6	
2	管理人员	10	
3	专职质检员	2	
4	专职安全员	3	
5	测量人员	6	测量工程师 2 人
6	起重工	4	
7	机修工	2	
8	电工	2	
9	机械操作工	16	
10	辅助工	60	
合计		111	

三、施工机械设备计划

施工机械设备计划见表 7-2-3。

猫道拆除主要施工机械设备一览表　　表 7-2-3

序号	设备名称	规格	数量	用途	备注
1	塔吊	300t·m	3	猫道拆除	已有
2	塔吊	250t·m	1	猫道拆除	已有
3	汽车吊	250kN	2	猫道拆除	已有
4	卷扬机	100kN	14	猫道拆除	已有
5	千斤顶	2500kN	8	猫道拆除	已有
6	手拉葫芦	10t	8	猫道拆除	已有
7	手拉葫芦	5t	16	猫道拆除	已有
8	收绳架		2	猫道索上盘	已有

四、100kN 卷扬机

猫道拆除用 100kN 卷扬机共 14 台，布置于塔顶门架和引桥桥面上。

南塔顶门架上布置单侧布置 3 台卷扬机，北塔顶门架上单侧布置 2 台卷扬机，南、北引桥桥面上单侧布置 1 台卷扬机。

具体布置如图 7-2-1～图 7-2-3 所示。

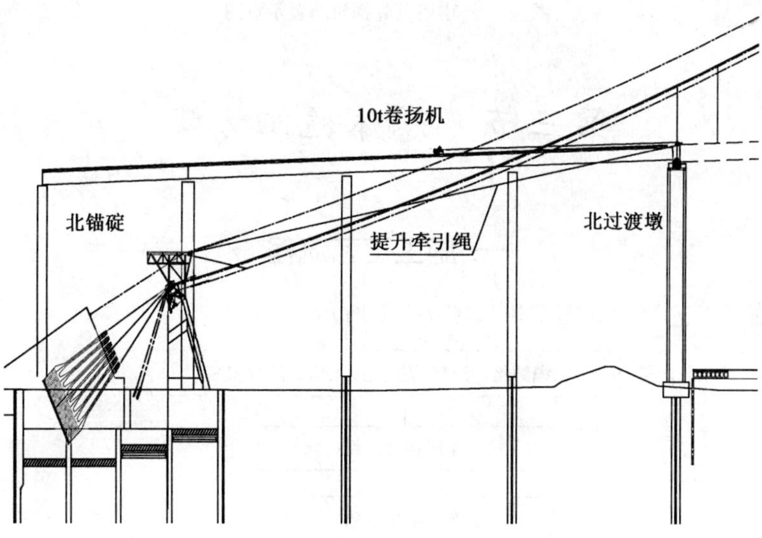

图 7-2-1　锚碇处卷扬机布置示意图

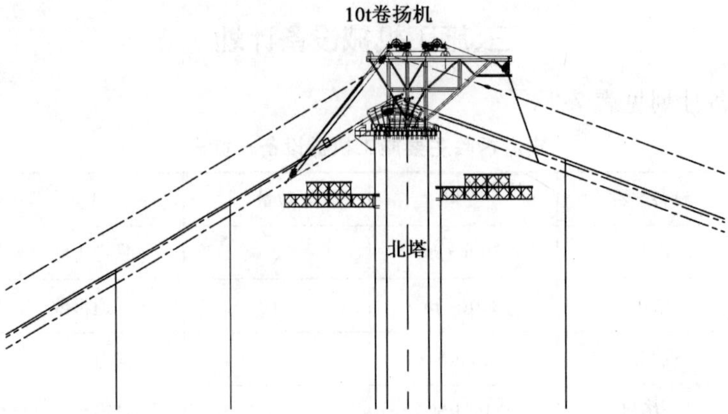

图 7-2-2　北塔顶卷扬机布置示意图

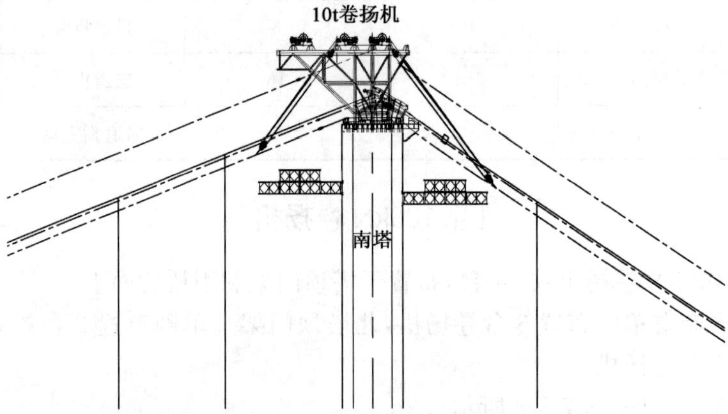

图 7-2-3　南塔顶卷扬机布置示意图

第三节　总体施工方案

一、施工工艺流程

猫道拆除施工工艺流程如图 7-3-1、图 7-3-2 所示。

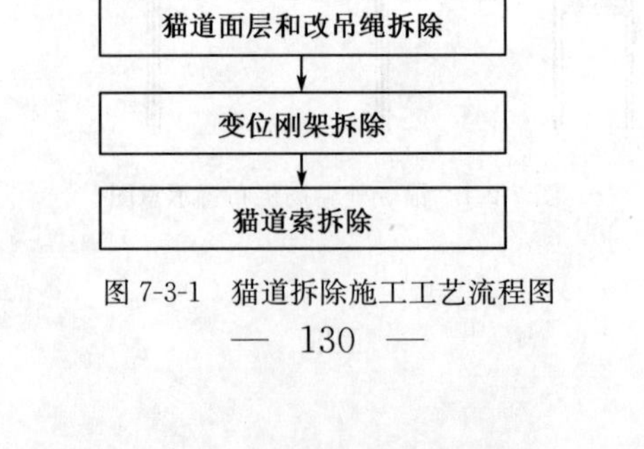

图 7-3-1　猫道拆除施工工艺流程图

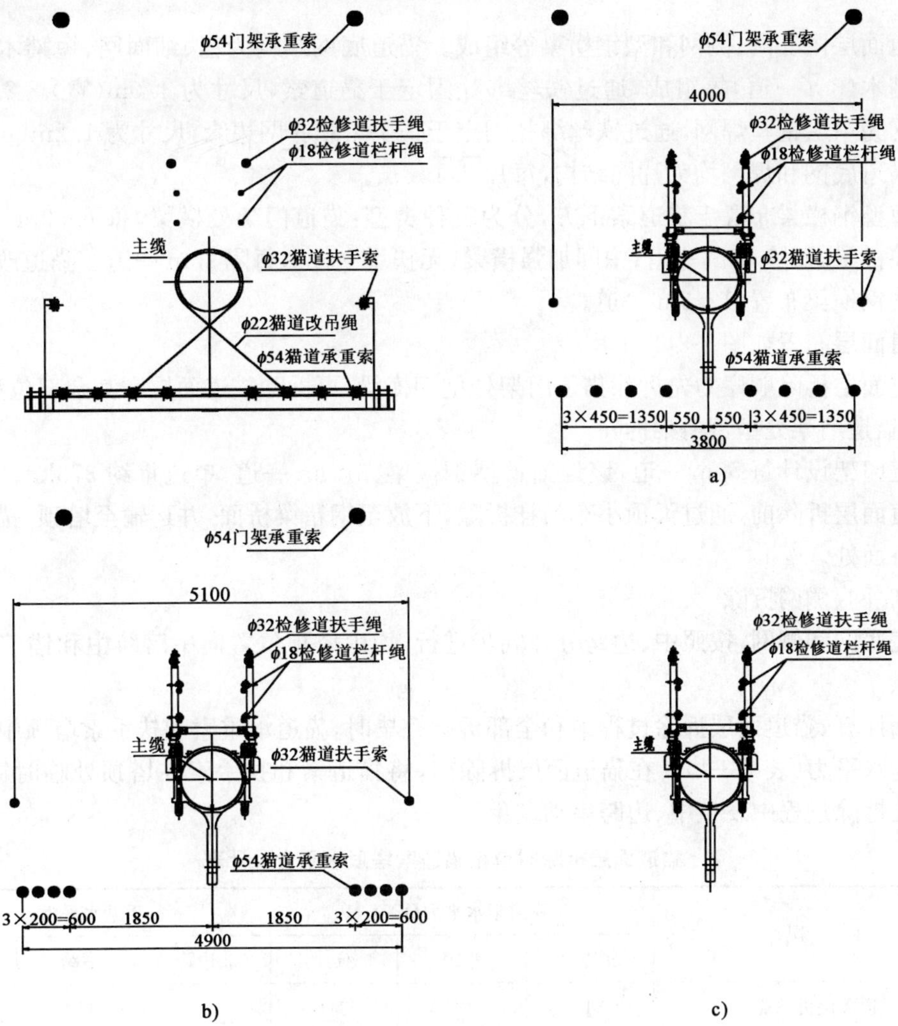

图 7-3-2　猫道拆除施工流程图

a)猫道面层拆除；b)变位刚架拆除；c)猫道索拆除

二、猫道拆除施工

1. 概述

猫道结构主要由猫道索(含锚固装置)、猫道面层和变位刚架等结构组成。猫道拆除按照猫道面层和改吊绳、变位刚架、猫道索三个流程的顺序进行。

在拆除作业前，对猫道进行彻底清理，首先督促猫道其他作业单位(主缆涂装、除湿等作业)将其设备、物资全部清理出猫道，包括主缆涂装防洒落的细目侧网及面网、油漆设备、除湿系统工具等，在施工单位会同监理确认清理干净后方能进行猫道拆除作业。

2. 猫道面层拆除

猫道面层由底网、侧网和型钢横梁等组成。猫道底网结构为粗、细面网、短踏木（0.5m 一道）、长踏木（3m 一道）等组成，通过铁丝绑扎固定于猫道索，尺寸为 4.0m（宽）×2.1m（长）。猫道侧网为单层钢丝焊网，通过铁丝绑扎固定于扶手索和底网边缘，尺寸为 1.2m（高）×2.1m（长）。猫道底网和焊网均为片网结构，每片 2.1m 长。

猫道型钢横梁布置于猫道索下方，分为三种类型：猫道门架处横梁，每隔 50m 一道；中间扶手立柱横梁，每隔 50m 一道；中间加强横梁（无扶手立柱），每隔 25m 一道。猫道改吊绳对应于猫道型钢横梁布置，12.5m 一道。

猫道面层布置如图 7-3-3 所示。

猫道面层拆除顺序为先拆除猫道门架处型钢横梁，再拆除猫道面层和其余部位型钢横梁。

（1）猫道门架处型钢横梁拆除

猫道门架设计每 50m 一道，该处猫道型钢横梁亦 50m 一道，单道重约 373kg。该猫道横梁在猫道面层拆除前，通过天顶小车吊挂拆除，下放至钢箱梁桥面，并运输至塔顶、锚碇和中跨跨中处桥面处。

（2）底网、侧网拆除

猫道底网和侧网，按照中、边跨分开同步进行，均由塔顶位置向中跨跨中和锚碇方向逐片进行拆除。

根据计算，猫道面层拆除过程中和全部拆除完毕时，猫道承重索和扶手索塔顶中边跨侧存在水平衡水平力（表 7-3-1）。在猫道面层拆除前，将猫道索和扶手索在塔顶处临时锚固，防止猫道索在拆除过程中发生中、边跨串动现象。

猫道面层拆除时单根猫道索塔顶水平力统计表　　表 7-3-1

工　况	猫道索水平力(kN)			扶手索水平力(kN)		
	北边跨	中跨	南边跨	北边跨	中跨	南边跨
猫道面层拆除前	346	313	341	122	111	120
边跨猫道面层拆除，中跨未拆除	222	313	217	72	111	70
猫道面层拆除完毕	222	196	217	72	69	70

猫道面网由塔顶位置开始人工拆除，先拆除两侧侧网，再拆除同一位置底板。猫道面层（底网和侧网）与猫道索通过铁丝绑扎连接。

①侧网拆除

猫道面层拆除前，所有作业人员系安全带，并系挂于猫道扶手索（扶手索为猫道结构索）。在内侧扶手索上布置 1t 开口单轮滑车和封闭牵引索。如图 7-3-4 所示。

人工拆除侧网与底网、相邻侧网和扶手索间铁丝连接，将两片侧网移至猫道内侧，与封闭牵引索上、下端连接。人工在桥面上牵引牵引索，将侧网下放至钢桥面、堆存。

②底网拆除

猫道侧网比底网多拆除一片，便于底网拆除、下放时可在下一片底网上进行操作。

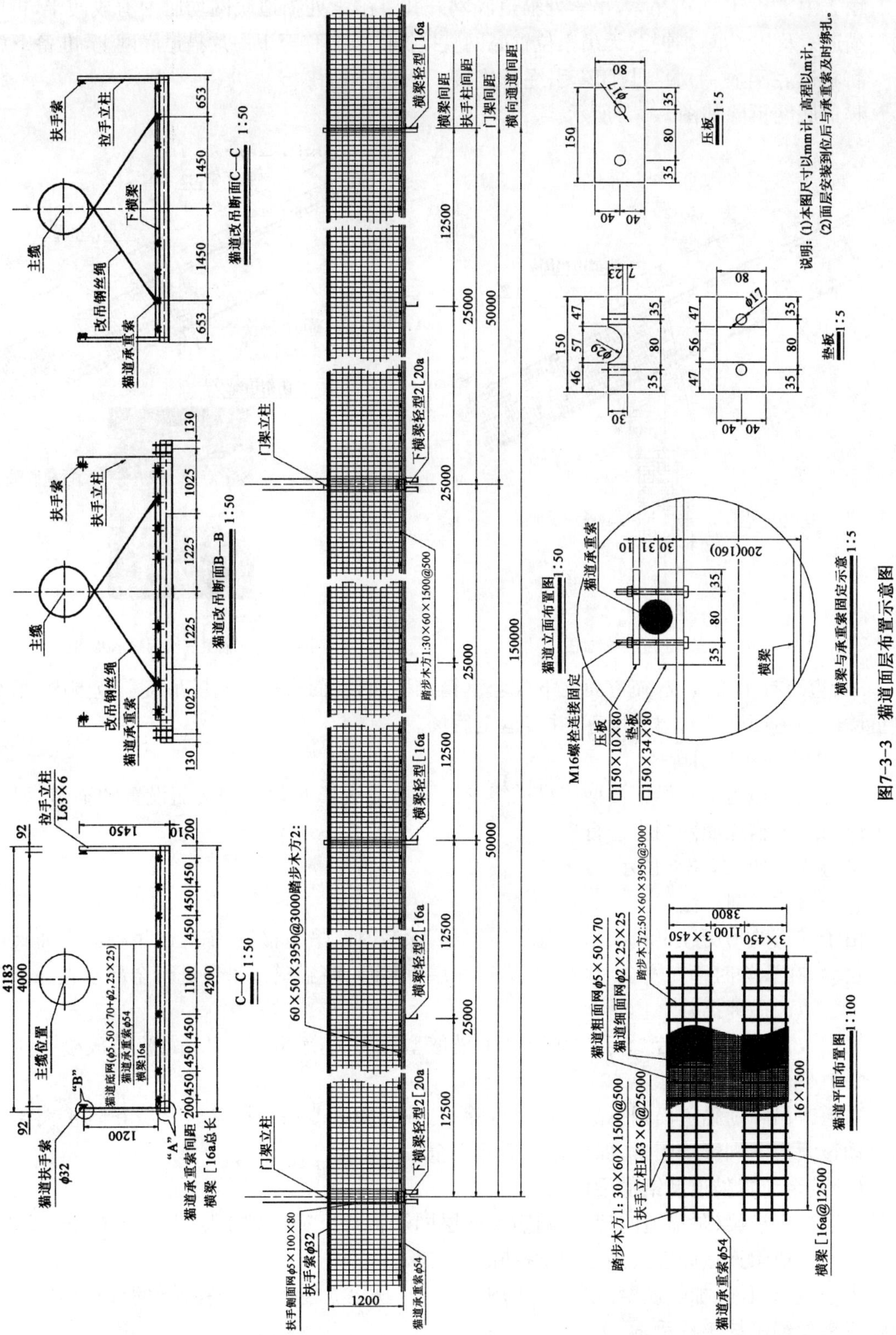

图7-3-3 猫道面层布置示意图

由于中、边跨均含有吊索,吊索处猫道底网开孔。吊索处猫道底网均居中剪成两半,拆除底网与猫道索及相邻底网连接(无吊索位置底网直接拆除),搬移至下一片猫道底网上,准备下放。

将猫道底网上、下端与封闭牵引绳子连接,下放至桥面。

猫道底网拆除如图 7-3-5 所示。

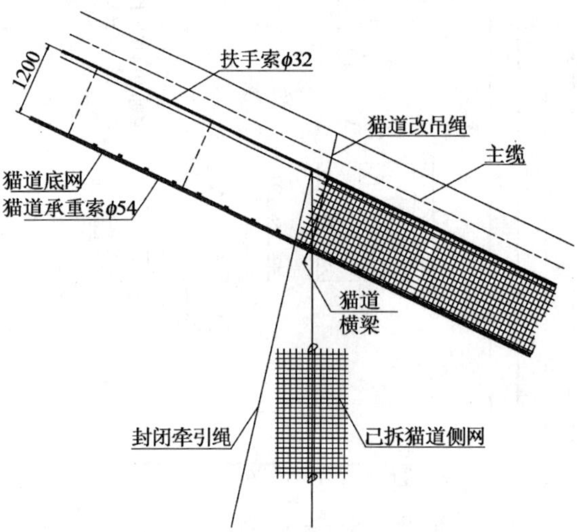

图 7-3-4　猫道侧网拆除示意图

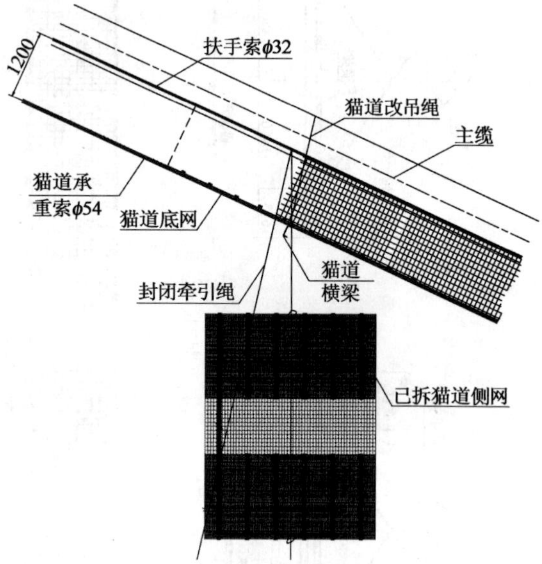

图 7-3-5　猫道底网拆除示意图

中、边跨有吊索区域,猫道面网下放至钢箱梁桥面,桥面汽车吊及塔吊覆盖范围内,吊车直接拆除。猫道面网及时集中堆存,并转运至后场。

(3)猫道改吊绳拆除

猫道改吊绳为钢箱梁架设期间猫道线形满足主缆线形变化的需要而设置的猫道悬吊绳。猫道改吊绳随猫道面网同步进行拆除。

猫道改吊如图 7-3-6 所示。

①猫道改吊绳加固

由于猫道改吊历经钢箱梁吊装及主缆缠丝、涂装时改吊绳移位,猫道改吊绳固定绳夹可能发生松动,在拆除时存在安全风险。在猫道面层拆除前,将猫道改吊绳进行全部检查、固定。

②猫道改吊绳拆除

猫道改吊绳通过 2 台 5t 手拉葫芦悬吊猫道型钢横梁,解除猫道改吊绳,再放松手拉葫芦直至猫道自由状态。

猫道改吊绳随猫道面网拆除时逐个拆除,可减轻猫道改吊绳拆除时荷载和防止大风时猫道摆动过大等不利影响因素,保证猫道拆除安全。

(4)其余位置猫道型钢横梁拆除

猫道型钢横梁(除猫道门架处)随猫道面层同步拆除。猫道型钢横梁位于猫道索下方,通过螺栓与猫道索连接固定。猫道型钢拆除方法如下:

①通过牵引绳(加强横梁)或 1t 卷扬机钢丝绳(扶手立柱横梁)吊挂猫道型钢横梁一端,牵引绳或钢丝绳吊挂于扶手索。

②解除猫道横梁与猫道索螺栓连接，为防止拆除时连接螺栓和固定块坠落桥面，其下方采用吊兜承接。

③细绳下放横梁另一端，使横梁竖直，脱离猫道索，牵引绳将猫道型钢横梁下放至钢箱梁桥面或地面。

④桥面汽车吊和塔顶附近塔吊覆盖区域，可直接采用吊机直接起吊拆除。

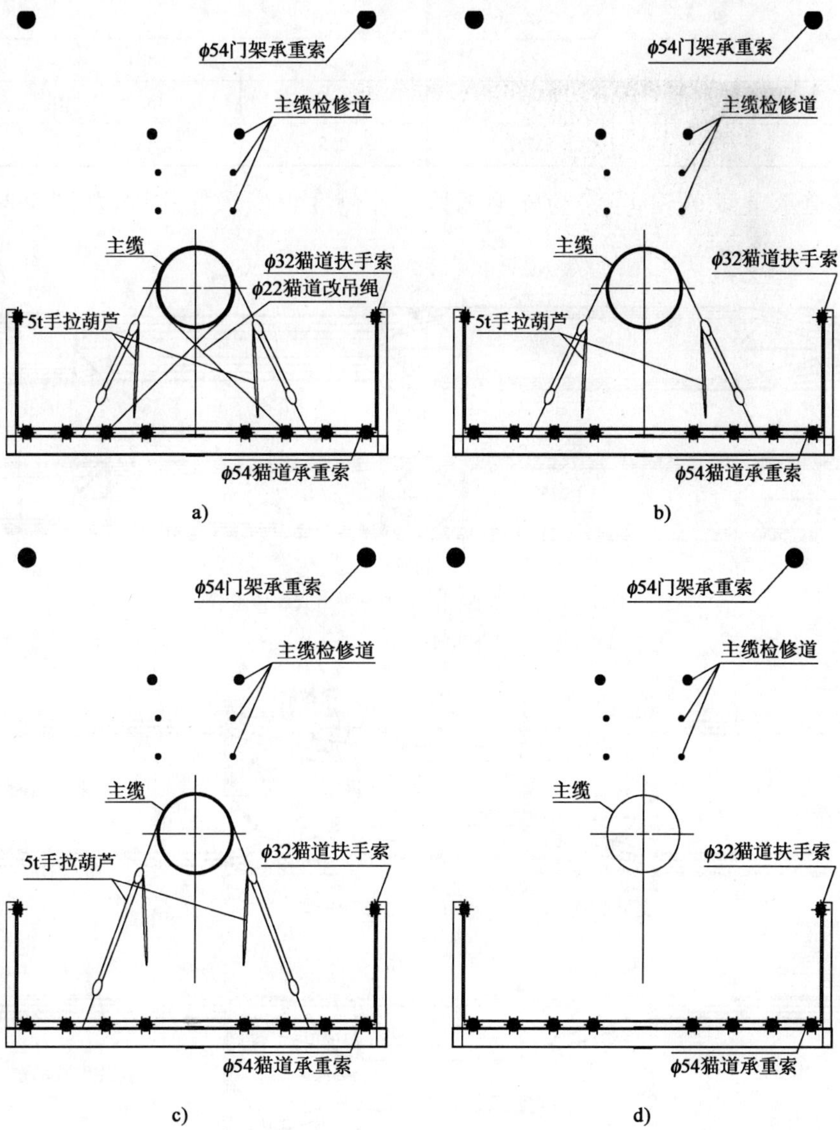

图 7-3-6　猫道改吊绳拆除示意图

a)手拉葫芦吊挂；b)猫道改吊绳拆除；c)手拉葫芦放松猫道；d)手拉葫芦拆除

3. 变位刚架拆除

猫道面层拆除后，拆除塔顶两侧和散索鞍墩前方的猫道索变位刚架。

根据猫道索空索索力情况，变位刚架拆除时各对索所需最大拉力见表 7-3-2。

变位刚架拆除时手拉葫芦拉力统计表

表 7-3-2

猫道索编号	索张力(kN)				
	北锚碇	北塔顶边跨	南北塔顶中跨	南塔边跨	南锚碇
1、8号	20.7	21.2	19.2	20.8	20.2
2、7号	35.4	30.5	27.8	29.7	34.4
3、6号	43.7	39.4	36.3	38.1	42.2
4、5号	54.0	47.7	44.5	45.9	57.1
扶手索	7.1	7.3	6.8	7.2	7.0

说明：猫道承重索 1～8 号索为外侧至另一外侧 8 根索顺序排列，如图 7-3-7、图 7-3-8 所示。

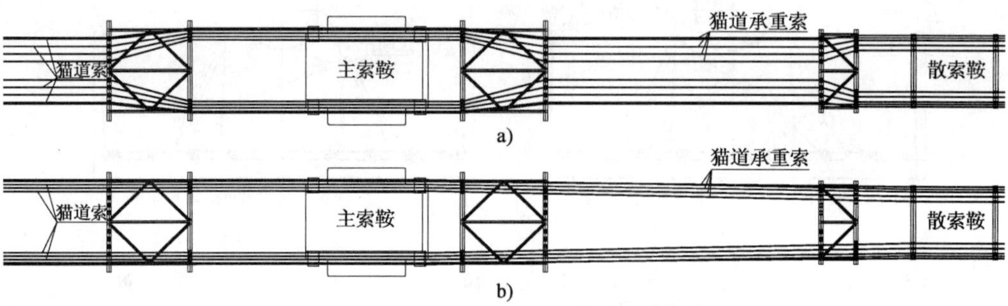

图 7-3-7　变位刚架拆除前后中跨猫道索布置示意图

a)拆除前；b)拆除后

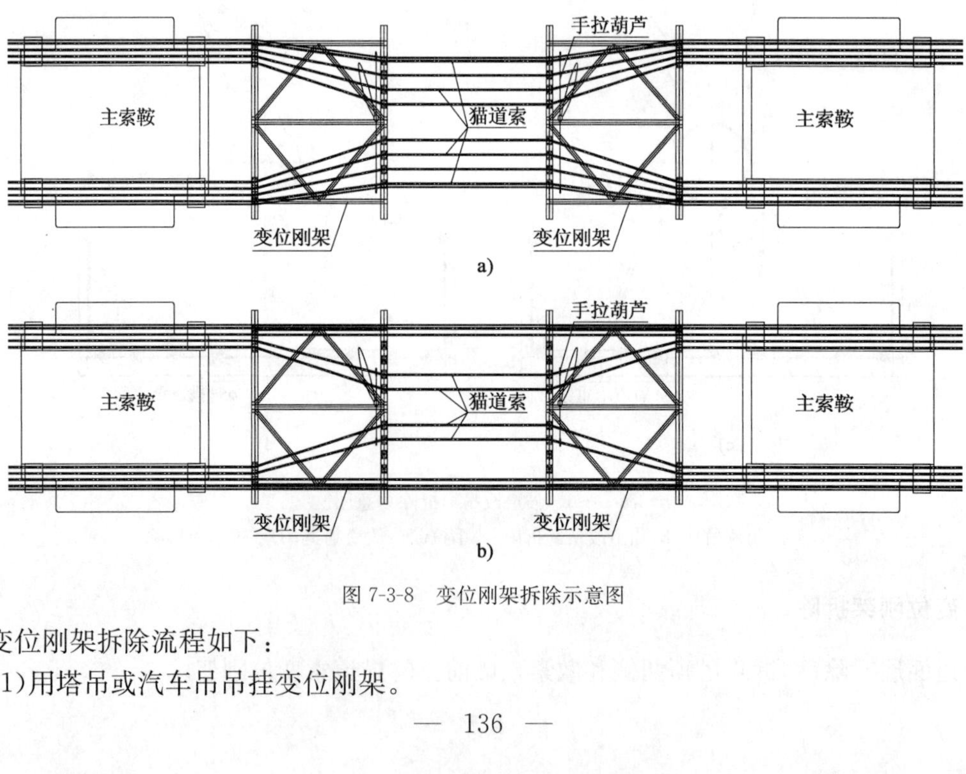

图 7-3-8　变位刚架拆除示意图

变位刚架拆除流程如下：

(1)用塔吊或汽车吊吊挂变位刚架。

(2)将变位刚架远离塔端扶手索通过 1 台 5t 手拉葫芦拉紧,使之脱离扶手索变位块,放松手拉葫芦,扶手索呈自由状态。

(3)将变位刚架远离塔端最外侧 1 号、8 号猫道索通过 1 台 10t 手拉葫芦拉紧。

(4)解除变位刚架 1 号、8 号猫道承重索变位块压板。

(5)通过手拉葫芦放松 1 号、8 号猫道索至自由状态。

(6)由外向内同样方法放松另外 6 根猫道承重索。

(7)解除变位刚架索鞍侧八根猫道索变位块压板。

(8)吊机吊离变位刚架至钢桥面或地面。

4. 猫道索拆除

单侧猫道猫道索含猫道承重索(8 根)、扶手索(2 根)和门架承重索 2 根,单根猫道索分中跨和南、北边跨三段,猫道索分段索节位于塔顶中跨侧(距塔顶约 4.5m)。猫道索布置如图 7-3-9 所示。

(1)方案总述

因吊索和钢箱梁已安装,猫道索拆除分为主缆内侧和主缆外侧两部分进行,内、外两侧猫道索均由内向外顺序进行拆除。猫道索按先猫道承重索、再扶手索、最后门架承重索的顺序依次拆除。主缆内侧猫道索下放至主缆内侧钢桥面上拆除,主缆外侧猫道索下放至吊索外桥面检修道上拆除。

猫道索拆除顺序如图 7-3-10 所示。

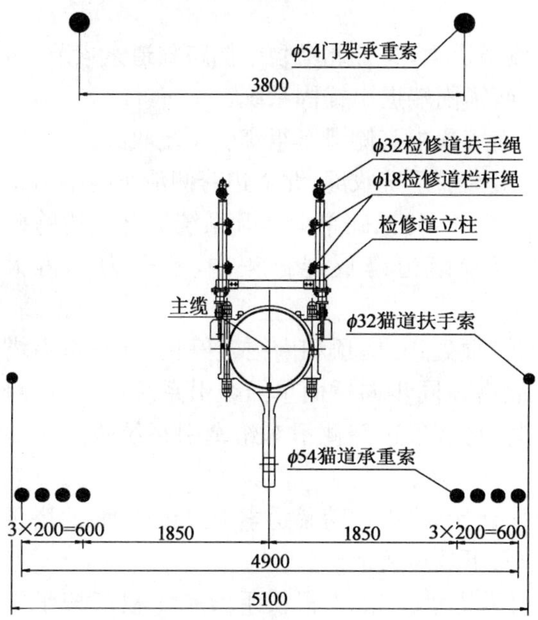

图 7-3-9　猫道索布置示意图(尺寸单位:mm)

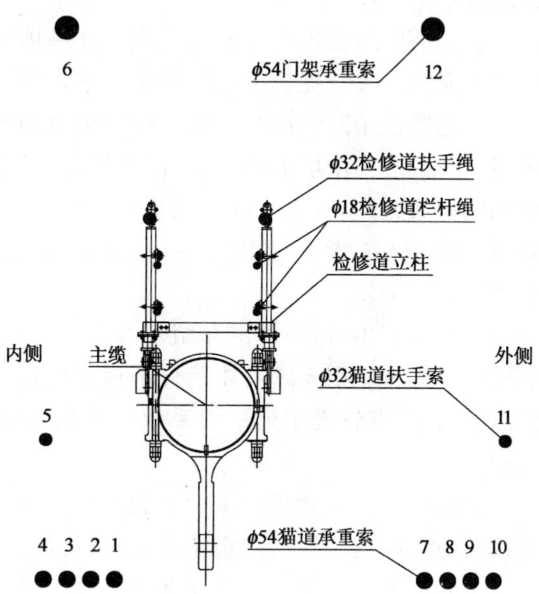

图 7-3-10　猫道索拆除顺序示意图

猫道索采用塔顶和锚碇门架 10t 卷扬机和 50t 滑车组进行拆除。

根据猫道结构设计及放松量,可知猫道索单根索拆除时提升力,见表 7-3-3。

猫道索拆除提升力统计表　　表 7-3-3

猫道索编号	牵引系统提升力(kN)				
	北锚碇	北塔顶边跨	南北塔顶中跨	南塔边跨	南锚碇
1、8 号	207.8	232.7	210.8	227.5	202.6
2、7 号	206.0	230.8	210.7	224.8	199.9
3、6 号	203.5	228.4	210.6	222.1	196.2
4、5 号	200.4	225.3	210.4	216.6	191.8
扶手索	71.3	80.0	74.4	78.9	70.2
门架承重索	299.5	324.4	234.3	390.9	366.0

猫道承重索 1～8 号和扶手索提升时牵引系统滑车组走 4 绳，门架承重索提升时牵引系统滑车组走 6 绳。

猫道索拆除总体程序如下：

①将锚碇一套和塔顶两套卷扬机、滑车组提升系统分别与主缆内侧猫道索塔顶中、边跨侧位置和锚碇前端位置千斤绳(千斤绳与猫道索间绳夹按 GB/T 2976—2006 要求安装，不少于 7 个)连接。

②南塔顶中、边跨侧和北塔顶边跨侧提升系统提升猫道索，解开南塔顶中跨侧猫道索索节。

③南塔顶中、边跨侧提升系统分别向中跨和边跨侧桥面放松钢丝绳，直至北塔顶和南锚碇处猫道索索力小于 80kN。

④北塔中跨侧单绳提升系统提升北塔顶中跨侧猫道索，解开北塔顶中侧跨猫道索索节；南锚碇单绳提升系统提升南边跨侧猫道索，将猫道索南锚固端退出锚固系统。

⑤北塔顶中跨侧单绳牵引系统向钢桥面放绳，南塔顶中跨侧滑车组牵引系统收绳；南锚碇单绳牵引系统向南塔方向放绳，南塔顶边跨侧滑车组牵引系统收绳；北塔边跨侧滑车组牵引系统向钢桥面放绳，直至北锚碇处猫道索牵引力小于 80kN，北锚碇单绳提升系统提升北边跨侧猫道索，将猫道索北锚固端退出锚固系统。中跨和南边跨放绳过程中，牵引力不得大于 80kN。

⑥南塔顶中、边跨侧滑车组牵引系统收绳至南塔顶处，北塔顶和南锚碇停止放绳；将南塔顶第三套单绳牵引系统与中跨侧猫道索连接，南、北塔顶同步向桥面单绳牵引系统放绳，中跨侧放绳完毕；北锚碇单绳牵引系统向北塔方向放绳，北塔顶边跨侧滑车组牵引系统收绳至北塔顶。

⑦南塔顶第三套单绳牵引系统与南边跨猫道索连接，将南边跨猫道索下放至桥面；北塔顶单绳牵引系统与北边跨猫道索连接，将北边跨猫道索下放至桥面。

⑧同样方法拆除主缆内侧另 5 根猫道索(3 根猫道承重索、1 根扶手索和 1 根门架承重索)。

⑨外侧猫道索按同①～⑧步骤，将猫道索下浇至吊索外桥面检修上拆除。

⑩在南、北塔布置收绳架，将猫道索逐根上盘，运输至后场。

猫道索拆除如图 7-3-11 所示。

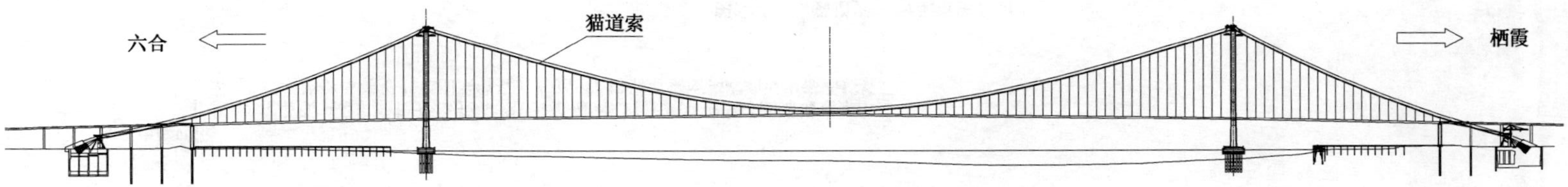

步骤一：

1. 北边跨，北锚碇单绳提升牵引系统和北塔顶滑车组提升牵引系统与北边跨内侧猫道索两端连接；
2. 中跨，北塔顶单绳提升牵引系统和南塔顶滑车组提升牵引系统与中跨内侧猫道索两端连接；
3. 南边跨，南塔顶滑车组提升牵引系统和南锚碇单绳提升牵引系统与南边跨内侧猫道索两端连接。

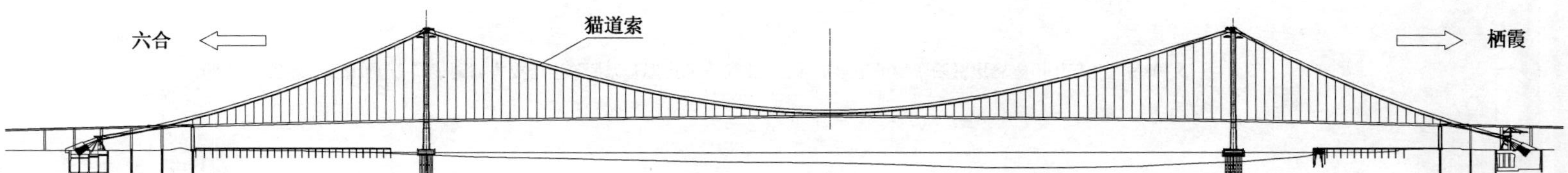

步骤二：

中跨和南边跨，南塔顶中、边跨侧滑车组提升牵引系统提升猫道索，解开南塔顶中跨侧猫道索索节。

图7-3-11　猫道索拆除示意图（一）

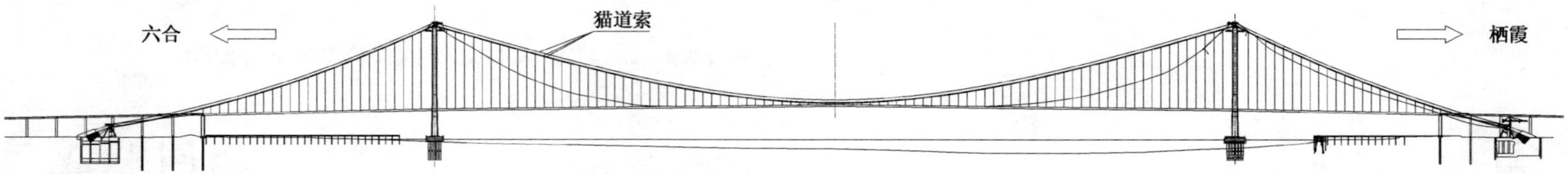

步骤三：

中跨和南边跨，南塔顶中、边跨侧滑车牵引系统向钢桥面下放猫道索，直至北塔顶和南锚碇猫道索牵引引力不大与80kN。

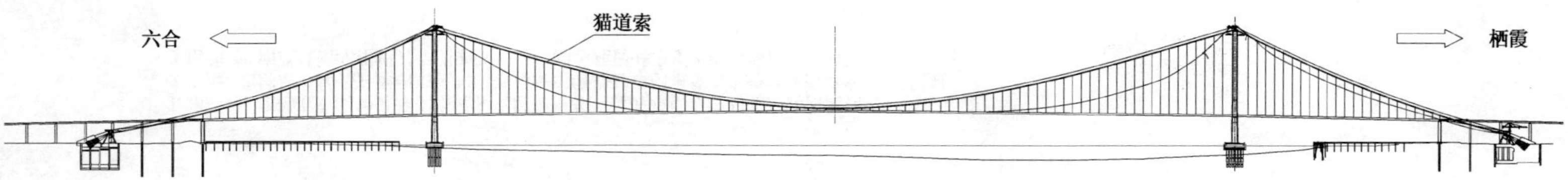

步骤四：

1. 中跨，北塔顶中跨单绳提升牵引系统提升猫道索，解开北塔顶中跨侧猫道索索节；
2. 南边跨，南锚碇单绳提升牵引系统提升猫道索，将猫道索南锚固端退出锚固装置。

图7-3-11　猫道索拆除示意图（二）

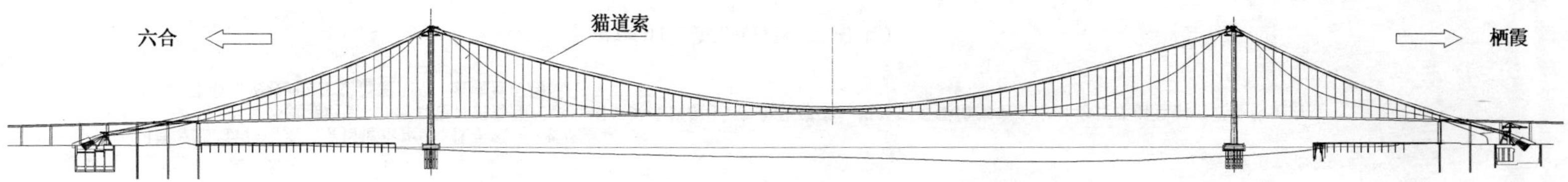

步骤五：

1. 中跨，北塔顶中跨单绳牵引系统向钢桥桥面下放猫道索，南塔顶中跨侧滑车组牵引系统向塔顶方向收绳，放绳牵引力不大于80kN；
2. 南边跨，南锚碇单绳牵引系统向南塔方向放绳，南塔顶边跨侧滑车组牵引系统向塔顶方向收绳，放绳牵引力不大于80kN；
3. 北边跨，北塔顶北边跨滑车组牵引系统向钢桥面放绳，直至北锚碇猫道索牵引力不大于80kN，北锚碇单绳提升牵引系统提升猫道索，将猫道索北锚固端退出锚固装置。

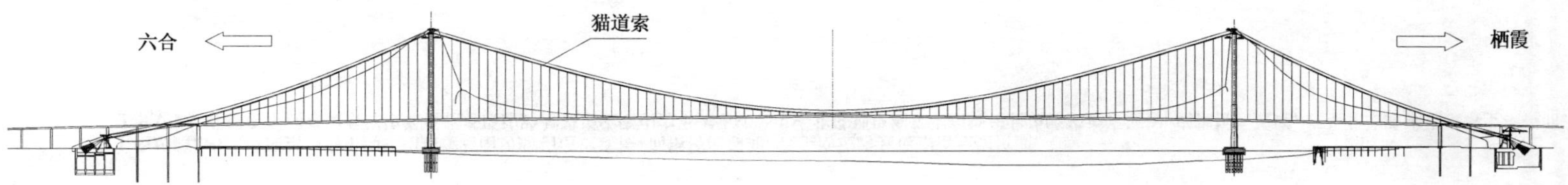

步骤六：

1. 中跨，南塔顶中跨滑车组牵引系统将猫道索牵引至塔顶，解除滑车组牵引系统与猫道索连接，将第三套单绳牵引系统与猫道索连接，南、北塔顶单绳牵引系统同步向钢桥面放绳，直至中跨猫道索全部落至钢桥面；
2. 南边跨，南塔顶边跨滑车组牵引系统将猫道索牵引至塔顶，南锚碇单绳牵引系统放绳至南塔顶边跨侧猫道索牵引力不大于80kN；
3. 北边跨，北锚碇单绳牵引系统向北塔方向放绳，北塔顶边跨侧滑车组牵引系统向北塔方向收绳至塔顶，放绳牵引力不大于80kN。

图7-3-11　猫道索拆除示意图(三)

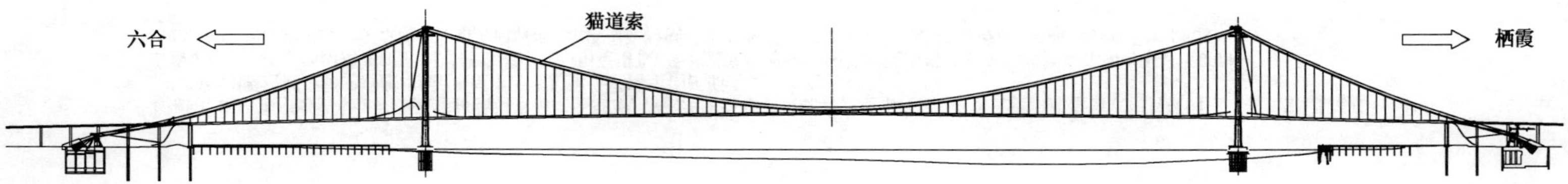

步骤七：

1. 南边跨，将南塔顶第三套单绳牵引系统与南边跨猫道索连接，向钢桥面放绳，直至南边跨猫道索落至钢桥面；
2. 北边跨，北锚碇单绳牵引系统放绳至北塔顶边跨侧猫道索牵引力不大于80kN，将北塔顶单绳牵引系统与北边跨猫道索连接，向钢桥面放绳，直至北边跨猫道索落至钢桥面。

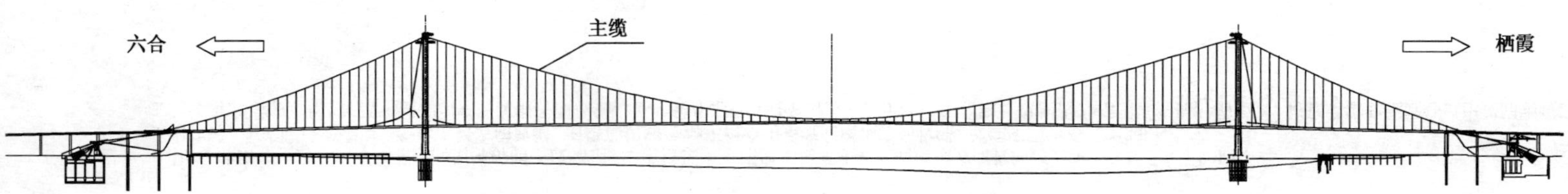

步骤八：

1. 同样方法，拆除内侧其余猫道承重索、扶手索、门架承重索；
2. 同样方法，拆除外侧猫道索；外侧猫道索拆除至吊索外钢箱梁检修道上，外侧猫道索放松至钢箱梁检修道上方时将其牵引至钢箱梁检修道内；
3. 在南、北塔布置收绳架，猫道索上盘，运输至后场。

图7-3-11　猫道索拆除示意图(四)

(2)主缆内侧部分

主缆内侧猫道索可直接采用塔顶和锚碇卷扬机下放至钢箱梁桥面进行拆除。

①施工准备

将猫道索的塔端和锚碇端与千斤绳通过 54 和 32 绳夹连接。

将南塔顶 2 台和北塔顶 1 台 10t 卷扬机和滑车组穿绳,分别与南塔顶中、边跨侧和北塔顶边跨侧猫道索千斤绳连接。

将北塔顶第 2 台 10t 卷扬机单绳与北塔顶中跨侧猫道索千斤绳连接。

将南、北锚碇 10t 卷扬机单绳与南、北锚碇处猫道索千斤绳连接。

南塔顶第 3 台 10t 卷扬机单绳穿绳,待连接。

提升牵引系统布置示意图如图 7-3-12、图 7-3-13 所示。

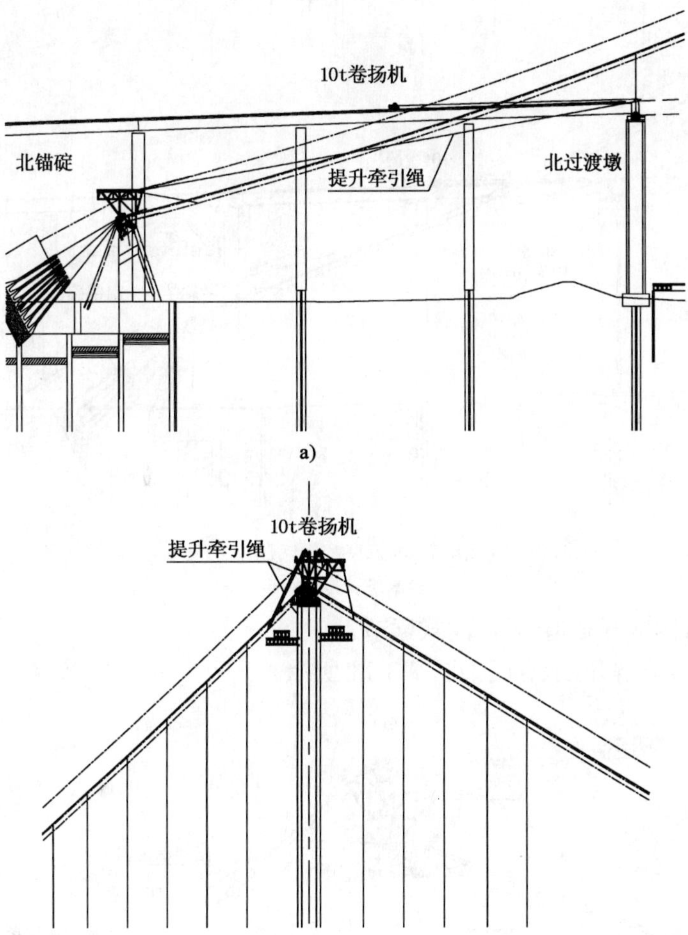

图 7-3-12　北锚碇、北塔提升牵引系统布置示意图

a)北锚碇;b)北塔

②中跨、南边跨猫道索提升

提升系统与猫道索连接后,北塔顶边跨侧滑车组提升牵引系统收紧钢丝绳。

南塔顶中、边跨侧滑车组提升牵引系统提升中、边跨侧猫道索南塔端。

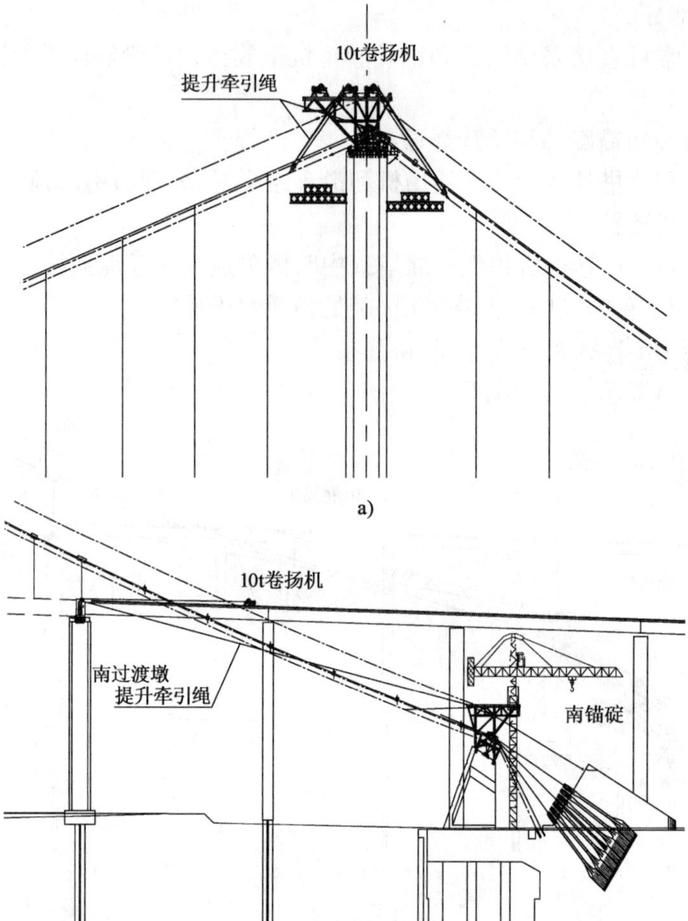

图 7-3-13　南塔、南锚碇提升牵引系统布置示意图

a)南塔；b)南锚碇

在南塔顶中跨侧解开猫道索开、闭式索节。

猫道索提升(索节解开)示意图如图 7-3-14 所示。

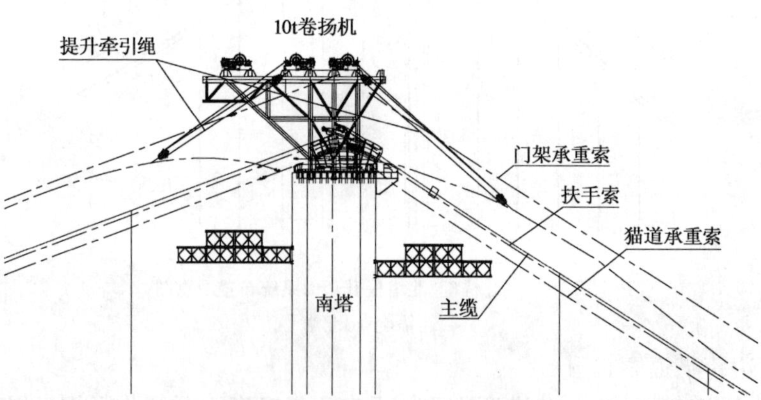

图 7-3-14　猫道索提升(索节解开)示意图

③中跨、南边跨猫道索放松

南塔顶中、边跨侧滑车组牵引系统牵引猫道索塔端向钢桥面放绳。

中跨侧猫道索落于钢桥面，猫道索塔端索力减小，中跨猫道索落于梁段 NJ25 和 SJ25 梁段时，塔顶猫道索索力不大于 80kN。

南边跨猫道索搁置于端梁后，南塔顶边跨滑车组牵引系统下放一段距离，南锚碇猫道索索力不大于 80kN，如图 7-3-15 所示。

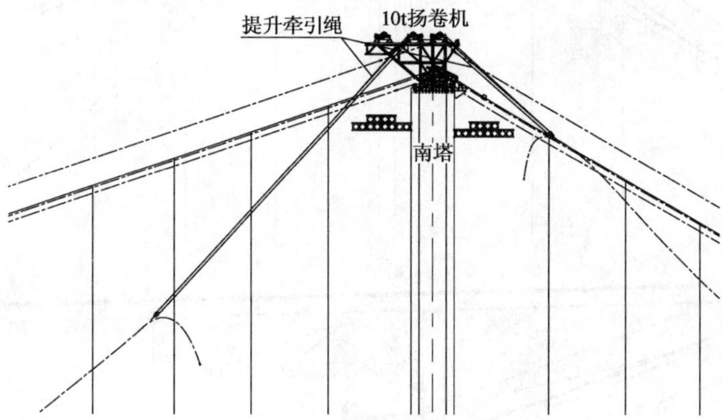

图 7-3-15　猫道索放松示意图

④中跨、南边跨猫道索分离

北塔顶中跨侧单绳提升牵引系统提升中跨侧猫道索，解开北塔顶中跨侧猫道索索节；南锚碇单绳提升牵引系统提升南边跨锚碇侧猫道索，将猫道索由锚固装置退出。北塔顶和南锚碇猫道索分离示意图如图 7-3-16 所示。

⑤三跨猫道索放松

北塔顶中跨侧单绳牵引系统向钢箱梁放松猫道索，南塔顶中跨侧滑车组提升系统收绳直至塔顶；南锚碇单绳牵引系统向南塔方向放绳，南塔顶边跨侧滑车组牵引系统收绳直至塔顶；中跨和南边跨收放绳过程中猫道索索力不大于 80kN；北塔顶边跨侧滑车组牵引系统向钢桥面放绳，北边跨猫道索搁置于端梁梁段后，北塔顶边跨滑车组牵引系统下放一段距离，北锚碇猫道索索力不大于 80kN。

中、边跨猫道索放索示意图如图 7-3-17 所示。

⑥中跨猫道索拆除

解除南塔顶中跨侧滑车组提升系统与猫道索连接，将南塔顶第三套单绳牵引系统与中跨猫道索南塔端连接；南、北塔中跨侧单绳牵引系统同步向钢桥面下放中跨猫道索，直至全部落至钢桥面；南锚碇向南塔放绳，直至南塔顶边跨侧猫道索索力不大于 80kN；北锚碇单绳牵引系统提升北边跨猫道索锚碇端，将猫道索由锚固装置退出，北锚碇单绳牵引系统继续向北塔放绳，直至北塔顶边跨侧猫道索索力不大于 80kN。如图 7-3-18 所示。

⑦边跨猫道索拆除

将南、北塔顶单绳牵引系统分别与南、北边跨猫道索塔端连接；解除南、北塔顶边跨侧滑车组牵引系统与猫道索连接；南、北塔顶边跨侧牵引系统向钢桥面下放南、北边跨猫道索，直至全

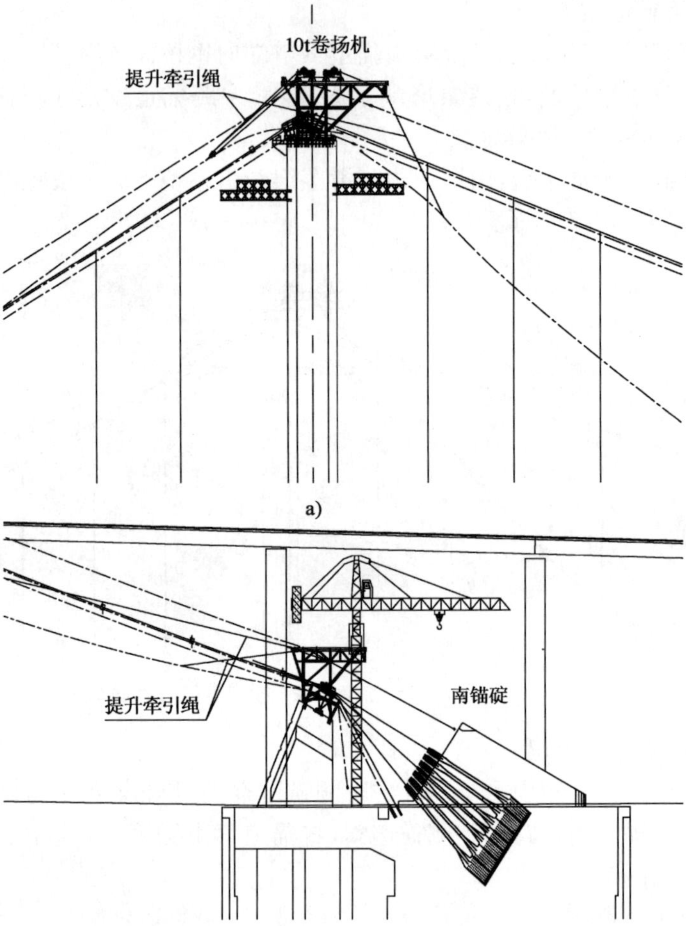

图 7-3-16 北塔顶和南锚碇猫道索分离示意图

a)北塔顶；b)南锚碇

部落至钢桥面，中、边跨单根猫道索拆除完毕。

边跨猫道索拆除示意图如图 7-3-19 所示。

⑧南边跨石油管廊处猫道索吊挂

由于南边跨过渡与锚碇间布有南京炼油厂石油管廊，猫道拆除时不得碰撞、摩擦输油管道。在猫道索拆除时，在石油管廊上方采用汽车吊吊挂猫道索，使猫道索悬空于石油管廊上方。猫道索吊挂示意图如图 7-3-20 所示。

⑨其余猫道索拆除

猫道索按先内侧后外侧、先低后高的顺序进行拆除。在拆除内侧 1 号猫道承重索后，同样方法按先后顺序依次内侧其余猫道索。

内侧猫道索拆除示意图如图 7-3-21 所示。

(3)主缆外侧部分

主缆外侧猫道索，由塔、锚提升牵引系统下放至主缆、吊索外侧钢箱梁检修道上进行拆除。

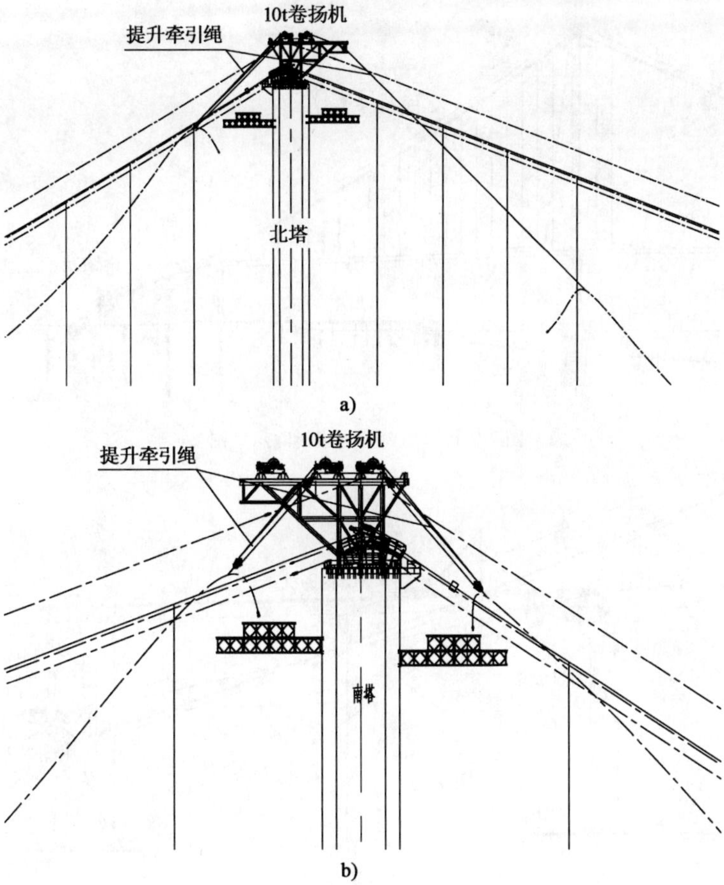

图 7-3-17　中、边跨猫道索放索示意图

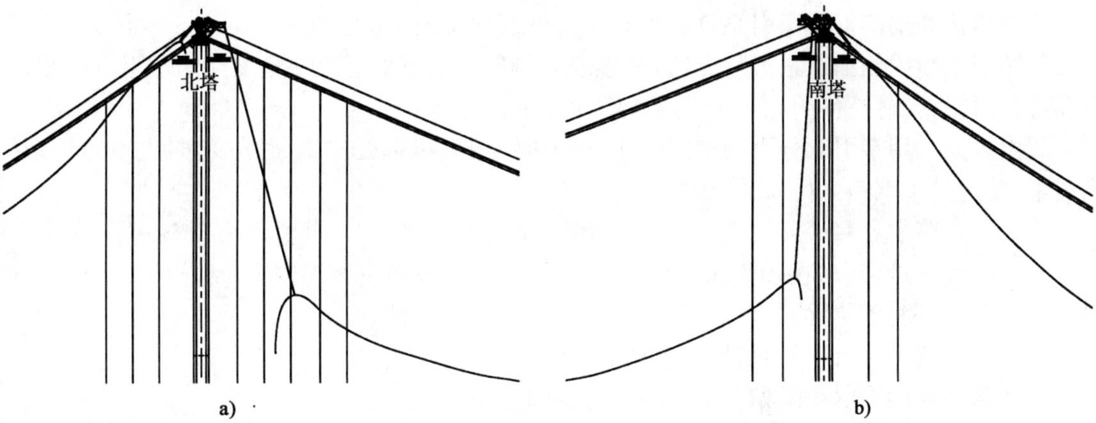

图 7-3-18　中跨猫道索拆除示意图

外侧猫道索位于主缆外侧和钢箱梁检修道外侧上方，横桥向距钢箱梁检修道距离为 1.25～1.85m，如图 7-3-22 所示。

外侧猫道索拆除方法如下：

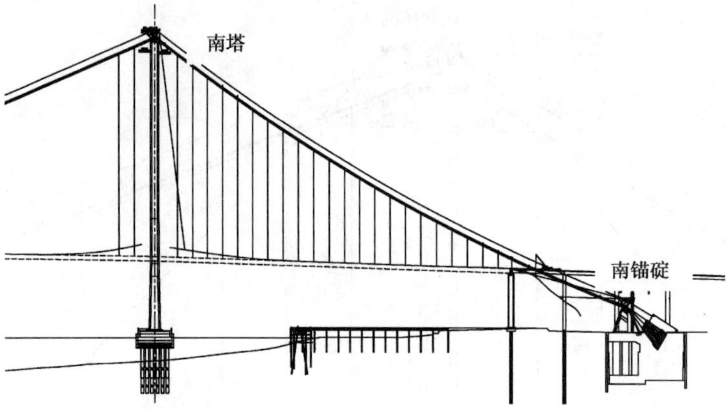

图 7-3-19　边跨猫道索拆除示意图

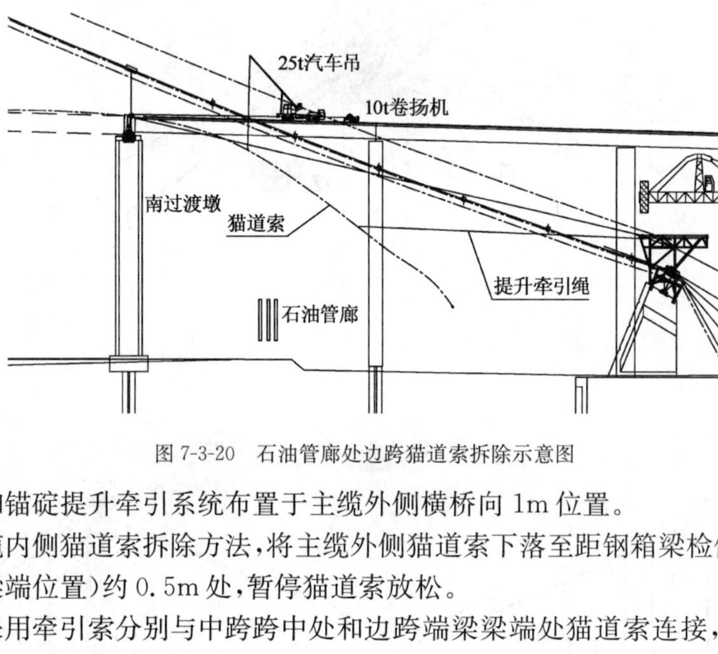

图 7-3-20　石油管廊处边跨猫道索拆除示意图

①将塔顶和锚碇提升牵引系统布置于主缆外侧横桥向 1m 位置。

②按照主缆内侧猫道索拆除方法，将主缆外侧猫道索下落至距钢箱梁检修道上方（中跨跨中和边跨端梁梁端位置）约 0.5m 处，暂停猫道索放松。

③由桥面采用牵引索分别与中跨跨中处和边跨端梁梁端处猫道索连接，向主缆内侧牵拉猫道索，使之处于钢箱梁检修道上方。

④将中跨跨中处和端梁梁端处猫道索牵引、下落至检修道上（牵引力约 2kN）。

⑤继续由中跨跨中和端梁梁端处向南、北塔方向，逐段向主缆内侧牵拉猫道索至钢箱梁检修道上，直至南、北塔位置。

⑥同样方法进行余下外侧猫道索拆除。

外侧猫道索拆除示意图如图 7-3-23 所示。

（4）钢丝绳收绳

猫道索采用收绳架（利用安装时放索架）进行收绳，分别布置于南、北塔处，分段收绳、上盘，并将猫道索运输至后场存放，如图 7-3-24 所示。

①吊车安装原猫道索索盘至收绳架，通过卷扬机在钢桥面或检修道上辅助牵引猫道索，收绳架收绳、上盘。

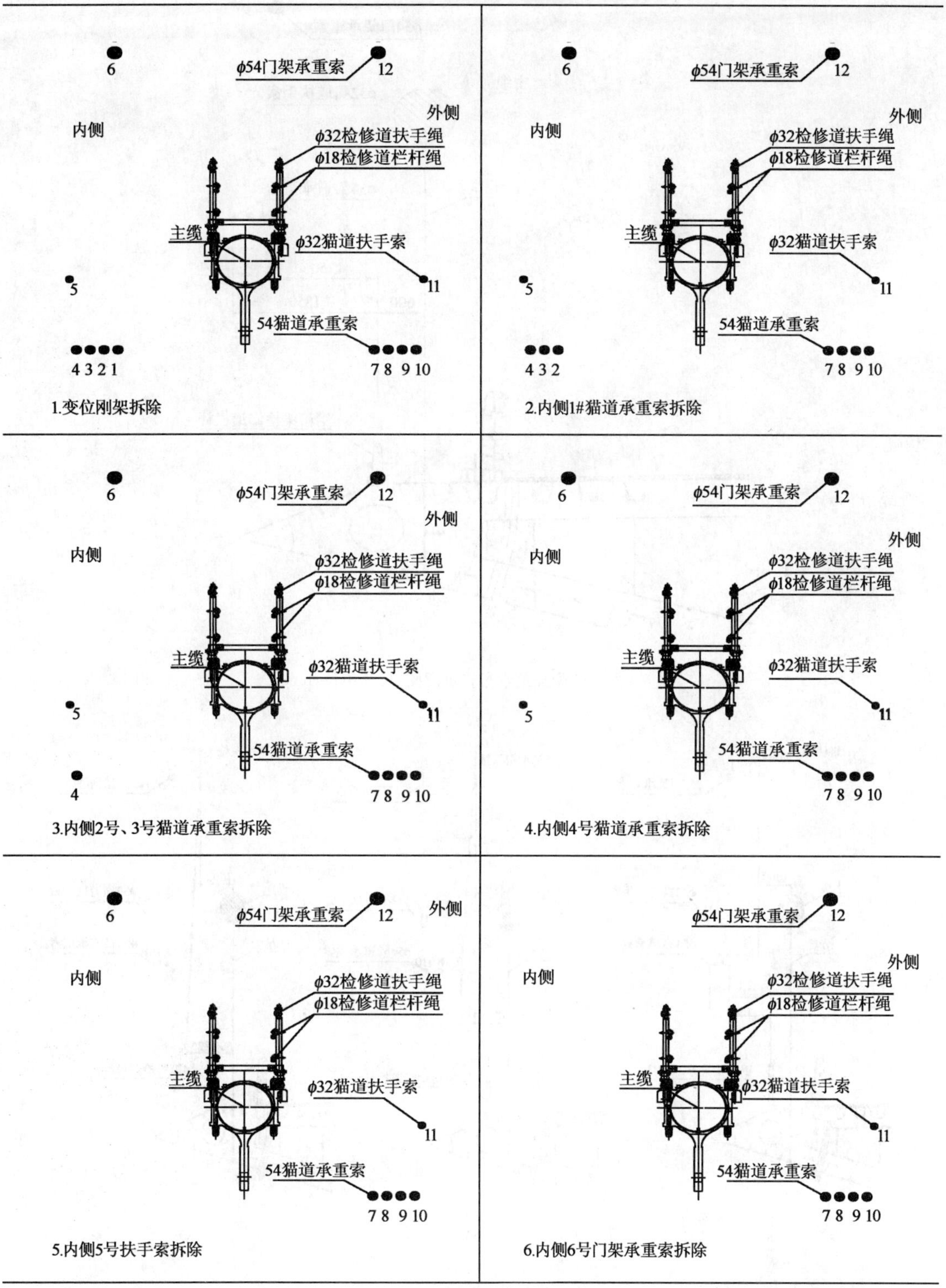

图 7-3-21　内侧其余猫道索拆除示意图

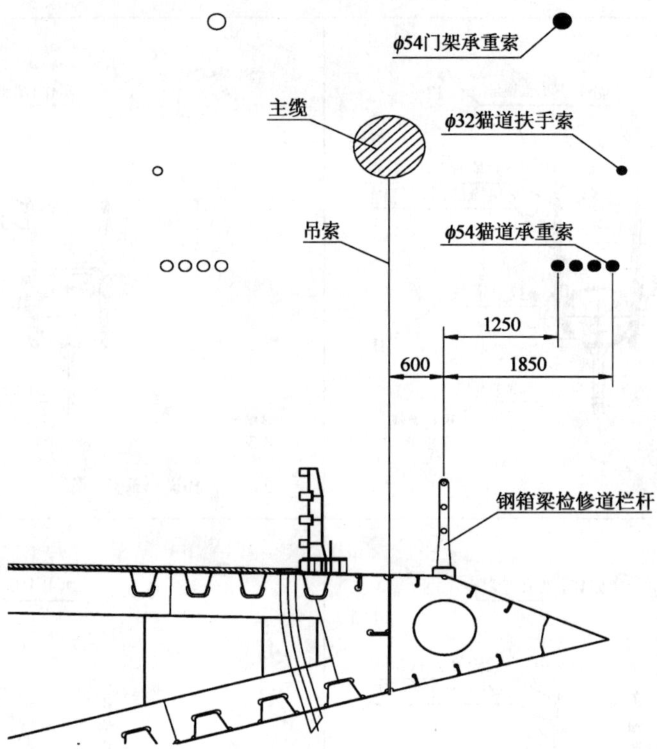

图 7-3-22 外侧猫道索布置示意图(尺寸单位:mm)

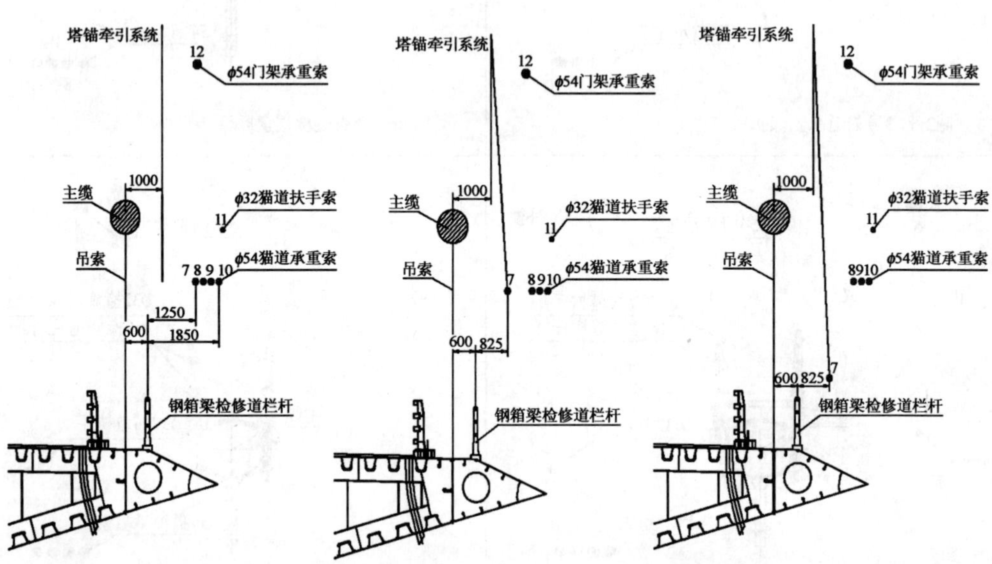

图 7-3-23

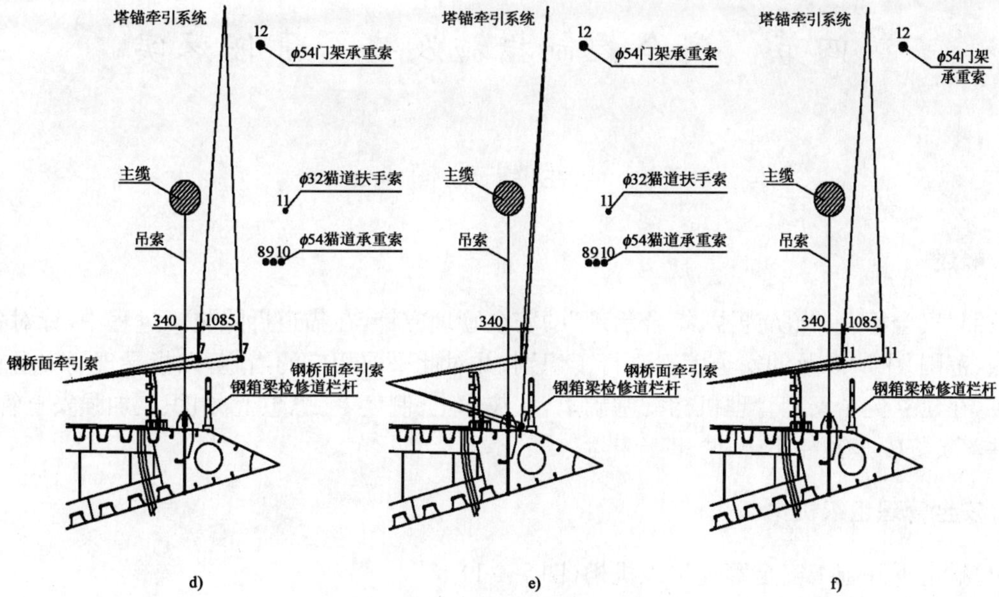

图 7-3-23　外侧猫道索拆除示意图

a)牵引系统布置；b)牵引系统与猫道索连接；c)猫道索下放至钢箱梁检修道上方；d)向主缆内侧牵引猫道索至检修道正上方；e)逐段牵拉、下放猫道索至检修道上；f)扶手索、门架承重索拆除

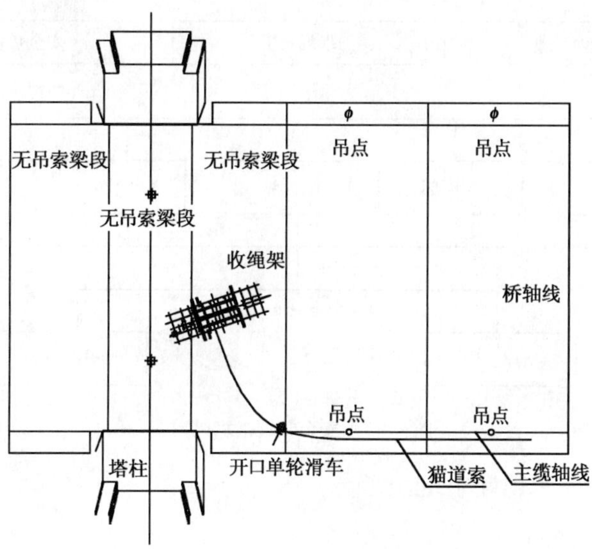

图 7-3-24　外侧猫道索收绳示意图

②在钢桥面上或检修道上铺设部分滚轮，方便猫道索牵引和保护钢桥面。

③猫道索末端通过简易小车支承，随猫道索收绳时前移，保护猫道索索节和钢桥面。

④主缆外侧猫道索下放于吊索外侧钢箱梁检修道上，猫道索收绳时在南、北塔处吊索外侧布置开口单轮滑车导向，便于猫道索牵引、上盘和不碰撞吊索。

第四节　安全控制措施及安全责任落实

一、组织机构

1. 概述

按照"安全第一、预防为主、综合治理"的安全管理方针，在猫道拆除施工过程中，针对各个作业点(范围)中所涉及的安全因素进行了识别，并对此采取相应的措施，以指导现场安全管理和施工，在建立健全安全管理机构的基础上，从技术上、制度上、思想上、组织上加强安全管理，制定并落实好安全预控措施，防患于未然。

2. 安全管理组织机构

(1)猫道拆除施工安全管理组织机构(图 7-4-1)

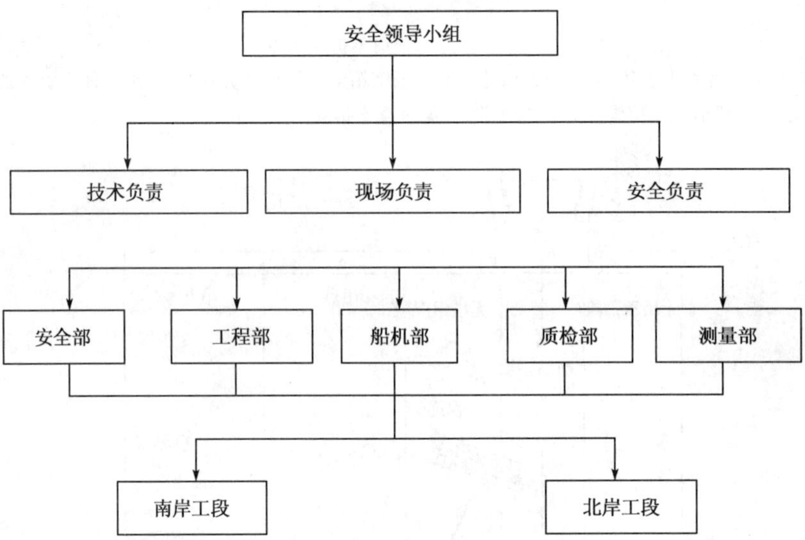

图 7-4-1　安全管理组织机构图

(2)猫道拆除安全生产领导小组

组长：×××

副组长：×××

组员：××× ××× ×××

(3)安全生产领导小组职责

①负责安全生产职责分工，并按时检查其安全生产职责履行情况，积极组织开展安全生产工作；分析研究安全生产形势。

②在计划、布置、检查、总结、评比生产时，同时计划、布置、检查、总结、评比安全生产工作。

③组织领导安全生产大检查，做到检查有记录，隐患有通知，整改有回单，复查有结论。危险性较大的关键设备和操作场所、重大隐患要组织人员现场研究，及时整改。重大隐患未整改以前，应有可靠的临时安全生产措施。领导、协调全局所属各单位的安全生产工作。认真贯彻“安全第一、预防为主、综合治理”的方针，落实国家、中交总公司以及地方政府有关安全生产的政策、法令、法规、标准、指示和规定等。

④督促施工单位各部室、工段认真执行上级各阶段部署的有关安全生产的具体工作要求，并按要求收集、汇总情况上报；发生影响、损失较大的生产事故，组织力量按“四不放过”的原则进行调查处理；

(4)各主要职能部门分工

为了有效对猫道拆除作业进行安全管理，针对猫道拆除施工特点，各职能部门分工如下：

①安全部。全面负责整个猫道拆除过程中安全监护工作，主要侧重于对施工现场安全设施设置及操作行为的安全规范，人员防护用品的穿戴等安全规章制度的贯彻落实。

②工程部。主要对施工中涉及的各种操作平台、设备、吊具等结构受力，构件加工、制造负技术安全责任，并对猫道拆除的各种安全技术准备工作安全负责，并辅助安全部门在施工中贯彻落实各项安全规章制度。

③船机部。主要对塔吊、卷扬机、汽车吊、千斤顶、手拉葫芦、收绳架以及其他大型起重设备的安装、运行安全负责，并做好设备的维修保养工作。

④质检部。主要负责对结构物的加工、制造、安装质量进行检查，杜绝质量安全事故的发生。

⑤测量部。主要负责对主缆及猫道拆除前后的线性控制，做好自身安全防护措施。

⑥合约部。主要对劳务队伍的选择及资质要求把关，负责按规定要求配备足量的现场劳务作业人员。

⑦现场工段。根据“管生产必须管安全”的原则，对其所负责指挥的施工现场生产安全工作负重要责任。落实好施工现场的安全防护设施，保证各项安全技术措施的实施。严格遵守安全生产操作规程组织劳动力和机械设备的使用，在安排具体作业计划时保证安全生产重点。

⑧劳务队伍班组。主要对猫道拆除过程中的个人及他人安全操作负责，做好工人的安全教育培训工作及班前教育，以及对设备的正常操作和维护，落实各项安全规章制度和安全操作规程。

二、安全控制措施

1. 猫道拆除施工过程中的安全控制措施(表 7-4-1)

猫道拆除施工安全风险分析及安全控制措施表　　表 7-4-1

序号	安全风险分析	安全控制措施	责任人
1	面网拆除作业过程普遍处于高空作业，存在高处坠落风险	在面网拆除时，考虑到安全带的便于移动性和安全带转换状况下的保护，最终决定由一根 2t 吊带通过卡环环绕在主缆上作为安全带的系挂点，吊带可在主缆上滑动，要求安全带始终保持系挂状态	×××

续上表

序号	安全风险分析	安全控制措施	责任人
2	在面网拆除过程中，杂物坠落伤人的风险	(1)施工人员在猫道上进行作业，工具放入工具包内，吊索具等必须与未拆除面网固定，防止坠落； (2)杂物放置到专门垃圾桶内(麻袋)，系牢后随面网下放或在下班时从猫道上带回	×××
3	在面网拆除过程中，因受力改变，改吊绳断裂或绳卡松动，猫道倾斜或抖动造成人身伤害事故	(1)猫道拆除前，将所有猫道改吊绳绳夹进行一次紧固； (2)猫道拆除过程中，观察猫道是否倾斜，及时调整猫道改吊绳，保证猫道拆除卸荷时猫道的平衡，控制猫道倾斜程度，杜绝猫道倾覆现象	×××
4	在面网拆除过程中，在恶劣天气下强行作业而引起的设备损坏和人员伤亡	(1)面网拆除过程中，遇到突发大风、大雨等恶劣天气时，作业人员在处理好易坠落杂物的固定和已拆除面网的下放后，应立即撤离猫道； (2)在大风(塔顶平均风度超过六级)、大雾、大雨等不良的天气条件下，按指令停止一切拆除作业	×××
5	在拆除型钢横梁时，因螺栓掉落而造成落物伤人的风险	(1)在横梁位置处于拆除面网前边缘时，拆除螺栓流程为首先拧松猫道绳一侧螺母，同时作业人员用手或使用细钢丝固定螺栓，在螺母拧下后，移开一侧卡板，将螺母重新拧上螺栓，防止螺栓坠落；再拧松猫道绳另一侧螺母，使用同样的办法，取出卡板后将螺母重新拧上螺栓。作业工人随身携带工具包，以便将不能重新拧上的螺栓、螺母取下随身携带； (2)在横梁位置处于拆除面网中间，不便作业处，用钢丝钳剪开面网，拧松螺母	×××
6	猫道索变位钢架拆除作业过程处于高空作业，存在高处坠落风险	在进行猫道索变位钢架拆除时，必须设置作业平台和可靠的防护栏。作业人员操作时要正确拴挂安全带，高挂低用，并严格执行高空作业安全操作规程	×××
7	在改吊绳拆除、变位钢架拆除等作业过程中，使用手拉葫芦不当，使得手拉葫芦突然断裂而形成物体打击，造成人身伤害的风险	(1)对葫芦进行保养和维修，定期加油脂润滑，确保葫芦的正常使用； (2)各个工序中，根据受力的大小不同，正确选用不同大小的手拉葫芦； (3)在使用手拉葫芦作业时，不准野蛮施工，生拉硬拽，起重链条不得打结和扭转	×××
8	在猫道绳下放过程中存在因定滑轮点变形或卷扬机焊缝脱落、起重钢丝绳断裂而导致吊物坠落伤人的风险	(1)安全员和现场负责的施工技术员每日的对吊点、滑车组、转向轮、钢丝绳进行全面的检查，确保安全； (2)在每日作业前，由负责卷扬机操作的专职人员对卷扬机、焊缝、导向轮进行例行检查，发现有变形、裂缝、焊缝脱落或开裂现象时应及时进行更换或补救	×××

续上表

序号	安全风险分析	安全控制措施	责任人
9	存在因指挥人员不具有起重指挥资格或起重指挥经验不足，而导致在起重吊运过程中造成起重伤害事故。如在猫道绳下放中，因通信不畅或指挥不当而引起钢丝绳受力过大或者碰撞吊索的危险	(1)由具有丰富经验的起重人员承担起吊指挥作业任务，在吊运时使用对讲机做到统一指挥，对讲信息清楚明确； (2)应配置足够数量的对讲机进行信息沟通，每个操作点至少配备1部，对讲机设置成专用频道进行指挥，一旦出现异常情况立即停止卷扬机作业	×××
10	在猫道绳、门架承重绳下放过程中，滑车组及钢丝绳受损，形成机械伤害或物体打击风险；对卷扬机的实际能力不明，可能不能满足荷载的要求引起的安全风险	(1)猫道拆除前，计算猫道索提升最大荷载，提升滑车组走绳应满足提升力要求； (2)检查滑车组及钢丝绳，确保设备处于完好状态； (3)在拆除施工前先对卷扬机进行验收，验收合格后才能正式投入使用	×××
11	根据计算猫道索最大提升力约270.8kN，千斤绳与猫道绳连接不牢固而使猫道绳坠落的风险	猫道索拆除前，千斤绳与猫道索连接，应安装足够量的绳夹，检查绳夹拧紧程度，各点技术人员监督执行	×××
12	在南边跨侧进行猫道绳下放时会经过当地的石油管廊和沿江道路的正上方，存伤人或损坏油管的风险	(1)在石油管廊和沿江道路的正上方，南边跨可采用汽车吊吊挂猫道索，避免碰撞石油管道； (2)在有人、车通行的施工区域设置警示标牌等对高空施工进行告知	×××
13	在拆除过程中的成品保护	(1)猫道面层分片下放，连接牢靠，并尽可能远离吊索位置，防止损伤吊索PE保护层； (2)横梁下放至桥面时，应轻放，避免伤及钢箱梁桥面； (3)猫道索拆除时，猫道索不得碰撞主缆及吊索； (4)无论是拆除猫道面网还是承重绳，都必须注意保护主缆涂装层、吊索及钢桥面涂层不被擦伤或破坏； (5)外侧猫道承重绳拆除时，猫道承重绳可能碰到检修道护栏，处人工及时将猫道承重绳勾入检修道内外，在护栏上包裹麻袋或者帆布进行防护	×××
14	航道安全	(1)面网拆除时，首先清理猫道面网上的铁丝头、螺栓等活动物件，置入工具箱，防止坠入航道造成安全隐患； (2)拆除面网时，作业下方挂吊兜，或将螺栓用细钢丝拴住，防止拆除后的螺栓、螺母掉入施工水域。拆卸下来的螺栓、螺母及时收入工具袋； (3)江面上方猫道拆除过程中禁止带明火、禁止吸烟	×××

续上表

序号	安全风险分析	安全控制措施	责任人
15	交叉作业安全风险	(1)杜绝交叉作业,防止高空坠物对钢桥面、人员造成不必要的伤害或损失; (2)在面网拆除过程中,封闭全桥,不允许下方有任何其他人员作业或车辆通行; (3)严禁任何人从猫道上向下抛掷物体,在猫道投影桥面板上设置警戒区,并派专人把守、看护; (4)桥面作业人员施工时要与上方猫道作业人员随时对讲沟通,除解除吊点外均应处于警戒区外	×××

2. 猫道拆除人员安全防护图

(1)首先是面层拆除。考虑到安全带的便于移动性和安全带转换状况下的保护,最终决定用一根 2t 吊带通过卡环环绕在主缆上作为安全带的系挂点,吊带可在主缆上滑动,减少了工人对安全带挂点的转换。另外工人安全带采用双扣设置,增加安全性的同时,为吊带在索夹处转换时,安全带可转换至扶手索上,增加了安全性,如图 7-4-2 所示。

图 7-4-2 猫道面层拆除安全防护

(2)变位钢架拆除。中跨位置的变位钢架在下拉平台的第 1 层和第 2 层上(图 7-4-3),边跨靠近主塔位置的变位钢架在下拉平台的第 2 层上(图 7-4-4),锚体位置的变位钢架在锚体索鞍墩顶的平台上,目前所有平台安全防护到位,作业人员在拆除时,只需在平台上方作业,临边位置作业时,将安全带系挂于临边护栏上即可(图 7-4-5、图 7-4-6)。10t 葫芦作业时,作业人员将安全带西瓜在猫道索或者钢架梁上,确保安全作业。

图 7-4-3 跨中位置变位钢架在下拉平台上方的位置

图 7-4-4 跨中位置变位钢架在下拉平台上方的位置

图 7-4-5　跨中位置变位钢架人员拆除螺钉时的位置

图 7-4-6　边跨位置变位钢架人员拆除螺钉时的位置

三、猫道拆除安全责任制落实

安全责任制是安全管理制度的核心，只有将每个子项的安全工作落实到具体的安全责任人身上并有效实施，才有利于对各项安全管理工作的贯彻和落实，才能使猫道拆除施工的各个作业点、作业面处于受控状态。

1. 管理人员责任制

项目现场管理人员主要职责分为现场指导及安全监护两大部分，安全监督由专、兼职安全员行使职责。主要分为南北两部分，随劳务作业班组作业时间工作，保证每个劳务作业班组在施工作业过程中至少有 1 人在旁监护。见表 7-4-2、表 7-4-3。

施工单位现场管理人员责任制　　表 7-4-2

人员类别及作业点	具体监护内容
(1)专、兼职安全员(现场技术人员)； (2)在猫道面层、变位钢架、猫道索拆除等工序中，各个劳务班组的作业点	(1)工人的安全带、安全帽佩戴是否正确，工人是否处在安全作业状态； (2)现场作业是否严格按照方案执行，是否严格遵守安全生产操作规程； (3)在安排具体作业计划时保证安全生产重点； (4)对作业中的卷扬机、手拉葫芦、钢丝绳、牵引绳索等设备进行观察，如有损坏有权立即停止作业，并要求更换； (5)根据管生产必须管安全的原则，对其所负责的施工现场区域安全生产工作负重要责任； (6)落实好施工现场的安全防护设施，保证各项安全技术措施的实施； (7)南北施工班组是否按要求开展班前教育并记录； (8)制止违章作业、违章指挥，严格安全纪律，当安全与生产发生矛盾时，有权制止并处理违章冒险作业

猫道拆除施工单位主要人员　　表 7-4-3

序　号	位　置	项　目	负 责 人	备　注
1		施工总负责	×××	
2		技术总负责	×××	
3		安全总负责	×××	

续上表

序　号	位　置	项　目	负 责 人	备　注
4		设备总负责	×××	×××配合
5		安全责任人	×××	
6		物资采购责任人	×××	
7	南岸	责任人	×××	×××(协作队伍负责人)
8		专职安全员	×××	
9		桥面协调	×××	
10		设备管理员	×××	
11	北岸	总负责	×××	×××(协作队伍负责人)
12		专职安全员	×××	
13		桥面协调	×××	
14		设备管理员	×××	

2. 人员站位及分布

猫道拆除主要分成猫道面层、变位钢架、猫道索拆除三大工序。对于猫道面层拆除工序，南北共分成 8 个班组，每个班组分猫道面层 4 人、钢箱梁桥面 4 人两部分；对于变位钢架拆除工序，全桥共 12 个变位钢架，同样南北共分 8 组拆除；对于猫道索拆除工序，分上下游作业，每侧在南北锚、南北塔有 4 个班组，同样上下游也共有 8 组。所有班组成员均列表明细化，见表 7-4-4。

猫道拆除主要人员　　表 7-4-4

序　号	位　置	人员类别	负 责 人	备　注
1	现场	施工责任人	南北各 1 人	
2	猫道面层拆除点	技术员、兼职安全员	8 个作业点 8 人	
3	猫道面层拆除点	专职安全员	2 人	
4	桥面	专职安全员	2 人	
5	猫道面层拆除点	协作队伍班长	8 个作业点 8 人	每班 5 人
6	桥面	协作队伍班长	8 个作业点 8 人	每班 3 人

3. 领导带班制度

为进一步加强施工单位安全生产管理工作，根据《国务院关于进一步加强企业安全生产工作的通知》(国发〔2010〕23 号)、中交股份《建筑施工企业负责人及项目负责人现场带班暂行办法》(中交股安监字〔2012〕64 号)，结合实际，在猫道拆除期间，制定领导带班制度。具体值班见表 7-4-5。

项目领导带班表　　表 7-4-5

日期	星期一	星期二	星期三	星期四	星期五	星期六	星期日
值班领导	×××	×××	×××	×××	×××	×××	×××
主要工作内容及职责	(1)科学组织当日施工现场的拆除工作,不盲目追求施工进度; (2)牢固树立"安全第一,以人为本"的理念,全面掌握当班安全生产状况,加强对重点部位、关键环节、危险源点的检查,并指导现场人员安全作业; (3)监督落实技术、质检、安全等管理人员跟班作业,确保现场管理人员有效到位; (4)及时发现和组织消除事故隐患和险情,及时制止违章违规行为,严禁违章指挥; (5)严格监督作业人员按照技术标准及方案要求作业,发现事故隐患及不合格问题应及时落实整改措施; (6)当现场出现重大安全隐患或遇到险情时,及时采取紧急处置措施,并立即下达停工令,组织涉险区域人员及时有序撤离到安全地带; (7)当施工现场出现恶劣天气,不利于拆除工作时(塔顶塔吊风速仪显示平均最大风速超过 6 级时),由带班领导直接向各班组及现场管理人员下达停工令; (8)及时协调解决现场作业人员及管理人员反馈的安全生产问题						

第五节　应急救援预案

一、安全事故应急处理流程

1. 总则

(1)适用范围

适用于在猫道拆除过程中所发生的高处坠落、坍塌、物体打击、机械伤害、起重伤害等人身安全事故、机械事故的应急处理。

(2)应急预案处置方针与原则和目标

①应急预案处置方针预防为主,常备不懈,反应及时,将损失减小到最低程度。

②应急预案处置原则坚持"以自救为主,以人为本"的原则。当发现事故征兆或事故发生后,以最快的方式对事故中受伤者进行救治和安置,确保救援人员不再受到伤害,减小事故损失和最大限度地降低社会影响。

③应急预案处置目标

提高猫道拆除施工管理和作业人员安全意识,在施工生产过程中和日常生活中加强对突发事件的应变能力,尽快控制事态,尽量减少损失,尽早恢复施工生产秩序。

2. 事故应急救援的组织机构

根据实际情况,施工单位成立应急救援领导小组、应急救援办公室。

(1)应急救援领导小组

组长:×××

副组长：××× ×××

组员：××× ××× ××× ××× ××× ××× ××× ×××

(2)应急救援办公室主要职责

①督促做好治安事件应急救援的各项准备工作，组织救援演练。

②发生事件时，传达应急救援响应指令。

③通知救援小组实施救援行动。

④向上级报告事故和事故救援情况。

⑤必要时向有关部门发出救援请求。

⑥完成应急救援领导小组交办的其他事项。

应急救援办公室设在安全部，应急救援办公室电话：××××××

安全事故紧急救援预案由安全部、工会、办公室、财务部、工程部、船机部等职能部门负责应急救援预案具体工作和日常救援协调工作。

(3)部门职责和分工

①安全部。负责事故现场的保护、拍摄现场照片、收集事故现场资料，配合调查事故经过和分析事故原因，为事故处理提供原始依据和事故发生后现场指导工作。

②工会。主要负责发生事故后，联系急救医院，以免延误急救时间，现场的协调及相关人员的安抚工作。

③工程部、船机部。负责高空作业、设备管理等危险源的应急归口管理，防止事故扩大和预防技术措施。

船机部具体负责与海事航道部门的联系，发生应急情况下及时取得海事航道部门的救助。

④办公室。负责后勤物资供应，提前做好应急救援准备工作。

⑤财务部。负责保证应急救援工作处理的急需资金，特殊情况下可先支付现金后补办手续。

3. 事件(故)应急救援配合与协调原则

(1)救援配合与协调原则

事故应急处置预案领导小组按照分组负责的原则，分别协调相关应急处置预案工作。需要其他班组、涉外单位、部门配合时，由领导小组组长或副组长负责与联系协调相关事宜。

(2)协调与配合的工作要求

①确保应急救援器材及设备数量充足，状态良好，保证遇到突发事件时各项救援工作正常实施。

②物资设备部门要配备足够的通信设备，救援物资的储备情况。

③要保障信息渠道畅通。上级管理机构应急服务机构的联系方式，以及各专业小组间联络方式、现场员工名单等要经常保持相对稳定，当变更后，要及时通知到达各信息环节。

4. 各类事故的救援流程

施工现场一旦发生事故时，施工现场负责人应根据当时的情况，立即主动采取相应的应急处置措施或进行现场抢救。紧急救援领导小组组长接到报告后，要立即赶赴事故现场，组织、指挥抢救排险，并根据规定向上级有关部门报告，尽量把事故控制在最小范围内，并最大限度地减少人员伤亡和财产损失。

遇突发紧急事故时，各救援班组各就各位，各司其职。

①现场救援程序

施工场地若发生了事故，则由现场负责人进行现场指挥，一边急救伤员，疏散人员、机械设备，将其撤离到安全地带；一边向领导小组组长或副组长汇报，以减少人员伤亡和降低财产损失为宗旨，同时尽力保护好现场。

安全部接到危险源发生事故的报告后，根据实际情况，立即组织相关救援班组及人员、准备急救器材，迅速进行抢救工作。

施工单位领导接到危险源发生事故的报告后，立即组织联系有关部门及人员指挥抢救工作。

②伤员在运送途中紧急救援的方法及措施

现场只能进行简单的抢救，重伤员需及时送往市、区级医院进行抢救。

在现场进行抢救的同时要组织好运送车辆和担架救护队，以确保在车辆无法通行的情况下，用担架抬送伤员。

与医院联系做好抢救准备，落实救护车或租用车辆接送。

联系沿途施工单位在救护车辆和担架队受阻时给予接送。

二、各类救援措施

具体详见第四章“上部结构猫道安装安全专项施工方案”第四节相关内容，此处不再赘述。

第八章 南北引桥箱梁安装安全专项施工方案

第一节 工程概况

一、概 述

南京长江第四大桥引桥施工项目E标段包含南引桥和北引桥两大部分，其中南引桥长1489.6m，北引桥长1313m，北引桥又分为跨划子河引桥和划子河以南引桥两个部分，南北引桥合计长2802.6m。南引桥及划子河以南引桥采用短线匹配预制，现场拼装，先简支后连续，跨划子河引桥采用短线匹配预制，现场悬臂拼装。南北引桥箱梁共2142榀，其中预制2074榀，现浇68榀。

南引桥部分，如图8-1-1、图8-1-2所示。

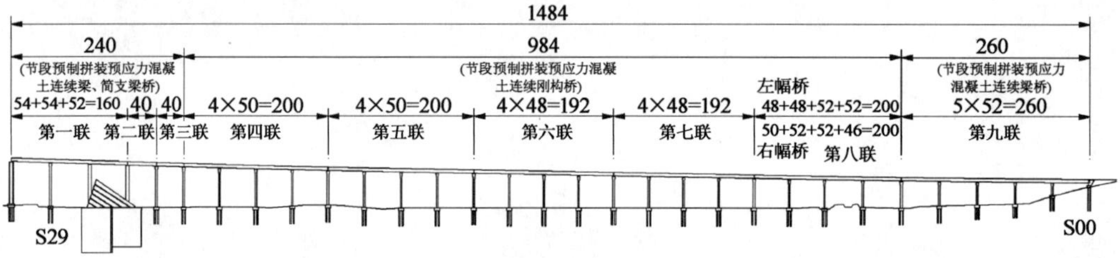

图8-1-1 南引桥布置图(尺寸单位:m)

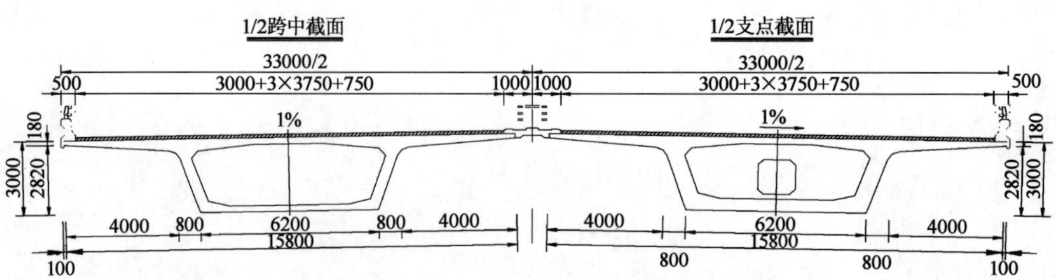

图8-1-2 南引桥标准横断图(尺寸单位:mm)

起讫桩号为 AK18＋987.385～AK20＋476.985，总长 1489.60m，桥梁分为 9 联 30 跨，右幅跨径布置为(54m＋54m＋52m)＋40m＋40m＋(4×50m)＋(4×50m)＋(4×48m)＋(4×48m)＋(50m＋52m＋52m＋46m)＋(5×52m)，左幅跨径布置为(54m＋54m＋52m)＋40m＋40m＋(4×50m)＋(4×50m)＋(4×48m)＋(4×48m)＋(48m＋48m＋52m＋52m)＋(5×52m)。

南引桥采用短线匹配预制，现场拼装，先简支后连续。

箱梁梁宽 15.8m，底板宽度 6.2m，梁高 3.0m。1120 榀梁段，其中预制 1078 榀，现浇 42 榀。

划子河以南引桥部分如图 8-1-3、图 8-1-4 所示。

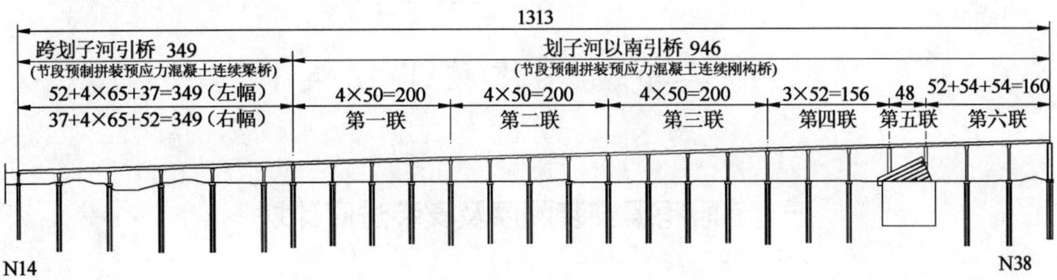

图 8-1-3　北引桥布置图(尺寸单位：m)

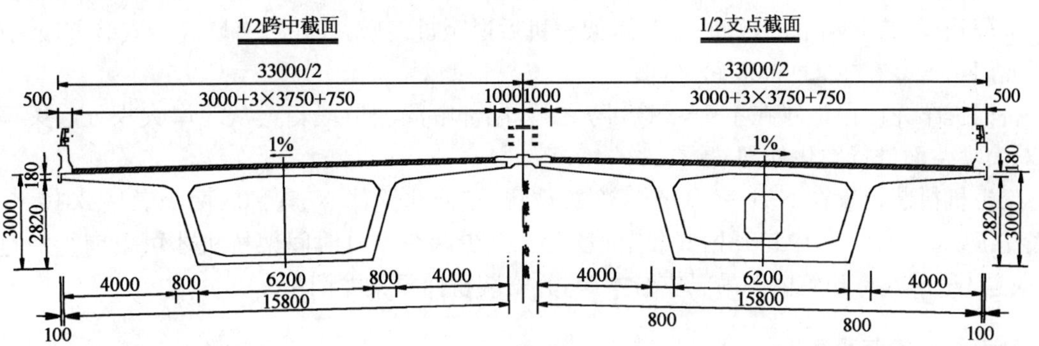

图 8-1-4　划子河以南引桥标准横断图(尺寸单位：mm)

起讫桩号为 AK15＋831.785～AK16＋795.785，总长 964m，桥梁为 6 联 19 跨，跨径布置为(4×50m)＋(4×50m)＋(4×50m)＋(3×52m)＋48m＋(52m＋54m＋54m)。

划子河以南引桥上部结构箱梁采用短线匹配预制，现场拼装，先简支后连续。

箱梁梁宽 15.8m，底板宽度 6.2m，梁高 3.0m。722 榀梁段，其中预制 696 榀，现浇 26 榀。

跨划子河引桥部分起讫桩号为 AK15＋482.785～AK15＋831.785，总长 349m，为 6 跨连续梁，右幅跨径布置为 37m＋4×65m＋52m，左幅跨径布置为 52m＋4×65m＋37m。

跨划子河引桥采用短线匹配预制，现场悬臂拼装。

箱梁梁宽 15.8m，跨中底板宽度 6.2m，梁高 3.0m；根部底板宽度 6.2m，梁高 4.0m。300 榀梁段，其中预制 300 榀。

二、编制依据

(1)《江苏省南京长江第四大桥 E 标段招标文件》
(2)《江苏省南京长江第四大桥 E 标段招标补遗书》
(3)《江苏省南京长江第四大桥施工图设计》
(4)《公路桥涵施工技术规范》(JTG/T F50—2011)
(5)《公路工程质量检验评定标准》(JTG F80/1—2004)
(6)与本工程相关的交通、建筑行业规范和国家标准
(7)《危险性较大的分部分项工程安全管理办法》(建质[2009]87 号)

第二节　总体施工方案

一、节段箱梁安装顺序及安装进度计划

1. 北引桥安装顺序

架桥机在 N34～N33～N32 跨位置拼装，8 月中旬首先在锚体北采用桥下喂梁的方式安装数跨节段箱梁，待北锚上的墩柱完工后，架桥机后退至过渡墩，并在过渡墩开始安装节段箱梁。提梁龙门吊安装在主 1～N38 跨之间。

桥面提梁龙门吊设置在主 1～N38 跨之间，尾部喂梁的节段箱梁从北岸大坝处起梁至桥面，对大坝路面进行硬化处理。

架桥机拼装设置在 N34～N33～N32 跨位置，按照北锚体 N35、N36 两个墩柱 2010 年 10 月底完工，2010 年 8 月中旬开始安装节段箱梁，至少两个半月时间架桥机才可以南行通过锚体，从主 1～N38 跨开始桥下吊梁安装本跨，并安装桥面提梁龙门吊。

2. 南引桥安装顺序

根据现场安装条件，桥面提梁龙门吊设置在主 4～S29 跨桥面上，先采用桥下喂梁方式安装南引桥主 4～S29 跨左右幅节段箱梁，安装完成后架桥机前行过跨，安装桥面提梁龙门吊。喂梁方式改为尾部喂梁安装 S29～S25 跨左右幅节段箱梁，最后安装 S25～S00 跨左右幅节段箱梁。

二、节段箱梁运输

1. 水上运输

节段梁预制场地设置在安徽芜湖裕溪口长江边上，节段梁从预制场码头直接装船，沿长江水运至南京四桥工地，全程约 120km。

水上运输选用吃水较浅且易装易卸的全甲板干货船或半甲干货船进行运输，拟采用6艘船舶，每艘船舶可装载9～12榀节段箱梁。

裕溪口装货码头至南京长江第四大桥桥址的里程约120km，参与运输的船舶航速约10km/h，每个单边的航行时间约12h。

根据安装进度计划要求，每星期需安装节段箱梁约40榀，南北引桥同时施工，即一个星期南北引桥各安装约20榀。采用4艘(南北引桥各两艘)运输船舶就能满足安装施工计划。按照通常航速(10km/h)，往返时间约24h，即1d，加上装货时间24h(1d)，可以满足节段箱梁安装进度要求。

另外，装货地点龙门吊港池是在横流区作业，这无形中又增加了船舶进出港池的操纵困难。为保证船舶和箱梁进出港池的安全，调用一艘800马力的双车拖轮现场协助运输船舶进出龙门吊港池。

(1)航行安全保证措施

①船舶在航行时，遵守航行规则和桥区的管理规定，做到不违章、不冒险航行。

②加强值班纪律，认真做好航行、靠泊期间船舶和货物安全。

③经常派人检查箱梁绑扎情况，确保箱梁稳固。

④听从现场调度的安排，服从现场管理。

⑤船舶在装卸货作业时，船员在现场调度的统一指挥下协助装卸操作。

(2)船舶稳定性计算

对主要用船75m甲板船、64.5m甲板驳稳定性进行计算。

2. 码头至桥下起梁处运输

节段箱梁由码头处120t龙门吊吊运至120t运梁车上，并由运梁车沿栈桥运输至南北引桥桥墩起吊处。

三、南引桥节段箱梁安装施工工艺及方法

1. 概述

南引桥全部采用短线匹配法预制，现场拼装，先简支后连续。左右幅共60跨，安装平均7d/跨。南引桥总体施工工艺流程如图8-2-1所示。

2. 总体施工工艺及流程

节段箱梁在工厂预制后经水运至南岸栈桥码头，经陆运至南过渡墩，最后在桥面运输至架桥机尾部，由架桥机完成梁段安装。

节段箱梁安装采用TP54型架桥机，采取整孔悬挂拼装方式，单跨梁段安装完后进行体内及横向预应力施工。体内预应力施工完后架桥机卸载前移过跨，进入下一跨施工。单幅箱梁安装完后，架桥机后退、横移，进入另一幅箱梁施工。单幅箱梁安装完筑每联各跨之间墩顶后浇段后，浇，进行体外预应力施工，完成体系转换，最后进行桥面系及附属设施施工。

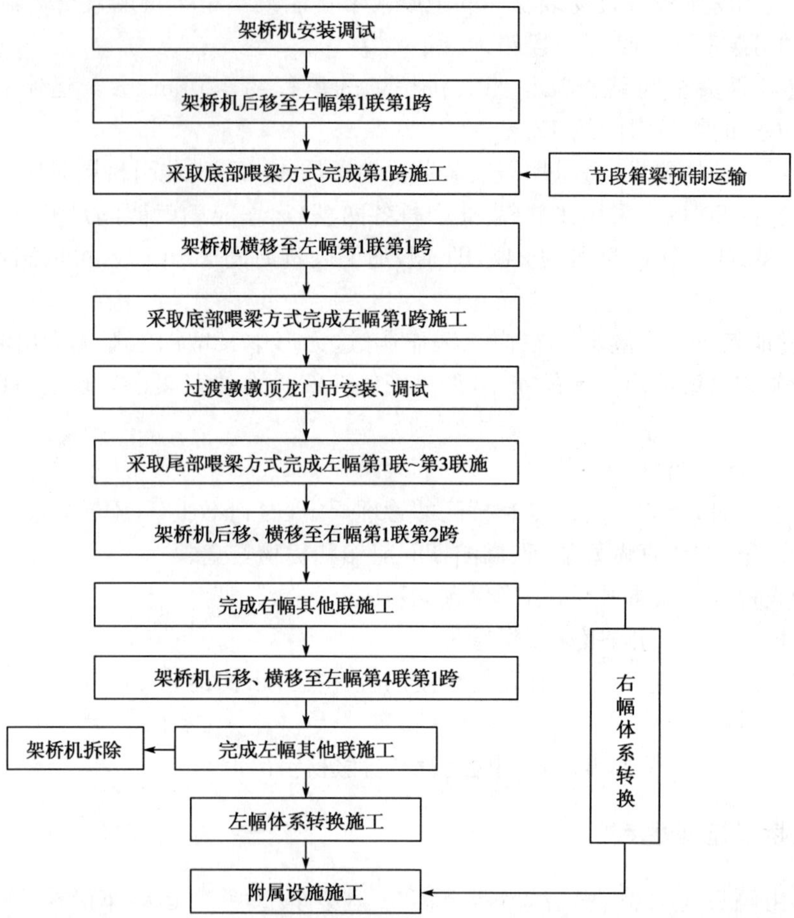

图 8-2-1　南引桥总体施工工艺流程

南引桥箱梁整孔悬挂拼装施工采取先整孔悬挂后拼装的施工工艺，其施工工艺流程如图 8-2-2 所示。

四、北引桥节段箱梁安装施工工艺及方法

1. 概述

本标段北引桥长 1313m，北引桥又分为跨划子河引桥和划子河以南引桥两个部分。

(1)跨划子河引桥部分

跨划子河引桥采用短线匹配预制，现场悬臂拼装。全桥共 12 跨，安装速度平均 14d/跨。

(2)划子河以南引桥部分

划子河以南引桥采用短线匹配预制，现场拼装，先简支后连续。左右幅共 38 跨，安装速度平均 7d/跨。

2. 总体施工工艺及流程

北引桥节段箱梁安装采用 TP65 型架桥机。N34～N31 三跨左右幅节段梁采取底部喂梁

方式。为消除设备非弹性变形，准确获取设备挠曲线数据，第1跨N34～N33采取先整体全悬挂后依次拼接的施工方案。北引桥总体施工工艺流程如图8-2-3所示。

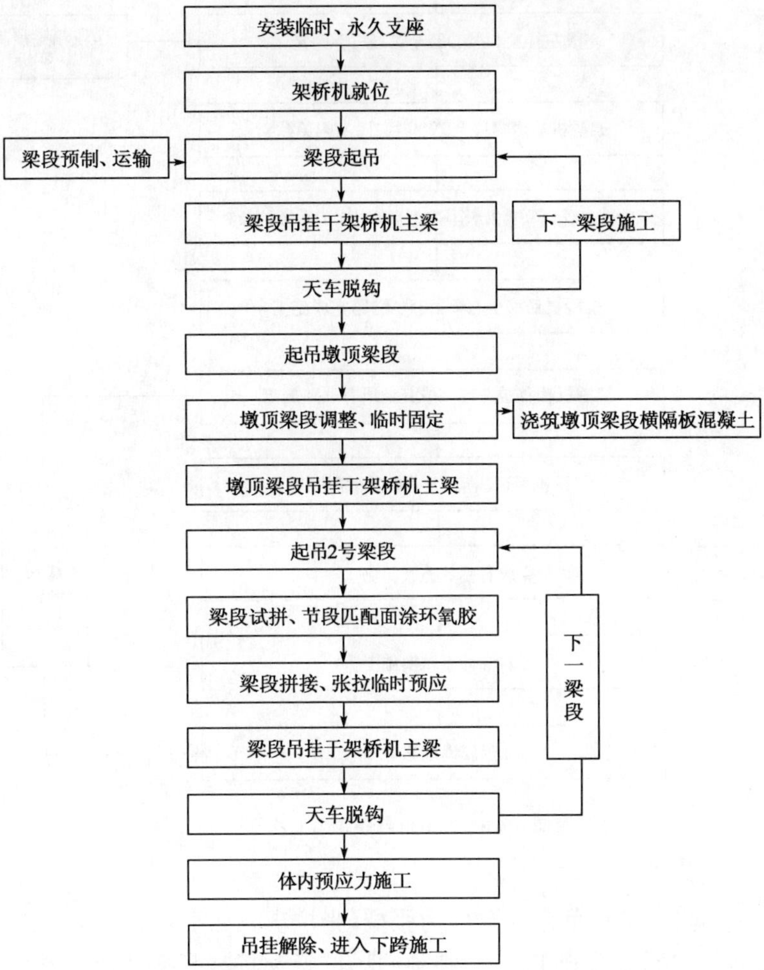

图8-2-2　整孔先悬挂后拼装施工工艺流程图(南引桥第1跨施工)

划子河以南箱梁整孔悬挂拼装施工采取先整孔全悬挂后拼装的施工工艺。跨划子河箱梁采用对称悬臂节段拼装施工工艺，其工艺流程如图8-2-4所示。

五、预应力施工工艺

1. 临时预应力

(1)节段箱梁间临时预应力

用于临时预应力张拉的锚座在预制场安装，锚座采用精轧螺纹钢筋锚固于梁段顶、底板。

梁段在涂胶并与匹配梁段拼接后，及时安装临时预应力筋(精轧螺纹粗钢筋)，并用100t穿心式液压千斤顶按设计荷载张拉到位。

节段间临时预应力钢材采用$\phi 32$精轧螺纹钢筋，标准强度930MPa，钢齿坎锚固张拉力

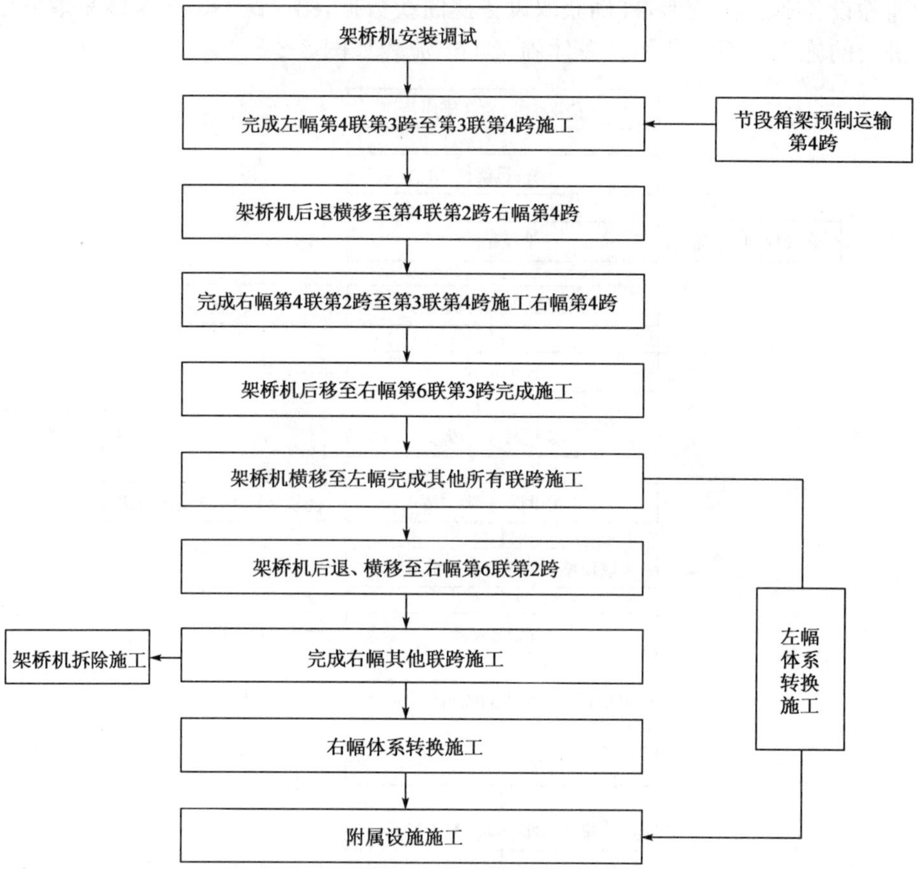

图 8-2-3 北引桥总体施工工艺流程

为 400kN。

梁段拼装完成后进行节段间临时预应力张拉，张拉步骤如下：

①钢齿坎安装。根据以往施工经验，在预制场或者现场栈桥码头处将待安装梁段的钢齿坎安装好，并戴上锚固螺栓，再运抵施工现场，可以大大提高拼装的效率。

②每跨梁段安装精确定位后，安装节段间临时预应力钢筋及锚具，匹配面涂抹环氧树脂胶后，依次施加节段间临时预应力挤紧固化。

③采用 2 台专用千斤顶 YC100A 对称张拉 $\phi32$ 精轧螺纹钢筋，每根钢筋控制张拉力为 500kN，完成后卸顶。

④典型截面临时悬拼预应力张拉顺序如图 8-2-5 所示。根据梁段线形调整的需要，在实际施工中，可对张拉顺序进行一定的调整，如克服梁段低头及上翘现象。

注意事项主要有：用于张拉锚固的精轧螺纹钢筋在使用过程中严禁电焊损伤；采用张拉控制力进行张拉控制；节段间临时预应力的拆除需在体外预应力张拉完成后进行。

(2)跨划子河引桥墩顶块临时锚固

墩顶块临时锚固预应力采用 19 根 $\phi15.24$ 高强度低松弛钢绞线，标准强度 1860MPa。预应力管道采用金属管道成孔，管道在墩身及墩顶梁段预制施工过程中进行预埋。

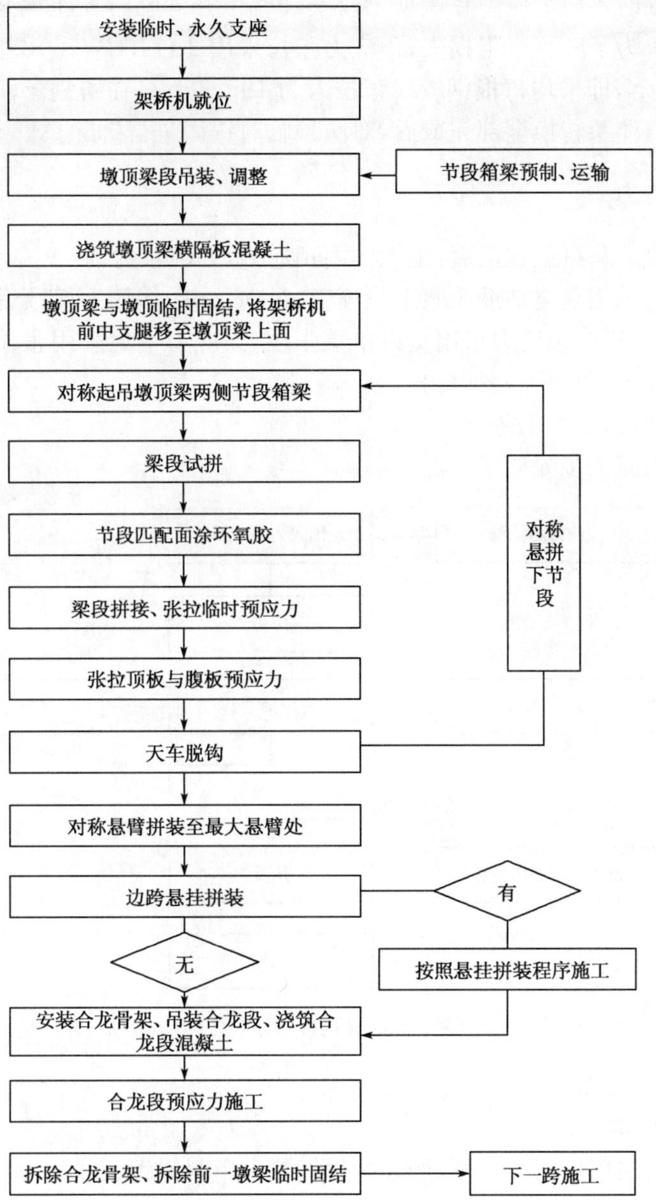

图 8-2-4　对称悬臂施工工艺流程图(跨划子河引桥施工)

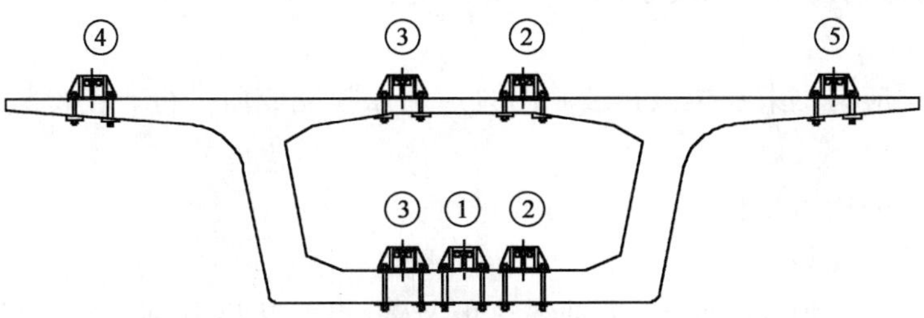

图 8-2-5　临时预应力张拉顺序示意图

临时锚固临时预应力应力在墩顶梁段安装就位并等临时支座灌浆料强度达到 40MPa 以上再进行施工。为了减少摩阻损失，预应力张拉采用 2 台 TCW500B 型千斤顶对称张拉，张拉控制力为 3711kN，即平均每根钢绞线张拉力为 195.3kN。在跨划子河引桥梁段安装完成，体内、体外束施工，体系转换全部完成后，对墩顶临时锚固进行拆除。

2. 体内预应力

当箱梁完成一跨拼装施工后，施工体内预应力，并灌浆封锚。

体内预应力采用真空辅助压浆工艺施工，纵向预应力钢束除部分采用单端张拉外，余均采用两端整束张拉，横向预应力采用整束单端张拉，预应力钢束采用张拉力和余伸长量双控，伸长量误差控制在－3%～＋6%以内。

(1)体内预应力施工工艺

体内预应力施工步骤如图 8-2-6 所示。

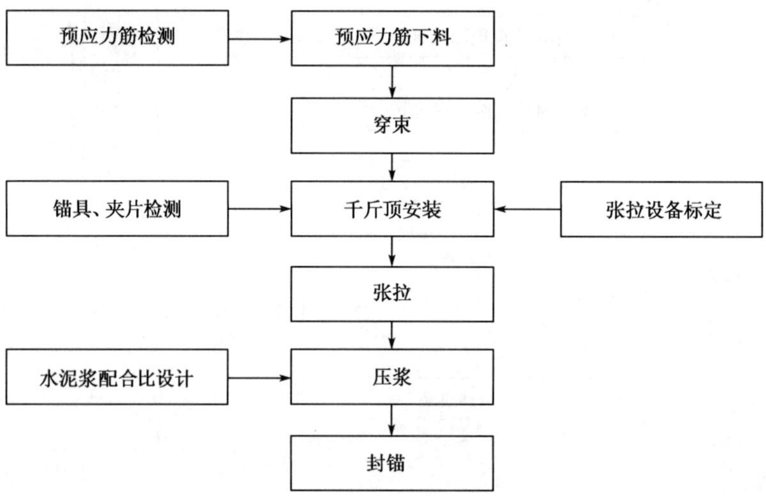

图 8-2-6　体内预应力施工工艺流程图

(2)纵向预应力施工

①钢绞线下料

钢绞线下料采用切割机切割，严禁电焊切割。下料时钢绞线下方铺设一层彩条布，防止钢绞线受污染。下好的钢绞线按不同长度、不同使用部位分别进行标识，以备使用。下好的钢绞线妥善保管，不得有锈蚀及损伤现象。

②穿束

体内束纵向预应力钢束在梁段拼装临时预应力张拉完成后进行。在每跨所有节段安装完成后进行张拉。

纵向预应力束采用引线整束穿入的方式进行。

③锚具及千斤顶安装

预应力锚具及千斤顶安装时，先清理锚垫板及钢绞线，然后分别安装锚板、夹片、限位板、千斤顶、工具锚板及工具夹片。夹片安装时必须涂抹退锚剂(石蜡)。

纵向束张拉千斤顶由 2t 的手拉葫芦悬挂于张拉平台架体上并进行调整，上齿板的张拉采用在上齿板前端预留吊孔的形式，吊挂千斤顶、调位等。

④预应力张拉顺序

纵向预应力束张拉顺序原则上按从最靠近箱梁截面形心位置向上、下顶底板进行。张拉时每跨梁段布置 2 台千斤顶，两端同时对称张拉。

⑤预应力张拉要点

a. 箱梁混凝土(主要指湿接缝)的强度达到设计强度的 100%以后进行预应力张拉。

b. 预应力束张拉程序为：0→初应力($15\%\sigma_{con}$)→σ_{con}(持荷 2min 后锚固)。

c. 箱梁纵向预应力束采取两端整束张拉。张拉时采用张拉力与引伸量双控，当张拉力达到控制力时，实际引伸量应在理论引伸量的－3%～＋6%范围内，否则暂停张拉，等查明原因并采取措施予以调整后，方可继续张拉。

d. 预应力束在张拉控制应力达到稳定后千斤顶回油锚固，锚固后的预应力束外露长度不得小于 30mm，多余的预应力钢绞线用砂轮切割机割除，并戴上真空辅助压浆的预应力锚头专用锚罩。

e. 预应力钢束张拉时要尽量避免出现滑丝、断丝现象，应确保在同一截面上的断丝率不大于 1%，而且限定每束钢绞线断丝不得超过 1 根。

⑥管道压浆

应力管道压浆宜在张拉完成后尽早进行。纵向预应力管道采用真空辅助压浆工艺。

⑦封锚

压浆完成后，用砂轮切割机割除长余的钢绞线，其外露长度大于 3cm，并对需封锚的部位及时进行混凝土浇筑。

封锚施工时，先对锚具周围的箱梁混凝土进行人工凿毛，并冲洗干净。体内合拢束及横向束采用设置钢筋网、支立模板并浇筑混凝土；悬拼梁段封锚在下一梁段安装完成后进行，顶板部分槽口可直接在槽口内设置钢筋网后浇筑混凝土(两个梁段拼装好后，顶板槽口实际上形成了一个预留孔样式)，腹板锚口(在靠近腹板与底板交汇角处)采取在梁段靠内侧设置 50mm 的预埋管，通过预埋管灌注细石混凝土，并用钢筋插捣密实。封锚混凝土的强度应符合设计要求。

(3)横向预应力施工

横向预应力张拉滞后于架桥机一个桥跨进行，张拉顺序沿梁段架设方向依次向前进行。

横向预应力束采用单端整束张拉。张拉时在桥面上向外挑伸操作平台，用于人员操作和千斤顶悬挂、调位，施工机具放置于桥面。

横向预应力张拉及压浆按纵向预应力要求进行施工。

3. 体外预应力施工

当节段箱梁完成一整联拼装施工，现浇墩顶梁段强度达到设计要求后，施工体外预应力束，并压浆封锚进行体系转换。

(1)体外预应力体系构造

体外预应力束采用单根无黏结环氧低松弛钢绞线，外套管采用 PVC 或 UPVC 管。

体外预应力锚具、转向块、限位装置等分别由具有相应生产资质的专门公司提供。

(2)转向器及限位装置预埋

体外束转向器主要用于锚端及转向块位置,因其不同部位转向器转向角度(平弯/竖弯)存在差异,因此种类较多,故在出厂前必须对其进行标识,以明确其安装位置、端头方向等,防止安装失误。

转向器、限位装置在梁段预制或二次浇筑过程中埋设,预埋时应准确放样转向器位置,使其转向角度与设计值一致,并采取在模板上开孔或用定位钢筋固定牢固,以防止其在混凝土浇注过程中移位。

限位装置埋件由现场加工场加工成型(按要求进行防腐处理),并分类编号堆存。埋件安装时,经测量精确定位后,将其与预埋套筒连接固定。

(3)锚垫板安装

体外预应力锚垫板安装基本同体内预应力施工中的相关内容。应特别注意:锚垫板尾部、转向块、外套管的连接应可靠牢固。

(4)钢绞线下料

与体内束要求相同,注意保护其 PE 外套。

(5)穿索及外套管安装

(6)锚具及千斤顶准备

预应力锚具及千斤顶安装时,先清理锚垫板及钢绞线,然后分别安装锚板、夹片、限位板、千斤顶、工具锚板及工具夹片。夹片安装时必须涂抹退锚剂(石蜡)。

纵向束张拉千斤顶由 2t 的手拉葫芦悬挂于张拉平台架体上并进行调整。

(7)预应力束张拉

当箱梁完成一跨施工,现浇接缝强度达到设计要求后,穿索张拉体外束,架桥机准备前移。根据实测的锚圈口摩阻损失和千斤顶的内摩阻损失对张拉控制力进行一定的调整。

(8)预应力张拉要点

张拉时梁体强度必须达到设计强度的要求,张拉必须接到监理工程师或总包单位的书面通知,方可进行张拉。

(9)封锚及防腐油脂压入

根据设计要求,体外束外套管与 PE 管间灌注油脂或水泥浆,为了方便今后换束,拟采用灌注油脂。

体外束所用防腐油脂要求符合《无黏结预应力筋专用防腐润滑脂》(JG 3007—93)要求,根据施工季度和气温的不同,拟采用建筑 1 号油脂进行施工,并在施工期间根据施工时的气温条件对油脂的黏稠度作必要的调配。

在进行防腐油脂注入前,须对外套管、转向器、分丝板、限位器等连接部分进行密封处理。因采用的体外束体系构造的不同,其连接构造也存在一定的差异,实际施工以最终通过指挥部及设计院审查认可后的构造为准进行施工。

油脂压入前,先在锚头端将锚具保护罩安装就位,打开保护罩的出气口作为油脂出油口,并在安装前在锚具外表面先涂抹一层防腐油脂。

因钢绞线穿过若干转向器和限位器,油脂压入时阻力较大,不宜采取单端压入,而是采取在管道中间最低位置处，开设小孔，接上油脂泵压力管，启动油脂泵向锚头两端压入油脂，直至锚头端油脂溢出。关闭出油口阀门，持续注油3～5min，关闭进油阀门。

第三节　安全管理及安全控制措施

一、安全组织机构

1. 概述

本方案的编制按照"安全第一、预防为主、科学管理，狠抓落实、综合治理"的安全管理方针，在施工过程中，针对各个作业点（范围）中所涉及的安全因素进行了识别，并对此采取相应的措施，以指导现场安全管理和施工，并建立健全安全保证体系，从技术上、制度上、思想上、组织上加强安全管理，制定并落实好安全预控措施，防患于未然。

2. 箱梁安装安全管理组织机构

(1)箱梁安装安全管理组织机构

箱梁安装安全管理组织机构如图8-3-1所示。

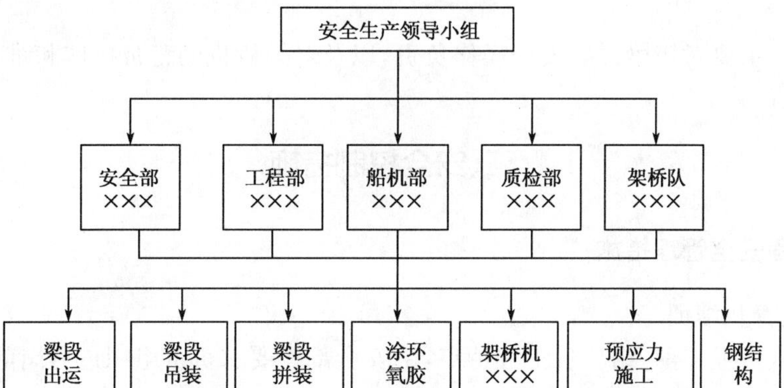

图8-3-1　箱梁安装安全管理组织机构图

(2)施工单位安全生产领导小组

组长：×××

副组长：×××　×××

组员：×××　×××　×××　×××

(3)安全生产领导小组职责

①负责安全生产职责分工，并按时检查其安全生产职责履行情况，积极组织开展安全生产工作；分析研究安全生产形势。

②在计划、布置、检查、总结、评比生产时，同时计划、布置、检查、总结、评比安全生产工作。

③组织领导安全生产大检查，做到检查有记录，隐患有通知，整改有回单，复查有结论。危

险性较大的关键设备和操作场所、重大隐患要组织人员现场研究，及时整改。重大隐患未整改以前，应有可靠的临时安全生产措施。领导、协调全局所属各单位的安全生产工作。认真贯彻“安全第一、预防为主”的方针，落实国家、中交总公司以及地方政府有关安全生产的政策、法令、法规、标准、指示和规定等。

④督促施工单位各部室、工段认真执行上级各阶段部署的有关安全生产的具体工作要求，并按要求收集、汇总情况上报；发生影响、损失较大的生产事故，组织力量按“四不放过”的原则进行调查处理。

(4)各主要职能部门分工

为了有效对梁段拼装进行安全管理，针对节段箱梁节段拼装施工特点，各职能部门分工如下：

①安全部。全面负责整个节段箱梁节段拼装安全管理工作，主要侧重于对施工现场安全设施设置及操作行为的安全规范，防护用品的穿戴等安全规章制度的贯彻落实。

②工程部。主要对施工中涉及的各种操作平台、通道、吊具等结构受力，构件加工、制造负技术安全责任，并对架桥机操作时和过跨时结构上的各种安全技术准备工作以及预应力施工安全负责，并辅助安全部门贯彻落实各项安全规章制度。

③船机部。主要对大型船舶调遣、作业以及大型起重设备的安装、运行安全负责并辅助劳安部门做好各种船只设备上人员的安全管理工作。

④质检部。主要负责对结构物的加工、制造、安装质量进行检查，杜绝质量安全事故的发生。

⑤架桥队。主要对箱梁拼装安全操作负责，以及对架桥机的正常操作和维护，落实各项安全检查制度负责。

二、安全控制措施

1. 施工过程安全管理措施

(1)安全教育和培训

在各工种人员上岗前，结合各工程特点，由安全部按要求负责组织进行岗前安全知识培训和教育，工程部、船机部及架桥机主管安全、技术人员辅助其进行技能培训，以加强操作工人的安全观念和意识，规范其行为准则，在施工中自觉做到、做好自我防护和对他人的安全保护。

在施工期间，根据施工单位安全管理制度定期组织对各工种的安全培训和教育，进一步强化安全意识，纠正施工中存在的忽视、漠视安全的陋习，使工人们充分意识到“零伤亡”事故不仅仅是本项目安全追求的目标，更是对其自己及他人安全负责的体现，使其思想由强制遵守安全规章制度转化到自发、自觉的遵守上来。

(2)加大安全投入，确保施工安全

安全就是效益，为了确保施工安全，施工单位将加大对安全设施的投入，制作必要的安全警示标语，设置夜间作业危险点的警示灯，保障提供足够的符合要求的安全防护用品以及完善各种安全防护设施。

2. 箱梁拼装各工序安全控制

安全责任制是安全管理制度的核心，只有将每个子项的安全工作落实到具体的安全责任人身上并有效实施，才有利于对各项安全管理工作的贯彻和落实，才能使箱梁安装的各个作业点、作业面处于受控状态。

以箱梁预制安全责任为基础建立和健全节段箱梁拼装安全生产责任制，并在施工中有效实施，其施工过程中的安全控制如下：

(1)梁段出运

梁段出运指含预制场内梁段清理至梁段出运待安桥跨范围内的作业，存在的安全风险分析以及安全控制措施见表 8-3-1。

梁段出运安全风险分析及安全控制措施　　表 8-3-1

序号	安全风险分析	安全控制措施	责任人
1	单榀梁高 3～4m，在专用台座上进行修整梁段匹配面以及管道疏通等工作，人员上、下梁顶面及在两端面进行清理时存在高空作业风险	(1)在梁段面进行孔道及匹配面清理时，设置安全可靠的操作平台，操作平台四周设置可靠护栏，平台悬挂牢固可靠； (2)作业人员操作时必须正确拴挂安全带并严格执行高空作业安全操作规程，安全带系于箱梁顶面的吊装孔内或梁段两边的护栏钢筋上，必须牢固可靠； (3)为了保证梁段修整人员的安全，在梁段修整时，采用笼形爬梯	×××
2	在进行钢齿坎安装锚固时存在预应力施工作业的安全风险	(1)根据预应力操作规程，张拉前明确所使用的张拉设备及材料处于受控的良好状态，在使用前对油压管、油压表、千斤顶及预应力材料进行现场检验和检查； (2)张拉前对操作工人进行岗前培训和教育，使其能很好地胜任该项工作； (3)在张拉过程中严格执行张拉程序，张拉时缓慢、均匀地施加预拉力，严禁不符要求的超张拉，并且操作人员不得正对预应力钢筋，警惕意外事故发生； (4)在张拉作业区外设置警示牌，禁止非张拉作业人员进入作业区，保证张拉四周人员、财物的安全； (5)预应力钢筋周转使用，每次拆除后应立即进行检查，如有损伤，应标识作废，并运回钢筋废料场	×××
3	龙门吊吊运梁段时存在因吊杆断裂、吊具变形或焊缝脱落、起重钢丝绳断裂而导致梁段吊落伤人毁物的风险	(1)质检员和现场负责梁段吊装的施工技术员不定期的对吊具进行全面的检查，确保吊具自身的结构安全； (2)在梁段每次吊装前，由负责吊装的专职起重人员对吊杆(精轧螺纹钢筋)、吊具进行例行检查，并做好检查记录，发现有变形、裂缝、焊缝脱落或开裂现象时应及时进行更换或补救；换下来的钢筋标识作废，送回钢筋废料场，在吊装前，应由起重人员仔细检查吊杆安装是否正确，螺帽是否已拧紧，连接器是否配带规范	×××

续上表

序号	安全风险分析	安全控制措施	责任人
4	存在因指挥人员不具起重指挥资格或不具重型构件起重指挥经验，而导致在梁段起重过程中，违章指挥或对意外情况指挥不当而造成梁段坠毁事故	由具有丰富经验的起重人员承担箱梁的起吊指挥作业任务，在梁段的吊装时做到统一指挥，并且手势一定要规范正确	×××
5	存在龙门吊因在恶劣天气下违章作业时倾覆的风险	在大风、大雨和大雾等恶劣气候条件下，应停止梁段的吊装作业。特别是在大风气候条件下，一定要提前将龙门吊、桥吊加固好，该项工作由预工段的工段长负责	×××
6	存在龙门吊、运梁小车因制动、起重制动失灵而导致梁段坠毁伤人毁物或起重设备冲出轨道的风险	(1)在梁段吊运前，明确龙门吊、运梁小车的行走、油压、起重设备、轨道轨距、接头、车挡等系统等由船机部定期对设备进行安全检查，有无带病作业现象，并做好安全检查记录； (2)为了保证起重设备的正常运转，设备操作人员每天应对设备进行保养，并做好记录； (3)如果起重设备出现故障，应由专业的机修人员进行维修，并做好维修记录	×××
7	存在因轨道变形、轨距不符或接头不合理而导致龙门吊、运梁小车和桥吊桁车倾覆的风险	对于预制厂的龙门吊轨道以及出梁钢栈桥轨道，测量人员每月初对轨道高程和轨距进行测量，如果超过了规范的要求，必须进行调校，并做好测量和调校记录	×××
8	存在龙门吊吊梁放置于运梁小车时，因放置的位置不对造成梁段倾覆的危险	在箱桥和运梁小车上标明梁段的安放位置，在梁段吊放时将其对齐，保证梁段和运梁小车的纵横轴线重合	×××
9	存在因运梁小车的电缆在码头上反复拖放造成电缆破损漏电的危险	由电工组组长对电缆线定期进行检查，如有破损，及时更换，保证用电安全	×××
10	停泊在港池内或施工现场的运梁驳船在大风、大浪天气存在脱缆、导致驳船倾覆的风险	(1)船长(船主)定期对船舶的系缆设施进行检查，及时更换磨损严重的缆绳； (2)加工组组长对桥吊港池区的系缆设施进行定期或不定期检查，一旦发现系船桩或系船柱存在危险，应及时对其结构进行加强处理	×××
11	存在梁段因在运梁船内的放置位置不对，在潮水期或大风浪时因船只摇晃造成梁段和船只的倾覆危险	梁段在驳船上应放置在舱内正中央，四周用支撑支垫稳固，以防止梁侧倾而造成船只倾覆	×××
12	存在不良的气候条件下从事水上梁段运输造成船只倾覆的危险	梁段出运时江面风力不应超过运梁船自身的抗风等级，浪高不宜超过 1m。出梁时应尽量选择在白天进行	×××

续上表

序号	安全风险分析	安全控制措施	责任人
13	新来船只存在因不熟悉施工水域而导致船只相撞或船只搁浅等安全风险	(1)对施工水域进行来往船只进行管理和调度,严禁外来船只驶入施工水域; (2)对新投入施工的船只派专人领航,使其熟悉施工水域内河床地形,防止船只行驶时搁浅	×××
14	在梁段的安装地点,运梁船只停靠不规范或停靠不稳造成船只倾覆的危险	(1)根据水流和潮水的方向合理的选择船只的靠泊方向,船采用逆水停靠; (2)对运梁船只合理的进行抛锚定位,锚机的大小必须满足船只在最不利的条件下固定船只的需要; (3)在夜间,运梁船舶必须安排专人值班,对缆绳系挂情况进行检查或观察,确保系缆牢固可靠	×××

(2)架桥机吊梁段作业

作业范围:架桥机吊装箱梁节段。

安全风险分析以及安全控制措施见表 8-3-2。

吊装施工安全风险分析及安全控制措施　　表 8-3-2

序号	安全风险分析	安全控制措施	责任人
1	在 0 号支座安装、墩顶块就位作业中存在高空作业风险	对高空作业的通道、走廊、作业平台设置可靠的防护栏,为了防止高空坠物,同时在其四周设置踢脚板,清理平台及走道上的油污,在容易滑倒的地方如梯道等采用防滑钢板,设置防滑条或铺设麻袋等	×××
2	存在因墩顶操作平台无踢脚板、墩顶梁段顶面无栏杆和踢脚板造成高空坠物伤人的危险	(1)在墩顶梁段安装的操作平台和墩顶梁段顶面栏杆处设置踢脚板,防止高空坠物; (2)在墩顶梁段顶面设置栏杆并挂上安全网,便于人员在墩顶上作业的安全。其墩顶操作平台有专项方案上报	×××
3	在墩顶梁段的操作平台上行走,存在滑落的危险	采用花纹钢板制作操作平台的面板,防止人员在平台上行走时滑倒	×××
4	存在因精轧螺纹钢筋吊杆断裂、螺帽脱落,吊具出现变形、焊缝脱落导致的梁段掉落以及因梁段吊落而引起的人员伤亡和船只损坏或倾覆的风险	梁段吊装前,对吊杆(精轧螺纹钢筋)、吊具进行例行检查,发现有变形、裂缝、焊缝脱落或开裂现象及时进行更换或补救,更换吊杆,并将原吊杆标识作废	×××
5	因通信不畅或指挥不当而引起梁段毁损或人员伤亡	在现场从事梁段吊装时,配置足够数量的对讲机进行信息沟通,对讲机设置成专用频道进行指挥	×××
6	在架桥机吊装前,对架桥机的实际起吊能力不明,可能不能满足吊装荷载的要求引起的安全风险	架桥机施工前先进行试吊,试吊成功后并取得相关部门的认可后才能正式投入使用	×××

续上表

序号	安全风险分析	安全控制措施	责任人
7	在恶劣天气下强行作业而引起的架桥机、梁段掉毁以及人员伤亡和船只损失	在大风(超过七级)、大雾、大雨等不良的天气条件下,停止架桥机的起重作业	×××
8	在梁段起吊前,派专人对架桥机锚固是否到位进行检查,并做好检查记录。在梁段正式吊装前,对架桥机操作人员进行操作培训和空载操作演练,使其熟悉架桥机性能,掌握其正确操作	(1)在梁段起吊前,派专人对架桥机锚固是否到位进行检查,并做好检查记录。其风速依据架桥机上的风速仪实际测定为准; (2)在梁段正式吊装前,对架桥机操作人员进行操作培训和空载操作演练,使其熟悉架桥机性能,掌握其正确操作	×××
9	因架桥机部件出现故障,引起机毁梁落的安全风险,以及因架桥机意外事故而导致梁段吊运时空中停车,出现安全隐患	(1)对架桥机各组成部件定期地进行细致的安全检查,发现问题或隐患立即进行维修或整改,并做好维修、整改记录; (2)每天进行箱梁吊装前,确保架桥机起重钢丝绳、行走、油压、机械及吊重系统等处于良好的工作状态,避免带病作业	×××
10	在进行梁段起吊作业安装过程中,存在操作人员高空作业安全风险	严格执行高空作业安全操作规程,严禁酒后以及高血压、心脏病、恐高症患者上高空;高空作业时,严禁嬉戏打笑;严禁在没有可靠的防护措施下任何人员身体探出主桁架外进行指挥和操作	×××
11	存在梁段吊装指挥人员的指挥能力不高、指挥错误等引起的安全风险	(1)在梁段起吊、拼装过程中,采用专用对讲机频道,以确保其通信畅通,同时应准备红、绿旗及口哨等第二套指挥方案,以备在通信不畅时进行正常指挥起吊; (2)指挥梁段起吊的人员必须持证上岗,上岗前进行岗前培训和教育,同时应选择具有较强的责任心及具有重型构件起重经验的起重人员进行指挥	×××

(3)箱梁拼装施工

箱梁拼装安全风险分析以及安全控制措施见表 8-3-3。

箱梁拼装施工安全风险分析及安全控制措施 表 8-3-3

序号	安全风险分析	安全控制措施	责任人
1	在梁段拼装过程中,桥面作业人员存在因意外原因导致高空坠落的风险	(1)在桥面两侧设置防护栏,护栏设置在箱梁顶板最外侧的钢齿坎位置,采用在预留的钢齿坎孔中插入脚手管,在脚手管顶部悬挂安全隔离带,中部悬挂彩旗。既醒目,又能有效将人员隔离至距两侧悬空端约 2m 以外,防止人员意外失足而高空坠落;护栏随着桥梁向前拼装而跟着推进,护栏高度 1m; (2)对拼装悬臂自由端的安全防护采用系挂安全带的方式进行防护,未系挂安全带的作业人员严禁到前端 1m 处进行作业或停滞	×××

续上表

序号	安全风险分析	安全控制措施	责任人
2	梁段拼装时存在临时预应力施工特种作业安全风险；同时也存在因预应力施工不符合设计要求而带来的结构安全风险	(1)因临时预应力施工属于特种作业，作业人员必须持证上岗。严格按照设计的要求进行预应力施工； (2)在临时预应力张拉前，对钢齿坎的竖向锚固是否牢固进行认真的检查； (3)临时预应力精轧螺纹钢筋在安装前必须按照设计的要求检查精轧螺纹钢筋、锚具以及撑脚的品种、型号、长度，无误后才能安装； (4)严格按照设计提供的张拉顺序对箱梁节段顶底板钢齿坎施加预应力，在临时预应力施加时，进油应缓慢，在精轧螺纹钢筋和锚具的正前方严禁站人，避免预应力筋断裂飞出伤人； (5)在预应力施加结束后，锚具的锚固必须牢固可靠； (6)在临时预应力筋应力释放过程中，严格按照设计提供的应力释放顺序进行施工； (7)在钢齿坎拆出的过程中，进油应缓慢，连接器连接规范，防止退锚断裂或连接器脱落引发事故；退锚钢凳的结构必须牢固可靠，在底板竖向临时锚固预应力筋拆除时，防止锚固钢筋坠落伤人伤船	×××
3	用于梁段拼装的预应力张拉平台、修饰平台存在结构安全风险	用于梁段拼装施工的悬挂平台、操作平台以及张拉平台结构设计应符合要求，并由第三人方员进行复核	×××
4	在体内、体外预应力钢绞线张拉过程中存在作业风险；存在夹片、锚具下落、千斤顶掉落而伤人毁物风险；存在钢绞线断丝伤人的危险等	(1)张拉前明确所使用的张拉设备及材料均处于受控的良好状态，并按要求油表与张拉顶配套标定使用，不得随意更换； (2)张拉设备专人保管使用，并定期检验、标定、维护；锚具应保持干净并不得有油污。特别是仔细的保管好油表； (3)在使用前对油压管、油压表、千斤顶及预应力材料进行现场检验和检查； (4)钢绞线必须按照技术人员签发的下料单进行精心下料，下料采用砂轮切割机切割，严禁气割损伤钢绞线，引起张拉危险； (5)在钢绞线的转运过程中严禁电焊损伤钢绞线，避免张拉时断丝的危险； (6)张拉前对操作工人进行岗前培训和教育，使其能很好地胜任该项工作； (7)钢绞线下料和转运的过程中不得被泥土污染；钢绞线下料后的运输应人工抬运，不应在地下拖运；不管是在后场，还是运输到现场的预应力材料应采取上支下垫的措施，防止预应力材料锈蚀和损坏。从而避免影响箱梁结构物的使用安全； (8)严格执行预应力施工张拉程序，张拉时缓慢、均匀的施加预拉力，并严禁不符要求的欠张拉和超张拉； (9)严格执行张拉安全操作程序，在张拉作业区设置警戒线，非张拉作业人员不得进入，保证张拉四周人员、财物的安全； (10)张拉时，张拉端部在向两侧的45°范围内不许站人，以免钢绞线断丝后飞出伤人； (11)对张拉平台下方悬挂密目安全网，防止张拉时，夹片或锚具下落伤人毁物	×××

续上表

序号	安全风险分析	安全控制措施	责任人
5	在夜间作业时，存在因照明不足或无警示灯的情况下，导致人员意外失足而高空坠落风险	在已拼装的箱梁节段的顶面两边和端头以及箱梁内腔端头设置栏杆；在箱梁节段的两边和箱梁节段内腔设置足够的照明设施用于夜间施工照明，并在此位置设置警示灯，提醒作业人员	×××
6	在进行梁段悬挂期间，出现台风而影响架桥机及梁段安全的风险	梁段悬挂作业时尽量避免台风天气，在悬挂梁段三向调整到位后，及时固接，避免因大风的不良的气候条件引起架桥机和梁段的危险	×××
7	在进行湿接缝施工时，因爆模、漏浆以及下料时混凝土料散落导致桥下人员损伤	在湿接缝混凝土施工过程中，模板应与箱梁面夹紧，并设置可靠的止浆条，桥面两侧临空面设置挡板，同时在浇注过程中，对桥下通航进行管制，以防止混凝土爆模、漏浆而引起混凝土和浆体或下料时的混凝土料渣散落至桥下而引起伤人毁物事故	×××
8	人员在架桥机主桁、箱梁顶面间上、下时因无安全可靠的通道或因通道上沾有油脂物而导致人员意外坠落、跌倒的安全风险	在架桥机导梁和桥面之间设置可靠的楼梯用于施工人员上下行，如果在通道上不慎洒上油脂物，及时地对油脂物进行清理，避免人员跌到	×××
9	在压浆作业时，因灌浆浆液流到桥面引起施工人员跌到的风险	设备放置在一个工具箱内，水泥浆的搅拌和压浆在工具箱内进行作业，避免水泥浆流到箱梁面，引起危险	×××
10	因出浆管的浆液直接排放，伤人伤物的风险	采用容器收集废浆，防止废浆冲下桥面伤人毁物，且导致桥面污染	×××
11	搅拌水泥浆和压浆时存在水泥灰伤人和压浆管破裂伤人的风险	(1)搅拌水泥浆的作业人员必须佩戴口罩，避免水泥灰飞入人体； (2)采用质量好、耐压高的高压橡胶管作为压浆管，在出浆管口处的施工人员，必须佩戴防护眼镜，避免水泥浆损伤人眼	×××

(4)涂胶施工

涂胶施工过程安全风险分析以及安全控制措施见表 8-3-4。

涂胶施工安全风险分析及安全控制措施 表 8-3-4

序号	安全风险分析	安全控制措施	责任人
1	涂胶过程中环氧胶对人体带来的健康安全风险	(1)在环氧胶的涂抹区设置警戒标志和警戒线，非作业人员不得进入； (2)对涂刷作业工人进行岗前培训和教育，开展环氧树脂胶对人体健康影响的宣传，针对环氧胶人员皮肤过敏，制定环氧树脂操作注意事项及应急处理方法宣传牌上桥，使工人自觉遵守环氧涂刷施工的有关规定，掌握其防护措施及日常一些常见性事故的处理方法； (3)对搅制、涂胶作业人员配备符合使用要求的塑料手套、衣物及目镜，并要求其正常穿戴，以避免工人皮肤直接接触环氧胶；塑料手套及衣物应按要求定期更换，对有破损的手套必须进行强制性更换；对沾有少量环氧胶而可进行再利用的衣物、手套按作业人员不同分别统一管理，对不能再利用则统一进行回收并集中处置； (4)在环氧胶的涂抹过程中，作业人员不得吃东西、吸烟和喝水	×××

续上表

序号	安全风险分析	安全控制措施	责任人
2	在涂刷作业时，也存在高空作业安全风险与环境保护	(1)在涂刷作业时，操作工人必须正确系好安全带，防止在涂刷一些人不易涂刷得到的死角区或因意外失足而引起高空坠落； (2)在涂胶时，采取遮挡措施，防止胶体落入水中，造成水污染；对剩余的环氧胶及空容器集中收集，统一处置，严禁乱丢乱弃，甚至直接抛入水中等行为	×××

第四节　人员及设备配置

一、主要设备布置

1. 架桥机

本桥南、北引桥的节段箱梁拼装采用两台架桥机施工，即南北引桥各一台，北引桥采用TP65节段箱梁拼装架桥机(以下简称“TP65架桥机”)，南引桥采用TP54节段箱梁拼装架桥机(以下简称“TP54架桥机”)。

由于两台架桥机结构均采用一体化设计，故介绍以功能更多的TP65架桥机为主。TP65架桥机是武汉通联路桥机械技术有限公司制造，全长146m，重达900t，主框架单边重量约270t，其中主梁重180t，导梁重90t。根据本项目的施工情况，初次安装长度可以为120m，去掉前、后各一节导梁，与TP54架桥机主框架相同，两幅主框架中心距为7m。TP65架桥机设有2台120t的天车和1台16t的行车，TP54架桥机设置1台120t的天车和1台16t的行车。支腿配置相同，由前支腿、后支腿和2个中支腿组成。

(1)主梁

主梁为钢箱梁结构形式，由上、下两层组成。

翼缘板宽：2m；

梁高：4.375m；

全长：60m(分为2×5个节段，节段长度12m)；

总重：360t(单件最大重量约为15t)。

(2)导梁

导梁为矩形桁架结构形式，弦杆是由钢板拼焊而成的工字梁，腹杆为槽钢对扣而成的箱形杆件。

导梁高：4.375m

单根导梁长：43m(节段长度3×10m+1×13m)

总重：180t(单件最大重量约为12t)

(3)前、后支腿

前、后支腿结构形式相同，均可适应桥面和墩顶两种支撑形式。

前支腿拼装后的外形尺寸：9.2/6.7×0.8×8m

支腿总重：18t

(4)中支腿

中支腿用于支承和顶伸整个架桥机，其上设有顶升和横移、纵移油缸，驱动架桥机动作。

四个支撑点的距离：5×1.2m

单个支腿总重：35t

外形尺寸：12m×2.22m×(4.3+3.2)m

(5)起重天车

起重小车是架桥机的主要工作单元，设有120t起升机构卷扬机及控制和操作系统，起升机构最大起升高度为64m。

天车总重：48t

起升小车重量：22.8t

外形尺寸(天车高度×轨距)：9.25m×8.8m

(6)10t行车

10t行车是架桥机的辅助工作单元，可以在架桥机全长范围内行走。

(7)吊具、吊挂

吊具是节段调整和悬挂的机构。

(8)横移变幅机构

变幅横梁重量4.5t；变幅中支腿重量10t；中支腿立柱重量7.4t。

2. 临时栈桥码头100t龙门吊

节段箱梁采用驳船水运至南京四桥工地南北岸栈桥码头，需在南北栈桥码头上搭设100t固定式龙门吊。龙门吊净空不小于13m，跨距27m，起重量100t。龙门吊基础坐落于原栈桥平台与水上钢管桩基础平台上。

码头龙门吊基础钢管平台桩施工先利用一艘35t浮吊配60型振动锤将桩基施振至底高程－20m，然后用35t浮吊完成平台搭设。

龙门吊安装采用35t浮吊做起重设备，先将构件在平台上拼装成整体，然后安装支腿、门架、起重系统及附属设施。龙门吊安装完后调试、验收。

3. 提梁100t龙门吊

当第一跨节段箱梁架设完成后，利用架桥机将一台50t汽车吊吊至桥面，完成桥面轨道及龙门吊安装施工。龙门吊安装完成后调试、验收。

二、节段梁安装人员配置

节段梁安装人员配置见表8-4-1。

人 员 配 置

表 8-4-1

序　　号	工　　种	人　　数
1	现场管理人员	6
2	技术人员	4
3	工长	2
4	测量人员	6
5	电焊工	10
6	起重工	8
7	电工	4
8	普通工人	150
9	安全人员	4
10	质检员	2

第九章 南引桥跨石油管道及道路安全专项施工方案

第一节 工 程 概 况

一、南引桥范围内管道及道路分布情况

南岸跨社会道路(南岸大堤)、南岸石油管廊、人行道路(S21 号墩～S22 号墩、S3 号墩～S4 号墩、北过渡墩～N38 号墩、N27 号墩～N28 号墩、四桥施工便道、N16 号墩～N15 号墩)等。

二、跨管线节段梁参数

南岸大堤道路是整个标段穿过的车辆和行人最多的道路,其余道路车辆和过往行人较少,跨道路防护就以南岸大堤道路防护重点,其余跨道路防护施工可参考跨南岸大堤道路防护。南岸石油管道为本工程重中之重,本专项方案以石油管道防护为重点进行编制。跨石油管道为主 4～S29 墩,跨度 54m。跨石油管道 54m 跨节段箱梁统计见表 9-1-1。

跨预制节段箱梁参数一览表　　表 9-1-1

梁段编号	梁段类型	梁段长度(m)	梁段重量(t)	备　注
L1—01	A2	2.35	107.12	
L1—02	B2	2.14	81.12	
L1—03	C2	2.50	76.18	
L1—04	D1	2.80	77.74	
L1—05	E	2.80	71.76	
L1—06	G1	2.80	69.94	
L1—07	H	2.80	69.94	
L1—08	F2	3.00	73.06	
L1—09	F2	3.00	73.06	
L1—10	F1	2.80	68.12	
L1—11	F2	3.00	73.06	

续上表

梁段编号	梁段类型	梁段长度(m)	梁段重量(t)	备 注
L1—12	F2	3.00	73.06	
L1—13	F2	3.00	73.06	
L1—14	H	2.80	69.94	
L1—15	G1	2.80	69.94	
L1—16	E	2.80	71.76	
L1—17	I	2.40	61.62	
L1—18	D2	2.40	68.12	
L1—19	J2	2.15	66.82	
整孔悬挂节段总重量(t)		1387.88		

三、跨石油管道施工计划及工期安排

(1)架桥机在S24～S25右幅桥墩墩顶进行安装、调试。

(2)架桥机过跨:从S28～S29右幅桥墩墩顶移位至主4～S29右幅桥墩墩顶。

(3)架梁顺序:先右幅后左幅。

(4)架设功效为15d/跨。

(5)工期安排:架桥机计划于2010年8月30号至9月15日在S28～S29右幅桥墩之间架首跨梁,并对架桥机进行荷载试验。首跨梁安装完成后架桥机移位至主4～S29右幅桥墩墩顶,架梁施工计划在9月16号开始施工作业,至10月20号完成主4～S29之间的梁板架设,计划工期约35d,见表9-1-2。

南引桥主4与S29节段箱梁安装进度计划 表9-1-2

序 号	安装项目	安装时间(d)	备 注
1	架桥机过跨至安装跨	1	
2	主4～S29右幅箱梁安装	15	2010年9月16日开始架梁
3	架桥机横移	3	
4	主4～S29左幅箱梁安装	15	
5	架桥机离开安装跨	1	

(6)S28～S29右幅桥墩之间架首跨梁的可行性

①S28～S29右幅桥墩之间节段箱梁预制施工已经完成,已经堆存3个月。

②S28～S29之间简支状态下的箱梁可以通过S28墩顶预埋筋设置纵向和横向滑移装置,确保整跨箱梁结构安全。

③S28～S29右幅桥墩之间节段箱梁桥下喂梁通道已经打通,并且通过现场实际模拟能够满足运梁车运梁要求。

第二节　前期准备及危险源分析

一、施 工 准 备

(1)在架桥机移位及架梁前,施工单位已于 2010 年 8 月 9 日和石油管道公司召开了跨南岸石油管道施工协调会,对跨石油管道施工达成了初步意见。

(2)施工单位与石油管道公司协商,跨管道施工时管道公司人员现场协调指导施工。

(3)进行应急联络演练,一旦出现紧急情况,各方能及时协同配合。

(4)确认输油管线的危险品类别及图纸,与管道公司联系协商在施工期间输油管道尽量少输油或者不输油,并对每种管道的危险性做出初步判断。

输油管线共 9 根,3 根原油管线、1 根航空煤油管线、1 根柴油管线、1 根含油污水管线、其余为蒸气和热水管线。制作成标识牌埋设在施工现场,如图 9-2-1 所示。

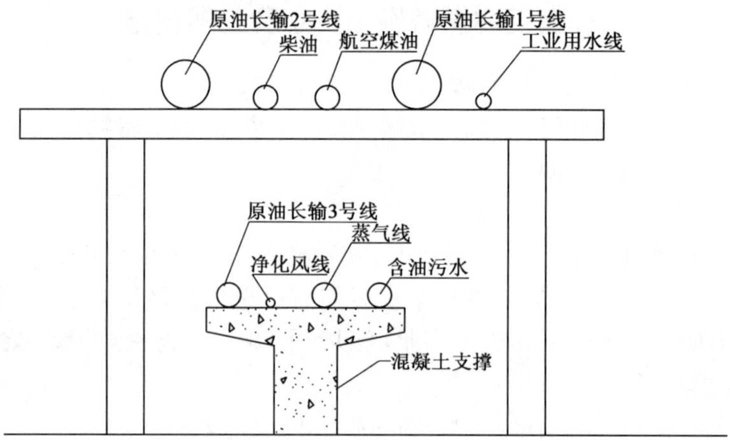

图 9-2-1　输油管线示意图

(5)主 4～S29 右幅桥墩墩顶架桥机移位前,跨油管及道路的防护棚搭设应全部完成并通过施工单位及管道公司验收。

(6)做好架桥机的移位及节段梁到位吊装准备工作,施工前,对所有参与施工的人员进行交底,同时做好动员工作。

(7)所有施工用材料、机械设备等全面检查,材料要能够保证施工需要,设备要求运行正常。架桥机组装完成,并通过各项检验,以满足作业安全条件。安全应急设备、日常材料要准备到位。

(8)跨石油管道施工期间,在架桥机吊运节段梁经过大堤正上方时,现场对大堤上的道路采取临时限行措施,在大堤道路正上方无吊运施工时,可派专人对施工范围的两端道路进行疏导,并在道路两端树立警示标识。

二、危险源分析

1. 箱梁安装

箱梁安装过程中有 9 榀箱梁从石油管道上空移过，其中 8 号、9 号箱梁在石油管道正上方安装定位(图 9-2-2)，8 号、9 号箱梁重量均为 73t，单榀箱梁采用 2 根直径 32mm 和 1 根直径 40mm 的精轧螺纹筋进行吊装，安全系数约为 3.5。

石油管道上方的 8 号、9 号两榀箱梁利用钢丝绳捆绑的办法把节段箱梁挂在架桥机主梁上作为吊挂的二次保险，如图 9-2-3 所示。钢丝绳和箱梁的吊孔错开，钢丝绳规格 4×25mm，安全系数为 2.0。

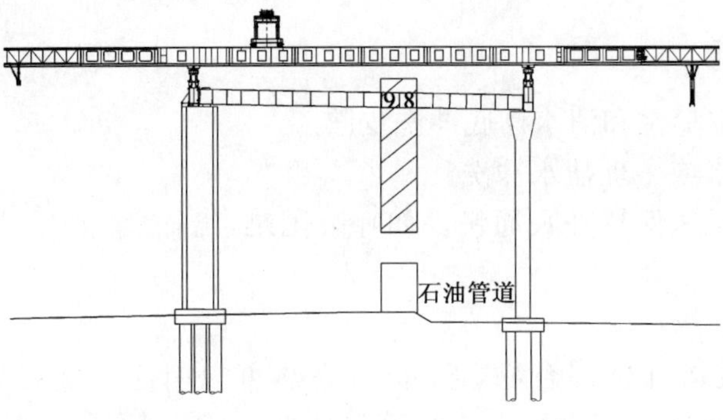

图 9-2-2　输油管线和箱梁位置示意图

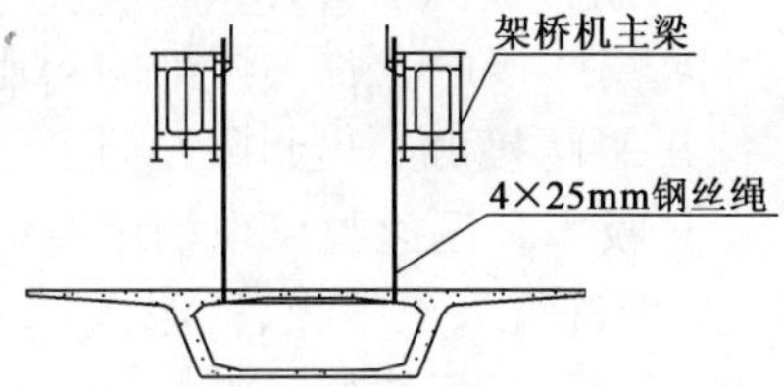

图 9-2-3　输油管线上方箱梁二次保险示意图

2. 输油管道中的油料

输油管线共 9 根，3 根原油管线、1 根航空煤油管线、1 根柴油管线、1 根含油污水管线、其余为蒸气和热水管线。危险油料有原油、航空煤油和柴油 3 种。

针对以上情况，施工单位将对参与施工人员进行油料常识性知识交底。

(1)原油

原油闪点小于 28℃，按油品火灾危险性分类于甲 B 类；其火灾危险性主要表现在以下几个方面：

①属易燃性液体。

②原油的油蒸气和空气混合达到一定浓度时，遇火易发生燃烧和爆炸。

③原油易蒸发，主要分静止蒸发和流动蒸发。所蒸发出的油蒸气，由于密度比较大，不易扩散，往往在储存区或作业场地空间地面及低洼处积聚，既增加了对员工身体的损害又增加了火灾的危险程度。

④容易产生静电，原油沿管道流动时与管壁摩擦或在运输过程中产生静电，静电放电会产生火花，当能量达到或大于油品蒸气最小可燃能量时，就可能引起爆炸或燃烧。

⑤受热易膨胀、沸溢，含水油品着火受热还会发生沸溢，大量外溢的燃烧油品将引燃其他物品而造成重大火灾和人员伤亡事故的严重后果。

(2)航空煤油

①航空煤油侵入人体途径有:吸入、食入、经皮肤吸收。

②健康危害主要表现在:

a. 急性中毒。吸入高浓度煤油蒸气,常先有兴奋,后转入抑制,表现为乏力、头痛、神志恍惚、肌肉震颤、共济运动失调;严重者出现定向力障碍、意识模糊等;煤油蒸气可引起眼部及呼吸道刺激症状,重者出现化学性肺炎,吸入液态煤油可引起吸入性肺炎,严重时可发生肺水肿;食入会引起口腔、咽喉和胃肠道刺激症状,可出现与吸入中毒相同的中枢神经系统症状。

b. 慢性影响。神经衰弱综合症为主要表现,还有眼部及呼吸道刺激症状,接触性皮炎,皮肤干燥等。

c. 环境危害。对环境有危害,对大气可造成污染。

d. 燃爆危险。本品易燃,具刺激性。

③预防常识主要有:

a. 皮肤接触。脱去污染的衣服,用肥皂水和清水彻底冲洗皮肤。

b. 眼睛接触。提起眼睑,用流动清水或生理盐水冲洗。

c. 吸入。迅速脱离现场至空气新鲜处,保持呼吸通畅。如呼吸困难,给输氧,如呼吸停止,立即进行人工呼吸、就医。

d. 食入。尽快彻底洗胃,就医。

④危险特性。其蒸气遇空气可形成爆炸性混合物,遇明火、高热可以引起燃烧爆炸。与氧化剂可发生反应。流速过快,容易产生和积聚静电。其蒸气比空气重,能在较低处扩散到相当远的地方,遇火源会引起燃烧、爆炸等。

⑤灭火方法。消防人员须佩戴防毒面具、穿全身消防服,在上风向灭火。尽可能将容器从火场移至空旷处。喷水保持火场容器冷却,直至灭火结束。处在火场子中的容器若已变色或从安全泄压装置中产生声音,必须马上撤离。灭火剂有:雾状水、泡沫、干粉、二氧化碳、砂土。

⑥应急行动。迅速撤离泄漏污染区人员至安全区,并进行隔离,严格限制出入,切断火源,建议应急处理人员戴自给正压式呼吸器,穿防静电工作服,尽可能切断泄漏源,防止流入下水道、排洪沟等限制性空间。对于小量泄漏:用砂土或其他不燃材料吸附或吸收。也可以在保证安全情况下,就地焚烧。对于大量泄漏:构筑围堤或挖坑收集,用泵转移至槽车或专用收集器内,回收或运至废物处理所处置。

(3)柴油

①柴油最重要的性能是着火性和流动性,沸点较高。

②柴油的毒性类似煤油,但由于添加剂,如硫化酯类的影响,毒性可以比煤油略大些。主要有麻醉和刺激作用。

③柴油为高沸点油料,故使用时由于蒸气导致的中毒机会较小。柴油的雾滴吸入后可致吸入性肺炎。皮肤接触柴油可致接触性皮炎。

④柴油对人体侵入途径有:皮肤吸收为主、呼吸道吸入。

⑤预防方法。严格遵守操作规程,正确使用个人防护用品,不能用口吸堵油管。工作后淋浴,更衣,保持良好卫生习惯。

第三节 总体施工方案

一、TP54架桥机性能参数

TP54架桥机性能参数见表9-3-1

TP54架桥机性能参数 表9-3-1

序号	项目	设计参数或能力	备注
1	架设跨度	54m以下整跨悬挂	
2	整机工作级别	A3	
3	工作纵坡	吊具调整±4%	
4	桥梁横坡	吊具调整±4%	
5	最小工作平曲线半径	2000m	
6	最大节段块重量	80t	天车吊重能力120t
7	节段长度	≤3.2m	本项目≤3m
8	节段高度/宽度	4m/15.8m	
9	主桁架跨中挠度、悬臂挠度	1/700、1/100	
10	起升高度	64m	
11	起重天车起升速度	0～3m/min	
12	起重天车纵向移动速度	0～15m/min	
13	起重天车最大横向调整距离	±800mm	
14	整机最大横向移动距离(变幅横移)	18m	
15	整机最大横移速度	0～0.5m/min	
16	整机纵向移动速度	0～1.0m/min	
17	吊具旋转	360°	
18	节段块吊挂方式	四点吊梁,三点悬挂	
19	最大梁跨重量/节段数	1400t/19	不含吊挂
20	喂梁方式	尾部或下方喂梁	
21	逆向施工	可以	
22	整机动力条件	380V/50Hz	
23	运输	满足公路运输条件,最大单件重量25t	
24	环境温度/湿度	0～40℃/90%	
25	纵移工作风速	16m/s	
26	吊梁工作风速	22m/s	
27	生存风速	23～40m/s	

二、架桥机移位及架梁施工

架桥机跨石油管道施工主要有 4 个部分，即：架桥机移至主 4 和 S29 桥墩，右幅架梁，架桥机由右幅横移至左幅以及左幅架梁，架桥机移开主 4 和 S29 桥墩。

1. 架桥机移至主 4 和 S29 桥墩右幅之间

架桥机移至主 4 和 S29 桥墩右幅之间，如图 9-3-1 所示。

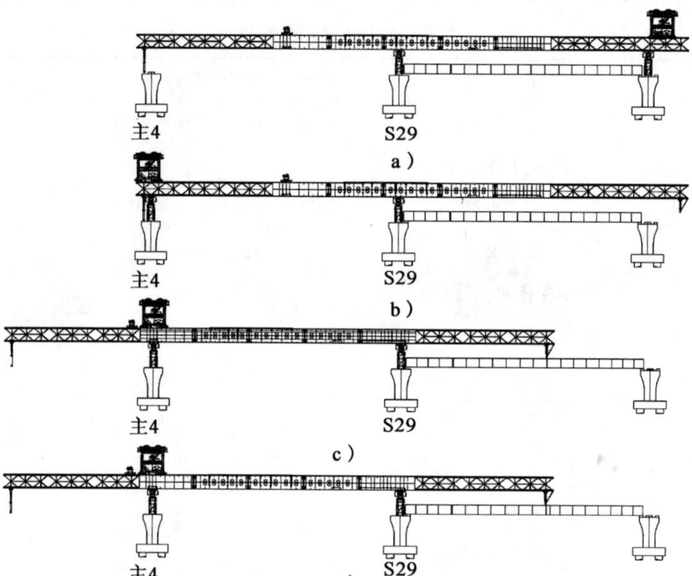

图 9-3-1 架桥机移位及架梁施工流程图

2. 架桥机安装主 4 和 S29 桥墩之间节段箱梁

(1)步骤一

架桥机后移至第一跨，按自南向北方向开始架梁，如图 9-3-2。

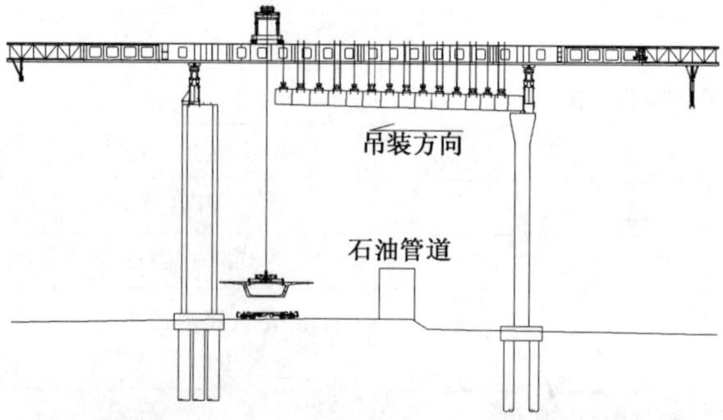

图 9-3-2 架桥机架梁方向图

(2)步骤二

①平板车将箱梁节段运输至架桥机底部南过渡墩旁(受石油管线影响，只能运输至过渡墩

南侧附近)。

②启动天车依次吊装第 19 号～第 6 号块梁段。通过吊杆将各梁段吊挂在架桥机上。

③为预留各梁段抹胶空间,6 号～19 号梁段整体向前墩方向预偏 60cm。

如图 9-3-3 所示。

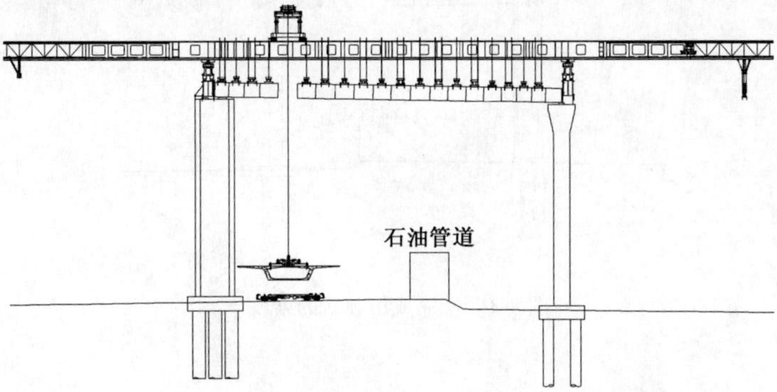

图 9-3-3　步骤二示意图

(3)步骤三

①启动天车吊装 1 号块,将 1 号块定位并临时固定,更换吊杆,让出天车,将梁段挂在架桥机上。

②依次吊装第 2 号～第 5 号块梁段。通过吊杆将各梁段吊挂在架桥机上。在此同时浇筑 1 号梁内混凝土。

③为预留第 2 号梁段抹胶空间,2 号～4 号梁段总体向前墩方向预偏 30cm,4 号与 6 号梁段之间预留约 20cm 间隙以方便 5 号梁段安装。

如图 9-3-4 所示。

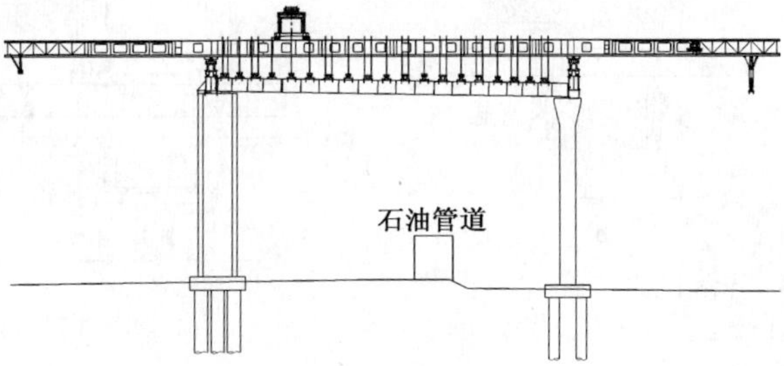

图 9-3-4　步骤三示意图

(4)步骤四

①启动天车依次起吊 2 号～19 号块。通过吊杆将各梁段吊挂在架桥机上。

②在监控控制下,依次调整节段 2 高程、轴线、倾斜度,进行节段 2 与节段 1 试拼装。

③将节段 2 水平移开 30cm,其高程与倾斜度不变动。

④节段接缝处涂抹环氧树脂。

⑤移动天车,将节段 2 与节段 1 拼接,安装临时预应力,保持接缝临时压应力不小于0.3MPa。

⑥更换吊杆，让出天车，将梁段挂在架桥机上。

⑦按照上述步骤完成第 3 号～19 号梁段拼装。

如图 9-3-5 所示。

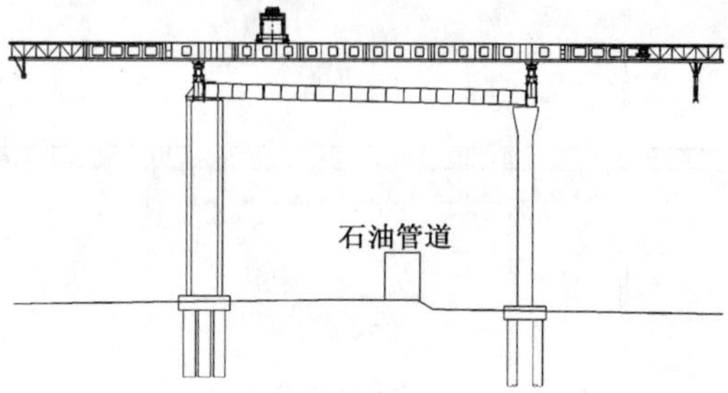

图 9-3-5　完成吊装后的梁段

(5)步骤五

①张拉简支状态下的体内预应力束，并进行压浆。

②解除拉杆将简支梁搁置在墩顶上，完成本跨悬拼工作。

③选用恰当时机进行横向预应力张拉。

3. 架桥机横移至主 4 和 S29 桥墩左幅

各步示意图如图 9-3-6～图 9-3-9 所示。

第一步：左幅第一联的第一跨安装完后，将架桥机重心移至跨中位置，天车移至跨中位置。

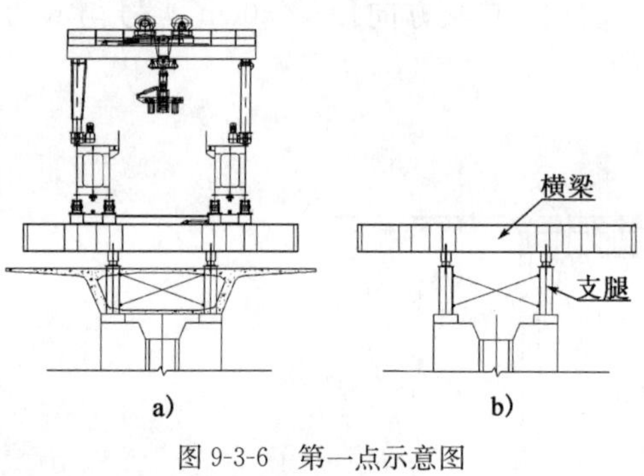

图 9-3-6　第一点示意图

a)左幅；b)右幅

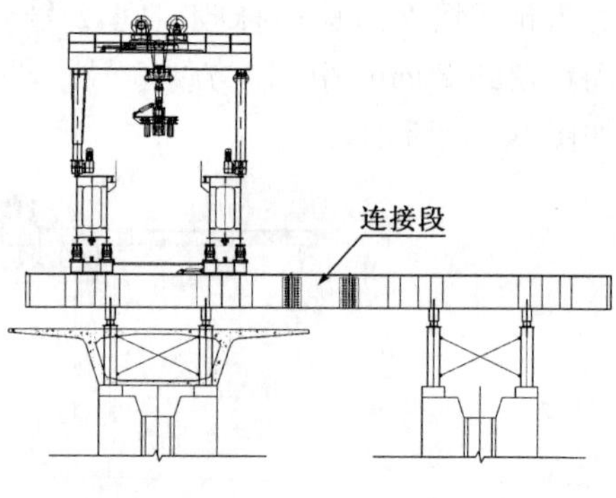

图 9-3-7　第二点示意图

第二步：用 50t 履带吊车，在右幅过渡墩及 S29 号墩墩顶安装架桥机前后中支腿，并与墩顶锚固。

第三步：用 150t 履带吊车，安装左右幅支腿横梁连接段。

第四步：横移油缸逐步推拉，架桥机横向移动至右幅。

第五步：横移完成，拆除过幅临时横梁及左幅中支腿。

4. 架桥机离开主 4 和 S29 桥墩左幅之间

架桥机离开主 4 和 S29 桥墩左幅之间，如图 9-3-10 所示。

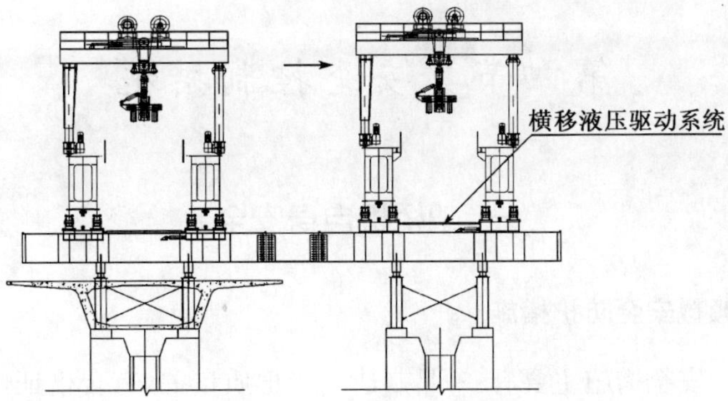

图 9-3-8　第三点示意图

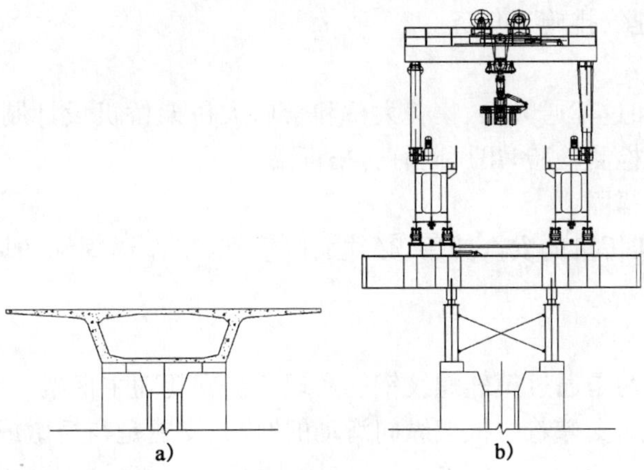

图 9-3-9　第四点示意图

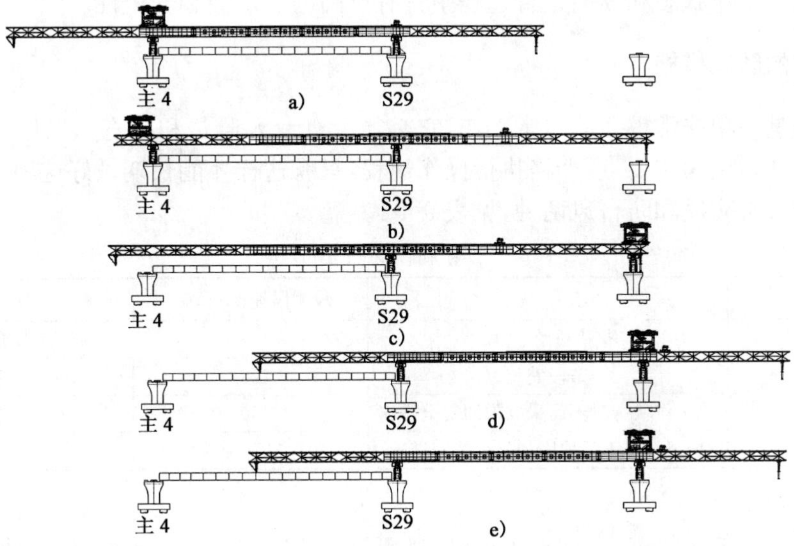

图 9-3-10　架桥机移离流程图

第四节　安全控制措施

一、架桥机自身安全

1. 架桥机的抗倾覆安全防护措施

架桥机抗倾覆的安全措施主要有：一是制造时严把质量关，有合格证件才可以安装，并对整个架桥机进行稳定性计算；二是架桥机拼装完成进行荷载试验，合格后方可正式安装施工；三是箱梁安装施工时，对架桥机锚固要严格检查，并有检查签字记录；四是注意天气的影响，严格安装设计控制的风速安排施工任务。

(1)架桥机的制造

架桥机设计由参加过苏通大桥、集美大桥和崇启大桥架桥机设计制造的武汉通联公司承担，所有制造有监造和检测检验，出厂附有合格证书。

(2)架桥机的工作锚固

工作锚固关系到架桥机的安全使用，必须加以重视，工作锚固和防风措施相辅相成，互为利用。

①前、后支腿锚固

前、后支腿的锚固均是通过精轧螺纹钢筋实现。当支腿随主框架一起移动的时候，支腿是锚固在主框架上；当支腿支撑着主框架纵向滑动的时候，支腿是与桥墩或梁面锚固。

②中支腿锚固

中支腿锚固共分横移锚固、纵移锚固、与桥墩或墩顶块的锚固三个方面。通过锚固，可以使整个架桥机在工作状态和纵向走行过程中具有更高的稳定性和安全性。

2. 架桥机的防风措施

安全防风是一项非常重要的日常工作，它必须设有专人监督和检查。操作者必须了解本架桥机的构造和防风操作要点，严格执行操作规程，只有这样才能长期做好这项工作。架桥机的防风可分为日常防风和防台风两种，见表 9-4-1。

架桥机防风分类　　表 9-4-1

序号	工　况	最大风速 v_s(m/s)	防风分类
1	整机过跨、过幅	16	日常防风
2	节段安装	22	日常防风
3	非工作状态时不需采取附加安全措施	40	日常防风
4	台风情况下采取附加安全锚固措施	65/54	台风防风

(1)日常防风

在架桥机日常工作状态下(如整机过跨，过幅及节段安装时)，由于通过各支腿与桥墩或墩顶混凝土梁块固定一起，同时各支腿均设有工作锚固，使得架桥机在风速小于 22m/s 仍可进行节段梁块的吊装和悬拼施工,风速小于16m/s仍可进行整机过跨及过幅。而架桥机的天车行走车轮内侧均装有电磁液压铁楔,当工作中突遇阵风需要紧急制动时,应立即停止起重工作(或放下重物)和行走,切断防风铁楔电源,停止起重机的全部作业。下班时,应将整车开至大车地锚点,天车则停在固定地锚处,分别与其相应的地锚锁好。

当风速大于22m/s至达到40m/s时,架桥机应停止工作,并检查通常的锚固系统是否全部就位,需将起重天车和行车开至架桥机中支腿处相对应的地锚点,锚固起重天车,架桥机可不再采取其他特别的防风措施。

(2)台风防风

当遇强台风(风速到65/54m/s)时,除采用日常防风措施外,还需对架桥机进行彻底的锚固。根据当时的情况采取对天车某些部位进行拉缆防风固定等措施。在台风来临前,无论架桥机处于何种状态,其必须回复由前、后中支腿支撑的状态,前支腿则收起锚定在前导梁下弦上,后支腿锚固在后中支腿后方且不受任何荷载,主框架的前后悬臂长度应基本相同。前、后中支腿应被安置于墩顶上,并与之锚固牢固,主框架前中后均有横向联系桁架,主框架下翼缘是卡在中支腿纵移滑道承载面上,只允许主框架绕中支腿水平轴在垂直面内发生由刚度引起的微小转动。起重天车应回到中支腿处,进行防风锚固。

3. 稳定性验算

(1)设计依据

①《起重机设计规范》(GB/T 3811—2008)。

②《钢结构设计规范》(GB 50017—2003)。

③《架桥机型式试验细则》(TSGQ7—2004),国家质量监督检验检疫总局。

(2)设计原则

①本设计采用许用应力法计算,对结构的强度、弹性稳定性和刚度进行验算,并满足其他的有关要求,计算时一般不考虑材料的塑性影响。

②由于本架桥机的额定工作级别为A4,所以无需进行金属疲劳计算。

③本架桥机主梁只需校核静态刚度而不校核动态刚度。静态刚度按额定载荷及天车自重在跨中引起的垂直挠度 $f \leqslant 1/700$ 来控制,最大悬臂在前端引起的垂直挠度 $f \leqslant 1/100$ 来控制,各个稳定系数≥1.4。

(3)材料及许用应力

材料及许用应力见表9-4-2。

材料及许用应力对照表　　表9-4-2

材　料	厚度或直径(mm)	屈服点(MPa)	基本许用应力(MPa)	剪切许用应力(MPa)
Q235		235	159	92
Q345B	≤16	345	233	135
Q345B	>16~35	325	220	127
Q345B	>35~50	295	199	115
45	>40~100	370	250	150
8.8级螺栓	≤ϕ100	640	346	159

(4)设备部件自重与节段重量

前支腿 $G_F=180\text{kN}$

(5)TP54 架桥机控制工况

控制工况如下：

①架桥机最大负载工况——54m 跨整跨悬挂，如图 9-4-1 所示。

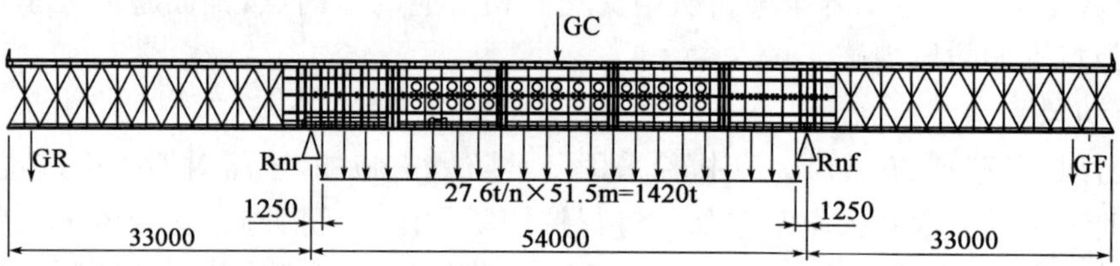

图 9-4-1 架桥机最大负载工况图(尺寸单位：mm)

最大弯矩 $M=115590.4\text{kN}\cdot\text{m}$

支点作用力 $R_{mf}=10158.5\text{kN}$ $R_{mr}=10158.5\text{kN}$

跨中挠度 $f=80.1\text{mm}$

②TP54 架桥机最大前悬臂工况——54m 跨联与联之间过孔，如图 9-4-2 所示。

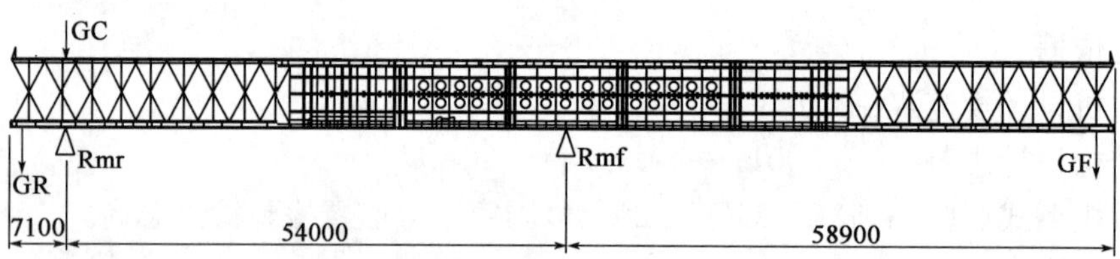

图 9-4-2 架桥机最大前悬臂工况图(尺寸单位：mm)

最大弯矩 $M=61963.4\text{kN}\cdot\text{m}$

支点作用力 $R_{mf}=4984.3\text{kN}$ $R_{mr}=819\text{kN}$

悬臂挠度 $f=335.4\text{mm}$

(6)整机稳定性计算

由于主框架可以在后支腿上滑动，主框架最大后悬臂只有一跨的长度，略小于前悬臂长度，故整机稳定性计算主要是校核最大前悬臂时的稳定性。

稳定力矩：

$$M_1=G_C\cdot 54\text{m}+G_A\cdot 54\text{m}+G_R\cdot 58.7\text{m}+\frac{G_G\cdot 30\text{m}}{2.43\text{m}}\cdot 46.1\text{m}+\frac{G_C}{60\text{m}}\cdot 31.1\text{m}\cdot\frac{31.1\text{m}}{2}$$

倾覆力矩：

$$M_2=G_F\cdot 56.5\text{m}+\frac{G_G\cdot 30\text{m}}{2.43\text{m}}\cdot 43.9\text{m}+\frac{G_C}{60\text{m}}\cdot 28.9\text{m}\cdot\frac{28.9\text{m}}{2}$$

稳定系数：

$$\frac{M_1}{M_2}=1.8$$

二、外部防护措施

对石油管道采用全封闭围护，为了防火，防护全部采用钢结构，只对局部结构采用现场焊接(焊接时通知石油管道管理方到现场指导)，其余均为后场焊接。防护棚焊接防火主要措施为施工单位开具三级动火证，管道现场监督员在动火证上签字确认。

1. 防护图设计(图 9-4-3)

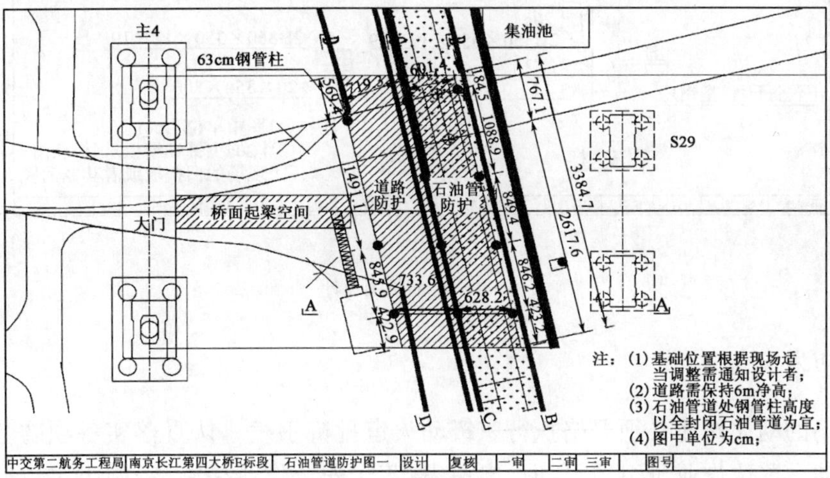

a)

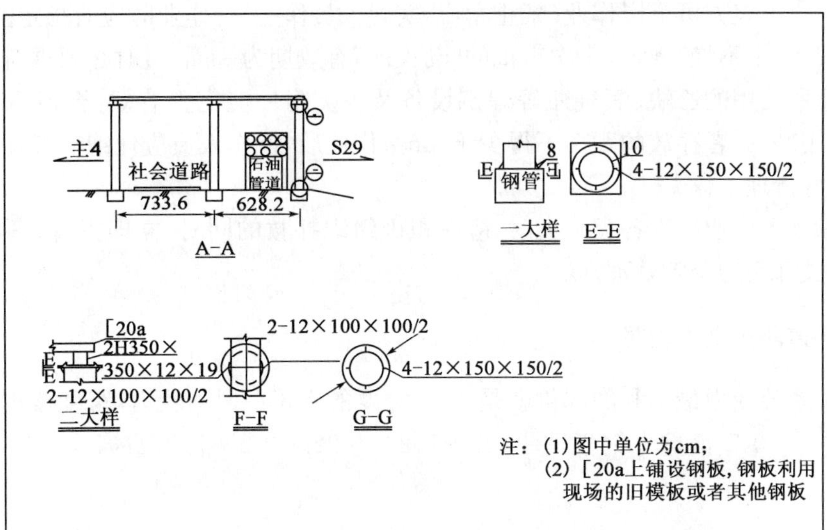

b)

图　9-4-3

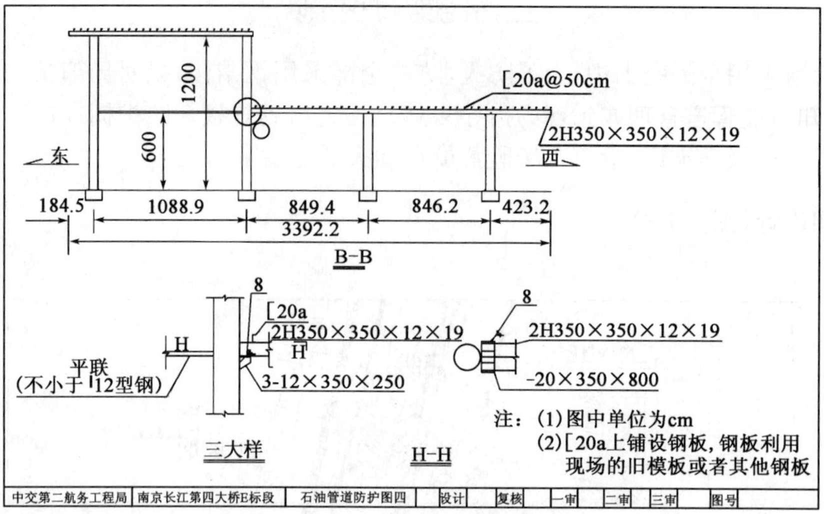

c)

图 9-4-3　防护图设计

2. 施工防火

施工现场的动火作业必须严格执行三级动火审批待手续。认真落实各项防范措施后，方可动火。由动火单位作业班组填写动火申请表，落实安全作业措施，经施工单位安全员审核，管道公司现场监督人员签字认可，班组负责人批准后方可动火。

电焊、气、割作业人员，必须持有劳动管理部门颁发的有效操作证(每二年复审一次)，并同时携带好动火审批表方可上岗作业(禁止学习，实习人员作业)。作业时应有指定的人员监护，严格执行电焊工“十不烧”规定，每次审批的“动火证”有效期为一周，过时必须重新办理。

动火作业所使用的乙炔、氧气瓶等焊割设备及各类附件应完整有效，否则不准作业。乙炔、氧气瓶使用时，二者存放的距离不得少于5m。作业后，操作人员应仔细检查现场有否留有火种隐患，做好清理工作。

凡因违章动火作业发生各类火灾时，应在积极组织扑救的同时，立即报警，事后要保护好现场，等待有关部门的调查处理。

3. 石油管道防护受力验算

整个防护系统受力最不利的部位就是15m跨度的H350型钢受力，跨度按15m计算，均布力 q＝自重＋[20型钢重＋钢板重＝137＋7.2/4×22.6×2＋7.2/4×1.0×0.01×7850＝360kg/m。

单跨梁设计验算

工程名称：主1～S29石油管道防护　　　　梁编号：LL1　　　　2010/8/12 18:07:35

①梁的静力计算概况

a. 单跨梁形式：简支梁

b. 荷载受力形式：1～7

c. 计算模型基本参数：长 $L=15\text{m}$

d. 均布力：标准值 $q_k=q_g+q_q=3.6+0=3.6\text{kN}$

设计值 $q_d=q_g\times\gamma_G+q_q\times\gamma_Q=3.6\times1.2+0\times1.4=4.32\text{kN}$

②选择受荷截面

a. 截面类型：H 型钢：350×350×12×19

b. 截面特性：$I_x=39506.17\text{cm}^4$，$W_x=2257.49\text{cm}^3$，$S_x=1246.59\text{cm}^3$，$G=133.79\text{kg/m}$，翼缘厚度 $t_f=19\text{mm}$，腹板厚度 $t_w=12\text{mm}$。

③相关参数

材质：Q235

x 轴塑性发展系数 γ_x：1.05

梁的挠度控制$[v]$：$L/250$

④内力计算结果

支座反力：$R_A=q_d\times L/2=32.4\text{kN}$

支座反力：$R_B=R_A=32.4\text{kN}$

最大弯矩：$M_{max}=q_d\times L\times L/8=121.5\text{kN}\cdot\text{m}$

⑤强度及刚度验算结果

弯曲正应力 $\sigma_{max}=M_{max}/(\gamma_x\times W_x)=51.26\text{N/mm}^2$

A 处剪应力 $\tau_A=R_A\times S_x/(I_x\times t_w)=8.52\text{N/mm}^2$

B 处剪应力 $\tau_B=R_B\times S_x/(I_x * t_w)=8.52\text{N/mm}^2$

最大挠度 $f_{max}=5\times q_k\times L^4/384\times1/(E\times I)=29.16\text{mm}$

相对挠度 $v=f_{max}/L=1/514.4$

弯曲正应力 $\sigma_{max}=51.26\text{ N/mm}^2<$抗弯设计值 $f=205\text{ N/mm}^2$

支座最大剪应力 $\tau_{max}=8.52\text{N/mm}^2<$抗剪设计值 $f_v=125\text{N/mm}^2$

跨中挠度相对值 $v=L/514.4<$挠度控制值$[v]=L/250$

验算通过。

第五节　安全应急预案

一、组 织 机 构

为加强节段梁安装安全事故应急预案工作的领导，实施应急预案，成立现场应急预案工作领导小组。领导小组负责发生事故后启动应急救援工作，组织成员按照预案分工，开展应急救援抢险工作。小组成员按照预案职责分工，以高度负责的精神，尽职尽责。当接到事故报告后，领导小组成员要迅速到达指定岗位，因特殊情况不能到岗时，经组长同意，由所在部门按职务高低递补。

1. 领导小组成员

组长：×××
副组长：×××
组员：
抢险救灾组组长：×××
技术支持组组长：×××
后勤保障组组长：×××
善后处理组组长：×××
警戒保卫组（通信联络组）组长：×××

2. 应急组织的职责

（1）组长职责

①决定是否存在或可能存在重大紧急事故，如输油管线受损，应要求医疗、火险等应急服务机构提供帮助，在不受事故影响的地方进行直接控制。

②复查和评估事故可能发展的方向，确定其可能的发展过程，并向指挥部汇报。

③指导架桥机工段停工，并与领导小组成员的关键人员配合指挥现场人员撤离，并确保任何伤害者都能得到足够的重视。

④与应急服务机构和管道公司取得联系，及时对紧急情况进行作业安排；在作业区内实行交通管制，协助场外应急机构开展服务工作。

⑤在紧急状态结束后，控制受影响地点的恢复，并组织人员参加事故的分析和处理。

（2）副组长（即现场管理者）职责

①评估事故的规模和发展态势，建立应急步骤，确保员工安全减少设施和财产损失。

②如有必要，在救援服务机构来之前直接参与救护活动。

③安排受伤者及非重要人员撤离到安全地带。

④为应急服务机构提供建议和信息。

（3）警戒保卫组（通信联络组）职责

①负责事故现场治安，交通指挥，设立警戒，指导职工疏散。

②保持通信设施和设备处于良好状态，确保与最高管理者和管道公司的联系畅通、内外信息反馈迅速。

③负责应急过程的记录与整理及对外联络。

（4）抢险抢修组职责

①实施管线抢险抢修的应急方案和措施，并不断加以改进。

②寻找受害者并转移至安全地带。

③在输油管线泄露有可能扩大的情况下进行抢险抢修时，高度注意安全措施，避免意外伤害。

④抢险抢修或救援结束后，直接报告最高管理者并对结果进行复查和评估。

（5）技术支持组职责

①提出抢险抢修及避免事故扩大的临时应急方案和措施。

②指导抢险抢修组实施应急方案和措施。

③及时完善实施中的应急方案和措施存在的缺陷。

④绘制事故现场平面图，标明重点部位，向外部救援机构提供准确的抢险救援信息资料。

(6)后勤保障组职责

保障运送抢险救援人员，物资、器材所需的车辆，保障抢险道路和施救现场通信的畅通；提供施救所需的机械设备和物资器材；保障救援人员所需食品、饮水的供应，提供休息场所及其他生活必需品；提供应急救援资金保障。

(7)善后处理组职责

做好事故伤亡人员家属的安抚工作，妥善安排家属生活；按政策负责遇难者及其家属的善后处理和受伤人员的医疗救助等。

二、应急救援流程

1. 应急程序

应急程序示意图如图 9-5-1 所示。

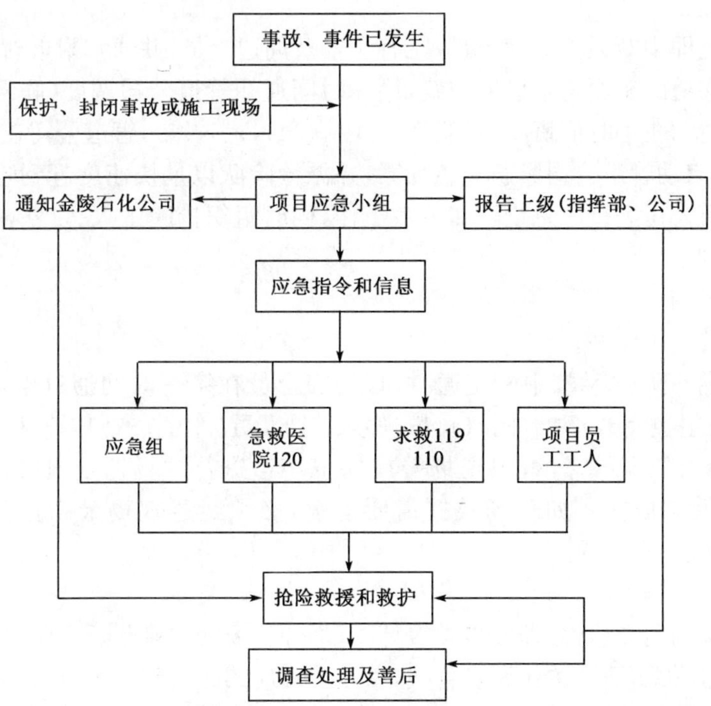

图 9-5-1　应急程序示意图

2. 潜在事故因素及应急措施

(1)人身伤亡事故因素

与工地附近的医疗机构(东瑞医院)进行联系,一般损伤、抢救应急由其进行处理,一旦发生事故,可立即将负伤人员送往南京市市级医疗单位进行抢救。

(2)机械问题

架桥机、龙门吊等起重机械必须经有关部门特种设备检验合格后方可投入使用,杜绝发生机械事故,施工前,加强应急机械设备的保养、维护工作,配足一般易损件以备更换。

(3)输油管线事故

严格按照施工方案中的安全防护要求,做好输油管线安全防护。一旦发生事故,应立即通知管道公司,启动相应的抢救方案,积极组织抢修。

针对可能发生的紧急抢救情况制定如下对策:

①紧急状况一:零星物件坠落,小幅损坏管线或管线支架

首先判断损坏的是哪根输油管线,并由现场负责人立即通知安全部门立即对损坏的输油管线进行隔离,采取在防护棚四周设置排油渠,引导泄露原油至管道南侧设置在锚区内的污水池里,防止泄露原油下沉,造成污染。

必要时中断附近道路,避免造成二次伤害,同时现场抢险组立即组织人员对支架和管线进行加固处理,等待管道公司抢险队到来。

②紧急状况二:梁体坠落,砸坏管线、中断交通

总体应对措施:

施工单位应立即中断大堤交通,疏散既有车辆及周边人员,并通知附近村委会(联系方式:××××××),在道路东西两端设警戒线,第一时间通知管道公司调度(联系方式:××××××)或生产调度室 24 小时值班电话(联系方式:×××××××),管道公司在接到施工单位的通知后,第一时间启动管道公司紧急应急预案,并派抢险队以最快速度赶到险情现场,施工单位将全力配合管道公司进行应急抢险和疏散工作,同时组织抢险工人、设备,在管道公司的指导下进行配合工作。

紧急救援措施如下:

a. 现场安全员工作程序

出现梁体坠落、砸坏管线、中断交通时,现场安全员在第一时间通过电话向现场施工负责人、施工领导小组负责人汇报,同时疏散现场作业人员、车辆。在作业区域范围外拉起警戒线,竖立严禁烟火的警示牌,组织现场警戒保卫小组进行现场监控,杜绝火源,并严禁闲杂人员及车辆进入警戒区。如现场救援需要动火,必须经过现场最高抢险指挥系统的同意,在管道公司的监督下进行。

b. 现场负责人工作程序

现场负责人接到通知后,立即安排救援计划,通知村委会安排附近居民撤离。并在第一时间与管道公司取得联系,请求关闭所有管线,管道公司应第一时间派出抢救小组。同时了解现场人员伤亡情况和管线的损毁情况,对现场进行评估,将现场的评估结果详细如实的用电话汇报给指挥部和上级领导单位负责人。求助 119、120、110 等外部救援机构,请求警方协助管制现场交通和人员。

c. 抢险抢修小组工作程序

抢险抢修小组在接到梁体坠落,立即召集现场施工人员和施工技术负责人,联合研究制定

抢修方案，组织抢修人员准备进行救援和抢修工作，并保持与管道公司的联系，保证各类信息的通畅，且必须了解现场的防护状况。向管道公司现场救援队及其他外部救援机构提供准确的抢险救援信息资料。

③紧急状况三：架桥机发生倾覆

架桥机一旦发生倾覆，输油管线将遭受毁灭性损坏，应按照紧急状况二的要求，第一时间向管道公司电话告知现场情况，启动管道公司紧急救援程序，根据管道公司应急救援预案，配合村委会疏散附近的居民、车辆，施工单位也将立即疏散所有人员，同时组织抢险工人、设备，在管道公司的指导下进行抢险配合工作。

对施工区域周围进行警戒，求助119、120、110等外部救援机构，除必要的人员抢救外，等待管道公司专业救援。

架梁是本工程的重中之重，是本工程的关键所在，在施工前，施工单位要组织召开架梁的全体人员和抢险队施工班组长以上人员会议，对架梁和抢险预案进行技术、安全交底，明确职责，明确分工，责任到人，思想上要高度重视，工作中认真细致。机械设备要落实到位，并保持完好状态，一旦发生意外，按本预定方案，立即行动，指挥人员要沉着冷静，抢险人员要全力以赴。

④紧急状况四：大雨、暴雨天气

通过上网查询或者与气象部门联系，了解历年本地区的天气情况，掌握计划时间段内的天气变化情况。确保在进行架梁时天气良好。确认当天有大风、暴雨等灾害天气时，停止架梁作业并对架桥机进行防风保护。当遇以下情况时，立即起动预防措施，保证输油管线安全和施工人员的人身安全。

施工现场随时准备雨具20余套，当遇大雨、暴雨天气，派专职防护员在施工现场巡视。

如架梁作业时遇大雨、暴雨天气，立即将起吊的梁进行稳固处理，人员和机械则迅速撤至安全地区，停止架梁作业。

施工负责人评估灾害天气影响时间和后果，确定是否要通知现场工段长放弃本次架梁施工作业。

⑤紧急状况五：可能导致现场施工人员手脚或其他部位被挤伤或砸伤

施工现场配备担架2副，应急汽车3辆，并与当地医院取得联系，及时做好现场作业人员意外伤害的处理工作。起重工、司机和其他劳动力要配备预备人员。

当有现场施工人员手脚或其他部位被刮伤，受伤程度轻微，不伤及骨头，现场医务人员对伤者进行简单处理，防止伤口恶化，受伤人员离开施工现场休息。

当有现场施工人员在施工作业中发生意外，有较重的人员伤亡时，立即组织救援队在现场进行救护，同时立即联系医院，派出120急救车，将伤者在最短时间护送到指定医院救治。

3. 应急物资设备

施工单位必须配备足够的人力、物力等，见表9-5-1，有关输油管线堵漏材料和设备则由管道公司落实。

应急人员、物资与设备配备

表 9-5-1

序号	物资名称	规格数量	序号	物资名称	规格数量
1	人员	100 人	5	气割设备	2 台
2	汽车吊	2 台	6	载重汽车	1 辆
3	挖掘机	1 台	7	空压机	2 台
4	人员救援汽车	3 辆			

4. 联络步骤

把有关方的联络方式制作成标识牌埋设在施工现场。

领导小组接到管线事故报告后，立即在第一时间赶赴现场，了解和掌握事故情况，开展抢救和维护现场秩序，保护事故现场；迅速将管线事故、道路等情况详细向管道公司和有关主管部门报告，取得最大支持，使损失减到最小；根据现场事故情况，紧急调用人力、物力来抢险，保障输油管线维修贯通时间缩为最短。

建立与紧急救援相关的电话联系表，并在一定范围内发放。

第十章 南北引桥节段箱梁安装临时用电安全专项施工方案

第一节 工程概况

一、概述

南京长江第四大桥南北引桥施工项目包含南引桥和北引桥两大部分，其中南引桥长1489.6m，北引桥长1313m，北引桥又分为跨划子河引桥和划子河以南引桥两个部分，南北引桥合计长2802.6m。南引桥及划子河以南引桥采用短线匹配预制，现场拼装，先简支后连续，跨划子河引桥采用短线匹配预制，现场悬臂拼装。

节段拼装使用武汉通联公司生产的TP65（北引桥）及TP54（南引桥）架梁。

二、编制依据

(1)《南京长江第四大桥E标段施工组织设计》
(2)《施工现场临时用电安全技术规范》(JGJ 45—2005)
(3)《用电安全导则》(GB/T 13869—2008)
(4)《建筑物防雷设计规范》(GB 50057—2010)
(5)《低压配电设计规范》(GB 50054—2011)
(6)《通用用电设备配电设计规范》(GB 50055—2011)
(7)《建设工程施工现场供用电安全规范》(GB 50104—93)
(8)《电力工程电缆设计规范》(GB 50217—2007)

第二节 施工阶段负荷分布及负荷计算

一、北引桥TP65架桥机用电负荷

架桥机按以上工序架梁施工，考虑到提梁与过跨不能同时进行，现将最大负荷状况——提

梁工况负荷分析见表 10-2-1。

北引桥架桥机最大用电负荷　　表 10-2-1

序号	设备名称	额定容量（kW·kVA）	需要系数	功率因素	计算有功	计算无功	视在功率	负荷电流
1	1号天车	2×37	0.6	0.80	44.4	33.3	55.5	
2	2号天车	2×37	0.6	0.80	44.4	33.3	55.5	
3	1号天车行走	4×7.5	0.6	0.80	18	13.5	22.5	
4	2号天车行走	4×7.5	0.6	0.80	18	13.5	22.5	
5	10t行车	1×11	0.5	0.80	5.5	4.125	6.88	
6	10t行车行走	2×2.2	0.5	0.80	2.2	1.65	2.75	
7	吊具	1×5.5	0.5	0.80	2.65	2.06	3.35	
8	预应力	8×5.5	0.5	0.80	22	16.5	27.5	
小计					157.2	117.9	196.5	
线路损耗=5%					165.1	124	206.3	
同时系数 $K_{\Sigma P}=K_{\Sigma Q}=0.85$					140	105.4	175.36	253

经分析，最大负荷在梁段提升阶段。根据现场施工安排，北引桥架设工序如图 10-2-1 所示。

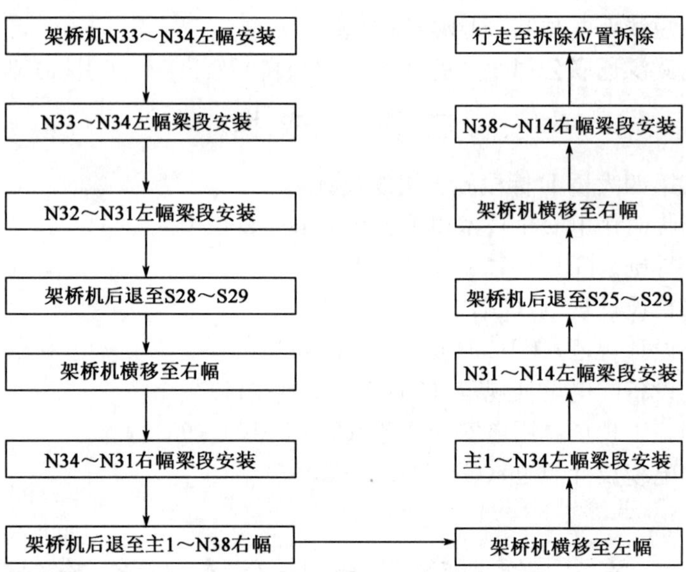

图 10-2-1　北引桥架设工序图

根据上表负荷计算，确定 TP65 架桥机有功计算负荷为 140kW，视在计算负荷为 175.36kVA。现场用电采用橡套电缆由 630kVA 箱变引入主配电柜可以满足现场需要。随架桥机的移动配备一台 400kW 发电机组作为备用电源。

二、南引桥 TP54 架桥机用电负荷

经分析，最大负荷在梁段提升阶段。根据现场施工安排，南引桥架设工序如图 10-2-2 所示。

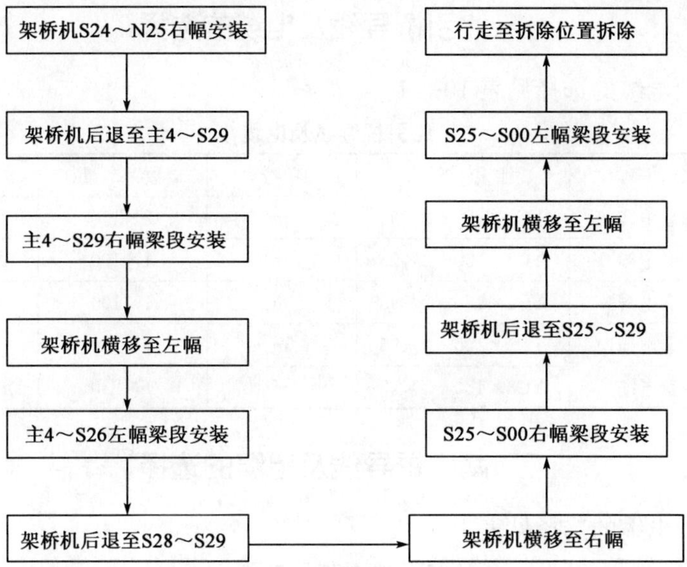

图 10-2-2 南北引桥架设工序图

架桥机按以上工序架梁施工，考虑到提梁与过跨不能同时进行，现将最大负荷状况——提梁工况负荷分析见表 10-2-2。

南引桥架桥机最大用电负荷 表 10-2-2

序号	设 备 名 称	额定容量（kW·kVA）	需要系数	功率因素	计算有功	计算无功	视在功率	负荷电流
1	天车	2×37	0.6	0.80	44.4	33.3	55.5	
2	天车行走	4×7.5	0.6	0.80	18	13.5	22.5	
3	10t 行车	1×11	0.5	0.80	5.5	4.125	6.88	
4	10t 行车行走	2×2.2	0.5	0.80	2.2	1.65	2.75	
5	吊具	1×5.5	0.5	0.80	2.65	2.06	3.35	
6	预应力	8×5.5	0.5	0.80	22	16.5	27.5	
小计					94.75	71.1	118.48	
线路损耗=5%					99.5	74.66	124.4	
同时系数 $K_{\Sigma P}=K_{\Sigma Q}=0.85$					84.58	63.46	105.74	153

根据上表负荷计算，确定 TP54 架桥机有功计算负荷为 84.58kW，视在计算负荷为 105.74kVA。现场用电采用橡套电缆由 630kVA 箱变引入主配电柜可以满足现场需要。随架桥机的移动配备一台 400kW 发电机组作为备用电源。

第三节　配电系统的设计

一、北引桥导线及电缆的选择

北引桥导线及电缆的选择见表 10-3-1。

北引桥导线及电缆　　表 10-3-1

序　号	名　称	型号规格	单位	数　量	用　处
1	橡套电缆	YC3×150+2×95	m	2×110	DBA-DB1
2	橡套电缆	YC3×150+2×95	m	1×100	DBB-DB2
3	橡套电缆	YC3×150+2×95	m	1×100	DBC-DB3
4	橡套电缆	YC3×150+2×95	m	1×250	DBA-DB4
5	橡套电缆	YC3×150+2×95	m	1×230	DB1\2\3\4－架桥机主柜

二、南引桥导线及电缆的选择

南引桥导线及电缆的选择见表 10-3-2。

南引桥导线及电缆　　表 10-3-2

序　号	名　称	型号规格	单位	数　量	用　处
1	橡套电缆	YC3×120+2×70	m	2×120	DBD-DB5
2	橡套电缆	YC3×120+2×70	m	2×160	DBE-DB6
3	橡套电缆	YC3×120+2×70	m	2×160	DBE-DB7
4	橡套电缆	YC3×120+2×70	m	2×160	DBF-DB8
5	橡套电缆	YC3×150+2×95	m	1×80	DBD-DB9
6	橡套电缆	YC3×150+2×95	m	1×90	DBG-DB10
7	橡套电缆	YC3×120+2×70	m	1×200	DB5-DB51
8	橡套电缆	YC3×120+2×70	m	1×160	DB6-DB61
9	橡套电缆	YC3×120+2×70	m	1×160	DB7-DB71
10	橡套电缆	YC3×120+2×70	m	1×160	DB8-DB81
11	橡套电缆	YC3×120+2×70	m	1×70	DB9-DB91
12	橡套电缆	YC3×120+2×70	m	1×120	各主配电柜至架桥机主柜

三、配电装置及电器的选择

(1)用电设备设备各自专用的配电箱,一个开关箱控制一台用电设备(含插座)。

(2)动力开关箱与照明开关箱分开敷设。

(3)分配电箱与开关箱的距离不超过 30m,开关箱与其控制的固定式用电设备的水平距离不超过 3m。

(4)其他的有关配制严格按照(JGJ46—2005)的有关要求及南京市的有关规定。

(5)架桥机通过设备配备的主电缆在空跨前由桥下主配电柜取电，待每幅桥面成桥后将主配电柜由桥下移至桥面，架桥机由桥面取电。

配电装置及电器的选择见表10-3-3。

配电装置及电器的选择　表10-3-3

序号	配电装置名称型号规格	编号	配置电器特点	备注
1	发电机组	1 2	配备双投开关柜　主开800A	可作为备用电源使用
2	欧式箱变	DBA DBB DBC DBE DBF DBG	低压室含1250A电磁式短路器	可作为总柜用
3	配电柜	DB1 DB2 DB3 DB4 DB5 DB6 DB7 DB8 DB9 DB10 DB51 DB61 DB71 DB81 DB91	具有熔断器式隔离开关，CML-1型塑料外壳式漏电断路器断路器，漏电断路器 $t=0.2s$，$I_{\Delta N}=100mA$	作为分柜使用

第四节　配电系统的防护措施

一、箱变、总配电柜的防护

箱变门口悬挂"配电重地，闲人勿进"的标示牌，并进行"四防一通"；电房派人值班(电工)，以便故障后及时维修，防止事故继续扩大；在室内悬挂电工操作规程及变电所操作规程，防止误操作及各种事故的发生，有效地保护室内设备。

二、电缆线的防护

所有电缆均采取直埋的形式，电缆埋深0.5～0.7m，并做好电缆走向标志。

三、各分配电柜、开关箱的防护

总结起来有以下几个方面：

(1)防锈漆、银灰色漆进行表面防护。

(2)悬挂“有电危险”警示牌，表示该柜有电，非电工人员不得操作。

(3)进线出线应从预留孔，并做好密封。

(4)配电柜配有门锁，不用时把门关好、锁好，非电工不得开箱。

第五节　安全用电措施和电气防火措施

安全用电措施和电气防火措施如下：

(1)按(JGJ 46—2005)《施工现场临时用电安全技术规范》建立安全技术档案。

(2)各种电源导线严禁直接绑扎在金属架上。

(3)埋地电缆设方位标志。

(4)需要三相四线制配电的电缆采用五芯电缆。

(5)潮湿或特别潮湿场所，选用密闭型防水照明器或配有防水灯头的开启式照明器。

(6)临时用电采用 TN-S 系统，所有设备均进行保护接零。

(7)电工持证上岗，夜班设有 2 名电工值班。

(8)所有用电设备均采取防雨措施。

(9)配电房加强“四防”及电工值班工作。

(10)为保证安全电箱全部采用安全电箱，且按照(JGJ 46—2005)及南京市的有关要求进行架高和配置，总配电箱和开关箱加入漏电保护装置，开关箱漏电保护时间小于 0.1s，漏电动作电流不大于 30mA，分配电箱或总配电箱漏电保护器的额定漏电电流大于 30mA，额定漏电动作时间大于 0.1s。

(11)制作齐全的安全标志，悬挂需要在张贴的地方。

(12)电工所用各种安全用具(包括基本用具和辅助用具)定期试验。

(13)施工现场使用的交流电焊机加装漏电保护装置。

(14)悬挂防火标志牌，禁止在配电房变电所附近动明火，配电房内禁止抽，有充足的灭火装置，如 CO_2 灭火器等，防火要责任到人，项目部安排专业的消防员来负责。

第六节　配电系统的具体实施

配电系统的具体实施如下：

(1)电缆采用五芯电缆，包含全部工作芯线和用作保护零线或保护线的芯线；五芯电缆包含淡蓝、绿/黄两种芯线。淡蓝色芯线用作 N 线；绿/黄双色芯线用作 PE 线。

(2)电缆线路采用电缆沟或架空敷设，避免机械损伤和介质腐蚀。

(3)箱变中性点接地,接地电阻小于1Ω;以钢平台作PE线,实现TN-S系统。

(4)所有小型设备及手持电动工具必须使用三芯或五芯电缆;所有大型设备进行就地接地,电阻要小于10Ω。

(5)所有小型设备,如电焊机等必须加装漏电保护配电箱,达到三级配电两级漏电保护的要求。

第七节 接地系统

一、TN-S系统接地原则

(1)采用TN系统做保护接零时,工作零线(N线)必须通过总漏电保护器,保护零线(PE线)必须由电源进线零线重复接地处或总漏电保护器电源侧零线处引出,形成局部TN-S接零保护系统。

(2)做防雷接接地机械上的电气设备,所连接的PE线必须同时做重复接地,同一台机械电气设备的重复接地和机械的防雷接地可共用同一接地体,但接地电阻应符合重复电阻值的要求。

(3)PE线严禁装设开关和熔断器,严禁通过工作电流且严禁断线;PE线必须采用多股铜芯线。

二、配电柜接地

所有总配电柜、分配电柜柜体均需接地,接地零线需做重复接地。开关箱通过PE线接地,重复接地线采用16mm²BV线,接地体选用平台基础或走道结构部分,通常接地电阻可满足10Ω以下,连接部分采用螺栓连接,该部分要采用沥青防腐措施。

三、箱变接地

用BV线(35mm² 以上)作为接地线,采用平台桩(通常打入水下30m之多)作为接地体(通常接地电阻可低于1Ω),通过接地线把箱变与平台连接起来(锚区采用人工埋设接地体的方式),连接采用焊接或者镀锌螺栓连接并做防腐。

四、机械设备接地

因为项目部采用TN-S系统,设备与保护零线联系在一起,不再做另外的接地。对于保护零线,我们将由工作零线、总配电箱电源侧零线或分配电箱漏电保护器电源侧零线引出。我们将严禁一部分设备作保护接零,另一部分设备作保护接地。

TN-S系统保护零线引出示意图如图10-7-1所示。

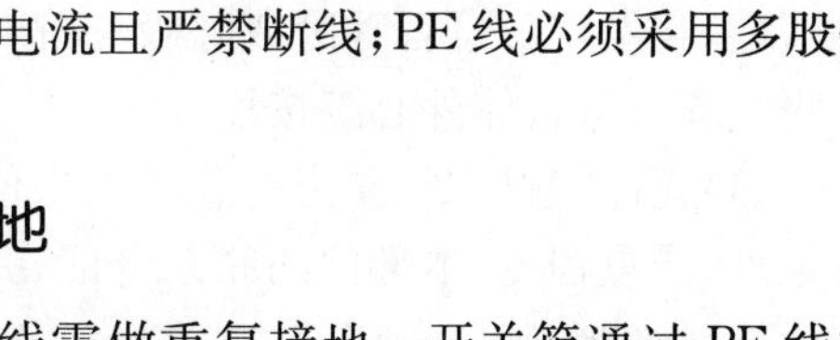

图10-7-1 三相五线制供电时局部TN-S系统保护零线引出示意图

五、防雷接地

每台架桥机整机配备了避雷系统，并在主梁天车上安装了接闪器。架桥机过跨前将主梁与墩顶的防雷接地线拆除，待过跨后再将接地线与墩顶的防雷接地线做良好的电气连接。

第八节　应急措施

一、目　　的

确保临时用电各类事故发生以后，能迅速有效地开展抢救工作，最大限度地降低员工及相关方生命安全风险。

二、触电事故应急措施

(1)现场人员应当机立断地脱离电源，尽可能的立即切断电源(关闭电路)，亦可用现场得到的绝缘材料等器材使触电人员脱离带电体。

(2)将伤员立即脱离危险地方，组织人员进行抢救。

(3)若发现触电者呼吸或呼吸心跳均停止，则将伤员仰卧在平地上或平板上立即进行人员呼吸或同时进行体外心脏按压。

(4)立即拨打 120 向当地急救中心取得联系(医院在附近的直接送往医院)，应详细说明事故地点、严重程度、本部门的联系电话，并派人到路口接应。

(5)立即向现场指挥部、总监办应急抢险领导小组汇报事故发生情况并寻求支持。

(6)维护现场秩序，严密保护事故现场。

三、突发性停电的应急措施

(1)立即切断总配电房的电源开关，离开时锁好门。

(2)分别切断各路分箱、分配电箱、开关箱的电路。

(3)检查正在使用的各种小型机械的待机状况，确保供电后安全、有序地恢复工作。

(4)检查架桥机、人货电梯等大型起重设备停止运行后的状态及限位效果。

(5)有序地组织人货两用电梯内人员的安全撤离。

(6)有序地组织节段梁吊装的质量控制，避免造成严重的质量事故。

(7)充分了解停电的原因及可能恢复供电的时机。

(8)组织检查本工地供电线路是否因施工不当造成断电。

(9)对可能造成的不稳定秩序及时进行排解。

四、现场措施

(1)南北架桥机施工现场(桥面)各配备一台 400kW 发电机组，随架桥机的施工移动，保持发电机组良好性能。如出现突然断电的情况，启动发电机组，通过双投开关柜转换出线，供架桥机使用。

（2）配制应急照明工具，如蓄电池灯、手电筒等。

（3）现场值班电工和机管员对所有电箱、设备进行检查，使送电无障碍。

（4）对所有电箱、设备必须有停电标识。

（5）通电时与其他人员保持联系，做好来电准备。

第九节　用电布置示意图

南北引桥节段箱梁安装临时用电布置示意图如图 10-9-1、图 10-9-2 所示。

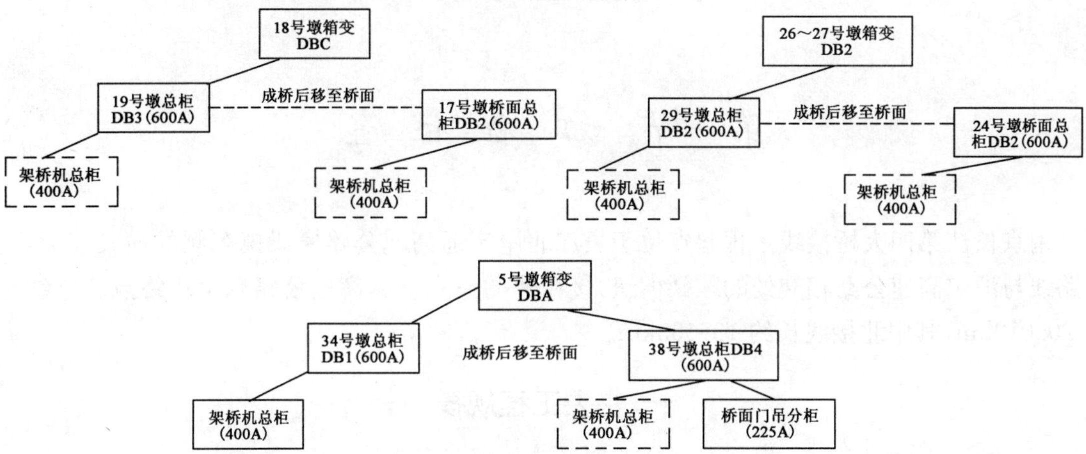

图 10-9-1　北岸用电布置示意图

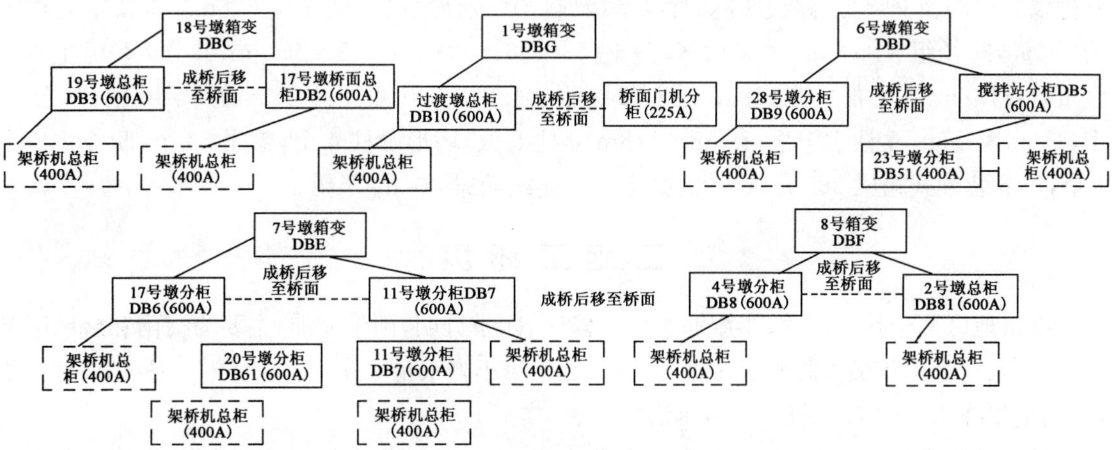

图 10-9-2　南岸用电布置示意图

第十一章 北接线滁河特大桥基础安全专项施工方案

第一节 工 程 位 置

南京长江第四大桥接线工程起点位于长江北岸宁通高速公路横梁镇东侧的横梁互通，止于路线与沪宁高速公路相交处的麒麟枢纽，接在建的南京绕越高速公路东南环终点。路线全长 29.012km，其中北接线长约 13.063km。

一、主要工程规模

南京四桥北接线第 N2 标段(K8＋469～K9＋651)设滁河特大桥 1 座，位于南京市六合区龙袍镇和东沟镇交界处，路线跨越滁河(Ⅴ级航道)，设计最高通航水位 6.8m。本桥中心桩号 K9＋060，跨径组成[5×35＋2×(4×35)＋(53＋96＋53)＋3×(5×35)]m，共分 7 联。主要工程量有：ϕ1.2m 钻孔灌注桩 11918 延米/242 根，ϕ1.8m 钻孔灌注桩 2688 延米/40 根，承台 64 个，1.6m×1.6m 立柱 121 根，1.8m×1.8m 立柱 8 根，塔形墩柱 4 个，盖梁 58 个，肋板式桥台 4 个，35m 装配式箱梁 285 片，C50 混凝土悬浇连续箱梁 404m/半幅。

二、施 工 环 境

南京地区属于热带湿润、半湿润季风气候区，四季分明，雨量充沛，主要为梅雨和台风雨两种形式，该地区历年最大降水量 1825.8mm，历年最小降水量 534.6mm，每年 5 月～10 月为汛期，占全年降水量的 70％极易形成洪涝灾害。

桥梁横跨滁河，河面宽约 60～200m，最大水深 8.8m，设计最高通航水位 6.8m，常水位 2.0m；11 号墩～15 号墩处在河中，其中 14 号墩、15 号墩处在航道两边，11 号墩～13 号墩处在河中的冲积漫滩上，地层多为巨厚的淤泥质粉质黏土，其下为粉砂层或粉质黏土，强风化粉砂岩；承台尺寸均为 12×7.5m×2.5m，底高程均为 0.5m，每个承台下设 6 根 ϕ1.8 米钻孔桩，基础混凝土为 C30。

三、外部施工条件(现场、供水供电)

南京长江四桥北接线位于东沟镇熊柳村和龙袍镇二圩村及邵东村,以农田和居民区为主,经拆迁后距离居民区有足够安全距离。施工临时供电由指挥部在南岸设的400kV通过箱变引出低压线路通至各桥墩。

现场水源充足,生活用水为六合区接入自来水,生产用水采用地下水。

第二节　编制依据、原则及适用范围

一、编制依据

(1)《中华人民共和国安全生产法》

(2)《建设工程安全生产管理条例》

(3)《建筑施工扣件式钢管脚手架安全技术规范》(JGJ 130—2001)

(4)《江苏省建筑施工安全事故应急救援预案规定》

(5)《全省公路航道建设工程施工安全事故应急救援预案编制内容指导意见》

(6)《南京长江四桥北接线工程施工图》

(7)《公路桥涵施工技术规范》(JTG/T F50—2011)

(8)《南京长江四桥N2标安全管理体系文件》

二、编制原则

1. 安全第一,预防为主,综合治理

始终按照技术可靠、措施得力、施工顺序安排合理、确保安全的原则确定施工方案。

重点是高空作业、大型起重设备、钢模板吊装作业等的施工安全。工程开工前做到安全保证措施首先落实到位,在确保万无一失的前提下组织施工,当安全、质量、进度发生冲突时,必须优先考虑和解决安全生产问题。

2. 贯彻执行现行国家法律法规、行业标准和技术规范的原则

贯彻执行桥涵施工技术规范、安全技术规程、南京长江四桥安全管理体系文件等相关管理规定,执行上级主管部门对本工程建设的各项要求,采取现代化的管理手段和管理模式,优化各项资源配置,以适应施工组织需要。

3. 适用范围

本施工专项安全方案在于指导、控制桥墩、台身施工,指导并监控施工环节中的每一个分项工程的安全,约束施工人员认真执行每一个安全施工指令和作业方法。

第三节 安全管理体系

一、控制目标

施工单位将严格遵守各项安全操作规程，文明施工，严格管理，具体安全管理控制目标如下：

(1)各类重、特大事故为零。

(2)工伤死亡事故为零。

(3)负伤事故率控制在1.6‰以下。

(4)一般事故和事故隐患发生率进一步下降。

(5)无爆炸、火灾、泄漏等影响环境安全的事故发生。

(6)达到江苏省公路建设工程项目经理部现场安全生产条件监督检查标准合格以上标准。

二、管理组织网络

管理组织网络如图11-3-1所示。

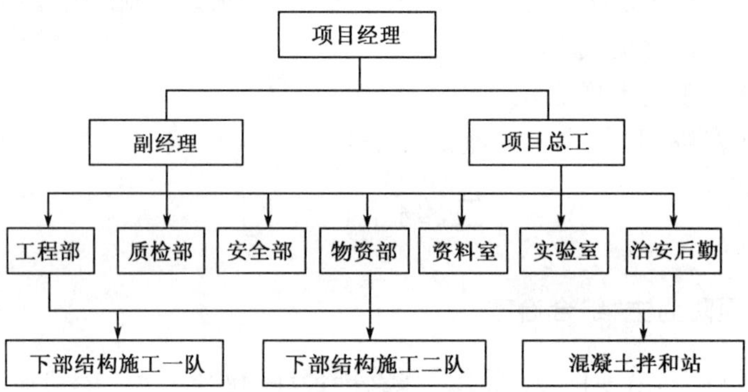

图11-3-1 管理组织网络图

三、组织机构

施工单位成立项目经理部，并建立以项目经理为现场安全保证体系第一责任人的安全生产领导小组。本安全生产管理体系规定的安全活动由项目经理负管理职责，施工单位管理层其他人员负责配合。

项目经理部应确保各级人员理解安全生产管理体系并贯彻执行，对本单位的任何部门都偏离本"体系"的现象进行抵制，并对"体系"的实施情况进行管理和跟踪。

具体组织如下：

(1)安全生产领导小组拟定落实安全管理目标，制订安全管理体系，根据管理体系的要求，落实资源的配置。

(2)负责安全体系实施过程中的运行实施监督、检查。

(3)对安全管理体系运行过程中,出现不符合要素的要求,施工中出现的隐患,制订纠正和预防措施,并对上述措施进行复查。

(4)安全生产领导小组名单

组长:×××

副组长:×××　×××

组员:×××　×××　×××　×××

本项目经理部制定并执行了严格的安全生产责任制,对各职能部门及各层次人员的职责、职权和相互接口关系有明确规定。

①项目经理对安保体系建立、安全管理目标的制订、健全并有效地运行的决策负责,对本项目最终管理目标的实现和安全管理工作全面负责,并亲自组织管理评审工作。

②项目副经理、项目工程师在项目经理的领导下,按安全生产责任制的规定,分别承担各自责任。

③各部门为保证安全管理体系有效运行,保证实现安全管理目标,按安全生产责任制的规定,分别承担各自责任。

④各级各类人员按规定履行本岗位的安全职责,并以自身的工作质量确保安全管理体系的运行和最终目标的实现。本项目经理部保障并支持从事与安全管理和监督有关的工作人员,特别是需要独立行使权力的人员的工作不受干扰,赋予他们越级反映安全问题的权利和义务。

第四节　危险因素识别与控制

本工墩程、台身施工涉及的主要工序有脚手架施工、钢筋制、制作安装、模板安装与拆除、混凝土浇筑。主要涉及作业项目有架子工作业、起重作业、高空作业、临边作业等;施工过程中用到的主要大型设备有 50t 履带吊 2 台,25t 汽车吊 1 台。由于各工序作业内容、使用设备不同,存在的危险因素和相应的控制措施也有差异。

一、危险因素识别

1. 脚手架施工

脚手架施工涉及脚手架运输、现场安装、扣件连接,脚手钢管吊运与定位。可能存在重大危害因素有:作业人员没有配备个人劳动防护用品或佩戴不正确,高空作业安全防护设施不到位;可能引起对人员的伤害风险主要有:高空坠落、高空落物伤人、支架倒塌伤人。

2. 钢筋制作安装

钢筋制作安装施工涉及钢筋水平运输、垂直运输、现场定位绑扎、滚轧直螺纹接头连接。可能存在重大危害因素有起重设备机械故障、指挥失误、钢丝绳断裂、作业人员没有配备个人劳动防护用品或佩戴不正确,高空作业安全防护设施不到位;可能引起对人员的伤害风险主要有高空坠落、高空落物伤人、电气伤害。

3. 模板安装与拆除

模板安装与拆除施工涉及模板水平运输、垂直运输、现场定位安装、拉杆安装。可能存在重大危害因素有起重设备机械故障、指挥失误、钢丝绳断裂、作业人员没有配备个人劳动防护用品或佩戴不正确，高空作业安全防护设施不到位；可能引起对人员的伤害风险主要有高空坠落、高空落物伤人、电气伤害。

4. 混凝土施工

混凝土浇筑施工涉及混凝土下料与布料、振捣、抹平与收光、养生、凿毛。可能存在重大危害因素有：作业人员没有配备个人劳动防护用品或佩戴不正确，高空作业安全防护设施不到位；可能引起对人员的伤害风险主要有高空坠落、电气伤害。

二、危险因素控制措施

针对以上墩、台身施工各工序危险因素分析，提出如下控制措施：

(1)起重设备按规定进行检查和检验取得安全使用资格证书后方可使用，并在使用过程中按规定定期检查和保养。

(2)钢筋吊装定人指挥，指挥员须取得起重工特殊工程岗位证书。

(3)按规范配备吊装用钢丝绳，并专人保管，一旦有断丝或生锈禁止使用。

(4)施工人员在进场实施前进行全面技术交底和安全交底，确保按要求和规范施工。

(5)施工前配足安全帽、安全带等劳动防护用品，在施工过程中安全吊巡视检查，确保所有操作人员按要求佩戴正确。

(6)高空作业，相关安全防护设备到位后方可施工。

三、安全技术设计

1. 一般规定

本项目墩、台身施工主要涉及起重作业、高空作业、临边作业等，主要预防以下方面事故：防高空作业坠落、坠物事故；防起重伤害事故；防触电事故；防机械伤害事故；防起重设备事故；防火灾事故；防交通事故。

2. 构造要求

本工程墩、台身主要有柱式墩、肋板式桥台等形式。

1 号墩至 13 号墩，16 号墩至 30 号墩采用方柱式桥墩，最大墩高 8.967m，最小墩高 6.46m，采用整体模板一次浇筑完成，用 25t 汽车吊作起重设备，混凝土浇筑采用汽车泵泵送。

0 号、31 号台采用肋板式桥台，高 2.0m，采用木板竹胶板拼装模板，一次浇筑完成，用 25t 汽车吊作起重设备，混凝土浇筑采用汽车泵泵送。

3. 施工脚手、爬梯方案

脚手架设计与验算按照《建筑施工扣件式钢管脚手架安全技术规范》(JGJ 130—2001)。

施工前对操作人员全面交底，严格按方案执行，严禁随意变更方案或增加临时荷载。脚手架搭设尽量支撑在承台顶面，当位置不足必须支撑在地基上时，须对地基进行压实并采取脚手板等铺垫，以扩散应力。

脚手架立杆和横杆是传递垂直荷载的主要构件。而剪刀撑、斜撑和连墙件主要保证脚手架整体刚度和稳定性的。并且加强抵抗垂直和水平作用的能力。而连墙件则承受全部的风荷载。扣件则是架子组成整体的联结件和传力件，所有杆件、扣件在使用前须全面检查，合格后方可使用。

四、设计与验算

本项目墩、台身施工安全方面涉及计算主要是脚手钢管支架计算。

1. 计算参数

脚手架钢管采用 $\phi48\times3.5$(Q235)，截面面积 $A=489\text{mm}^2$，截面模量 $W=5.08\times10^3\text{mm}^3$，回转半径 $i=15.8\text{mm}$，抗压、抗弯强度设计值 $f=205\text{N/mm}^2$。

每米立杆承受结构自重标准值：$g_{k1}=0.1394\text{kN/m}$(按双排脚手架取值)

爬梯自重标准值：

$$g_{k2}=0.62\text{kN/m}^2\text{(按实际取值)}$$

风荷载标准值：

$$\omega_k=0.7\mu_z\cdot\mu_s\cdot\omega_0$$

式中：μ_z——风压高度变化系数，查《建筑结构荷载规范》，$\mu_z=1.39$；

μ_s——脚手架风荷载体型系数，全封闭式为 1.2；

ω_0——基本风压值，$\omega_0=0.30\text{kN/m}^2$。

则 $\omega_k=0.7\times1.39\times1.2\times0.3=0.35\text{kN/m}^2$。

2. 水平杆计算

横向水平杆和纵向水平杆均为紧贴立杆布置，梯梁作用点靠近立杆，因此水平杆的抗弯强度可忽略不计。

3. 扣件抗滑力计算

按规范《建筑施工扣件式钢管脚手架安全技术规范》(JGJ 130—2001)表 5.1.7，直角、旋转单扣件承载力取值 8.0kN，按照扣减抗滑承载力系数 0.8，实际的单扣件承载力取值为 6.4kN。

横向水平杆自重：

$$P_1=1.05\times0.038=0.0399\text{kN}$$

纵向水平杆自重：

$$P_2=1.5\times0.038=0.057\text{kN}$$

单扣件承受支架横杆自重和爬梯荷载为：

$Q=(1.2g_{k2}+1.4g_k)\times(l_a\times l_b)=(1.2\times0.62)\times(1.2\times1.2)=1.07\text{kN}\leqslant R=6.4\text{kN}$

扣件抗滑承载力满足要求。

4. 立杆稳定性计算

单管立杆自重荷载：

$$N_{G1}=g_{k1}\times24=0.1394\times24=3.346\text{kN}$$

爬梯自重：

$$N_{G2}=2g_{k2}(l_a\times l_b)=2\times0.62\times1.2\times1.2=1.786\text{kN}$$

立杆静荷载标准值：

$$N_G=N_{G1}+N_{G2}=3.346+1.786=7.39\text{kN}$$

施工荷载：

$$N_Q=g_k(l_a\times l_b)=3.0\times1.2\times1.2=4.32\text{kN}$$

不考虑风荷载作用时，立杆轴向压力设计值：

$$N_s=1.2N_G+1.4N_Q=1.2\times7.39+1.4\times4.32=14.916\text{kN}$$

考虑风荷载作用时，立杆轴向压力设计值：

$$N_d=1.2N_G+0.85\times1.4N_Q=1.2\times7.39+0.85\times1.4\times4.32=14.01\text{kN}$$

风荷载设计值产生的立杆段弯矩 M_W 为：

$$M_w=0.85\times1.4W_kLah^2/10=0.85\times1.4\times0.682\times1.5\times1.5^2/10=0.274\text{kN}\cdot\text{m}$$

不考虑风荷载时，立杆的稳定性计算公式：

$$\sigma=\frac{N_s}{\varphi A}\leqslant[f]$$

立杆长细比 $\lambda=\dfrac{l_0}{i}=\dfrac{k\mu h}{i}$，根据《建筑施工扣件式钢管脚手架安全技术规范(JGJ 130—2001)》得：$k=1.155$，$\mu=1.2$，$\lambda=\dfrac{1.155\times1.2\times1.5\times10^3}{15.8}=131.6$，轴心受压立杆的稳定系数 ϕ，由长细比 λ 的计算结果查表得到：$\phi=0.386$。

$$\sigma=\frac{14.49\times10^3}{0.386\times489}=143.15\text{N/mm}^2\leqslant205\text{N/mm}^2\text{（满足要求）}$$

考虑风荷载时，立杆的稳定性计算公式：

$$\sigma=\frac{N_d}{\phi A}+\frac{M_w}{W}\leqslant[f]$$

$$\sigma=\frac{14.49\times10^3}{0.207\times489}+\frac{0.274\times10^6}{5.08\times10^3}=197.1\text{N/mm}^2\leqslant205\text{N/mm}^2\text{（满足要求）}$$

5. 连墙件计算

荷载产生的轴向力：

$$N_{lw}=1.4\omega_k\times A_w/2=1.4\times 0.682\times 4.5\times 5.4/2=17.01\text{kN}$$

连墙件约束脚手架平面外变形所产生的轴向力：

$$N_0=5.0\text{kN}$$

$$N_l=N_{lw}+N_0=17.01+5.0=22.01\text{kN}$$

连墙件承载力设计值按下式计算：

$$N_f=\varphi\cdot A\cdot[f]$$

式中，φ 为轴心受压立杆的稳定系数，由长细比 $10/i=2440/15.8$ 的结果，查表得到 $\varphi=0.294$，10 为轴力最大连墙件的长度；$A=489\text{mm}$；$[f]=205\text{N/mm}^2$。

连墙件轴向承载力设计值为：

$$N_f=0.294\times 489\times 205\times 10^{-3}=29.47\text{kN}$$

$N_l=12.5<N_f=29.47$，连墙件的承载力满足要求。

连墙件与墩身采用焊接连接，与脚手架采用采用双扣件连接，由以上计算得到 $N_1=12.5$，小于双扣件的抗滑力 12.8kN，满足要求。

6. 地基处理

脚手架平面投影范围地基采用黏土回填压实，再采用 30cm 宽脚手木板操垫。

五、施 工 要 求

1. 施工准备

根据本工程特点及工程量，结合施工计划需要，编制下部结构施工人员需求计划表。劳动力需要计划见表 11-4-1。

劳动力需要计划　　表 11-4-1

序　号	工　种	人　数	计划进场时间
1	管理及后勤人员	20	已进场
2	技术人员	6	已进场
3	质检员	2	已进场
4	专职安全员	2	已进场
5	测量工	4	已进场
6	起重工	3	已进场
7	电焊工	4	已进场
8	电工	1	已进场
9	机修工	3	已进场
10	试验工	2	已进场
11	混凝土工	15	已进场
12	模板工	40	已进场
13	钢筋工	40	已进场

开工前落实现场施工人员，对于特殊工种，持证上岗，并对所有新进场人员进行三级安全教育。

2. 设备进场

为保证工期和工程质量，根据施工计划，编制设备进场计划，主要机械设备见表11-4-2。

主要机械设备　　表11-4-2

序号	名　称	型号规格	单位	数量	使用部位	使用时段
1	混凝土拌和楼	HZS60B/南京	台	2	墩、台身	施工全过程
2	混凝土拌和楼	HZS50/华星	台	1	墩、台身	施工全过程
3	混凝土搅拌运输车	SGW526GJB/华建	辆	5	墩、台身	施工全过程
4	混凝土汽车泵	三一重工	台	1	墩、台身	施工全过程
5	钢筋弯曲机	GW40/南通	台	4	墩、台身	施工全过程
6	钢筋滚轧直螺纹机	保定	台	4	墩、台身	施工全过程
7	钢筋切割机	QJ40A/南通	付	2	墩、台身	施工全过程
8	钢筋电焊机	BX-500/南京	台	12	墩、台身	施工全过程
9	汽车吊	QY25/徐工	台	1	墩、台身	施工全过程
	履带吊	QUY-50A	台	2	墩、台身	施工全过程
10	发电机组	潍坊160KW	台	1	墩、台身	施工全过程

对新进场设备按程序进行报验，对塔吊在使用前须取得当地安检部门检验合格证书，与其他设备将安全使用合格证书和相应操作人员资格证书上报总监办审批后使用，在使用过程中按规定进行定期保养并做好保养记录。

3. 主要材料进场

材料运输充分利用省道运至项目区外围，然后通过施工便道接入施工点。水泥、钢材等材料可通过汽运方式运至施工现场。砂石料通过长江水运至滁河南岸码头，然后以汽运方式通过便道运至施工现场。

主材及特殊材料将依据经业主及总监办及驻地办确认的企业产品，按材料用量计划分批进购。所有进购材料将确保符合质量要求。

4. 施工方法

(1)脚手架搭设

①脚手架搭设，属逐渐升高的高处作业，故所有从业人员必须正确使用安全带、正确佩戴安全帽，遵守高处作业安全操作规程。安全带必须在作业前及时正确拴挂在牢靠的结构物上，不得随意解除，更不得错解他人的安全带，并经常检查个人防护用品的完好性。

②支架脚手架基础是保障脚手架整体稳定的最重要部分。表面平整、水平，脚手架搭设时通过扫地杆将脚手架和基础连成整体。

③支架脚手架第一层拼设是整体拼装的关键，必须将支架所有上口调水平、竖杆调垂直，使每条边上的立杆在一直线上，整体成矩形体框架。在以后，随施工逐渐伸高过程中，不断调整，保证脚手架整体的垂直和方正。

④因施工需要，支架脚手架安装必须保证四周有足够的空间，吊运材料时不会发生碰撞。

⑤支架脚手架拼搭时，注意人员防护。必须在作业面层满铺加以固定的脚手板2～3层，脚手板不得使用腐朽、扭纹、破裂和有大横透节或虫眼的木板，不得出现探头板，在孔洞较大的地方和外侧四周拉设安全网防护。顶层四周安装高于120cm扶手护栏，护栏下安装高于25cm踢脚。同时安装梯步、踏步并拉设安全侧网，严禁出现人员攀爬架体上下现象。严禁出现抛接物现象，更不得向地面抛投物件。严禁在脚手架上存放较多材料，更不得存放浮置物或滚动物。

⑥为保障支架安全稳定，不得在支架脚手架上附着其他设施、设备。

⑦每次拼搭完，做到工完料清。

(2)脚手架拆除

①脚手架拆除前应由单位工程负责人召集有关人员对架子工程进行全面检查与签证确认，建筑物施工完毕，且不需要使用时，脚手架方可拆除。

②拆除脚手架应设置警戒，张挂醒目的警戒标志，禁止非操作人员通行和地面施工人员能行，并有专人负责警戒。

③长立杆、斜杆的拆除应由两人配合进行，不宜单独作业，下班时应检查是否牢固，必要时应加设临时固定支撑，防止意外。

④拆除外架前应将通道口上的存留材料杂物清除，按自上而下先装后拆，后装先拆的顺序。

⑤拆除顺序为：安全网→踢脚杆→防护栏杆→剪刀撑→脚手片→搁栅杆→连墙杆→大横杆→小横杆→立杆，应自上而下拆除，一步一清，不得采用踏步式拆除，不准上、下同时作业。

⑥如遇强风、雨、雪等气候，不能进行外架拆除。

⑦拆卸的钢管与扣件应分类堆放，严禁高空抛掷。

⑧吊下的钢管与扣件运到地面时应及时按品种规格堆放整齐。

六、施工现场人员安全保证措施

(1)现场设醒目标识牌，闲杂人员等非施工人员严禁随意进入施工现场，进入现场人员须按要求穿戴好个人防护用品。严禁穿硬底鞋、拖鞋、凉鞋、高跟鞋或赤脚、赤膊进入施工现场；女工不得穿裙子进入施工现场。

(2)遵守劳动纪律，严格执行本工种(岗位)安全操作规程，未经许可不得随意从事非本工种作业，不违章冒险作业，有权拒绝违章指挥，有责任制止他人违章操作。

(3)严禁饮用含酒精的一切饮品后进入施工现场作业。

(4)在施工现场行走要注意安全，不得随意攀登脚手架，不得私自断开合上电动开关和私接乱拉电源线，非特种作业人员禁止从事特种作业，不是机械操作工严禁拨弄或开动机械设备。

七、施工机械、机具使用安全保证措施

1. 塔吊使用安全保证措施

(1)塔吊安装与拆除由具备资质专业单位实施。

(2)塔吊在使用前须取得当地安检部门检验合格证书。

(3)操作工必须持证上岗,指挥必须持证指挥。

(4)操作中必须遵守“十不吊”等有关安全规定。

2. 汽车吊使用安全保证措施

(1)操作中必须遵守“十不吊”等有关安全规定。

(2)操作工必须持证上岗,指挥必须持证指挥。

(3)不准载荷行驶或不放下支腿就起重。支腿下要垫硬木,在支点不平的情况下,应加厚垫木调整高低,保持机身水平。

(4)工作中如遇故障,应按规定顺序查清原因予以排除,后方可继续使用。

八、地面及墩身施工的安全保证技术措施

(1)施工前,在墩身模板支架上满铺木板作为施工作业平台,并在临边的周围设置一道高度不低于1.2m的牢固栏杆,拉设安全防护网。

(2)施工人员上至墩身施工必须系用安全带,以保障高处作业从业人员人的人身安全。严禁人员单独上至墩身进行施工。

(3)墩身结构施工属安全风险较大施工工序,施工期间必须随时保持各安全通道的畅通。各种机具、材料、机械设备等摆放必须整齐有序,严禁存放在安全通道上。同时还必须做好环保施工、文明施工工作。

(4)为保证施工安全,每次绑扎钢筋高度应只满足下次墩身施工节段高度为宜。完成一节段钢筋绑扎后,必须对墩身结构内外侧钢筋用不小于$\phi16$的钢筋拉设斜拉剪力支撑,确认无误后方可拆除脚手架,以防止模板安装或大风天气造成钢筋笼扭曲变形和倒塌。

九、高空作业安全保证措施

(1)严格按高空作业安全操作规程施工。

(2)在2m以上高空作业时,安装可靠的防护设施;施工人员必须规范配戴安全帽、安全带,现场要挂设安全网。

(3)脚手架必须搭设牢固并有足够安全的作业空间,配齐扶手、护栏和脚手板、爬梯。

(4)高空作业区、脚手架禁放易坠落的工具和材料,为防止坠落,必须设置挡板和高强密目防护网。

(5)施工区域设如禁止抛物等醒目的警告标志标牌。

(6)与当地气象部门建立畅通联系通道,在高风速和恶劣天气的情况下,避免高空作业,做好防风、防雷电工作。

十、墩、台身施工安全保证措施

(1)施工前,必须在墩身模板支架上满铺脚手板作为施工作业平台,并在临边的周围设置一道高度不低于1.2m的牢固栏杆,拉设安全防护立网。

内模施工,利用固定模板的拉杆孔或爬锥螺栓作为支撑点,用2[12的槽钢制作平台骨架,满铺脚手板成为内模工作平台,平台支撑点宽边每边不少于3处,短边每边不少于2处,并在

4 周边缝处用木楔楔紧，同时用钢绳悬挂于已安装模板或预埋钢筋上作为附加保险。内模安装、拆除完成后，及时将顶口封闭，悬挂危险标志。

(2)施工人员上至墩身施工必须系用安全带，并要求及时拴挂使用，以保障高处作业人员的人身安全。严禁作业人员单独上至墩身进行施工。

(3)墩身结构施工属安全风险较大施工工序，施工期间必须随时保持各安全通道的畅通。各种机具、材料、机械设备等摆放必须整齐有序，严禁存放在安全通道上。同时还必须做好环保施工、文明施工工作，设置休息亭(棚)、厕所、垃圾存放设施等。

(4)墩身钢筋绑扎作业，由于墩身节段为空腹施工，在绑扎过程中存在较大安全风险。因此施工前必须将内模侧空腹实施封闭，同时搭设绑扎脚手架，满铺脚手板至少 2 层，设置人员作业上下步梯或背靠笼爬梯。整个脚手架底部与预埋钢筋、模板连接牢固，外侧满挂封闭安全网。绑扎作业中脚手架上不得承载过多、过重的荷载，脚手架的着力点应设在已浇筑混凝土结构上，条件允许的情况下，每次浇筑前设置锚固预埋件。

为保证施工安全每次绑扎钢筋高度应只满足下次墩身施工节段高度为宜。完成一节段钢筋绑扎后，必须对墩身结构内外侧钢筋用不小于 $\phi16$ 的钢筋拉设斜拉剪力支撑，确认无误后方可拆除脚手架，以防止模板安装或大风天气造成钢筋笼扭曲变形和倒塌。

十一、安全用电技术措施

(1)落实施工现场安全用电控制的规定，遵守安全生产规章制度。

(2)电工必须持证上岗。

(3)现场的供电线路、设备安装维护以及拆除必须由专业人员进行。

(4)对于移动机具及照明的使用应实行二级漏电保护，并定期进行检查、维护、保养。

(5)停用的设备必须拉闸断电，锁好开关箱。

(6)电工作业时必须穿戴好必要的劳防用品。

(7)严禁带电作业，设备严禁带病运行。

十二、起重作业安全措施

(1)起重机的安装、检验、报废与管理等，必须符合国家有关规定、规程、标准和南京市危险性较大的生产设备设计、制造、安装、使用安全管理暂行规定有关的要求。

(2)机料科应加强对起重机的管理领导，工程科负责监察监督工作。

(3)在选购起重机前，应由设备科及租赁站组织进行论证，根据施工需要，选购符合国家规范要求和安全规定的起重机。生产厂必须持起重机的生产许可证，必要时还应对生产厂的技术力量、检测手段、质量管理体系工艺管理制度进行考察。

(4)对新购进的起重机必须组织专门人员进行验收，按生产厂提供的技术资料核对。随机附件资料产品合格证必须完整无缺，验收人员必须签字。

(5)起重机必须设有各类制动器、超负荷限制器、防倾覆行程限位和缓冲器、防碰撞和防爆炸装置、各种指示仪表、声光信号和其他安全防护装置齐全有效。

(6)起重机的电器设备和电器线路，必须符合有关电器技术条件的规定，并附有检验合格的证明资料。

(7)起重机的安装必须选择持有效证照的专业安装施工队伍和厂家承担。

(8)起重机的安装按照随机出厂的技术文件的要求进行,必须符合施工和验收规范。安装完毕交付使用前,安装单位应提供有关技术资料,并经市劳动行政部门、检验合格发证起重机械发起重机械使用登记证,车辆发给汽车年检合格证。安装单位对安装质量负责,凡因安装质量不符合要求而造成人身、设备事故,要追究安装单位的责任。

(9)起重机安装完毕,经检验合格在交付使用前,应组织专门小组进行试车,试车小组应包括技术人员、操作工人、维修工人和安全部门人员。试车前应制定试车大纲,并按照试车大纲项目和程序进行试车,试车时应指定专人指挥。

(10)经试车合格并报经有关检验部门检验合格后,由有关发证机关发给起重机使用登记证书。

(11)使用起重机的操作人员必须持证上岗,操作证必须按规定期限进行复检。

(12)操作起重机必须严格按照该类型的机械安全操作规程进行,操作中严格注视各种指示标志,发现异常和异响立即关机,消除故障后才能继续开机。

(13)起重机的"安全使用登记证"应按期进行复检,起重机检验期限定:

起重类机械:1 年。

车辆:1 年。

(14)起重机应建立设备技术档案,并有专人保管,设备档案内容主要包括:

①设备出厂技术条件,如图纸,合格证书,安装和作用说明书等资料。

②设备的大、中修记录的有关技术资料。

③设备交付使用前技术性能、检查试验和定期检查记录,重要技术性能改变记录。

④设备和人身事故记录。

⑤设备归属变动情况。

⑥设备价值折旧情况。

⑦使用台班记录。

(15)起重机的报废规定和封存管理按上级公司《机械设备管理有关规定》办理。

(16)起重机的维修等级分为大修、中修、小修和保养。大中修周期根据运转时间、累计工作量确定,按不同类型的规定修理周期和设备实际技术状况制定修理计划,按照修理计划进行修理。修理计划由设备科和租赁站制定并实施,报上级公司机务部门负责和监督。

(17)对起重机实施强制保养,暂闲置不用的应封存保养,长期封存的应进行定期检查和保养。

(18)起重机的大中修应送有权部门认可的修理厂修理,修好后要组织专人按照规范要求进行验收,并报有权部门检验,签发合格证。

(19)本办法如有与公司《机械设备管理有关规定》和上级有关部门文件规定相抵触,以公司《机械设备管理有关规定》和上级有关部门文件规定为准。

十三、交流点焊机操作安全措施

(1)使用前,应检查并确认初、次级连接线正确,输入电压符合点焊机铭牌上的规定。接通电源后,严禁接触初级线路的带点部分。

(2)次级抽头连接铜板应压紧，接线柱应有垫圈。合闸前，应详细检查接线螺帽、螺栓及其他部件并确认完好齐全、无松动或损坏。

(3)多台电焊机集中使用时，应分接在三项电源网络上，使三项荷载平衡。多台电焊机的接地装置，分别由接地极处引接，不得串接。

(4)移动电焊机时，应切断电源，不得用拖拉电缆的方法移动电焊机。当焊接中突然停电时，应立即切断电源。

十四、雨季、夏季与夜间施工安全保证措施

1. 雨季施工安全措施

(1)雨季施工注意天气预报，遇不利天气时提前采取措施。

(2)在雨季施工时，施工现场、生活区等排水系统随时保持贯通，派专人进行检查、疏导。保证排水沟畅通，施工道路不积水，雨季随时收听气象预报，配备足够的抽水设备及防暴雨内涝的应急材料。

(3)雷雨、暴雨前后必须组织有关人员对现场临时设施、脚手架、机电设备、临时线路等进行检查，发现倾斜、变形下沉、漏雨、漏电等现象，针对检查出的具体问题，及时采取相应措施修理加固，有危险的必须及时排除。

(4)雷雨、暴雨前机械、电气设备完善防雨防潮措施，塔吊按规定进行固定。同时，原料、成品、半成品也完善防雨措施。雨季现场道路应加强维护，斜道和脚手板应有防滑措施。

(5)混凝土浇筑必须事先注意天气情况，尽量避开雨天，若不得已情况，必须做好防雨措施，预备好足够的彩条布、油布等。

(6)雨季必须连续施工的砼工程，应有可靠的防雨措施，备足防雨物资，及时了解气象情况，选择合适的时间施工。如中途施工应采取覆盖及调整混凝土坍落度等方法。加强计量测试工作，及时准确地测定砂、石含水率，从而准确地调整施工配合比，确保混凝土施工质量。

(7)雨水季节，做好砂石料的储备，保证施工要求。劳动安排时，按轻、重、缓、急和分项工程的进度情况。机动调整不出现劳力闲置和窝工现象。

(8)对高耸物如塔吊等，必须检查避雷装置是否完好可靠。大风、大雨时，塔吊应立即停止使用，大风过后，应对上述设备进行复查试车，有破损应及时采取加固措施。

(9)对供电、用电设备安装防雷接地和防漏电接零保护，实施“一机一闸一漏保”安全用电管理制度。

2. 夏季施工安全措施

(1)夏季要有防暑降温措施，高温季节施工必须采取调整作息时间，采取发放防暑药品、供应凉茶、加强通风和搭设凉棚等措施。做好防止人员中暑的降温工作，杜绝中暑事故的发生。

(2)加强明火作业监督管理，规范施工现场临时用电安全管理等。

(3)食堂要保证食品卫生工作。

3. 夜间施工措施

(1)夜间施工必须设置符合操作要求的照明设施。

(2)墩身各攀登扶梯必须设置照明灯具。

(3)施工中的防护围栏和高耸施工设备、结构必须设置红灯示警标志。

第五节　安 全 措 施

一、安全检查与验收

工程中使用的机械设备、安全设施、防护用品的安全技术性能对工程的安全施工有重要意义。每项作业必须有专人对相关设备和防护措施进行认真检查，并严格按照规定的程序履行，消除隐患，确保各项设备具有良好的安全技术状况，安全可靠。

二、日常维护及安全管理

1. 日常检查隐患整改及验收

检查中发现的事故隐患，检查组应签发隐患通知单，由受检单位负责制定整改措施，明确整改责任人和整改期限，及时组织整改。对客观条件限制暂时不能整改的隐患，应采取相应的临时措施，并报公司安全部门备案，制定整改计划或列入项目隐患治理整改项目，按照相应的规定进行治理。

对检查中发现违章指挥、违章作业行为，应立即制止，并报告有关人员予以纠正。

隐患进行整改后，受检单位应填写隐患整改回执单，按规定的期限上报隐患整改结果，由检查负责人派专人进行隐患整改情况的验收。

2. 奖励与处罚

依据检查结果，对安全生产取得良好成绩和避免重大事故的有关人员给予表扬和奖励；对安全体系不能正常运行，存在诸多事故隐患，危及安全生产的按规定予以批评和处罚；对违章指挥、违章操作、违反劳动纪律的单位和个人按照公司奖惩规定予以处罚。

3. 安全检查及评价

三、定期安全生产检查

1. 安全检查的分类

安全检查分为日检查、周检查、月检查、季度检查。

(1)日检查。项目安全员每天对施工现场进行安全巡视检查，填写日检表。

(2)周检查。每周由项目生产经理负责组织本项目文明施工各相关人员参加，对现场进行一次安全生产检查。

(3)月检查。每半月由项目安全部负责组织本项目文明施工各相关人员参加，对现场进行一次安全生产检查。

(4)季度检查。由项目安全管理部组织,对各作业现场进行安全生产、文明施工达标验收检查。

2. 专业检查

由项目组织专业人员,对现场进行安全防护、用电安全、机械安全、消防安全专项检查。检查人员:专职安全员,对口职能部门。

3. 季节性安全生产检查

由主管领导组织,安全部及相关部门参加。主要是冬季安全生产检查,雨季安全生产检查。检查人员:相关职能部门负责人。

4. 特殊性检查

由各级领导带队,相关部门参加,在元旦、春节、劳动节、国庆节等特殊节假日,对施工现场进行安全、消防等措施落实情况的检查。

5. 安全评价

每次检查完成后,及时下发整改通知,对检查出的问题限期整。

第六节　应 急 处 置

一、组 织 机 构

组织机构网络图如图 11-6-1 所示。

二、组织机构中各部门职责

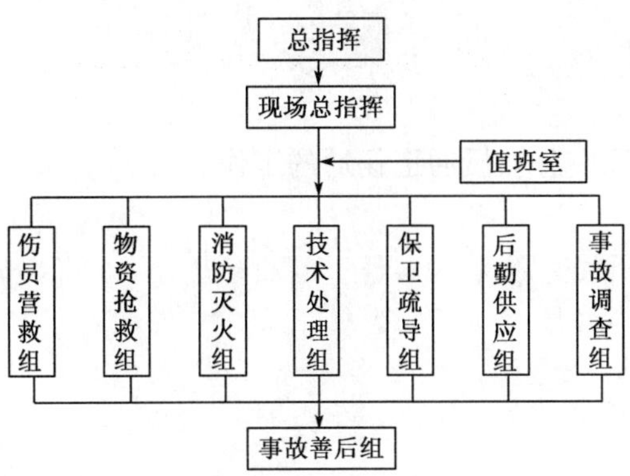

图 11-6-1　事故应急救援预案组织机构网络图

1. 总指挥的职能与职责

(1)分析紧急状态确定相应报警级别,根据相关危险类型、潜在后果、现有资源控制紧急情况的行动类型。

(2)指挥、协调应急反应行动。

(3)与企业外应急反应人员、部门、组织和机构进行联络。

(4)直接监察应急操作人员行动。

(5)协调后勤方面,以支援应急反应组织。

(6)应急反应组织的启动。

(7)应急评估、确定升高或降低应急警报级别。
(8)通报外部机构,决定请求外部援助。
(9)决定应急撤离,考察事故现场外影响区域的安全性。

2. 现场副总指挥的职能与职责

(1)保持与总指挥的直接联络。
(2)检查各常设应急反应组织和部门的日常工作和应急反应准备状态。
(3)所有施工现场操作和协调。
(4)保证现场人员和公众应急反应行动的执行。
(5)控制紧急情况。
(6)最大限度地保证现场人员和外援人员及相关人员的安全。
(7)做好与消防、医疗、交通管制、抢险救灾等公共救援队伍的联络。

3. 现场伤员营救组的职能与职责

(1)引导现场作业人员从安全通道疏散。
(2)对受伤人员进行营救至安全地带。

4. 物资抢救组的职能与职责

(1)抢救可以转移的场区内物资。
(2)转移可能引起新危险源的物资到安全地带。

5. 技术处理组的职能与职责

(1)根据各项目经理部及加工厂的施工生产内容及特点,制订其可能出现而必须运用建筑工程技术解决的应急反应方案,整理归档,为事故现场提供有效的工程技术服务做好技术储备。

(2)应急预案启动后,根据事故现场的特点,及时向应急总指挥提供科学的工程技术方案和技术支持,有效地指导应急反应行动中的工程技术工作。

(3)现场事故评估。

6. 保卫疏导组的职能与职责

(1)对场区内外进行有效的隔离工作和维护现场应急救援通道畅通的工作。
(2)疏散场区内外人员撤出危险地带。

7. 后勤供应组的职能与职责

(1)迅速调配抢险物资器材至事故发生点。
(2)提供和检查抢险人员的装备和安全防护。
(3)及时提供后续的抢险物资。
(4)迅速组织后勤必须供给的物品,并及时输送后勤物品到抢险人员手中。

8. 事故调查组的职能与职责

(1)保护事故现场。

(2)对现场的有关实物资料进行取样封存。

(3)调查了解事故发生的主要原因及相关人员的责任。

(4)按“四不放过”的原则对相关人员进行处罚、教育、总结。

9. 善后工作组的职能与职责

(1)做好伤亡人员及家属的稳定工作,确保事故发生后伤亡人员及家属思想能够稳定,大灾之后不发生大乱。

(2)做好受伤人员医疗救护的跟踪工作,协调处理医疗救护单位的相关矛盾。

(3)与保险部门一起做好伤亡人员及财产损失的理赔工作。

(4)慰问有关伤员及家属。

三、应急预案启动程序

施工单位建立安全值班制度,设值班电话并保证24小时轮流值班。具体为:

(1)如发生安全事故应立即上报,具体上报程序为:现场第一发现人→现场值班人员→现场应急救援小组组长→安全事故应急救援总指挥→向上级部门报告。

(2)生产安全事故发生后,应急救援组织应立即启动以下应急救援程序(启动程序):

①现场发现人。向现场值班人员报告。

②现场值班人员。控制事态保护现场组织抢救,疏导人员并向总指挥、现场副总指挥汇报。

③现场应急救援副总指挥。组织各组组员进行现场急救,组织车辆保证道路畅通,送往最佳医院。

④生产安全事故应急救援指挥部。了解事故及伤亡人员各简况及采取的措施,安排事故调查组、事故善后处理组对事故进行善后处理事故调查,预防事故发生措施的落实,并上报上级部门。

四、事故的应急救援预案

1. 高空坠落、车辆、机械伤害事故

(1)轻伤事故

①立即关闭运转机械,保护现场,并向应急值班人员汇报。

②值班人员、伤员营救组赶到现场,对伤者同时消毒、止血、包扎、止痛等临时措施。

③伤员营救组、技术处理组尽快将伤者送医院,进行防感染和防破伤风处理,或根据医嘱作进一步检查。

(2)发生重伤以上事故

①立即关闭运转机械,保护现场,及时向现场值班人员汇报,值班人员向应急总指挥、现场

副总指挥汇报，并迅速赶赴事故现场，开始组织事故抢救。

②伤员营救组、技术处理组立即对伤者进行包扎、止血、止痛、消毒、固定等临时措施，防止伤情恶化。如有断肢等情况，及时用干净手巾、手绢、布片包好，放在无裂缝合的塑料袋或胶皮袋内，袋口扎紧，在口袋周围放置冰決、雪糕等降温物品，不得在断肢处涂酒精、碘酒及其他消毒液。

③保卫疏导组迅速拨打120求救和送附近医院急救，断肢随伤员一起运送。

2. 火灾事故

(1)立即报警。当接到汇报施工现场火灾发生信息后，现场值班人员立即拨打“119”火警电话，并及时通知应急救援小组总指挥、现场副总指挥，以便以最快速度组织、指挥扑救火灾事故。

(2)组织扑救火灾。当施工现场发生火灾后，除及时报警外，指挥小组要立即组织义务消防队员和消防灭火组进行扑救，扑救火灾时按照“先控制、后灭火；救人重于救火；先重点后一般”的灭火原则。并派物资抢救组、伤员营救组及时切断电源，接通消防水泵电源，组织抢救伤亡人员，隔离火灾危险源和重要物资，充分利用施工现场中的消防设施器材进行灭火。

(3)协助消防员灭火。在自救的基础上，当专业消防队到达火灾现场后，火灾事故应急指挥小组应简要地向消防队负责人说明火灾情况，并全力支持消防队员灭火。要听从消防队的指挥，齐心协力，共同灭火。

(4)伤员身上燃烧的衣物一时难以脱下时，可让伤员躺在地上滚动，或用水洒扑灭火焰。

(5)保护现场。当火灾发生时和扑救完毕后，保卫疏导组、技术处理组要保护好现场，维护好现场秩序，等待对事故原因及责任人的调查。同时应立即采取善后工作，及时清理，将火灾造成的垃圾分类处理并采取其他有效措施，从而将火灾事故对环境造成的污染降低到最低限度。

(6)注意事项如下：

①重要的档案资料等，一旦着火不可用水扑救。

②那些比重轻于水的易燃液体着火后不宜用水扑救。因为着火的易燃体会漂在水面上，到处流淌，反而造成火势蔓延。

③高压电器设备失火不能用水来扑救。一是水能导电容易造成电器设备短路烧毁；二是容易发生高压电流沿水柱传到消防器材上，使消防人员造成伤亡。

④硫酸、硝酸、盐酸遇火不能用水扑救，因为这三种强酸遇火后发生强烈的发热反应，引起强酸四处飞溅，甚至发生爆炸。

⑤金属钾、钠、锂和易燃的铝粉、锰粉等着火，千万不可用水扑救。因为它们会与水发生化学反应，生成大量可燃性气体——氢气，不但火上浇油，而且极易发生爆炸。

3. 触电事故

(1)现场发现人员应当机立断地脱离电源，尽可能的立即切断电源(关闭电路)，亦可用现场得到的绝缘材料等器材使触电人员脱离带电体。

(2)救援小组得到信息后伤员抢救组应将伤员立即脱离危险地方，进行抢救。

(3)若发现触电者呼吸或呼吸心跳均停止，则将伤员仰卧在平地上或平板上立即进行人员呼吸或同时进行体外心脏按压。

(4)保卫疏导组应立即拨打120向当地急救中心取得联系(医院在附近的直接送往医院)，应详细说明事故地点、严重程度、本部门的联系电话，并派人到路口接应，并维护现场秩序，严密保护事故现场。

(5)注意事项如下：

①在未脱离电源时，切不可用手去拉触电者。

②事故发生时应组织人员进行全力抢救，视情况拨打120急救电话和马上通知值班人员。

③注意保护好事故现场，便于技术处理组调查分析事故原因。

④心肺复苏抢救措施要坚持不断地进行(包括送医院的途中)，不能随便放弃。

第十二章 北接线滁河特大桥挂篮安全专项施工方案

第一节 工 程 概 况

一、工 程 介 绍

南京四桥北接线第N2标段(K8+469～K9+651)设滁河特大桥1座,位于南京市六合区龙袍镇和东沟镇交界处,路线跨越滁河(Ⅴ级航道),设计最高通航水位6.8m。本桥中心桩号K9+060,跨径组成[5×35+2×(4×35)+(53+96+53)+3×(5×35)]m,共分7联。主要工程量有:ϕ1.2m钻孔灌注桩11918延米/242根,ϕ1.8m钻孔灌注桩2688延米/40根,承台64个,1.6m×1.6m立柱121根,1.8m×1.8m立柱8根,塔形墩柱4个,盖梁58个,肋板式桥台4个,35m装配式箱梁285片,C50混凝土悬浇连续箱梁404m/半幅。

二、编制依据、原则及适用范围

1. 编制依据

(1)《中华人民共和国安全生产法》。
(2)《建设工程安全生产管理条例》。
(3)《生产安全事故报告和调查处理条例》。
(4)《建筑施工人员个人劳动保护用品使用管理暂行规定》。
(5)《特种设备安全监察条例》。
(6)《企业职工伤亡事故报告和处理规定》。
(7)《建设工程重大生产安全事故应急预案》。
(8)《施工现场临时用电安全技术规范》(JGJ 46—2005)。
(9)《南京长江第四大桥项目职业健康安全管理体系》。
(10)《南京长江第四大桥N2合同段招标文件、设计文件、施工组织设计文件》。
(11)《南京长江第四大桥安全生产管理文件汇编》。

2. 编制原则

(1)安全第一、以人为本;预防为主、综合治理的方针

始终按照技术可靠、措施得力、施工顺序安排合理、确保安全的原则确定施工方案。重点是高空作业、机械设备使用、临时用电、作业面周围防护等重要环节的施工安全。工程开工前做到安全保证措施首先落实到位,做好安全技术交底,在确保万无一失的前提下组织施工。当安全、质量、进度发生冲突时,必须优先考虑和解决安全生产方面的问题。

(2)坚持国家法律法规和行业标准、技术规范的原则

贯彻执行桥涵施工规范、安全技术规程,执行指挥部及监理单位对本工程建设的各项要求,采取现代化的管理手段和管理模式,优化各项资源配置,以适应施工组织需要。

3. 适用范围

本安全专项方案适用南京长江四桥北接线 N2 标段 14 号墩至 15 号墩的连续梁施工。

第二节　安全管理及危险因素识别与控制

一、安全管理体系

施工安全管理工作必须认真贯彻执行“安全第一、预防为主、综合治理”的方针和项目经理对安全工作负第一责任的方针,分管领导对项目经理负责,并对安全工作负直接责任;建立项目经理为安全第一责任人的各级安全生产责任制。施工船舶实行船长、驾长负责制,班组长为本班组的兼职安全员,对本班组的安全负责。

1. 安全控制目标

(1)工伤死亡率零,重伤率零。

(2)重大安全事故案次零次。

(3)重大职业病发生率零。

(4)无其他恶性事故或事件。

2. 安全管理组织网络

连续梁施工安全管理组织体系框图如图12-2-1所示。

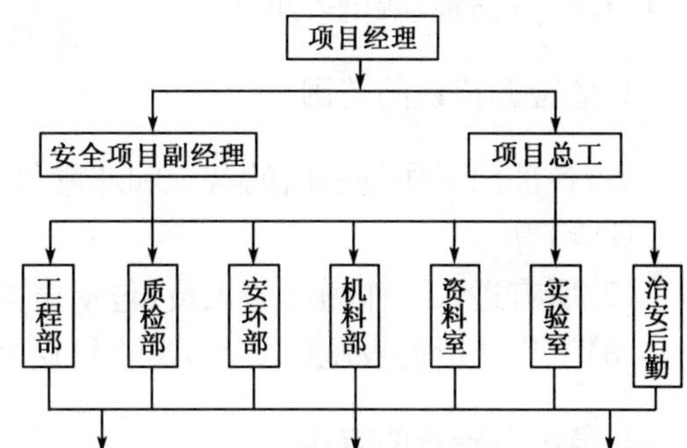

图 12-2-1　管理组织网络图

3. 安全组织机构

(1)安全生产领导小组

项目部成立职业健康安全管理工作领导小组,小组成员组成如下:

组长:项目经理

副组长:生产经理,项目总工,安环部

组员:各专职,兼职安全人员

(2)安全管理部门

项目部成立安全环保部,归口管理项目安全生产工作。

部长(专职安全员):×××

专职安全员:×××

兼职安全员:×××

二、危险因素识别与控制

1. 危险源分类

(1)墩旁支架搭设时的制造、运输、吊装、安装各工序,以及涉及起重作业、高空作业、焊接作业、钢丝绳断裂、墩旁支架杆件在吊装过程中滑落、高空作业防护措施不到位等。

(2)0号块施工墩顶布置工程包括分配梁运输、吊装、安装、支座布设、模板安装、混凝土浇筑等各工序,以及涉及起重作业、高空作业、焊接作业、混凝土浇筑作业、预应力张拉、压浆、钢丝绳断裂、分配梁构架在吊装过程中滑落、高空作业防护措施不到位、起重伤害、高处坠落、物体打击、触电等。

(3)挂篮安装构件运输、吊装、安装、锚固、调整、底模安装,以及涉及的起重作业、高空作业、焊接作业、高空坠物、物体打击、触电等。

(4)挂篮移动时构件滑道安装、锚固、调整、坠物打击、溺水以及其他危险源。

(5)钢筋制作、搬运、安装涉及起重作业、焊接作业、高空作业。

(6)模板搬运、安装、拆卸涉及起重作业、高空作业,可能存在钢丝绳断裂、模板吊装过程中脱落、高空及临边作业防护措施不到位,产生起重伤害、高处坠落、物体打击、溺水等伤害事故。

(7)混凝土运输、振捣、模板检查,主要涉及高空作业、水上作业可能存在船舶碰撞、人员落水、高空及临边作业防护措施不到位、模板胀模等重大危险因素,可能导致溺水、高处坠落、物体打击、机械伤害、触电等事故。

2. 危险源辨识的范围

(1)各部门工作场所内的常规和非常规活动,如施工过程、设计活动、办公室地面拖地(有滑倒危险)等。

(2)所有进入工作场所的人员(包括合同方、供方人员和访问者)的活动。

(3)工作场所的设施(无论由本项目还是由外界所提供)。

3. 危险源辨识的方法

(1)询问和交流;

(2)现场观察;

(3)查阅有关记录；
(4)获取外部信息；
(5)工作任务分析；
(6)安全检查表；
(7)作业条件危险性评价。

4. 危险因素

(1)挂篮施工；
(2)塔吊起重作业；
(3)挂篮安装、移动；
(4)各种工机具使用；
(5)施工用电；
(6)材料存放；
(7)高空坠物。

5. 危险因素控制措施

(1)安装起重作业危险因素控制措施

①每班工作前，吊机使用前，应将所有操纵杆及按钮放在零位置。确认正常后方可开始工作。开始工作前，应先试运转一次，检查各机构的工作是否正常，制动器是否灵敏可靠，必要时应加以调整或检修。

②作业前应注意在吊机回转范围内有无障碍物。吊重物时，不得突然升降起重臂。严禁伸缩起重臂。作业时，不得超过额定起重量，亦不得斜拉起吊。

③遇六级以上大风时，要停止室外的起重作业。起重作业由专人统一指挥，吊物下方严禁站人。

④工作完毕后，应关闭发动机及电源，操纵杆及按钮放到零位，将各制动器刹死。并将驾驶室门窗锁住。

⑤经常检查钢丝绳，对钢丝绳断裂超过规范要求的必须进行更换合格钢丝绳。

⑥吊装大件或长件等要拉揽风绳，防止吊物摆幅过大，碰撞结构及人机设备。

(2)塔吊安全操作规程

①塔吊的轨道基础或混凝土基础必须经过设计验算，验收合格后方可使用，基础周围应修筑边坡和排水设施，并与基坑保持一定安全距离。

②塔吊的拆装必须由取得建设行政主管部门颁发的拆装资质证书的专业队进行，拆装时应有技术和安全人员在场监护。

③拆装人员应穿戴安全保护用品，高处作业时应系好安全带，熟悉并认真执行拆装工艺和操作规程。

④风力达到四级以上时不得进行顶升、安装、拆卸作业。顶升前必须检查液压顶升系统各部件连接情况。顶升时严禁回转臂杆和其他作业。

⑤塔吊安装后，应进行整机技术检验和调整，经分阶段及整机检验合格后，方可交付使用。

⑥塔吊的金属结构、轨道及所有电气设备的金属外壳应有可靠的接地装置，接地电阻不应大于4Ω，并应设立避雷装置。

⑦塔吊不得靠近架空输电线路作业，如限于现场条件，必须在线路旁作业时，必须采取安全保护措施。塔吊与架空输电导线的安全距离应符合规定。

⑧塔吊作业时，应有足够的工作场地，塔吊起重臂杆起落及回转半径内无障碍物。

⑨作业前，必须对工作现场周围环境、行驶道路、架空电线、建筑物以及构件重量和分布等情况进行全面了解。

⑩在进行塔吊回转、变幅、行走和吊钩升降等动作前，操作人员应鸣声示意。

⑪塔吊的指挥人员必须持证上岗，作业时应与操作人员密切配合。操作人员也必须持证上岗，作业时应严格执行指挥人员的信号，如信号不清或错误时，操作人员应拒绝执行。如果由于指挥失误而造成事故，应由指挥人员负责。

⑫操纵室远离地面的塔吊在正常指挥发生困难时，可设高空、地面两个指挥人员，或采用对讲机等有效联系办法进行指挥。

⑬塔吊作业时，起重臂和重物下方严禁有人停留、工作或通过。重物吊运时，严禁从人上方通过。严禁用塔吊载运人员。

⑭塔吊机械必须按规定的塔吊起重性能作业，不得超载荷和起吊不明重量的物件。

⑮严禁起吊重物长时间悬挂在空中，作业中遇突发故障，应采取措施将重物降落到安全地方，并关闭电机或切断电源后进行检修。在突然停电时，应立即把所有控制器拨到零位，断开电源总开关，并采取措施将重物安全降到地面。

⑯严禁使用塔吊进行斜拉、斜吊和起吊地下埋设或凝结在地面上的重物。现场浇筑的混凝土构件或模板，必须全部松动后方可起吊。

⑰起吊重物时应绑扎平稳、牢固，不得在重物上堆放或悬挂零星物件。零星材料和物件，必须用吊笼或钢丝绳绑扎牢固后，方可起吊。标有绑扎位置或记号的物件，应按标明位置绑扎。

⑱遇有六级以上大风或大雨、大雪、大雾等恶劣天气时，应停止塔吊露天作业。在雨雪过后作业时，应先经过试吊，确认制动器灵敏可靠后方可进行作业。

⑲在起吊载荷达到塔吊额定起重量的90%及以上时，应先将重物吊起离地面20～50cm停止提升进行下列检查：起重机的稳定性、制动器的可靠性、重物的平稳性、绑扎的牢固性。确认无误后方可继续起吊。对于有可能晃动的重物，必须拴拉绳。

⑳重物提升和降落速度要均匀，严禁忽快忽慢和突然制动。左右回转动作要平稳，当回转未停稳前不得作反向动作。非重力下降式塔吊，严禁带载自由下降。

㉑操作人员临时离开操制室时，必须切断电源，锁紧夹轨器。作业完毕后，塔吊应停放在轨道中间位置，起重臂应转到顺风方向，并松开回转制动器，小车及平衡重应置于非工作状态，吊钩宜升到离起重臂顶端2～3m处。

(3)高空作业危险因素控制措施

①从事高空作业人员要定期体检，经医生诊断，凡患高血压、心脏病、贫血病以及其他不适于高空作业的，不得从事高空作业。

②高处作业前，应系好安全带，穿好防滑软底鞋，扎紧袖口，衣着灵便；凡从事2m以上高

处作业人员，不适合高处作业者，均不得从事高处作业。

③高处作业前，应检查作业点行走和站立处的脚手板、临空处的栏杆、安全网和上、下梯子，确认符合安全规定后，方可进行作业。

④高处作业所用的料具，应用绳索捆扎牢靠，小型料具应装在工具袋内吊运，并摆放在牢靠处，以防坠落伤人，严禁抛掷。

⑤用于高空作业的梯子不得缺档，不得垫高使用。梯子横档间距以25cm为宜。使用时上端要扎牢，下端应采取防滑措施。单面梯与地面夹角60°～70°为宜，禁止二人同时在梯上作业。在通道处使用梯子，应有人监护或设置围栏。

⑥严禁在尚未固定牢靠的踏板和不稳定的结构上作业及行走。

⑦登高作业前应仔细检查登高工具和安全用具，如安全帽、安全带、梯子、跳板、脚手架等，如有不符合要求的应立即改进或拒绝登高作业。安全带应挂在作业人员上方的牢靠处，流动作业时随摘随挂。

⑧施工区域的风力达到六级(包括六级)以上时，应停止高处作业。

⑨在易断裂的工作面作业时，应先搭好脚手板，站在脚手板上作业，严禁直接踩在作业面上操作。

⑩高空作业现场，应划出危险禁区，设置明显标志，严禁无关人员进入。

⑪进行高空作业必须先将下方的易燃、易爆物品移至安全地带，还应采取措施，确保割下的金属或火花不致伤人或引起火灾事故。

⑫高空作业人员不准从高空向地面抛掷物件，也不准从地面向高空抛掷物件，应采用绳索、吊篮或吊机等传送物件。

⑬站在跳板上工作时，不得站在跳板的端头。在同一跳板上的作业人员不得超过2人。

⑭应尽量避免上、下层同时进行作业。如无法避免时，上、下层之间必须设专用防护棚，或采取其他防护措施，且上层不准堆放工具、物件。

⑮高空作业的沿口、孔洞处，应设置护栏和标志，防止失足踏空。

⑯高空作业区的下方地面，严禁堆放脚手架、跳板、其他杂物。地面人员禁止在高空作业区的正下方停留或通行。严禁在高空作业时嬉笑打闹，严禁在高空作业区睡觉。

(4)焊接危险因素控制措施

每台电焊机有专用的开关箱和一机一闸控制，并由专业电工负责安装。电焊机外壳做接地保护。电焊机设置地点应防潮、防雨、防砸。电焊机一次线长度应小于5m，并安装可靠防护装置。二次线应集中布置，排列整齐，施工点设二次线接线快速插头箱，编号对应。电焊机的一次侧及二次侧都应装设防触电保护装置。为了防止高压(一次侧)窜入低压(二次侧)造成危害，交流焊机二次侧应当接地或接零。露天作业下雨时不准使用电焊机，防止漏电伤人。电焊机使用过程中不允许超载，否则将会因过热而烧毁电焊机或造成火灾。而超载造成绝缘损坏，还可能引起漏电而发生触电事故。焊接前，应先检查焊机设备和工具是否安全，如焊机接地及各接线点接触是否良好，焊接电缆绝缘外套有无破损等。在设备上进行焊接前，应先把设备的接地或接零线拆掉，焊接完后再恢复。进行电焊作业前，应检查作业环境，清除危险因素和设置监护人员；当与其他人员和有关设施过近时，应采用屏护和安全间隔等保证作业安全：当高处焊接作业时，必须挂好安全带。

更换焊条时，焊工应戴绝缘手套。在金属容器内或金属结构上以及其他狭小工作场所焊接时，触电的危险性最大，必须采取专门的防护措施。如采用橡皮垫、戴皮手套、穿绝缘鞋等，以保障焊工身体与焊件间绝缘。禁止使用简易无绝缘外壳的电焊钳。焊机应设置在防雨和通风良好的地方。焊接现场不准堆放易燃易爆物品。露天作业下雨时不准使用电焊机，防止漏电伤人。

(5)钢筋工程危险因素控制措施

①钢筋断料、配料、弯料等工作应在地面进行，不准在高处操作。

②现场人工断料，所用工具必须牢固，掌錾子和打锤要站成斜角，注意打锤区域内的人和物体。切断小于 30cm 的短钢筋，应用钳子夹牢，禁止用手把扶，并在外侧设置防护栏笼罩或朝向无人区。

③钢筋头子应及时清理，成品堆放要整齐，工作台要稳，钢筋工作棚照明灯必须加网罩。作业后，应清理场地，切断电源，锁好开关箱。

④钢材、半成品等应按规格、品种分别堆放整齐，制作场地要平整，工作台要稳固，照明灯具必须加网罩。距电器、开关或配电箱不少于 800mm；钢筋加工车间及钢筋堆放场地必须使用漏电保护电箱，电气开关箱和焊接设备操作地面应铺设橡胶板或其他绝缘材料。

⑤拉直钢筋，卡头要卡牢，地锚要结实牢固，拉筋沿线 2m 区域内禁止行人。人工绞磨拉直，不准用胸、肚接触推杠，并缓慢松懈，不得一次放开；展开盘圆钢要一头卡牢，防止回弹，切断时要先用脚踩紧。

⑥搬运钢筋要注意附近有无障碍物、架空电线和其他临时电气设备，防止钢筋在回转时碰撞电线或发生触电事故。

⑦起吊钢筋时，下方禁止站人，必须待骨架降到距离模板 1m 以下才准靠近，就位支撑好后，方可摘钩。起吊钢筋时，规格必须统一，不准长短参差不一，细长钢筋不准一点吊。吊运短钢筋应使用吊笼，吊运超长钢筋应加横担，捆绑钢筋应使用钢丝绳千斤头，双条绑扎，禁止用单条千斤头或绳索绑吊。

⑧多人合运钢筋，起、落、转、停动作要一致，人工上下传送不得在同一垂直线上。钢筋堆放要分散、稳当防止倾倒和塌落。

⑨人力垂直运送钢筋时，应预先搭设马道，并加设护身栏杆，人工垂直送、拉、运钢筋，应搭接料平台，加设护身栏杆，并应检查绳索滑轮及绑扎等机具是否牢固，在上面接料人员应挂好安全带，人员必须在护身栏内操作。

⑩堆放钢筋及骨架应整齐平实，下垫方木，堆放带有弯钩的半成品，最上一层钢筋的弯钩不得朝上。

⑪现场绑扎钢筋时，不得站在模板上操作，必须在脚手板或施工平台上操作；不准站在钢箍上绑扎，也不准将木料、管子、钢模板穿在钢箍内作为立人板。

⑫在高空绑扎钢筋和安装骨架，须搭设脚手架和马道。高空作业时，不得将钢筋集中堆在模板和脚手板上，也不要把工具、钢箍、短钢筋随意放在脚手板上，以免滑下伤人。

⑬绑扎钢筋，不得站在钢筋骨架上和攀登骨架上下。高空作业绑扎钢筋，应搭设外架或安全网。绑扎时挂好安全带。

⑭钢筋骨架不论其固定与否，不得在上行走，禁止从钢箍上下。

⑮在雷雨时必须停止露天操作，预防雷击钢筋伤人。夜间施工灯光要充足，不准把灯具挂在竖起的钢筋上或其他金属构件上，导线应架空。

(6)模板安装危险因素控制措施

①模板的安装必须按模板的施工设计进行，严禁任意变动。

②配件必须装插牢固，支柱和斜撑下的支承面应平整垫实，并有足够的受力面积，支撑件应着力于外钢楞，预埋件与预留孔洞必须位置准确，安设牢固。基础模板必须支拉牢固，防止变形，侧模斜撑的底部应加设垫木。

③当下层混凝土的强度达到能承受上层模板、支撑和新浇混凝土的重量时，方可拆除下层混凝土的支撑系统，否则不能拆除。

④模板及其支撑系统在安装过程中，必须设置临时固定设施，严防倾覆。

⑤支模应按施工工序进行，模板没有固定前，不得进行下道工序。

⑥支设模板时，必须搭设施工层。脚手板铺严，外侧设防护栏杆，不准站在柱模板上操作和在梁模板上行走，更不允许利用拉杆支撑攀登上下。

⑦5 级以上大风，必须停止模板的安装工作。

⑧模板安装完毕，必须进行检查验收后，方可浇筑混凝土。

⑨模板自身的脚手平台、吊挂脚手架应安装牢固，并能满足施工要求，在悬空处应张挂安全网。

(7)模板拆除危险因素控制措施

①模板拆除前必须确认混凝土强度达到规定，并经拆模申请批准后方可进行，要有混凝土强度报告，混凝土强度未达到规定，严禁提前拆模。

②模板拆除的顺序和方法:按先支的后拆，后支的先拆，先拆不承重部分，后拆承重部分，自上而下的原则进行。

③工作前要事先检查所使用的工具是否牢固，扳手等工具必须用绳链系挂在身上，工作时思想要集中。

④遇六级以上大风时，要暂停室外的高处作业，有雨、雪、霜时要先清扫施工现场，不滑时再进行作业。

⑤严禁操作人员站在正拆除的模板上。

⑥拆模间隙时，要将已活动的模板、拉杆、支撑等固定牢固，严防突然掉落，塌伤。在拆除 2m 以上模板时，要搭脚手架或操作平台，脚手板铺严，并设防护栏杆，严禁在同一垂直面上操作。拆除时要逐块拆卸，不得成片松动和撬落、拉倒。拆除底模时，要设临时支撑，防止大片模板坠落。

⑦每人要有足够工作面，数人同时操作时要明确分工，统一信号和进行。

(8)混凝土工程危险因素控制措施

混凝土搅拌过程中，严格遵守机械操作及施工用电安全操作规程，电气设备维修、检测必须由电工进行操作，混凝土运输过程中注意通行安全。混凝土振捣前要检查插头、振捣器、电缆、开关等是否使用正常，绝缘是否良好，振捣操作工人必须带绝缘手套，穿绝缘鞋，停机时要切断电源锁好开关箱。检查振捣器要在切断电源的情况下进行，做好保护接零，安装漏电保护器。雨天作业时振捣器必须加以遮盖，防止雨水侵入电机，发生触电。安排专人负责混凝土运输车的通行安全，专人负责施工水域警戒，及时发现并预防失控船舶，保证通信联络畅通，设置警示灯光信号，预防碰撞事故。

(9)挂篮悬臂施工安全措施

①悬臂浇筑采用挂篮施工时，应遵循下列规定：

a. 施工前，制定安全技术措施；挂篮组拼后，要进行全面检查，并做静载试验。

b. 进行零号块施工时，在平台边缘处应设安全防护措施。施工平台之间搭设的人行道板必须连接牢固。

c. 使用的机具设备(如千斤顶、滑车、手拉葫芦、钢丝绳等)，应进行检查，不符合安全规定的严禁使用。

d. 检查墩身预埋件和斜拉钢带的位置及坚固程度，是否符合设计要求。

②上层作业时，操作人员必须严守各自岗位职责，并应防止铁件工具掉落等。

③挂篮拼装及悬臂组装中，应根据作业点的具体情况设置安全防护措施。

④挂篮使用时，后锚固筋、张拉平台的保险绳等应经常检查。底模高程调整时，应设专人统一指挥，且作业人员应站在铺设稳固的脚手板上。

⑤挂篮行走时，要缓缓进行，速度控制在 0.1m/min 以内。挂篮后部各设一组溜绳，以保安全。滑道要铺设平整、顺直，不得偏移。挂篮行走和浇注混凝土时，其稳定系数应符合《公路桥涵施工技术规范》(JTJ 041—2000)的规定。

⑥如需在挂篮上另行增加设施(如防雨棚、防寒棚等)时，不得损坏挂篮结构及改变其受力方式。

⑦使用水箱做平衡重施工时，其位置、加水量等应符合设计要求。给排水设施和方法，应稳妥可靠。施工中对上述情况要经常进行检查。

⑧在底模荡移前，必须详细检查挂篮位置、后端压重、后锚及吊杆安装情况，确认安全后，方可荡移。

⑨箱梁混凝土接触面的凿毛作业人员要有安全防护设施。

(10)安全技术要求

①塔吊作业前，要对塔吊电器和机械设备进行全面检查，使之处于良好状态。

②塔吊必须经过国家有关部门的检测后方可投入使用。

③挂篮拼装完成后必须预压确认安全后方可投入使用。

④塔吊操作人员必须经过专业培训，并获得证书持证上岗。

三、安全管理措施

1. 安全检查与验收

连续梁施工必须有完善的安全防护措施，要按规定设置安全网、安全护栏、安全挡板、脚手架等安全设施，操作人员上下连续梁施工面，要有保证安全的扶梯、爬梯或斜道。

加强对特种机械设备、大临设施、重点部位结构安全进行严格的质量检查，经检查合格后方可投入使用。加强对结构安全进行质量检查，对安全防护设施进行质量检查验收，不合格的产品和安全设备禁止投入使用，对通道、搭板、爬梯等安全防护进行严格的质量检查验收，确保安全可靠。

对连续梁施工各工序进行安全、质量专项检查，特别是针对模板吊装安全、临时支撑、模板结构稳定安全等重点部位，重要环节加大质量检查力度，进行重点监督，在重要工序安排专人进行指挥，专职安全员和质检员进行旁站，确保安全施工。

2. 日常维护及安全管理

(1)日常检查隐患整改及验收

①积极与当地公安部门联系，按照上级部门和当地的有关规定要求办好各种手续。

②制定一系列的安全施工措施和严格的安全施工奖罚制度，保证施工的顺利进行。

③施工现场设专职安全员，其工作任务包括健康保护与事故预防措施和加强对全体施工人员的安全思想教育，提高安全意识，制定各工序岗位安全生产规程，规范施工人员的生产行为。保证工地良好的施工秩序，坚持文明施工。

④对于施工安全做专项调查研究，制定出相应的安全技术措施。开工前，根据安全操作细则，向作业人员进行安全技术交底。施工前，对施工现场、机具设备等安全防护措施进行全面检查，确认符合要求后方可施工。

⑤检查中发现的事故隐患，检查组应签发隐患通知单，由受检单位负责制定整改措施，明确整改责任人和整改期限，及时组织整改。对客观条件限制暂时不能整改的隐患，应采取相应的临时措施，并报公司安全部门备案，制定整改计划或列入项目隐患治理整改项目，按照相应的规定进行治理。

⑥对检查中发现的违章指挥、违章作业行为，应立即制止，并报告有关人员予以纠正。

⑦隐患进行整改后，受检单位应填写隐患整改回执单，按规定的期限上报隐患整改结果，由检查负责人派专人进行隐患整改情况的验收。

(2)奖励与处罚

依据检查结果，对安全生产取得良好成绩和避免重大事故的有关人员给予表扬和奖励。

对安全体系不能正常运行，存在诸多事故隐患，危及安全生产的按规定予以批评和处罚；对违章指挥、违章操作、违反劳动纪律的单位和个人按照公司奖惩规定予以处罚。

3. 安全检查及评价

定期安全生产检查分为日检查、周检查、月检查与季度检查。

(1)日检查。项目安全员每天对施工现场进行安全巡视检查，填写日检表。

(2)周检查。每周由安全环保部负责组织本项目文明施工各相关人员参加，对现场进行一次安全生产检查。

(3)月检查。每半月由项目部安全生产领导小组负责组织本项目文明施工各相关人员参加，对现场进行一次安全生产检查。

(4)季度检查。由项目安全环保部组织，项目文明施工检查小组成员参加，对各作业现场进行安全生产、文明施工达标验收检查。

4. 专业性检查

由项目组织专业人员，对现场进行安全防护、用电安全、机械安全、消防安全专项检查。

第三节　应 急 处 置

一、成立应急救援领导小组

成立以项目经理为组长和项目总工、项目副经理为副组长的应急救援领导小组，设立项目专职安全员，分部工程中各相应分项工程的现场工程师为兼职安全员，建立各级安全责任制，健全安全台账，形成安全管理网络。坚持安全“三查”原则，做到“谁抓生产谁就必须抓安全”，明确分工，责任到人，充分发挥安全员的作用，全天候、全过程、全方位监控检查。

1. 成立应急救援领导小组

组长：项目经理

副组长：生产副经理，项目总工

成员：专职安全员

2. 报警电话

火警：119

急救：120

事故、匪警：110

项目部报警电话：×××

3. 各职能组人员分配

通信联络组组长：×××，技术支持组组长：×××，安全保卫组组长：×××，抢险救援组组长：×××，医疗救治组组长：×××，后勤保障组组长：×××。

4. 各组主要职能

(1)通信联络组职责。确保与最高管理者和外部联系畅通、内外信息反馈的迅速；保持通信设施和设备处于良好状态；负责应急过程的记录与整理及对外联络。

(2)技术支持组职责。提出抢险抢修及避免事故扩大的临时应急方案和措施；指导抢险抢修组实施应急方案和措施；修补实施中的应急方案和措施存在的缺陷；绘制事故现场平面图，标明重点部位，向外部救援机构提供准确的抢险救援信息资料。

(3)安全保卫组职责。设置事故现场警戒线、岗，维持工地内抢险救护的正常运作；保持抢险救援通道的通畅，引导抢险救援人员及车辆的进入；抢险救援结束后，封闭事故现场直到收到明确解除指令。

(4)抢险救援组职责。实施抢险抢修的应急方案和措施，并不断加以改进；寻找受害者并转移至安全地带；在事故有可能扩大进行抢险抢修或救援时，高度注意避免意外伤害；抢险抢修或救援结束后，直接报告最高管理者并对结果进行复查和评估。

(5)医疗救治组职责。在外部救援机构未到达前，对受害者进行必要的抢救(如人工呼吸、包扎止血、防止受伤部位受污染等)；使重度受害者优先得到外部救援机构的救护；协助外部救援机构转送受害者至医疗机构，并指定人员护理受害者。

(6)后勤保障组职责。保障系统内各组人员必须的防护、救护用品及生活物质的供给；提供合格的抢险抢修或救援的物质及设备。

5. 组织应急演练，提高应急救援能力

为了在出现险情时处理迅速，不至于手忙脚乱，项目部每年对预设险情进行实地演练，由安环部部长负责组织安排，演练时间安排在项目部施工相对空闲的时间，使所有人员均参与其中，并填写应急演练记录表，记录演练内容、人员分工、方案、处理程序等。

根据本工程的特点及施工工艺的实际情况，认真组织了对危险源和环境因素的识别和评价，制定了本项目发生紧急情况或事故的应急措施，开展应急知识教育和应急演练，提高现场操作人员应急能力，减少突发事件造成的损害和不良环境影响。

二、应 急 资 源

(1)为确保正常施工，预防突发事件以及某些预想不到的、不可抗拒的事件发生，事前有充足的技术措施准备、抢险物资的储备，最大程度地减少人员伤亡、国家财产和经济损失，必须进行风险分析和预防。

(2)根据本工程施工特点在辨识、分析评价施工中危险因素和风险的基础上，确定本工程重大危险因素是起重伤害、物体打击、高处坠落、高空坠物、触电、火灾、灼烫。在工地已采取各种防范措施的基础上，还制定了以上各种事故伤害的应急方案。

(3)建立昼夜 24 小时应急值班电话，组织人员及时监测可能引起生产安全事故的预警信息，并进行全面整理、分析。确保各安全生产事故信息早发现、早报告、早处置。

(4)通信联络组及时向指挥部应急救援领导小组报告有关事故的监测和事故处置进展情况。如果发生较大及以上等级事故，或者情况危急时，事故现场技术员或者安全员可以直接向指挥部应急救援领导小组报告。报告内容包括：事故发生的时间、地点、事故类型、人员伤亡情况；事故简单经过，应急反应情况；事故现状及发展情况等。

(5)分级响应特大、重大、较大事故，由我部启动并实施本应急预案的同时，以最短时间内上报指挥部，并启动实施《滁河大桥生产安全事故专项应急预案》。

一般事故及较小事故：由我部启动并实施本应急预案。

三、一般事故及较小事故应急响应措施

1. 接警与通知

施工现场发生事故后，在现场的项目技术员或者安全员要立即向项目应急救援领导小组汇报险情，主要说明紧急情况性质、地点、发生时间、有无伤亡、是否需要派救护车或警力支援到现场实施抢救，如需可直接拨打 120、110 等求救电话。现场有关人员同时要做好警戒和疏散工作，保护现场，及时抢救伤员和财产，并由在现场的项目部技术员或者安全员暂时指挥。

2. 启动应急预案

在接到紧急情况报告后，立刻将情况报告到应急救援领导小组组长项目总经理处。项目总经理决定和宣布启动本预案，并组织讨论后在最短的时间内发出如何进行现场处置的指令。分派人员车辆等到现场进行抢救、警戒、疏散和保护现场等。并立即召集、抢救指挥组其他成员，抢救、救护、防护组成员携带着各自的抢险工具，赶赴出事现场。

3. 指挥与控制

抢救组到达出事地点后，必须在项目总经理指挥下分头进行工作，如项目总经理不能立即赶赴现场的，必须指定一名副组长全面负责现场事故处理工作，各类人员必须坚决无条件服从副组长的命令和安排，不得拖延、推诿、阻碍紧急情况的处理。项目总经理根据事故情节和等级在 30min 内以小组名义打电话向指挥部及总监办相关部门报告。

安全保卫组保持抢险救援通道的通畅，引导抢险救援人员及车辆的进入，维护现场治安秩序。设置事故现场警戒线、岗，安排寻找受伤者及安排非重要人员撤离到集中到指定地带，维持工地内抢险救护工作的正常运作。同时疏散人员要有秩序的指挥人员进行疏散，做到不惊慌失措，勿混乱、拥挤，减少人员伤亡。

抢救组查明险情：确定是否还有危险源，如是否可能发生二次事故或有蔓延扩大的趋势；人员伤亡情况；商定抢救方案后向项目总经理请示汇报批示，然后组织实施。保障组负责把出事地点附近的作业人员疏散到安全地带，并进行警戒不准闲人靠近。工地值班电工负责切断有危险的低压电气线路的电源。如果在夜间，接通必要的照明灯光。

抢险组在排除无其他危险源的情况下，立即救护伤员。边联系救护车，边及时进行止血包扎，用担架将伤员抬到车上送往医院。

4. 媒体机构、信息发布管理

综合办公室为项目部各信息收集和发布的组织机构，届时将起到项目部媒体的作用，对事故的处理、控制、进展、升级等情况进行信息收集，有针对性定期和不定期地向外界和内部如实的报道。应急结束，事故隐患或者相关危险因素消除后，领导小组组长立即组织有关人员现场进行分析论证，经现场检测确无危险和风险时，报项目总经理确认和批准，适时决定和宣布应急工作结束，并解除封闭现场指令。应急救援人员岗位及联系电话见表 12-3-1。

应急救援人员岗位及联系电话 表 12-3-1

序　号	姓　名	职　务	电　话
1	×××	项目经理	
2	×××	项目副经理	
3	×××	项目总工	
4	×××	安全环保部部长	
5	×××	办公室负责人	

续上表

序　号	姓　名	职　务	电　话
6	×××	专职安全员	
7	×××	现场技术员	
8	值班室		
9	火警电话		119
10	救护电话		120
11	×××医院急诊科	地址：	电话：

第四节　滁河大桥挂篮设计计算书

一、设计依据

(1)《南京长江第四大桥北接线滁河大桥施工图设计》(2009 年 10 月)

(2)《公路桥涵施工技术规范》(JTG/T F50—2011)

(3)《钢结构设计规范》(GB 50017—2011)

(4)《公路钢筋混凝土及预应力混凝土桥涵设计规范》(JTG D62—2004)

二、工程概况

1. 箱梁概况

滁河大桥上部结构为主跨 96m 的三跨波纹钢腹板预应力混凝土连续箱梁，跨径布置为 53m＋96m＋53m。主梁采用单箱单室截面，桥面设置 2.0%横坡，由箱梁沿顶板顶缘中点旋转形成，左右幅箱梁关于桥梁中心线对称。

单幅桥箱梁宽度为 16.55m，箱梁底板宽度为 8.00m。梁高和底板厚度均以 1.6 次抛物线的形式由跨中向根部变化，跨中梁高 3.00m，底板厚 28cm，根部梁高 6.50m，底板厚 130cm。箱梁翼缘悬臂 4.275m，悬臂端厚度 18cm，悬臂根部厚度 60cm。顶板除在 01 及 15 号梁段由 30cm 加厚至 60cm 外，其余均为等厚 30cm。

箱梁在边跨设置 3 道横隔板，在中跨设置 7 道横隔板，隔板后 50cm。除转向块 1、6、1′、6′为全隔板外，其余横隔板均为半隔板。

箱梁在 01、1 号块波纹钢腹板内侧设置内衬混凝土。

箱梁 0 号、01 号、1 号块采用落地支架浇筑施工，长度为 3m＋2×2.5m＋2×2.4m＝12.8m，具备挂篮拼装起始长度。2 号块～13 号块采用挂篮对称悬浇。挂篮悬臂浇注各类箱梁最重块段为 9 号块，其重量为 101.4t。

梁段具体参数见表 12-4-1。

挂篮悬浇箱梁块段参数 表 12-4-1

梁段编号	节段长度(m)	混凝土体积(m^3)	钢板重量(t)	节段重量(t)	顶板厚(cm)	底板厚(cm)	梁高(cm)	底板重量(t)
2号	2.40	27.1	3.4	73.8	30	59.6	590.9	31.4
3号	2.40	26.4	3.4	72.1	30	56.5	563.5	29.9
4号	2.40	25.9	3.2	70.4	30	53.4	537.1	28.1
5号	3.20	33.6	3.6	90.9	30	49.6	511.8	35.1
6号	3.20	32.6	3.4	88.3	30	46.0	479.7	32.7
7号	3.20	31.8	3.2	85.7	30	42.6	449.6	30.6
8号	3.20	30.9	3.0	83.4	30	39.5	421.7	28.4
9号	4.00	37.7	3.5	101.4	30	36.1	396.0	32.8
10号	4.00	36.6	3.3	98.6	30	33.1	367.2	30.6
11号	4.00	35.8	2.4	95.6	30	30.7	342.4	28.8
12号	4.00	35.3	2.3	94.0	30	28.9	322.2	27.7
13号	4.00	34.7	2.3	92.6	30	28.0	307.3	27.4
14号(合龙段)	2.80	24.1	0.9	63.6	30	28.0	300.0	19.1

2. 挂篮结构

滁河大桥箱梁悬浇挂篮采用三角挂篮形式，挂篮由主桁、底篮、悬吊系统、后锚及行走系统、模板系统等部分组成，总体构造图如图 12-4-1 所示。

(1)主桁系统

主桁为三角桁片，由立柱、轨道横梁、斜拉带组成，每个挂篮有两片三角形组合梁，两片组合梁支架由桁架连接形成整体，立柱与主梁之间采用铰接。

①主梁由 2 根 HN600×200×11×17(Q235)型钢加工而成，共长 12m。

②立柱由 2 根 HN600×200×11×17(Q235)型钢加工而成，共长 6m。

③前斜拉带由 1 道 250mm×40mm(Q345)钢板加工而成，端部两侧各加焊 16mm(Q345)钢板；后斜拉带由 2 道 250mm×20mm(Q345)钢板加工而成，端部两侧各加焊 10mm(Q345)钢板。

④立柱横联采用由桁片连接的形式。桁片单元件均采用工 14(Q235)型钢。

(2)底篮系统

底篮系统由前横梁、后横梁、纵梁等组成。

①前横梁。底篮前横梁采用 2 根 HN600×200×11×17(Q235)型钢，前横梁长 12m。

②后横梁。底篮后横梁采用 2 根 HN600×200×11×17(Q235)型钢，后横梁长 12m。

③纵梁。底篮纵梁由 HM350×250×9×14(Q235)型钢加工而成，长 6m。

(3)悬吊系统

悬吊系统包括上前横梁、内模板滑梁、外模板滑梁和吊杆，上前横梁为型钢结构，通过吊杆及铰座与底栏连接。内、外模板滑梁也为型钢结构，通过吊杆与上前横梁及已浇筑混凝土箱梁连接。

①上前横梁。采用 2 根 HN600×200×11×17(Q235)型钢加工而成，长 15m。

②滑梁。内、外滑梁均采用 2 根 HN350×175×7×11(Q235)型钢加工而成，长 12m。

③吊杆均采用直径为 32mm 的精扎螺纹钢。

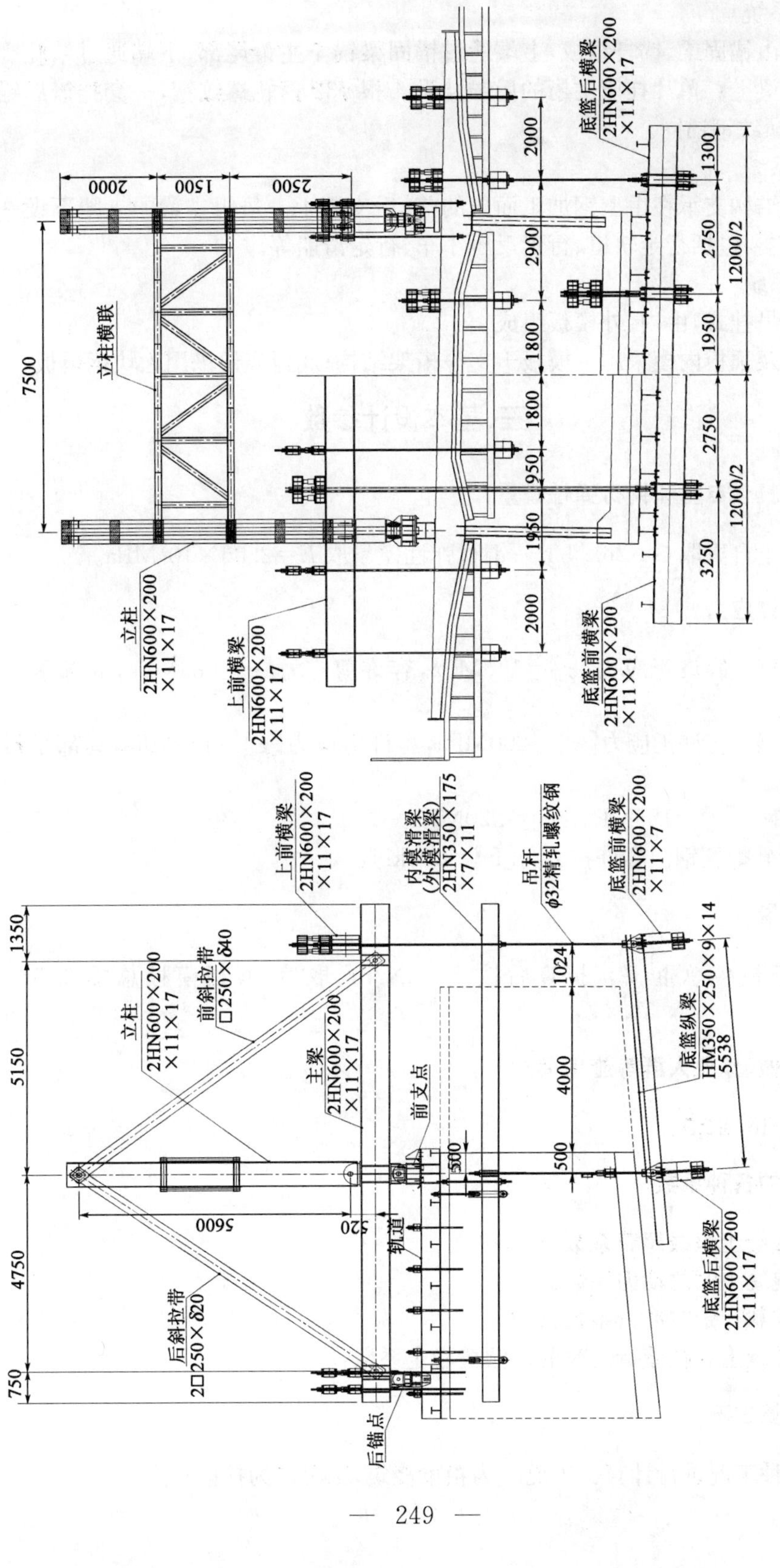

图12-4-1　挂篮总体构造图(尺寸单位：mm)

(4)锚固系统

挂篮后锚由锚固梁、锚杆组成，上端通过锚固梁锚于主梁尾部，下端通过精轧螺纹钢筋和连接器锚于箱梁上。单片挂篮主桁的后锚共设 4 根 ϕ32 精轧螺纹钢，一套挂篮后锚总共需要 8 根 ϕ32 精轧螺纹钢锚固。

(5)行走系统

整个桁架结构支承在由型钢加工而成的前、后支腿上。每组主梁的支腿下设一套行走系统，行走系统主要包括行走轨道、行走反压小车、行走滑船等。

(6)模板系统

模板采用吊挂式，由内、外模板组成。

翼板底模及顶板内模采用钢模板＋支撑桁架结构；底板底模采用大块钢模板。

三、基本设计参数

1. 钢筋混凝土自重和钢材弹性模量

钢筋混凝土自重取 $G=26\text{kN/m}^3$；钢材弹性模量取 $E=2.06\times10^5\text{MPa}$。

2. 钢材容许应力

(1)Q235 钢。容许正应力$[\sigma]=140\text{MPa}$，容许剪应力$[\tau]=85\text{MPa}$，局部承压容许应力$[\sigma_c]=200\text{MPa}$。

(2)Q345 钢。容许正应力$[\sigma]=200\text{MPa}$，容许剪应力$[\tau]=120\text{MPa}$，局部承压容许应力$[\sigma_c]=250\text{MPa}$。

(3)45 号钢。$[\tau]=125\text{MPa}$，$[\sigma]=220\text{MPa}$。

(4)ϕ32 精轧螺纹钢。容许拉力为$[F]=400\text{kN}$。

3. 模板重量

翼板、顶板模板总重 12t，折算后按 2.0kN/m^2 取值；底板模板总重 3.5t，折算后按 1.2kN/m^2 取值。

4. 施工机械、作业人群等施工荷载

按 2.5kN/m^2 取值。

5. 计算中的各种系数

(1)箱梁混凝土恒载超载系数：1.05

(2)浇筑混凝土时的动力系数：1.1

(3)挂篮空载行走时冲击系数：1.3

(4)浇筑混凝土和挂篮行走时的抗倾覆稳定系数：2.0

6. 挂篮计算工况

挂篮按两种工况进行计算。工况一为箱梁浇筑，工况二为挂篮行走。

根据表14-2-1参数可知，挂篮悬浇施工箱梁块段最重为9号块101.4t，底板最重为5号块35.1t，其次为9号块32.8t，9号块长4.0m，底板重量分配到上横梁和底篮前横梁的荷载比5号块大，因此箱梁浇筑工况取9号块重量对挂篮进行计算。

四、底篮系统计算

1. 底篮纵梁

底篮纵梁采用HN350×175×7×11（Q235）型钢，其截面参数为：$A=101.5\text{cm}^2$，$I_x=21700\text{cm}^4$，$W_x=1276.5\text{cm}^3$，$S_x=706\text{cm}^3$，$b=9\text{mm}$。

（1）腹板下纵梁计算

单侧腹板下设置1根纵梁，施工9号块时荷载作用长度4.0m。

混凝土荷载：腹板宽50cm，腹板处底板处厚69.5～66.1cm，顶板处厚60cm，混凝土荷载为：

$$q_1=[(0.695+0.661)/2+0.6]\times0.5\times26\times1.05\times1.1=19.189\text{kN/m}$$

钢腹板荷载：钢腹板重35/2=17.5kN，$q_2=17.5/4=4.375\text{kN/m}$

底模板荷载：

$$q_3=1.2\times0.5=0.6\text{kN/m}$$

人员、机具等荷载：

$$q_4=2.5\times0.5=1.25\text{kN/m}$$

纵梁总荷载为：

$$q_{总}=q_1+q_2+q_3+q_4=19.189+4.375+0.6+1.25=25.414\text{kN/m}$$

计算得：弯矩$M_{max}=90.72\text{kN}\cdot\text{m}$，剪力$V_{max}=57.60\text{kN}$。

$$\sigma=\frac{M_{max}}{W_x}=\frac{90.72\times10^3}{1275.1}=71.1\text{MPa}<[\sigma]=140\text{MPa}$$

$$\tau=\frac{V_{max}\cdot S_x}{I_x\cdot b}=\frac{57.60\times10^3\times706\times10^3}{21676.5\times10^4\times9}=21.2\text{MPa}<[\tau]=85\text{MPa}$$

前支点反力$F_1=48.36\text{kN}$，后支点反力$F_2=57.60\text{kN}$，最大挠度6.4mm。

（2）底板下纵梁计算

底板下设置8根纵梁，施工9号块时荷载作用长度4.0m。

混凝土荷载：底板宽7.0m（减去腹板荷载作用宽度后），腹板处底板处厚39.5～36.1cm，两侧倒角30cm×25cm。混凝土荷载为：

$$q_1=[(0.395+0.361)/2\times7.0+0.3\times0.25]\times26\times1.05\times1.1=81.71\text{kN/m}$$

底模板荷载：

$$q_2=1.2\times7.0=8.4\text{kN/m}$$

人员、机具等荷载：

$$q_3=2.5\times7.0=17.5\text{kN/m}$$

单根纵梁总荷载为：

$$q_{总}=(q_1+q_2+q_3)/8=(81.71+8.4+17.5)/8=13.451\text{kN/m}$$

弯矩$M_{max}=49.40\text{kN}\cdot\text{m}$，剪力$V_{max}=31.50\text{kN}$，小于腹板底部受力，应力不再进行计算。

前支点反力 $F_1=26.60\text{kN}$，后支点反力 $F_2=31.50\text{kN}$，最大挠度 3.5mm。

2. 底篮前横梁计算

底篮前横梁采用 2 根 HN600×200×11×17（Q235）组合型钢，其截面参数为：$A=270.3\text{cm}^2$，$I_x=156400\text{cm}^4$，$W_x=5213.4\text{cm}^3$，$S_x=2540.6\text{cm}^3$，$b=11\text{mm}$。

箱梁腹板下每道纵梁传递荷载为：$P=48.36\text{kN}$，按集中荷载加载。

箱梁底板下每道纵梁传递荷载为：$P=26.60\text{kN}$，按集中荷载加载。

底篮两侧人群、机具等荷载：平台宽 1.4m，长 6m，$P=(2.5\times6\times1.4)/4=5.25\text{kN}$，考虑工作平台等自重，取 6.5kN 计算，按集中荷载加载。

计算模型如图 12-4-2 所示，计算结果如图 12-4-3、图 12-4-4 所示。

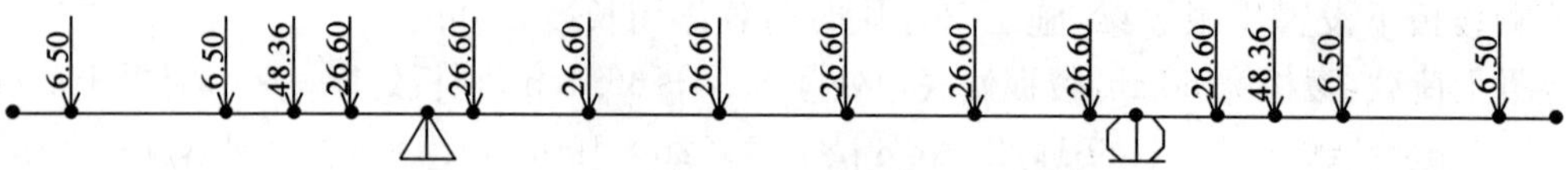

图 12-4-2　底篮前横梁荷载加载图

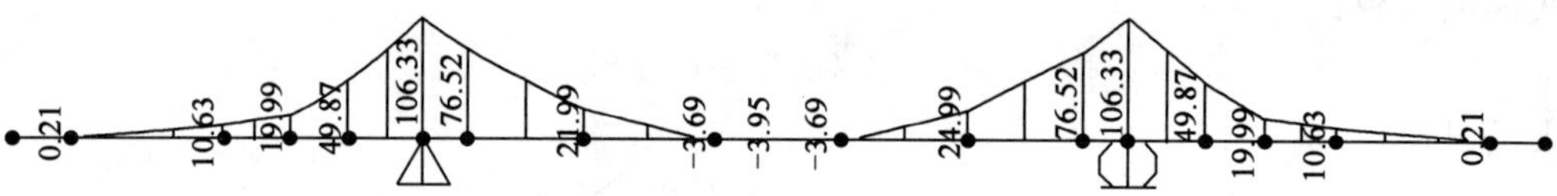

图 12-4-3　底篮前横梁弯矩图

图 12-4-4　底篮前横梁支点反力图

经计算可得，底篮前横梁的最大变形为：$f=1.65\text{mm}$；最大弯矩 $M_{\max}=106.33\text{kN}\cdot\text{m}$，最大剪力 $V_{\max}=94.72\text{kN}$。支点反力（即吊杆受力）$F=180.25\text{kN}$。

$$\sigma=\frac{M_{\max}}{W_x}=\frac{106.33\times10^3}{5213.4}=20.4\text{MPa}<[\sigma]=140\text{MPa}$$

$$\tau=\frac{V_{\max}\cdot S_x}{I_x\cdot b}=\frac{94.72\times10^3\times2540.6\times10^3}{156400\times10^4\times11\times2}=7.0\text{MPa}<[\tau]=85\text{MPa}$$

每侧吊杆为 2 根 $\phi32$ 精轧螺纹钢，单根 $\phi32$ 精轧螺纹钢受力为：

$$N=180.25/2=90.13\text{kN}<[F]=400\text{kN}$$

吊杆最大作用长度 $L=8.1\text{m}$，吊杆伸长量：

$$\delta=\frac{NL}{EA}=\frac{90.13\times10^3\times8100}{2.06\times10^5\times804.3}=4.4\text{mm}$$

3. 底篮后横梁计算

底篮后横梁采用 2 根 HN600×200×11×17（Q235）组合型钢，其截面参数为：$A=270.3\text{cm}^2$，$I_x=156400\text{cm}^4$，$W_x=5213.4\text{cm}^3$，$S_x=2540.6\text{cm}^3$，$b=11\text{mm}$。

箱梁腹板下每道纵梁传递荷载为：$P=57.60$kN，按集中荷载加载。

箱梁底板下每道纵梁传递荷载为：$P=31.50$kN，按集中荷载加载。

底篮两侧人群、机具等荷载：$P=(2.5\times6\times1.4)/4=5.25$kN，考虑工作平台等自重，取6.5kN计算，按集中荷载加载。

计算模型如图12-4-5所示，计算结果如图12-4-6、图12-4-7所示。

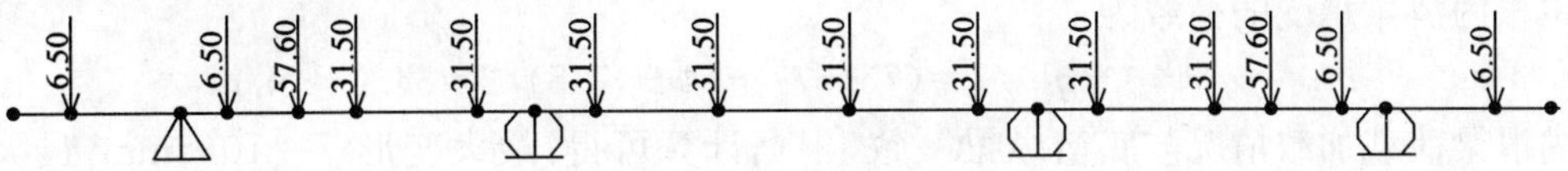

图12-4-5　底篮后横梁荷载加载图

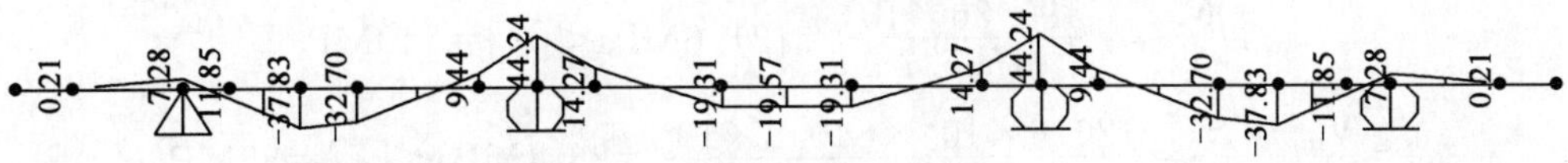

图12-4-6　底篮后横梁弯矩图

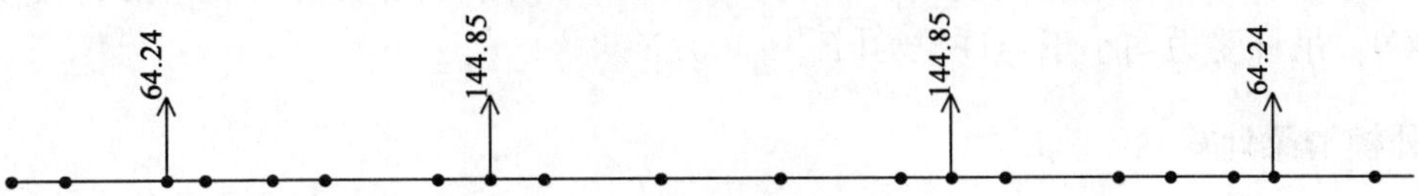

图12-4-7　底篮后横梁支点反力图

经计算可得，底篮前横梁的最大变形为：$f=0.1$mm；最大弯矩$M_{max}=44.24$kN·m，最大剪力$V_{max}=77.79$kN。内侧支点反力（即内吊杆受力）$F=144.85$kN，外侧支点反力（即外吊杆受力）$F=64.24$kN。

$$\sigma=\frac{M_{max}}{W_x}=\frac{44.24\times10^3}{5213.4}=8.5\text{MPa}<[\sigma]=140\text{MPa}$$

$$\tau=\frac{V_{max}\cdot S_x}{I_x\cdot b}=\frac{77.79\times10^3\times2540.6\times10^3}{156400\times10^4\times11\times2}=5.7\text{MPa}<[\tau]=85\text{MPa}$$

内侧吊杆为2根$\phi32$精轧螺纹钢，单根$\phi32$精轧螺纹钢受力为：

$$N=144.85/2=72.43\text{kN}<[F]=400\text{kN}$$

内侧吊杆作用长度较小，约1.5m，故内侧吊杆伸长量不进行计算。

外侧吊杆为1根$\phi32$精轧螺纹钢，单根$\phi32$精轧螺纹钢受力为：

$$N=64.24\text{kN}<[F]=400\text{kN}$$

吊杆最大作用长度$L=6.2$m，吊杆伸长量为：

$$\delta=\frac{NL}{EA}=\frac{64.24\times10^3\times6200}{2.06\times10^5\times804.3}=2.4\text{mm}$$

五、悬 吊 系 统

1. 内模滑梁计算

内模滑梁采用2根HN350×175×7×11(Q235)组合型钢，其截面参数为：$A=127.4\text{cm}^2$，$I_x=27400\text{cm}^4$，$W_x=1565.7\text{cm}^3$，$S_x=840.8\text{cm}^3$，$b=7$mm。

箱梁顶板混凝土、内模、人员机具等荷载由内滑梁通过吊杆传递至上前横梁和前一块段箱梁混凝土共同承担，横桥向作用荷载宽度为7.0m。

混凝土荷载：顶板混凝土断面积2.55m²，$q_1=2.55\times26\times1.05\times1.1=76.577\text{kN/m}$。

模板荷载：$q_2=2.0\times7.0=14\text{kN/m}$

人员、机具等荷载：$q_3=2.5\times7.0=17.5\text{kN/m}$

单根内滑梁承受的荷载为：

$$q_{总}=(q_1+q_2+q_3)/2=(76.577+14+17.5)/2=54.04\text{kN/m}$$

内滑梁荷载加载情况与底篮纵梁一致，根据计算可得：最大变形 $f=10.6\text{mm}$；最大弯矩 $M_{max}=190.36\text{kN}\cdot\text{m}$，最大剪力 $V_{max}=120.60\text{kN}$。

$$\sigma=\frac{M_{max}}{W_x}=\frac{190.36\times10^3}{1565.7}=121.6\text{MPa}<[\sigma]=140\text{MPa}$$

$$\tau=\frac{V_{max}\cdot S_x}{I_x\cdot b}=\frac{120.6\times10^3\times840.8\times10^3}{27400\times10^4\times7\times2}=26.4\text{MPa}<[\tau]=85\text{MPa}$$

内侧支点反力（即内吊杆受力）$F=120.60\text{kN}$，外侧支点反力（即外吊杆受力）$F=100.95\text{kN}$。吊杆受力均小于容许拉力$[F]=400\text{kN}$。

2. 外模滑梁计算

外模滑梁采用2根HN350×175×7×11(Q235)组合型钢，其截面参数为：$A=127.4\text{cm}^2$，$I_x=27400\text{cm}^4$，$W_x=1565.7\text{cm}^3$，$S_x=840.8\text{cm}^3$，$b=7\text{mm}$。

箱梁翼板混凝土、外模、人员机具等荷载由外滑梁通过吊杆传递至上前横梁和前一块段箱梁混凝土共同承担，翼板宽度为4.275m。

混凝土荷载：单侧翼板断面积1.446m²，$q_1=1.446\times26\times1.05\times1.1=42.423\text{kN/m}$

模板荷载：$q_2=2.0\times4.275=8.55\text{kN/m}$

人员、机具等荷载：$q_3=2.5\times4.275=10.687\text{kN/m}$

单根外滑梁承受的荷载为：

$$q_{总}=(q_1+q_2+q_3)/2=(42.423+8.55+10.687)/2=30.83\text{kN/m}$$

外滑梁荷载加载情况与内滑梁一致，根据计算可得：最大变形 $f=6.2\text{mm}$；最大弯矩 $M_{max}=110.18\text{kN}\cdot\text{m}$，最大剪力 $V_{max}=69.96\text{kN}$。内力小于内滑梁，故强度满足要求。

内侧支点反力（即内吊杆受力）$F=69.96\text{kN}$，外侧支点反力（即外吊杆受力）$F=58.75\text{kN}$。吊杆受力均小于容许拉力$[F]=400\text{kN}$。

3. 上前横梁计算

上前横梁采用2根HN600×200×11×17(Q235)组合型钢，其截面参数为：$A=270.3\text{cm}^2$，$I_x=156400\text{cm}^4$，$W_x=5213.4\text{cm}^3$，$S_x=2540.6\text{cm}^3$，$b=11\text{mm}$。

上前横梁荷载主要有底篮前横梁吊杆作用荷载、内模滑梁吊杆作用荷载、外模滑梁吊杆作用荷载。

底篮前横梁吊杆作用荷载：　　$P_1=180.25\text{kN}$

内模滑梁吊杆作用荷载：　　$P_2=100.95\text{kN}$

外模滑梁吊杆作用荷载：　　　　　$P_3=58.75\text{kN}$

上前横梁计算模型如图 12-4-8 所示，计算结果如图 12-4-9 所示。

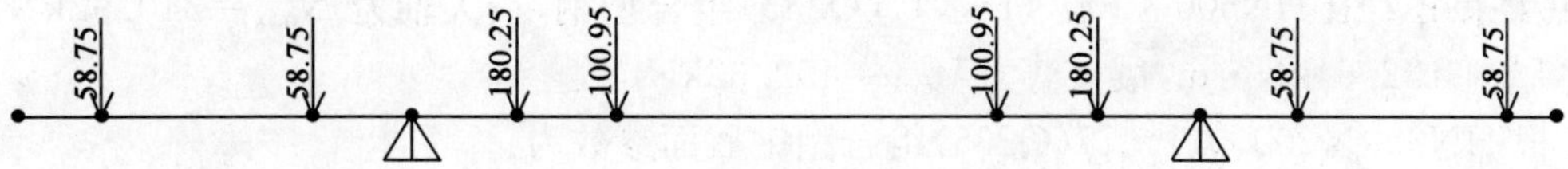

图 12-4-8　上前横梁荷载加载图

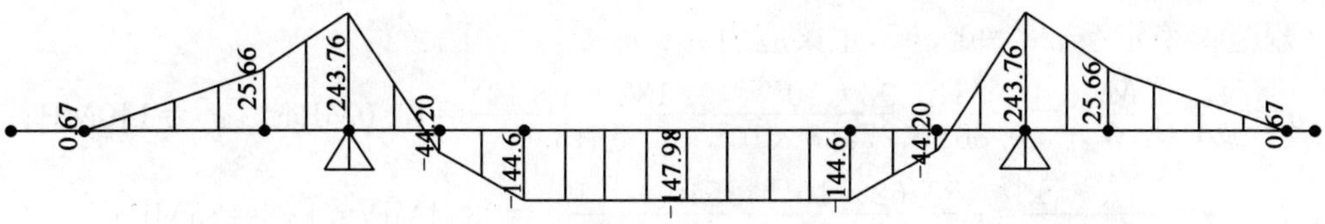

图 12-4-9　上前横梁弯矩图

根据计算可得：上前横梁最大变形 $f=3.2\text{mm}$，发生在中间位置；底篮前横梁吊杆位置变形为 1.3mm；最大弯矩 $M_{\max}=243.76\text{kN}\cdot\text{m}$，最大剪力 $V_{\max}=289.0\text{kN}$。

$$\sigma=\frac{M_{\max}}{W_x}=\frac{243.76\times10^3}{5213.4}=46.7\text{MPa}<[\sigma]=140\text{MPa}$$

$$\tau=\frac{V_{\max}\cdot S_x}{I_x\cdot b}=\frac{289.0\times10^3\times2540.6\times10^3}{156400\times10^4\times11\times2}=21.3\text{MPa}<[\tau]=85\text{MPa}$$

支点反力（即主梁受力）$F=414.31\text{kN}$。

六、挂篮三角主桁架计算

根据计算可知，前上横梁支点反力为每支点 414.31kN，次反力即为单片挂篮三角主桁架的荷载。计算模型如图 12-4-10 所示，计算结果如图 12-4-11、图 12-4-12 所示。

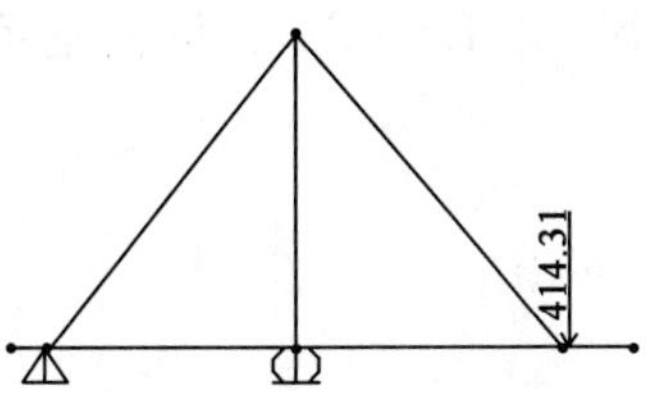

图 12-4-10　主桁架荷载加载图

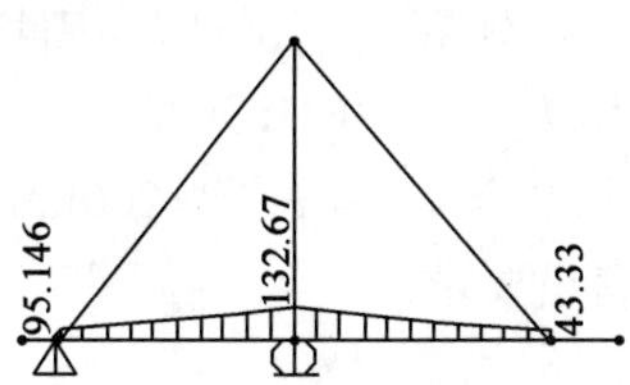

图 12-4-11　主桁架弯矩图

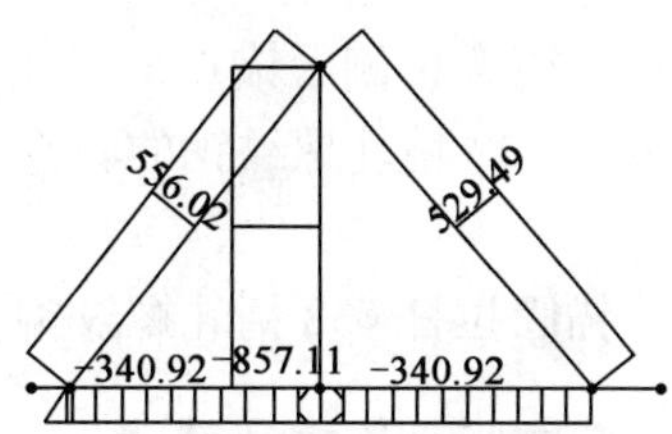

图 12-4-12　主桁架轴力图

主桁架前支点反力 $F=903.08\text{kN}$（竖向压力），后锚点反力 $F=451.01\text{kN}$（竖向拉力）；上前横梁支点处竖向位移 8.4mm，立柱顶部水平位移 4.9mm。

1. 立柱计算

立柱采用 2 根 HN600×200×11×17（Q235）组合型钢，最大轴力 $N_{\max}=857.11\text{kN}$。

立柱横截面面积 $A=270.3\text{cm}^2$，回转半径 $i=10.8\text{cm}$，计算长度 $l_0=5.6\text{m}$，长细比 $\lambda=l_0/i=5.6/0.108=52$，查钢结构设计规范得稳定系数 $\phi=0.847$，立柱应力为：

$$\sigma=\frac{N_{\max}}{\phi A}=\frac{857.11\times10^3}{0.847\times270.3\times10^2}=37.4\text{MPa}<[\sigma]=140\text{MPa}$$

2. 主梁计算

主梁采用 2 根 HN600×200×11×17(Q235)组合型钢，最大轴力 N_{max}=340.92kN，最大弯矩 M_{max}=132.64kN·m，最大剪力 V_{max}=452.62kN。

2 根 HN600×200×11×17(Q235)组合型钢截面参数为：

A=270.3cm^2，I_x=156400cm^4，W_x=5213.4cm^3，S_x=2540.6cm^3，b=11mm。

回转半径 i=10.8cm，计算长度 l_0=5.15m，长细比 $\lambda=l_0/i=5.15/0.108=47.7$，查钢结构设计规范得稳定系数 ϕ=0.865，主梁应力为：

$$\sigma=\frac{N_{max}}{\phi A}+\frac{M_{max}}{W_x}=\frac{340.92\times10^3}{0.865\times270.3\times10^2}+\frac{132.64\times10^3}{5213.4}=40.0\text{MPa}<[\sigma]=140\text{MPa}$$

$$\tau=\frac{V_{max}\cdot S_x}{I_x\cdot b}=\frac{452.62\times10^3\times2540.6\times10^3}{156400\times10^4\times11\times2}=33.4\text{MPa}<[\tau]=85\text{MPa}$$

3. 斜拉带计算

前斜拉带为 1 道 250mm×40mm 钢板，后斜拉带为 2 道 250mm×20mm 钢板，前后斜拉带材料均为 Q345 钢，截面尺寸相同，A=100cm^2。

前斜拉带轴力 N=529.49kN，应力为：

$$\sigma=\frac{N}{A}=\frac{529.49\times10^3}{100\times10^2}=52.9\text{MPa}<[\sigma]=200\text{MPa}$$

后斜拉带轴力 N=556.02kN，应力为：

$$\sigma=\frac{N}{A}=\frac{556.02\times10^3}{100\times10^2}=55.6\text{MPa}<[\sigma]=200\text{MPa}$$

4. 锚固拉杆计算

主桁架单侧后锚点采用 4 根 ϕ32 精轧螺纹钢拉杆，锚固拉力 N=451.05kN，锚固安全系数取 2，ϕ32 精轧螺纹钢的容许拉力为[F]=400kN，则有：

$$2N=800\text{kN}<4[F]=1200\text{kN}$$

锚固拉杆 ϕ32 精轧螺纹钢强度满足要求。

5. 主桁架连接计算

挂篮三角主桁架立柱、主梁和前斜拉带、后斜拉带的连接均采用销接。

(1)斜拉带与立柱连接计算

前、后斜拉带拉力分别为 F_1=529.49kN，F_2=556.02kN。

销轴直径 d=110mm，材质为 45 号钢；斜拉带端部宽度 B=300mm，销孔直径 D=112mm，如图 12-4-13 所示，斜拉带及销孔加强板材质均为 Q345。斜拉带与立柱连接局部构造如图 12-4-14 所示。

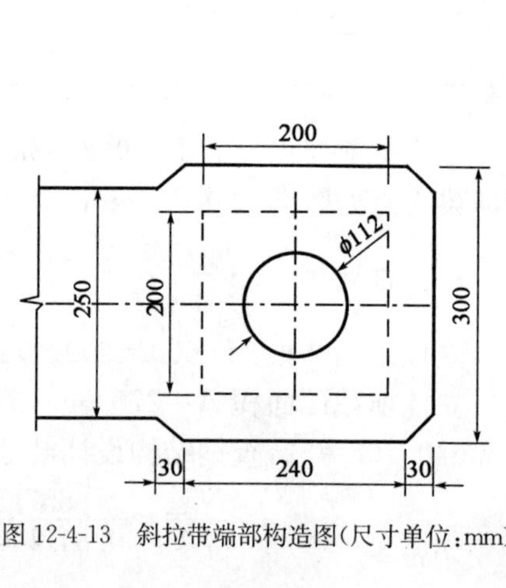

图 12-4-13　斜拉带端部构造图(尺寸单位：mm)

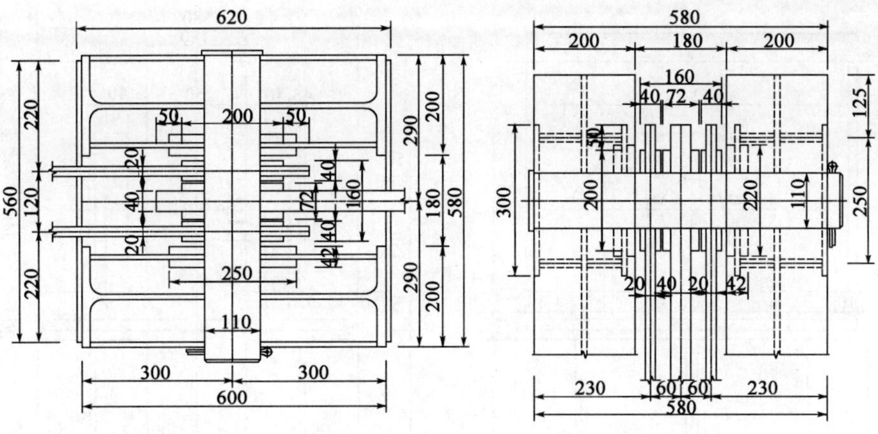

图 12-4-14　斜拉带与立柱连接局部构造图(尺寸单位:mm)

①斜拉带销孔强度计算

斜拉带销孔的剪应力为:

$$\tau=\frac{F_{\max}}{A}=\frac{F_2}{t_1(B-D)}=\frac{556.02\times10^3}{40\times(300-112)}=73.9\text{MPa}<[\tau]=120\text{MPa}$$

斜拉带销孔挤压应力为:

$$\sigma=\frac{F_{\max}}{A}=\frac{F_2}{(t_1+t_2)d}=\frac{556.02\times10^3}{(40+2\times16)\times110}=73.9\text{MPa}<[\sigma_c]=250\text{MPa}$$

②立柱销孔强度计算

立柱承受销子传递的正压力,立柱压力取主桁架前支点反力 $F=903.08$kN。

销孔挤压应力:

$$\sigma=\frac{F}{A}=\frac{F}{2(t_1+t_2)d}=\frac{903.08\times10^3}{2\times(11+2\times16)\times110}=95.5\text{MPa}<[\sigma_c]=200\text{MPa}$$

③销子强度计算

销子为双剪受力,剪力 $F=903.08$KN,销子剪应力为:

$$\sigma=\frac{F}{2A}=\frac{F}{2(\pi d^2/4)}=\frac{903.08\times10^3}{2\times(\pi\times110^2/4)}=47.5\text{MPa}<[\tau]=125\text{MPa}$$

(2)立柱与主梁连接计算

立柱与主梁连接销轴直径 $d=110$mm,材质为 45 号钢;销孔直径 $D=112$mm,销接耳板材质为 Q235。立柱与主梁连接局部构造如图 12-4-15 所示。

立柱与主梁连接点受力为 $F=903.08$kN。

连接座耳板厚度 $t=40$cm,连接座耳板销孔挤压应力:

$$\sigma=\frac{F}{A}=\frac{F}{2td}=\frac{903.08\times10^3}{2\times40\times110}=102.6\text{MPa}<[\sigma_c]=200\text{MPa}$$

立柱销孔及销子结构及受力与立柱顶部销接点相同,应力小于容许应力。

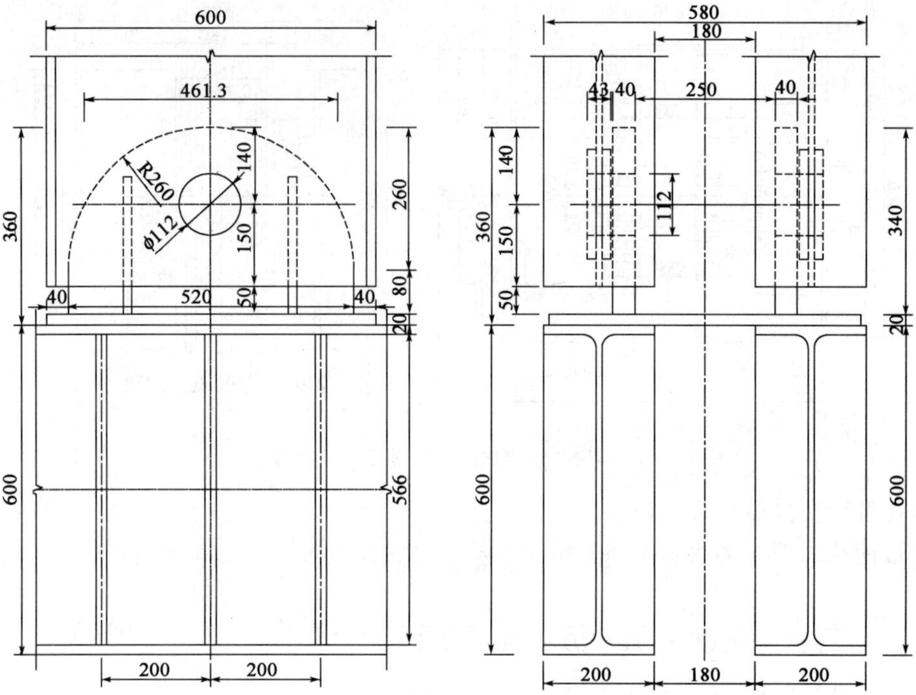

图 12-4-15　立柱与主梁连接局部构造图(尺寸单位:mm)

(3)斜拉带与主梁连接计算

斜拉带与主梁连接局部构造除销子直径为 90mm、销孔直径为 92mm 外,其余均与主梁和斜拉带连接点相同,计算方法同斜拉带与立柱连接计算,经计算均满足要求。

七、挂篮抗倾覆稳定计算

1. 箱梁浇筑抗倾覆

单侧挂篮主桁架承受上前横梁作用荷载为 $F=414.31$kN,后锚点 4 根 $\phi32$ 精轧螺纹钢容许拉力为 $4[F]=4\times400=1600$kN,则主桁架抗倾覆系数为:

$$k=\frac{4[F]L_1}{FL_2}=\frac{1600\times4.75}{414.31\times5.15}=3.56>2.0$$

箱梁浇筑挂篮抗倾覆满足要求。

2. 挂篮行走抗倾覆

挂篮行走工况下的抗倾覆稳定性通过主桁架后支点行走反压装置提供反拉力实现。

(1)挂篮行走后支点反拉力计算

挂篮控制行走工况下主桁架承受底篮系统、模板系统、上前横梁及吊杆系统等自重荷载作用,各项荷载为:

①底篮系统荷载。包括底篮前后横梁、纵梁、施工平台,总重按 140kN 计。

②模板系统荷载。包括模板和内外滑梁,模板按 150kN 计,内外滑梁总重 82kN。

③上前横梁及吊杆系统荷载。包括上前横梁及前吊杆，总重按 52kN 计。

底模系统及模板系统一半荷载作用在上前横梁上，考虑 1.3 的冲击系数，则单侧挂篮主桁架受力为：

$$P=[140/2+(150+82)/2+52]/2\times1.3=154.7\text{kN}$$

则挂篮行走后支点反拉力为：

$$F=154.7\times5.15/4.75=167.73\text{kN}$$

(2)后支点行走反压装置承载力

后支点反压装置结构如图 12-4-16 所示。

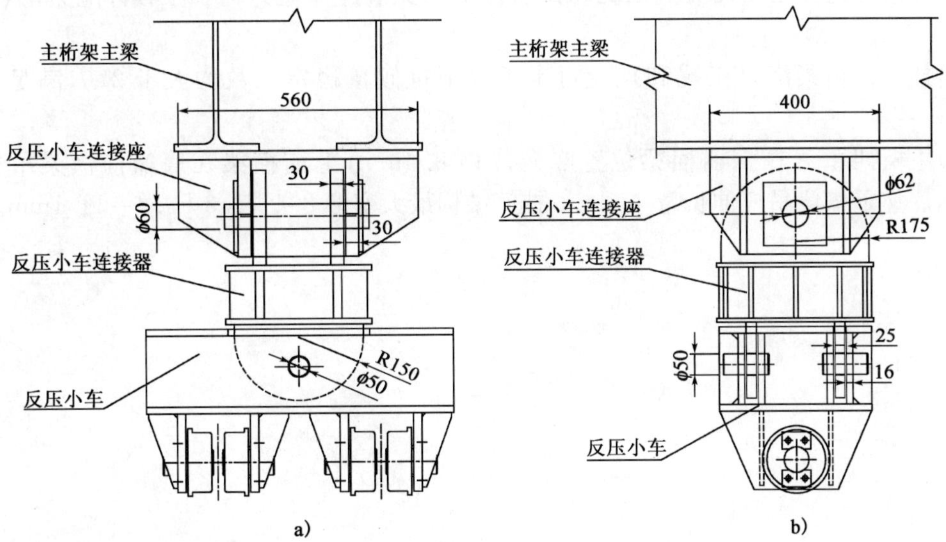

图 12-4-16　反压装置构造图(尺寸单位:mm)

①焊缝承载力

焊接采用角焊缝，设计焊缝高度不小于 10mm，焊缝强度按 100MPa 计。

反压小车连接座焊缝承载力为：

$$F=(400\times4-10\times8)\times0.7\times10\times100/1000=1064\text{kN}$$

反压小车连接器焊缝承载力为：

$$F=(300\times4-10\times8)\times0.7\times10\times100/1000=784\text{kN}$$

②销接承载力

反压小车连接器与反压小车连接座销接耳板厚度 30mm 沿销子直径方向尺寸为 325mm，销孔为 62mm，销子直径 60mm。

反压小车连接器与反压小车销接耳板厚度 25mm，沿销子直径方向尺寸为 325mm，销孔为 52mm，采用 2 根销子连接，销子直径 50mm。

耳板销孔抗剪承载力：

$$F=[\tau]A=85\times2\times25\times(325-52)/1000=1160.25\text{kN}$$

耳板销孔抗压承载力：

$$F=[\sigma_c]A=200\times2\times25\times50/1000=500\text{kN}$$

销子抗剪承载力：

$$F=[\tau]A=\frac{125}{1000}\times\frac{2\times\pi\times60^2}{4}=706.8\text{kN}$$

后支点行走反压装置最小承载力为耳板销孔抗压承载力，$F=500\text{kN}$。

抗倾覆稳定系数 $k=500/167.73=2.98>2.0$。

挂篮行走工况抗倾覆稳定系数满足要求。

八、结　论

(1)挂篮各构件在箱梁浇筑工况和挂篮行走工况下计算应力均小于容许应力，强度满足要求。

(2)挂篮在箱梁浇筑工况和挂篮行走工况下抗倾覆稳定系数均大于 2.0，满足抗倾覆要求。

(3)主桁架主梁在上前横梁位置竖向位移 8.4mm，上前横梁在底篮前横梁吊杆位置 1.3mm，底篮前横梁吊杆伸长量 4.4mm，挂篮结构最大变形 8.4+1.3+4.4=14.1mm。

第十三章 北接线滁河特大桥波纹钢腹板安全专项施工方案

第一节 工 程 概 况

一、工程介绍

滁河大桥上部结构为主跨 96m 的三跨波纹钢腹板预应力混凝土连续箱梁，跨径为 53m+96m+53m=202m，主梁采用单箱单室截面，左右幅箱梁关于桥梁中线对称，单幅箱梁宽度为 16.55m，箱梁底板宽度为 8.0m，跨中梁高 3.0m，根部梁高 6.5m，箱梁腹板采用波纹钢腹板组合结构。南京长江第四大桥北接线滁河大桥全貌及截面形式如图 13-1-1 所示。

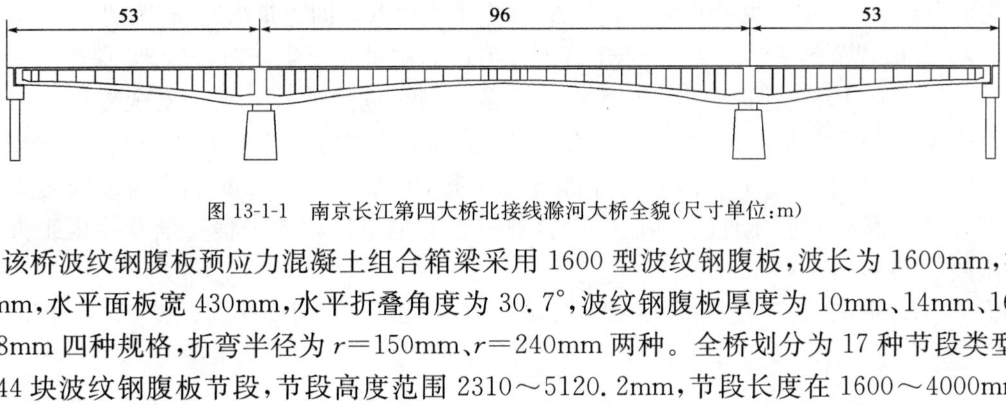

图 13-1-1 南京长江第四大桥北接线滁河大桥全貌(尺寸单位:m)

该桥波纹钢腹板预应力混凝土组合箱梁采用 1600 型波纹钢腹板，波长为 1600mm，波高 220mm，水平面板宽 430mm，水平折叠角度为 30.7°，波纹钢腹板厚度为 10mm、14mm、16mm 和 18mm 四种规格，折弯半径为 r=150mm、r=240mm 两种。全桥划分为 17 种节段类型，共有 244 块波纹钢腹板节段，节段高度范围 2310～5120.2mm，节段长度在 1600～4000mm 之间，最大吊装节段重量为 3.1t。波纹钢腹板节段由波纹钢腹板、"Π"形单元件、接合钢筋、圆柱头焊钉以及临时支架预焊件组成。波纹钢腹板与顶板采用钢筋混凝土榫的形式连接，与底板采用嵌入式连接。波纹钢腹板节段现场采用搭接焊接方式连接，现场施工时箱梁两侧波纹钢腹板采用临时支架固定连接。

波纹钢腹板材质为 Q345C，临时支架采用 Q235-A，波纹钢腹板共计 414.3t，临时支架重量约 8.918t。

二、外部施工条件

桥位施工环境复杂，临水、临边作业及高处作业频繁，并存在多个施工单位交叉、配合作业现象，施工现场“三气”管理、安全用电、焊接作业、起重作业等安全管理重点控制环节较多。

第二节　编制依据、原则及适用范围

一、编制依据

(1)《中华人民共和国安全生产法》

(2)《中华人民共和国建筑法》

(3)《建设工程安全生产管理条例》

(4)《公路工程施工安全技术规范》(JTJ 076—95)

(5)《建筑施工高处作业安全技术规范》(JGJ 80—1991)

(6)《危险性较大工程安全专项施工方案编制及专家论证审查办法》

(7)《施工现场临时用电安全技术规范》(JGJ 46—2005)

二、编制原则

为了保证《中华人民共和国安全生产法》、《中华人民共和国建筑法》及有关建设工程质量、安全技术标准、规范的切实落实，加强建筑工程项目的质量安全生产监督管理，保障人民群众生命财产的安全，依据《建设工程安全生产管理条例》和《危险性较大工程安全专项施工方案编制及专家论证审查办法》(建质[2004]213号)危险性较大工程是指依据《建设工程安全生产管理条例》第二十六条所指的七项分部分项工程，并要求在施工前单独编制安全专项施工方案并经专家论证审查通过，编制一份合理完善的危险性较大工程安全专项施工方案是非常重要的。

施工单位对桥位施工坚持统一指挥、分级负责、严密组织、密切协同、快速反应、保障有力的原则。

三、适用范围

本安全专项方案适用于南京长江第四大桥北接线滁河桥波纹钢腹板焊接等桥位施工作业。

协助吊装单位焊接与波纹钢腹板相关的临时连接件、吊点等构件；调整波纹钢腹板节段间的搭接间隙，组装现场连接钢筋；焊接波纹钢腹板节段间搭接焊缝和现场连接钢筋；现场补涂装工作及全桥最后一道面漆涂装。

第三节　安全管理目标及管理网络

一、控制目标

(1)杜绝重伤以上人身伤亡事故。

(2)职工负伤频率低于5‰。

(3)无重大坠落、火灾、爆炸、溺水责任事故。

施工中要认真贯彻“安全第一，预防为主，综合治理”方针，落实安全责任制，开展安全教育，强化安全意识，加强安全监督检查，消除事故隐患，确保施工安全，避免事故发生，完成安全生产既定目标。

二、管理网络

施工单位建立以项目经理为现场安全管理第一责任人的安全生产领导小组。

(1)安全生产领导小组制定安全管理措施，拟定落实安全管理目标，合理配置资源，保证安全目标的顺利实现。

(2)对施工过程中出现的各类事故隐患，制定切实可行的预防整改措施，并进行跟踪处理，形成闭环。

(3)安全生产、文明施工领导小组(应急组织机构如图13-3-1所示)

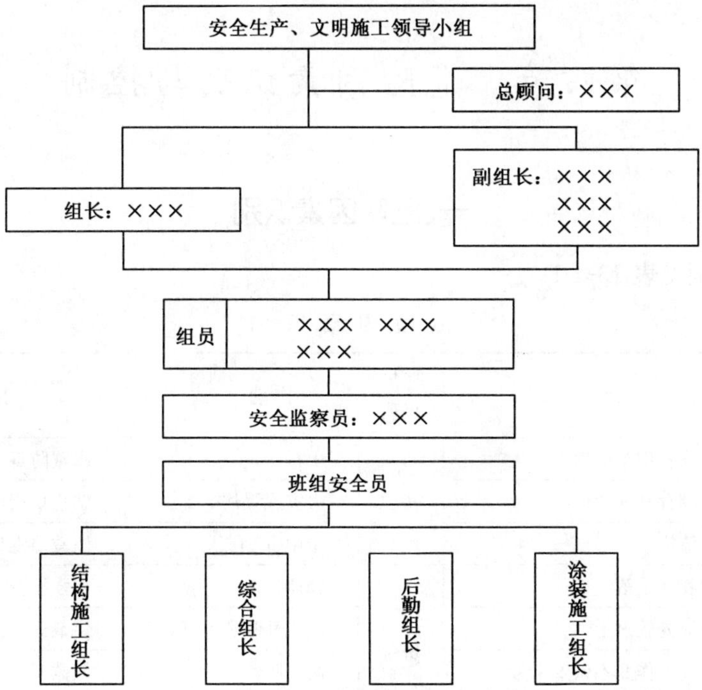

图13-3-1　应急组织机构图

组长(应急总指挥):×××

副组长(应急副总指挥):×××　×××　×××

成员:×××　×××　×××

安全生产、文明施工领导小组兼有项目施工期间防汛、防台,防火、防盗,综合治理等项工作的领导。

三、桥位组织机构

桥位组织机构如图 13-3-2 所示。

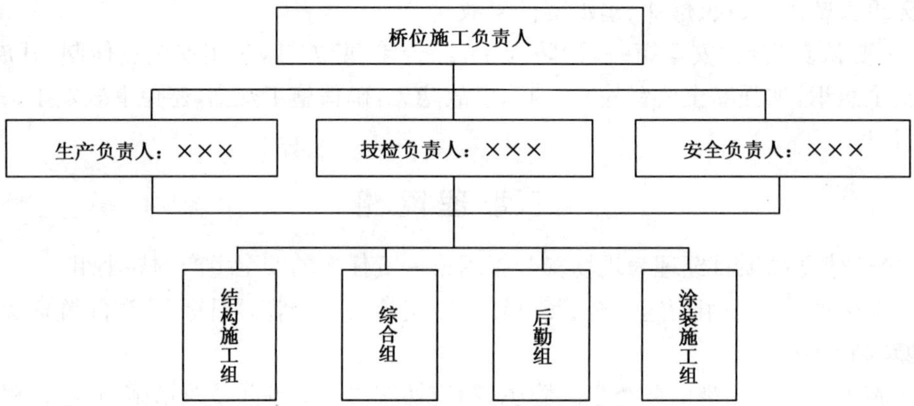

图 13-3-2　桥位组织机构图

第四节　危险因素识别与控制

一、危险因素识别

危险因素识别见表 13-4-1。

危 险 因 素 识 别　　表 13-4-1

序号	工段活动	危险因素名称	地点/场所	伤害方式	控制措施
1	油漆作业	(1)涂料中苯的挥发	桥位	中毒	佩戴防毒口罩
		(2)储存和配漆		火灾或爆炸	禁止烟火
		(3)漆雾		苯中毒	佩戴防毒口罩
2	拼焊作业	(1)物体坠落	桥位	物体打击	加强检查、防护
		(2)弧光辐射		电光性眼炎、皮肤病	穿戴好防护用品
		(3)高处作业不戴安全带		高处坠落	佩戴安全带
		(4)多人作业配合不当		物体打击	加强相互配合

续上表

序号	工段活动	危险因素名称	地点/场所	伤害方式	控制措施
2	拼焊作业	(5)起重机电气、机械故障	桥位	起重伤害	班前检查、及时修复
		(6)工件码放不规范		起重伤害	按规定码放
		(7)吊具使用不当		起重伤害	正确使用
		(8)焊接设备线路漏电		触电	班前检查、及时修复
		(9)与他人配合不当		起重伤害	加强安全教育
		(10)吊物脱落		物体打击	起重作业安全操作规程
		(11)料件未按规定码放		坍塌	加强定置管理检查
3	砂轮作业	(1)砂轮片有裂纹	桥位	物体打击	砂轮机安全操作规程
		(2)手动砂轮或线路漏电		触电	安装漏电保护器
		(3)电砂轮插座、插头损坏		触电	使用前检查、及时维修
		(4)砂轮机无防护罩		机械伤害	砂轮机安全操作规程
		(5)托线插座损坏		触电	电气使用安全操作规程
		(6)未戴防护眼镜		伤眼	佩戴防护眼镜
		(7)多人作业		物体打击	加强相互配合
		(8)搬运板块		物体打击	加强防范意识
4	电气接线维修作业	(1)电气作业	桥位	触电	电气安全操作规程
		(2)零部件、工具高处坠落		物体打击	佩戴安全帽
		(3)高处作业不戴安全带		高处坠落	佩戴安全带
		(4)设备检修		机械伤害	挂“有人工作,禁止合闸”警示牌
		(5)多人作业	桥位	物体打击	加强相互配合
		(6)线路电气漏电		触电	电气安全操作规程
		(7)误合电源		触电	电气安全操作规程
5	设备安装维修作业	(1)高处作业	桥位	高处坠落	高处作业安全操作规程
		(2)工具使用不当		物体打击	加强防范意识
		(3)未系安全带		高处坠落	高处作业安全操作规程
		(4)搬运物件		物体打击	加强防范意识

二、危险因素控制措施

危险因素控制措施见表 13-4-2。

危险因素控制措施

表 13-4-2

序号	危险因素名称	可能导致事故类别	管辖部门	危险源	控制要点	实施时间
1	高处作业	高处坠落、物体打击淹溺	项目经理部、工段、班组	(1)高处作业员工违章作业; (2)高处作业安全防护设施有缺陷	(1)作业者必须定期体检。患有禁忌者不宜高处作业; (2)作业者必须使用安全帽、安全带、穿软底鞋,并应清除清除鞋底泥沙、油污; (3)作业区设置安全网及安全护栏,设置专用扶梯; (4)有专人巡视作业平台、临边防护设置状况,确保足够的稳定性; (5)工(用)具放入工作袋,零散件用绳子系牢上下传递; (6)统一采购材料,材料需有进场验证记录	整个施工阶段
2	起重作业	起重伤害、物体打击高处坠落	项目经理部、工段、班组	(1)长短材料混合吊装; (2)起重物件捆扎不牢; (3)起重用钢丝绳索具不符合要求; (4)违章指挥、违章作业	(1)必须严格遵守起重作业的安全技术操作规程; (2)确保起重设备、工索具完好,报警、控制的信号及装置必须有效; (3)劳动组织合理,工艺流程安全化; (4)起重机械操作人员必须持有效证件上岗,应做到"十不吊"	整个施工阶段
3	电器安装使用	触电	项目经理部、工段、班组	(1)漏电保护器失灵; (2)电器安装时,没有悬挂安全警示牌; (3)线路拉设不符合安全要求	(1)编制《临时用电施工组织设计》; (2)加强施工、生产、办公、生活用电知识和防触电教育; (3)电工持证上岗; (4)规范用电,选用优质、合格电气设备,按规定安装、使用; (5)配备专职电工,加强日常维修检查; (6)严格用电规章制度,消除一切违章用电现象	整个施工阶段
4	油漆存储及油漆使用	火灾、爆炸	项目经理部、工段、班组	(1)无专门的化学品存放地点; (2)员工违章作业	(1)设置灭火器材,严禁烟火; (2)调配漆场所应有通风设施; (3)员工喷漆正确使用防毒面具; (4)进入油库者禁止穿化纤工作服; (5)油漆库内与调漆场所禁用汽油、丙酮洗涤头、脸、肢体和衣物	整个施工阶段

续上表

序号	危险因素名称	可能导致事故类别	管辖部门	危险源	控制要点	实施时间
5	高温作业	中暑	项目经理部、工段、班组	(1)高温露天施工； (2)高温施工防护缺陷； (3)夏天高温作业容易中暑； (4)夏天缺少降温设施，连续高温作业时间过长	(1)进行预防中暑知识教育，有效预防中暑； (2)合理调整作息时间，避开高温时段； (3)配备防暑降温设施、物品； (4)加强高温现场监督检查，发现有中暑征兆，立即采取措施	整个施工阶段
6	职业病、传染病	疾病	项目经理部、工段、班组	职业病、传染病	(1)做好宣传教育，提高职工自我防范意识； (2)更新设备及时做好维修保养，减少或降低职业病危害； (3)加强预防和个体防护，降低或减少职业病、流行病的发生； (4)加强监督检查，发现问题立即整改； (5)做好职业健康监护	整个施工阶段
7	洪水	自然灾害	项目经理部、工段、班组	水灾	(1)编制《防汛应急预案》； (2)成立防汛应急小组及抢险队，确保能及时投入抢险； (3)配备防汛物资、消毒、急救药品，确保应急需要； (4)加强施工现场、宿舍、办公室等检查及加固维修工作； (5)加强险情汇报、检查工作	整个施工阶段

第五节　安全施工人员准备

从事安装的铆工、电焊工、油漆工等所有工作人员，都必须进行资质认证和专项培训。

所有员工要求身体健康，上岗前必须到指定的正规医院体检，凡有心脏病、高血压、冠性病、癫痫病等与从事高空作业不适宜的一切人员，均不得从事高处波纹钢腹板焊接等相关作业。

所有员工必须进行高空施工岗前培训和安全技术交底。

根据各工种从事的作业，结合波纹钢腹板的安装特点，对员工有针对性地进行技术培训和安装教育，除必须熟练掌握本工种的工艺规程、安全规程以外，还应了解该工程的技术规范和相关安全章程。

所有特种作业人员必须持证上岗，未经许可不得从事本工种以外的工作，以确保高空施工安全和施工质量。

第六节　安全措施

一、高处作业安全控制措施

凡在坠落高度基准面在2m以上（含2m）有可能坠落的在高处进行的作业，均称为高处作业。

进行高处作业时，应遵守高空作业安全操作规程。

本工程有关高处作业的施工项目有：协助吊装单位焊接与波纹钢腹板相关的临时连接件、吊点等构件；调整波纹钢腹板节段间的搭接间隙，组装现场连接钢筋；焊接波纹钢腹板节段间搭接焊缝和现场连接钢筋。现场补涂装工作及全桥最后一道面漆涂装，作业中应注意防护。

(1)"三宝"防护要求如下：

①进入施工现场的任何人员，必须按标准佩戴好安全帽。

②凡在高处作业或悬空作业，必须系挂好符合标准和作业要求的安全带。

③高处作业点的下方视实际情况设挂安全网。

(2)防护较大的孔洞，应在孔洞的边缘处设防护围栏，高度1.2m。

(3)"临边"防护。在波纹钢腹板顶面作业及侧面焊接等作业中，临边的一面要有防护措施，须设置围栏或搭设安全网。

(4)攀登作业的防护。攀登时必须采取防倾倒和下滑的措施，保证梯子底部支撑牢固，有人配合扶梯。作业人员应从规定的通道上下。上下梯子时必须面对梯子，双手扶牢，不得手持物件攀登。禁止在钢筋和管架、模板及其支撑杆上作业。禁止沿未固定的物件上行走和作业。人员上下脚手架应走专用通道，禁止攀爬脚手架杆件上下。在脚手架行走和作业时要注意脚下探头板。

(5)交叉作业的防护。上下立体式交叉作业极易造成坠物伤人，因此，上下不同层次之间，首先在前后、左右方向必须有一段横向的安全隔离距离，此距离应该大于可能的坠落半径。如果不能达到此安全隔离距离，就应该设立能防止坠落物伤害下方人员的防护层，必须固定；调整生产作业施工工艺次序，尽可能减少交叉作业，将高处作业发生事故的机率降到最低，促进安全生产。

(6)作业警示、监护。在高处作业范围以及高处落物的伤害范围须设置安全警示标志，并设专人进行安全监护，防止无关人员进入作业范围和落物伤人。

二、预防火灾、爆炸事故安全控制措施

(1)油漆和溶剂应储存在干燥、阴凉、通风、隔热、无阳光直射的存放处里。

(2)贮存存放处30m内不许动用明火,不许吸烟,并应张贴“严禁烟火”的标志。

(3)储存处内必须搭设木架,漆桶放在木架上,保证稳固,严禁漆桶倒垛碰撞,产生火星引起火灾。

(4)油漆存放时,要轻搬轻放。

(5)油漆存放处门前,不得堆放浸有油漆的棉纱、破布等可燃性物品,以免积压过久产生热度或遇电火、雷火等造成火灾。

(6)调漆场所,必须配置足够量的泡沫、干粉等灭火器、干沙及石棉板等。灭火器应本着分散与集中相结合的原则进行布点。管理人员应懂得防火、灭火知识,并能够熟练掌握灭火器。灭火器要经常检查,定期换药。

(7)涂装作业场所禁止吸烟、禁止进行电气焊等明火作业;掺兑稀释剂时,禁止使用铁棒搅拌,以防碰出火星。

(8)注意保持作业环境的通风换气,预防可燃气体聚集。

(9)进行气焊、气割作业人员严格遵守安全用气操作规程,作业场所要准备相应的消防设备,做到有备无患。

(10)每个涂装施工人员,应牢记油漆易燃易爆的危险性,并具备一定的防火和灭火知识,会熟练使用灭火器和简易的消防器材。一旦发生火灾后,应首先切断各种设备电源,立即将火扑灭。必要时应先向有关部门报警,配合灭火。

三、临时用电安全控制措施

(1)施工现场临时用电安全管理必须执行(JGJ 46—2005)《施工现场临时用电安全技术规范》。

(2)施工现场临时用电必须采用“三相五线制”系统。一、二级配电箱外壳必须设重复接地,三级配电箱在比较集中的地方应设重复接地。

(3)每台电气设备必须实行“一机、一闸、一漏、一箱”制。开关箱与其所控制的固定式用电设备的水平距离不宜超过3m,漏电保护器应与所控制的设备容量相匹配。

(4)开关箱与二级配电箱的距离不得超过30m。

(5)各级配电箱内应设专用零线和保护零线端子,不得相互混接;箱内电气元件应排列整齐、牢固,配线横平竖直、美观,并且绑扎牢固;箱底引出线口应加橡皮绝缘互套,箱门应配锁。

(6)各级配电箱周围2m以内不得堆放杂物,并且应设防雨措施。

(7)室外照明灯具应采用防水灯具,照明灯具的金属外壳必须有保护接零。

(8)照明结合施工现场实际采用相应的安全电压。

(9)照明电线不能拴在金属脚手架等其他金属上,严禁在地面上乱拉、乱拖。

(10)电缆干线应采用埋地或架空敷设,严禁沿地面明敷设。

(11)橡皮电缆应采用埋地穿保护管或电杆等敷设,在电杆敷设时用绝缘子固定,在金属构件上敷设时,应与金属构件之间做绝缘处理。

(12)电缆、电线严禁使用金属裸线绑扎固定。

四、夏季防暑降温安全控制措施

(1)进入夏季为员工供应感冒药、发烧药、腹泻药、消炎药等治疗药品和仁丹、十滴水、正气水、菊花茶、降火凉茶等解暑药品及合乎卫生要求的含盐饮料饮品,做好员工防暑降温的物资保障。

(2)调整作业时间,在施工条件允许的情况下避开高温时段。

(3)安全管理人员加强现场巡查,重点检查防暑重点区域人员工作精神状态,发现有中暑现象的员工,及时采取相应救护措施。

(4)组织生产作业过程中,相对隐蔽的场所禁止单人作业,必须两人或两人以上小组作业。当其中人员发生中暑现象时,同组人员就及时上报,并采取降温、转移人员等相应的急救措施。

五、涂装安全控制措施

1. 涂装范围

根据涂装方案的要求现场补涂工作及全桥最后一道面漆涂装。

2. 涂装作业安全控制要点

(1)操作前,必须检查脚手架、梯子是否安全牢固,脚手板有无空洞或探头等,如发现有不安全之处,应进行修理加固后方可作业。

(2)高处作业时,要配挂好安全带或搭设安全网,或两者同时配置。

(3)雨后初晴,脚手架、梯子、箱梁受湿易于滑跌,应采取防滑措施,或待稍干后方可进行操作。

(4)梯子脚部要包裹麻布或胶皮,用人字梯(擘梯)在光滑地面操作时,必须先检查拉绳(或链条)是否拴紧。上下扶梯时,防止断档及滑下跌伤,仰角不得小于60°。

(5)木金字梯使用前,不应在梯架上涂抹油漆,以防高处作业人员滑脚坠落。

(6)在有电源的相对封闭的空间操作时,应先关闭电闸,闸门加锁。在机械设备附近操作时,必须在机械停机后进行。

(7)各类油漆,因其易燃或有毒,应存放在专用存放处内,不准与其他材料混堆。对挥发性油料必须存放于密闭容器内,必须设专人保管。

(8)油漆涂料存放处应有良好的通风,并应设置消防器材,悬挂醒目的“严禁烟火”的标志。存放处与其他建筑物应保持一定的安全距离,严禁住人。

(9)调配油料过程中,应佩戴好防护用品,禁止吸烟。

(10)沾染油漆或稀释油类的棉纱、破布等物,应全部收集存放在有盖的金属箱内。当不能使用时应集中销毁或用碱将油污洗净以备再用。

(11)用钢丝刷、扳铿、气动或电动工具清除铁锈、铁麟时,要戴上防护眼镜。在涂刷红丹防锈漆及含铅颜料的油漆时,要注意防止中毒,操作时要戴口罩。用喷砂除锈,喷嘴接头要牢固,不准对人。喷嘴堵塞时,应停机消除压力后,方可进行修理或更换。

(12)夜间作业时,照明应采取防爆措施。涂刷大面积较大时,照明和电气设备必须按防爆等级规定进行安装。

(13)一般应尽量在露天喷涂。作业的周围不得有火种。

(14)喷涂时,如发现喷枪出漆不匀,严禁对着喷嘴察看,可调整出气嘴和出漆嘴之间的距离来解决。最好在施工前用水代替喷漆进行试喷,无问题后再正式进行。

(15)喷涂对人体有害的油漆涂料时,要戴防毒口罩,如对眼睛有害,必须戴上密闭式的眼镜进行防护。

(16)喷涂作业人员进行施工时,感觉头痛、心悸和恶心时,应立即停止工作远离工作地点到通风处换气,如仍不缓解,应到医疗所治疗。

(17)油漆施工常见毒物防止方法:

①苯。无色、透明具有芳香的液体,油漆中用来做溶剂,沸点80℃,极易挥发。苯中毒后头痛、头昏、记忆力减退、无力、失眠等。另外还能引起皮肤干燥、瘙痒、发红。热苯还可以引起皮肤水泡,出现脱脂性皮炎。预防的方法,应加强自然通风和局部机械通风,严禁用苯洗手。

②铅。包括铅白、铅铬绿、红丹、黄丹等含铅化合物。它是一种慢性中毒的化合物,日久方能发觉体弱易倦、食欲不振、体重减轻、脸色苍白、肚痛、头痛、关节痛等。预防的方法是以刷涂施工方法为宜,加强通风等防护措施,饭前洗手,下班淋浴,最好能用其他防锈漆来代替红丹防锈漆。

六、安全检查及处置

1. 桥位施工安全检查要点

桥位施工人员劳保穿戴情况,包括安全帽、工作服、劳保鞋、安全带、救生衣等;水上运输交通船;高处作业安全防护措施,包括防护栏杆、工作走台、安全网等;临时用电设备设施,包括配电系统的布置、用电设备的使用、保养等;现场灭火器的检查;起重设备的检查,包括钢丝绳、吊卡具等。

2. 处置

针对以上主要检查要点,定期对其进行检查,若发现有不和规定处,立即采取相应措施进行整改,使其达到安全状态;对于处于安全状态的设备设施,做好维护保养工作,使其时刻保持在安全状态。

第七节　应急处置

一、应急组织机构与职责

安全生产、文明施工领导小组,兼有施工单位应急处置工作的领导,应急处置组织机构图如图13-7-1所示。

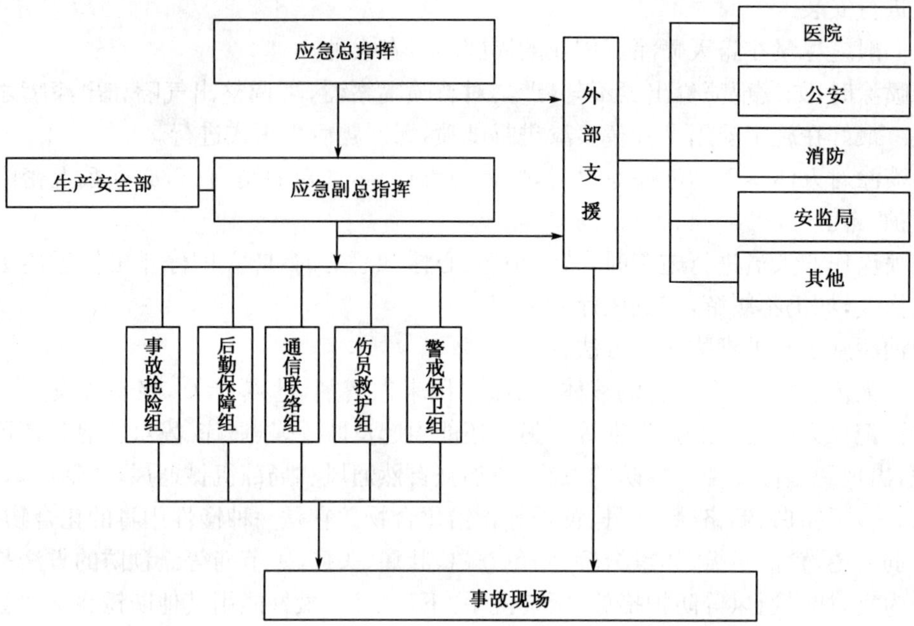

图 13-7-1　应急处置组织机构图

1. 应急总指挥

(1)分析紧急状态和确定紧急事件级别。这些分析应根据相关危险类型、潜在后果、现有资源和控制紧急情况的行动类型进行。

(2)指挥、协调应急响应行动。

(3)对外联络。

(4)直接监督应急人员的行动。

(5)保证场内外人员安全。

(6)协调后勤方面以支援应急行动。

(7)指定代理人,以便在特殊情况(因故不在现场或在指挥中受伤)下履行其职责。

2. 应急副总指挥

(1)协助应急总指挥组织和指挥应急操作任务。

(2)向应急总指挥提出应采取的措施减缓事故后果的行动和建议。

(3)进行现场事故评估。

(4)控制紧急情况。

(5)协调、组织和获取应急所需的其他资源、设备,支援现场的应急操作。

3. 安全部

(1)组织建立应急救援体系,制定应急救援预案、操作指南,并报上级主管部门备案。

(2)协助应急总指挥工作。

(3)督促、监督应急救援工作。
(4)提出应急操作建议。
(5)组织应急救援后的总结与评价,并书面报告上级主管部门。

4. 伤员救护组

现场抢救伤员,护送、运送伤员前往医院。

5. 事故抢险组

抢救现场物资,组建现场消防队,保证现场救援通道的畅通。

6. 后勤保障组

(1)检查、监督、落实应急救援物资的储备数量,收集和建立并归档。
(2)定期检查、监督、落实应急反应物资管理人员的到位和变更情况,及时调整应急反应物资的更新和达标。
(3)应急预案启动后,按应急总指挥的部署,有效地组织应急反应物资到施工现场,并及时对事故现场进行增援,同时提供后勤服务。
(4)做好伤亡人员及家属的稳定工作,确保事故发生后伤亡人员及家属思想能够稳定,大灾之后不发生大乱。
(5)做好受伤人员医疗救护的跟踪工作,协调处理医疗救护单位的相关矛盾。
(6)与保险部门一起做好伤亡人员及财产损失的理赔工作。
(7)慰问有关伤员及家属。

7. 通信联络组

负责应急救援的联络工作,确定联络体系,应急响应时需要建立联络的机构和人员如下:
(1)应急人员之间。
(2)事故指挥者与应急人员之间。
(3)应急救援系统各机构之间。
(4)应急指挥机构与外部应急组织、伤员家属、上级行政主管部门、新闻媒体以及有必要的有关人员和部门之间。
(5)负责与总指挥保持及时地信息沟通,会同有关部门处理伤亡人员的善后工作。

8. 警戒保卫组

负责事故现场的保护与警戒,其任务和作用是:保护事故现场、维护现场秩序、防止外来干扰、尽力保护事故现场人员的安全等;需要时组织人员的疏散。

二、事故类型和危害程度分析

根据危险源辨识和评价结果,在钢结构架设过程中及地理位置特点可能引发的事故主要包括:高处坠落、人员死亡、人员失踪。尤其是在台风到来季节,均易造成重大伤亡事故。

三、应急处置基本原则

应急处置要坚持"以人为本"的原则，首先采取应急措施，疏散人群，抢救伤员。指挥部现场要做好一切防台、临时宿舍加固、断电拉闸等工作。

四、应 急 资 源

1. 通信与信息保障

施工单位必须保证应急救援所需的通信设备、工具。应急救援机构人员以及当地医院、救援机构、有关政府部门的通信联系方式和方法应予以公示。

2. 应急队伍保障

施工单位应配备应急救援所需的人员，抢险队队员一般年龄为 20～35 岁，身体健康，有较高的政治素质和安全意识。

3. 应急物资装备保障

配备必要的应急救援设施，如消防设施、急救设施、应急车辆、通信设施等，并建立应急救援设施清单。

4. 经费保障

施工单位应保证应急救援所需资金的投入。应根据施工生产的实际情况，制定应急救援所需资金的投入计划，予以落实。

5. 其他保障

施工单位应根据自身生产经营场所地理位置、周边环境和危险源的情况，确定交通运输保障、治安保障、技术保障、医疗保障、后勤保障等所需的人员、物资、设备、资金等。

五、应急响应程序

1. 应急响应分级

施工单位负责组织桥位安全生产事故应急救援。

2. 应急响应程序

事故发生后立即启动应急救援预案，一般事故、较大事故、重大事故及以上事故发生后，总公司主管经理应率领有关人员于 24 小时内赶赴现场组织救援工作。应急响应程序如图13-7-2所示。

3. 应急结束

对事故现场经过应急救援预案实施后，引起事故的危险源得到有效控制、消除或者应急救援行动已完全转化为社会公共救援，应急救援行动即告终止。

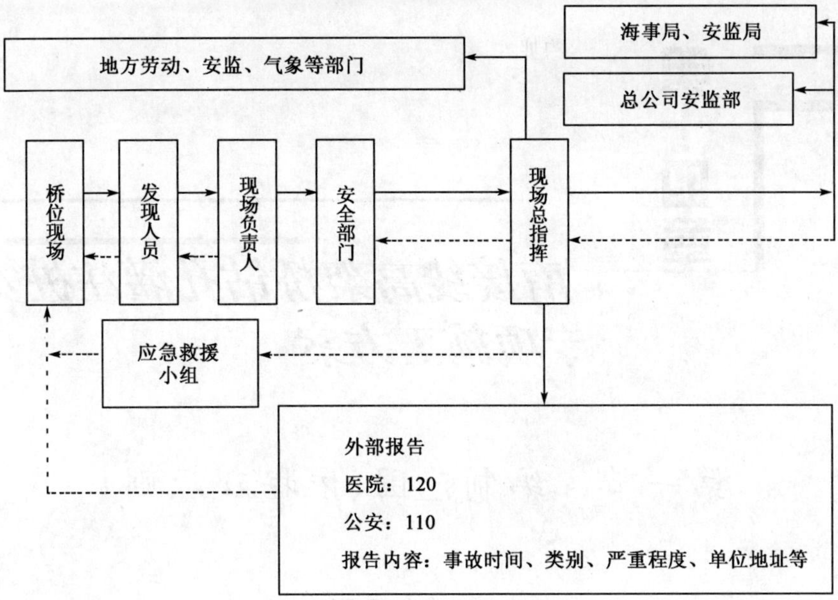

图 13-7-2　应急响应程序

第十四章 南接线高架桥钻孔灌注桩安全专项施工方案

第一节 编制范围、依据及原则

一、编制范围

南京长江第四大桥接线工程 S1 标段钻孔灌注桩施工，主要包括施工准备、钻孔施工及混凝土灌注、钻孔施工专项安全方案、应急预案。

二、编制依据

(1)《合同文件》及《施工招标文件》

(2)《南京长江第四大桥 S1 标施工图纸》

(3)《公路桥涵施工技术规范》(JTG/T F50—2011)

(4)《公路路基施工技术规范》(JTG F10—2006)

(5)《公路工程施工安全技术规程》(JTJ 076—95)

(6)国家《建设工程施工项目管理规范》(GB 50216—2001)

(7)其他有关《南京长江第四大桥接线工程》的文件

三、编制原则

充分考虑本工程的特点、工期要求，结合桩基所在地的地质、水文、气候、气象条件，以及工程规模、技术特点、工期要求、工程造价等方面的因素，以各工序施工注意事项为本专项安全方案的重点，结合类似工程安全施工经验及施工机械设备配套能力，力求达到技术先进、经济合理、切实可行、安全可靠，确保实现招标文件所要求的工期、质量、安全、环保目标。

(1)严格执行各项技术规范。

(2)实事求是，施工方案可行、适用、经济。

(3)采用项目法组织施工，推行标准化管理，达到安全、文明、高效。

(4)坚持技术创新，推广和应用“四新”成果。

四、工作目标

1. 安全目标

全面贯彻"安全第一,预防为主"的安全生产管理方针,不发生重大机械破损事故,杜绝因施工造成的重大人身伤亡事故、重大设备事故、交通事故、火灾事故等事故。创建安全工地。

2. 文明施工目标

严格遵守国家和当地政府的环境保护法律、法规及业主的规定,保护生态环境,防止水土流失,并避免当地环境受到污染,杜绝环境污染事故。按业主要求进行工地建设,确保施工现场环境整洁、纪律严明、设备完好、物流有序,创文明施工样板工地。

3. 职业健康安全目标

严格遵守国家有关法律法规,对存在职业健康安全因素的岗位,采取增加职工休养时间、完备的劳动保护措施、提供岗位健康风险补贴等方式,确保本合同段无一人因职业环境安全因素而受到健康损害。

第二节　工程概况

一、气候、水文地质情况

1. 地形地貌

本标段展布在九乡河河谷平原以及底山剥蚀丘陵区和山前岗地过渡地带,地形起伏较大。其中,河谷平原区地面高程6～8m,岗地区地面高程8～18m,低山高程20～60m。河谷稳定地下水位埋深为0.4～1.5m,低山丘陵区稳定地下水位埋深为1.5～8.1m。箱梁支架基础总体上位于平缓、干燥、坚硬的平地上,局部位置有表面积水。

2. 气候

本标段所处地属热带湿润、半湿润气候区,雨量一半,主要为眉宇和台风雨两种。年内降水分布不均,汛期(6～9月)降水占全年的75%,雨量最小的月份为11月至次年3月。年平均气温在18～20℃左右,1月份平均气温5.5℃,7～8月份平均气温在33℃;年平均无霜期为296天,平均初霜期在11月中旬,终霜期在2月下旬。

3. 水文地质

场地范围内,基岩起伏较大,埋深约为0～30.1m,岩性为侏罗系象山群砂岩。地震裂度为Ⅶ度。地下水对混凝土无腐蚀性,对钢结构具有弱腐蚀性。

二、规范及技术标准

桥梁采用双向六车道高速公路标准建设，其主要技术指标为：

(1)计算行车速度：100km/h

(2)设计荷载标准：公路—Ⅰ级

(3)设计地震烈度：地震动峰值加速度为0.1g(相当于Ⅶ度)，按提高1度设防。

三、桩基情况

本标段主线钻孔桩共计8621m，其中直径1.8m的桩304棵共计7337m，直径1.5m的桩64棵共计1284m。匝道、桥台、分离立交钻孔桩直径均为1.2m，共190棵计3946m。其中T匝道50棵；U匝道32棵；G312分离式立体交叉30棵，平均桩长17.58m。穿过的地质覆盖层分别为砂土、黏土、风化岩等。除分离式立交桩基为摩擦桩外其余桩基均为嵌岩桩。

第三节　施工方法及注意事项

本标段桩基主要为陆地桩，部分桩基位于沟塘内也采取填土围堰的方式转为陆地桩再施工。桩基主要为嵌岩桩，故主要采用冲击钻成孔。钢筋在加工厂内加工成钢筋笼，运至现场后用吊机吊装，并通过套筒连接接长后整体下方。混凝土通过自有拌和站拌制，罐车运输至现场，采用导管水下灌注的方式灌注混凝土。

一、施工准备

1. 场地准备

施工前要在桥位右侧修建临时便道，便道采用50cm建筑垃圾填筑。钻孔位置需要用挖土机找平、压实，形成良好的进出通道后再进行后续施工。

2. 生产准备

砂石料、水泥等原材料必须是经监理检测认可的产地或厂家，并严格按照规范和监理要求的检测频率和检测手段进行检测，确保原材料合格。

3. 机械与设备

本项工程所用到的主要机械设备见表14-3-1，此处只列出施工现场机械设备，不包括后方钢筋加工厂、木工加工厂等后方施工机械。

4. 技术准备

(1)测量放样

(2)安全技术培训和技术交底

主要机械设备　　表 14-3-1

序　号	机械设备	型　号	数　量	备　注
1	汽车起重机	25t	2	钢筋笼吊放
2	回旋钻机	KP2000	5	钻孔施工
3	冲击钻		10	钻孔施工
4	罐车	$6m^3$	6	混凝土运输
5	泥浆检测仪器		4套	泥浆指标检测
6	测斜仪	JJC-1	4套	测量成孔的垂直度
7	空压机	$9m^3$	4	二次清孔

在开钻前，按照相关规定，对技术人员和施工人员进行安全专项技术培训。

按规定层层进行安全技术交底。由总工主持对施工技术人员和管理人员进行安全技术交底；由安全部会同施工队技术员对班组长进行安全技术交底；由班组长对所属人员进行安全技术交底。

二、钻孔施工

1. 钻机选型

根据现场考察和图纸研究结果，我们准备采用回旋钻机和冲击钻机进行现场桩基钻孔施工。根据现场钻孔情况及工期计划及时调整钻机数量。

2. 钻孔桩护筒施工

设计桩径 1.8m 的钻孔桩，护筒直径设定为 2.1m，长度为 2m；设计桩径 1.5m 的钻孔桩，护筒直径设定为 1.8m，长度为 2m；设计桩径 1.2m 的钻孔桩，护筒直径设定为 1.5m，长度为 1.5m。水中桩的护筒将适当加长，确保进入硬土层 1.5m 以上。护筒均采用 10mm 钢板卷制。

为工作方便，护筒顶面应高出地面约 30cm，防止地面积水流入护筒内。护筒周围应用黏土夯实，以防渗漏或孔内水头太高，使护筒底形成反穿孔。在护筒定位后及时复核护筒的平面位置，严格控制护筒中心与桩位中心线偏差不大于 20mm，并认真检查回填土是否密实，以防钻孔过程中发生漏浆的现象。

3. 钻孔灌注桩施工

(1)回旋钻成孔施工

成孔施工作业流程如图 14-3-1 所示。

(2)冲击钻施工

冲击钻施工时除要注意以上相关要求外，还要注意以下几点规定：

①在钻头锥顶和提升钢丝绳之间要安装转向装置能自由转动，以保证桩孔成圆形，防止产生梅花孔。

②冲孔成孔钻进中，如产生孔斜、弯孔、塌孔、梅花孔，护筒周围冒浆等情况时，应立即停钻，待采取措施纠正之后再行钻进。监理工程师对钻孔内产生问题的位置、性质、严重程度和处理措施、处理结果等应予以记录，并在继续钻进施工中对孔内事故（如孔斜）处理结果进行检查。

③每钻进 4～5m 深度验孔一次，在更换钻头前或容易缩径处，均应验孔。

④遇到孤石时，可预爆或用高低冲程交替冲击，将孤石击碎或挤入孔壁。

⑤冲孔过程中应严格控制钻孔进尺速度，应经常注意地层变化，必须由专人准确、同步记录、地质变化时应捞取渣样并量测孔深位置，渣样必须保管好用字条写上墩桩号、捞取时间、高程。钻孔作业应分班连续进行，填写的钻孔施工记录，交接班时应详细交待钻进情况及下一班应注意事项。

⑥进入基岩后，应低锤冲击或高低锤相间冲击，如发现偏孔应回填片石至偏孔上方 3～5m 处，然后重新冲孔。

⑦当进入岩层时要更加精确记录进尺速度，频繁捞取岩样，并做好各种记录。冲孔入岩层后，每钻进 200mm 应清孔取样一次，并妥善保管，以备终孔验收。嵌岩桩嵌入微风化不少于 1m 各桩终孔前应在基底取样，取样深度不少于 2m，并经现场地质工程师、监理工程师和设计单位进行岩性鉴定确认认可，预防地质描述不准，造成终孔错误，使桩基承载力不够，桥梁产生不均匀沉降而开裂。

⑧冲孔达到设计高程后，应检查孔深、孔径和孔底沉渣厚度，符合规范要求方可进行清孔。

三、成 孔 施 工

成桩施工作业流程如图 14-3-2 所示。

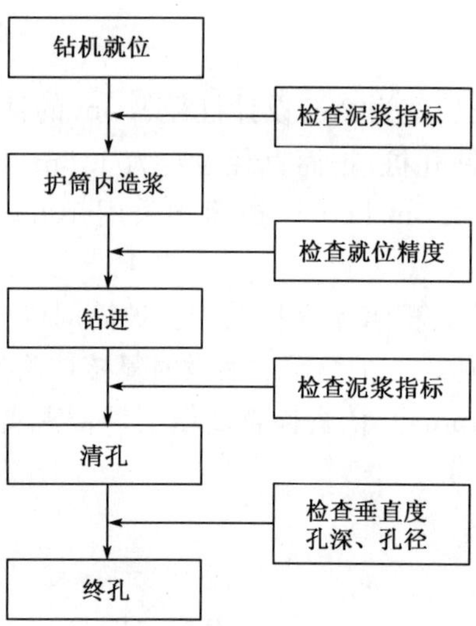

图 14-3-1　成孔施工作业流程

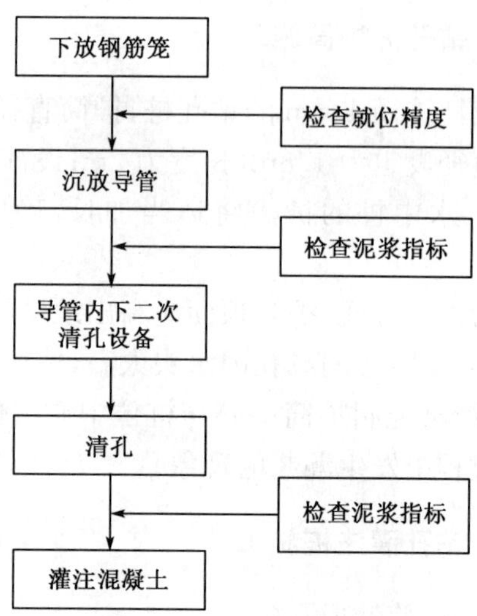

图 14-3-2　成桩施工作业流程

1. 准备工作

(1)钢筋笼制作和运输

钢筋笼制作前，首先要检查钢材的质保资料，检查合格后再按设计和施工规范要求验收钢筋的直径、长度、规格、数量和制作质量。

钢筋笼和检测管先行分节制作，制作在加工场地进行。标准节段钢筋笼每节长12m，钢筋笼的尺寸在首节找齐。钢筋笼采用墩粗直螺纹连接或搭接焊连接。钢筋笼在加工厂利用胎架加工，在相邻两节对拼连接并编号标识后，才可以对钢筋焊接固定。钢筋笼制作时，先在制作好的加劲箍内加焊"△"支撑，然后在底胎模上按设计间距进行布置，并在底胎模及施工脚手架上加以固定。在固定主筋时，应保证每根主筋纵向顺直，避免出现蛇形或波浪形弯曲现象。每个断面的接头总数不超过50%，相邻主筋错开1.5m。在每节钢筋笼两端接头断面错开的1.5m范围之内，为方便钢筋连接，螺旋钢筋盘绕收拢预留在两端头接头断面外，暂不绑扎固定，待现场主筋连接好后，再下放绑扎到位。在螺旋钢筋绑扎时，扎丝头子要求不伸出钢筋笼外。在施工现场，钢筋笼对接时，必须按照编号一一对应施工。

钢筋骨架运输采用平板车运输，直接从钢筋加工厂运输到施工现场。

(2)导管

导管应进行水密、承压和接头抗拉试验。混凝土灌注采用$\phi_{内}=300mm$、$\delta=6mm$的无缝钢管制作的导管。导管长度由孔底的高程和灌注漏斗的高程决定。导管采用螺旋连接套连接。

每套导管在初次沉放前应试拼，并经试压，确保不漏水。试拼后的导管要逐一标号，并在其上用油漆每隔50cm记录其长度，现场拼接时要保持密封圈无破损，接头严密，管轴顺直。导管每节长3m、2.5m、1m不等，内壁光滑、顺直，光洁无局部凹凸，各节导管内径应大小一致，偏差不大于±2mm。导管总数应配备10%左右的备用导管，其中还应准备有多节长度各异的短管，其中最少两节0.5m的导管，有利于控制导管口离孔底的距离，同时也方便拔管时，合理掌握导管的拆卸长度。

水密性试验方法是把拼装好的导管先灌满水，两端封闭，一端焊接出水管接头，另一端焊接进水管接头，并与压水泵出水管相接。启动压水泵给导管注入压力水，当压水泵的压力表压力达到导管须承受的计算压力时，稳压10min后接头及接缝处不渗漏即为合格。

导管可能承受的最大内压力计算式如下：

$$P_{max}=1.3(r_c\times h_{xmax}-r_w H_w)$$

式中：P_{max}——导管可能承受到的最大内压力(kPa)；

r_c——混凝土容重(kN/m^3)，取24.0kN/m^3；

h_{xmax}——导管内混凝土柱最大高度(m)，取128.0m；

r_w——孔内泥浆的容重(kN/m^3)，取11.0kN/m^3；

H_w——孔内泥浆的深度(m)，取124.0m。

$P_{max}=1.3\times(24\times128.0-11.0\times124.0)=2220.4$kPa，取2200kPa。

不同套导管之间不能混用。

(3)混凝土

原材料要和试验时的厂家和要求一致。坍落度宜为18～22cm。混凝土采用罐车运输。

2. 钢筋笼运输和吊放

平车将分节钢筋笼运至现场，钢筋在加工厂用龙门吊装，在现场利用吊机吊装。首先下放

第一节钢筋笼，随即下放第二节钢筋笼，并组织专业钢筋工进行上下两节钢筋笼的墩粗直螺纹连接，连接完成后，继续下放钢筋笼，并用型钢临时固定在护筒外的地面上。以后钢筋笼的安装重复以上程序。

在钢筋笼吊放过程中，应逐节验收钢筋笼的连接缝质量，对质量不符合规范要求的要采取措施纠正。同时，要注意钢筋笼能否顺利下放，沉放时不能碰撞孔壁；当吊放受阻时，不能加压强行下放，因为这将会造成坍孔、钢筋笼变形等现象，应停止吊放并寻找原因，如因钢筋笼没有垂直吊放而造成的，应提出后重新垂直吊放。钢筋笼接长时要加快连接速度，尽可能缩短沉放时间。

施工中要注意上下钢筋笼的位置正确，轴线一致，防止笼身弯折，以避免上提导管时钩挂钢筋笼，造成施工困难。施工时，要严防支撑钢筋、施工扳手等物件掉落井中，采取在施工扳手和支撑钢筋上系绳的办法来预防。

3. 钢筋笼的定位

钢筋笼全部沉放完毕后，紧接着就要进行钢筋笼的定位工作。采用 4 根和钢筋笼主筋相同型号的钢筋定位，钢筋的下端采用墩粗直螺纹和钢筋笼连接，上端和用 Φ10 圆钢制作的吊环焊接。吊杆长度是根据平台高程(或临时支撑点)的变化而改变，使用时根据固定点处高程逐根复核吊环高度，以确保钢筋的埋入高程满足设计要求。

4. 下导管

(1)导管可预先分段拼装，在吊放时再逐段拼装。要仔细检查，变形的和磨损严重的不得使用。现场拼接时要保持密封圈无破损，接头严密。导管吊放时，应使位置居孔中、轴线顺直，稳步沉放，防止卡住钢筋骨架和碰撞孔壁。

(2)用汽车吊机下导管，灌注混凝土时用钻机提升、人工拆卸导管。

(3)每节导管的沉放和拆卸要有明确的记录。导管下口至孔底距离应为 0.25～0.4m。

5. 二次清孔

下完钢筋笼及导管后需要进行二次清孔，根据清孔速度决定是否需要采取气举反循环辅助清孔。灌注混凝土前，复测孔内沉淀厚度，如果沉淀厚度不超过设计要求(5cm)，则直接灌注水下混凝土；反之，则利用导管继续清孔。清孔后，对孔底沉淀层厚度、泥浆指标进行检测，达到要求后，立即灌注水下混凝土。

清孔完成后，孔底沉渣应严格控制在设计要求以内，泥浆指标合格(泥浆相对密度：1.03～1.1；黏度：17～22Pa·s；含砂率：＜2 %)，并应立即进行检查验收。检查验收合格后，应立即灌注水下混凝土，以免渣土重新沉淀，造成沉渣过厚而影响桩的承载力。

6. 灌注水下混凝土

(1)混凝土由拌和站集中拌制。拟采用 1 台 HZS-80 型和 1 台 HZS-60 型混凝土拌和站拌和，6 辆搅拌运输车运送混凝土。混凝土灌注时，1 台 200kW 发电机备用。

(2)首盘混凝土控制

漏斗高度除应满足拆卸操作需要外，并应在灌注到最后阶段时，能满足对导管内混凝土柱高度的需要。在漏斗上口应对称焊 4 个吊环，以便在拆导管时将其移走。首盘混凝土的容量最小应满足下式所需 V（首盘混凝土数量计算公式）：

$$V = h_1 \times \pi d_2/4 + H_C \times \pi D_2/4$$

式中：V——首盘混凝土最小容量（m^3）；

h_1——孔内混凝土高度达到 H_C 时导管内混凝土柱与导管外水压平衡所需高度（m），其中：

$$h_1 = H_w r_w / r_c$$

H_C——钻孔初次灌注需要的混凝土面至孔底的高度，即导管次埋深 h_2 加导管底至孔底间距 h_3，h_2 至少为 1.0m，h_3 为 0.3～0.4m。当孔底有沉淀时，应将 h_3 值适当加大；

H_w——孔内水面至初次灌注需要的混凝土面高度（m）；

D_2——钻孔直径（m），有扩孔情况时，应按扩孔后的直径；

d_2——导管直径（m）；

r_w——孔内水或泥浆的容重（t/m^3）；

r_c——混凝土拌和物的容重，取 2.4（t/m^3）。

按规范要求，我们对首盘灰进行了计算。计算中埋深按 1.2m 计算，孔深按 30m 计算，混凝土密度为 2.4t/m^3，泥浆为 1.15t/m^3。1.8m、1.5m、1.2m 桩径的桩基首盘混凝土容量分别为：4.03m^3，3.09m^3，2.33m^3。导管上口安放漏斗，漏斗容量 1m^3，漏斗顶高应满足搅拌运输车下灰的高度。

为了保证首盘混凝土能埋住导管，要准备一个容量为 5m^3 的混凝土蓄料斗，外形尺寸为 1.5m×1.5m×2.5m。蓄料斗的底部做成可以开合的，以便控制混凝土的浇注速度。另外需要一个容量为 2m^3 的料斗，以便把混凝土从罐车转运到蓄料斗里，料斗的四个角用 Φ20 的圆钢做吊耳。开导管采用拔球法，用塑料编织袋团成导管内径大小，堵在导管上口，其上用比导管直径稍大一点的钢板盖住。开始灌注前，用转运料斗把蓄料斗蓄满混凝土，通过串料筒连接到灌注漏斗上部，调节混凝土的下落速度，待漏斗快满时，把盖在导管口的钢板用钻机抽掉，让混凝土自由下落。这时候要调节蓄料斗的下料速度，不能让漏斗空料。为确保首盘混凝土灌注成功，在漏斗旁，再准备一辆满载 6m^3 混凝土罐车，与蓄料斗配合，连续灌注。

(3)测量孔内混凝土的灌注高度采用测锤法，以检测导管埋深情况，便于拆导管。需由技术人员用 2 个测锤测深并相互对照，防止误测。

(4)导管埋入混凝土中的深度一般控制在 2～6m 范围之内。每次拆卸导管后，导管埋入混凝土的深度应不小于 2m。

(5)刚开盘时，埋深适当加大，但不宜超过 8m。

(6)混凝土应连续灌注，直至灌注的混凝土顶面高出图纸规定或监理工程师确定的截断高度才可停止浇筑，以保证截断面以下的全部混凝土均达到强度标准。

后续混凝土灌注中，当出现非连续性灌注时，漏斗中的混凝土下落后，应当牵动导管，并观察孔口返浆情况，直至孔口不再返浆，再向漏斗中加入混凝土。

灌注的桩顶高程应比设计高出一定高度，一般为 0.5～1.0m，以保证混凝土强度，多余部分应在承台施工前凿除，桩头应无松散层。

终灌后应解除钢筋笼的孔口吊点，防止初凝过程中钢筋参与混凝土受力而影响二者之间的握裹力。

(7)其他应注意的灌注要点

在最后灌注时，要核对混凝土的灌注量，适当提高灌注漏斗的高度，使混凝土产生较大的冲击力，以增加混凝土的压力，提高混凝土密实性。为了保证桩头混凝土质量，最后灌注时导管在 1～2m 范围内上下移动，桩顶超灌 1m 左右的混凝土。

为了减少后期桩头破除的难度，混凝土灌注桩灌注完成后，及时进行超灌混凝土的挖除，但注意桩顶以上 50cm 内混凝土不得扰动。

为防止发生断桩、夹泥、堵管等现象，在混凝土灌注时，应加强对混凝土搅拌时间和混凝土坍落度的控制。因为混凝土搅拌时间不足会直接影响混凝土的强度，混凝土坍落度采用 18～22cm，并随时了解混凝土面的高程和导管的埋入深度，严防把导管底端提出混凝土面。在施工过程中，要控制好灌注工艺和操作，抽动导管使混凝土面上升的力度要适中，保证有程序地拔管和连续灌注，升降的幅度不能过大。如大幅度抽拔导管，则容易造成混凝土体冲刷孔壁，导致孔壁下坠或坍落，桩身夹泥，这种现象尤其在砂层厚的地方比较容易发生。在灌注过程中必须每灌注 $6m^3$ 左右测一次混凝土面上升的高度，确定每段桩体的充盈系数，桩身混凝土的充盈系数必须大于1。同时要认真进行记录，作为对日后发现有问题的桩或评价桩的质量最直接的证据和依据。

钻孔时准备好钻头打捞器，防止出现意外情况。灌注时要有备用侧绳和垂球。

第四节　施工安全保障措施

施工过程中必须贯彻“安全第一、预防为主”的方针。建立严格的安全保证体系，形成全员抓安全、全员保安全的氛围。

一、组织保证

1. 建立安全组织机构

(1)成立项目经理为组长，副经理、安全部长为副组长的安全领导小组。设安全部，设立安全部部长 1 名，专职安全员 3 名，负责本标段项目的安全监察、保障和管理工作，施工队设专职安全员，工班组设兼职安全员。

安全领导小组为：

组长：×××

副组长：×××　×××　×××

成员：×××　×××　×××　×××　×××

(2)每旬组织一次安全大检查，安全领导小组成员参加。安全部每天安排安全员在各施工点进行监督、巡查。安全部建立检查台账，记录检查情况，提出整改措施并督促整改落实。发现违规情况的要及时进行制止，并根据情况进行整顿和处罚。

(3)建立严格的安全生产责任制。明确管生产必须管安全。现场要明确各级、各人的安全责任，出现问题追究相关人员责任。

(4)建立通畅的安全信息管理系统。系统明确各种安全管理信息的传递方法和程序。

(5)施工单位、施工队、工班组要逐级签订安全责任状，进场职工和临时工均要签订安全合同。

2. 积极开展安全教育培训

加强全员的安全培训和教育考核，使全体员工认识到安全生产的重要性和必要性，克服麻痹思想，自觉地遵守各项安全生产法令和规章制度。

(1)职工进场安全教育

职工安全教育由各级管理机构负责。主要教育内容为《建筑安装工程安全技术规范》、《道路施工安全技术》、《桥梁施工安全技术》。使职工增强安全防范意识、遵守规章制度。

具体教育内容为：一般教育(进场安全教育的意义和必要性；建筑施工的特点，给劳动者带来的危险；当前安全生产情况等)；安全技术法规和安全知识教育；施工中常见的伤害和预防措施；现场的安全管理规定；本标段的工程基本情况和必须遵守的安全事项等；本班组的生产工作概况、工作性质和施工范围；个人从事工作的性质；必要的安全知识；各种机具设备及安全防备设施的性能和作用；本工种的安全操作规程；容易发生危险的工作部位及劳动防护用品的使用要求等。

(2)特种作业人员安全教育

特种作业人员安全教育除进行一般教育外，还要经过本工种的安全技术教育，经考核合格并发证后，方准进行独立操作。每年对特种作业人员进行复审一次。

(3)各级安全领导和安全管理干部安全培训

定期轮训各级领导和安全管理干部，提高政策水平，熟悉安全技术、劳动卫生业务知识。

培训内容：国家有关安全生产的方针、政策、规定，特别是加强《国务院关于特大安全事故行政责任追究的规定》的学习，安全生产法规、条例、标准；施工生产的工艺流程和主要危险因素及主要预防措施；公司关于安全生产的规章制度、纪律。各级领导在安全生产中的职能、任务及管理方法；编制、审查安全技术措施的基本知识等。

做好新进员工、特殊工种人员、各级领导及安全管理干部的安全培训的同时，要把经常性的安全教育贯穿于管理工作的全过程，并根据接收教育对象的不同特点，采取多渠道、多层次和多种方法进行。包括安全生产宣传教育、普及安全生产知识宣传教育、适时安全教育。

3. 安全监察检查

通过安全监察提高广大员工的安全意识，促进企业对劳动保护和安全生产方针、政策、规章制度的贯彻执行，解决安全生产上存在的问题。具体措施有：

(1)成立第一责任人为首的安全监察组，建立健全安全检查制度，有计划、有目的、有措施、有总结、有反馈的进行检查。

(2)检查类型:采取定期和不定期相结合的检查办法。

①定期。每旬组织打检查,安全部每天进行安全巡查。

②不定期。施工准备工作安全检查,季节性安全检查,节假日前后安全检查,专业性安全检查和专职人员日常检查。

(3)安全检查的内容

坚持以自查为主、互查为辅,边查边改的措施。主要查思想、查制度、查纪律、查隐患、查事故处理。结合季节特点,重点查防行车干扰、防高空坠落、防机械车辆事故、防电措施的落实,防火设施的落实。

(4)检查手段和方法

采取领导和群众相结合,自查和互查相结合,定期和不定期相结合,专业和综合相结合,以及对照安全检查表等方式和手段进行安全监察。

二、安全保障措施

(1)进入施工现场作业人员必须带好安全帽,佩戴相应的劳动保护用具。严禁穿拖鞋、赤膊、酒后施工作业。

(2)每天上班及施工中,应配合机电人员检查相关机械、设备的运行情况。支架、吊绳、制动等设备和工具是否完好无损,防护设施是否安全到位,发现问题及时上报,在修复和试运行之前严禁使用。

(3)爆破等特种作业要按相关操作规程执行。

(4)钻机就位后对钻机及配套设备进行全面检查。钻机安设必须平稳、牢固,钻孔过程中应经常检查维修。

(5)钻机使用的电缆要经常检查和维护,接头必须绑扎牢靠,对于经常处于水、泥浆浸泡处应加高架设,挪移钻机时不得积压点拉线。

(6)钻机听钻时间较长(2 天以上)时必须将钻头提出孔外,防止出现埋钻的情况。

(7)泥浆池设围挡,泥浆不得外流。工程完工后对现场进行彻底清理,防止对环境造成危害。

三、安全资金保证措施

桩基施工难度大,各种危险因素多,需要投入充足的安全资金确保生产安全。现场安全设施用按工程量造价的 1%计取。

第五节　危险源识别与控制

一、危险源识别

根据现浇箱梁施工的特点,施工中容易造成不安全因素的危险源主要有:临时用电,钻孔施工，泥浆池，钢筋笼吊装，混凝土灌注施工。

二、危险源评价

1. 临时用电

现场线路私拉乱接或线路老化、破损造成漏电，对人身或机械设备造成伤害或损害。

2. 钻孔施工

钻孔阶段，因钻机吊装钻杆或其他操作不规范对人员造成打击伤害，钻孔井口未封闭、钻机周围未设围挡，造成人员伤害。

3. 泥浆池

现场泥浆管理不善，造成地面溢流，污染环境；泥浆池未进行适当围挡，造成人员伤害。

4. 钢筋笼吊装

吊装过程因机械意外故障或违规操作对人身造成伤害或机械损害。

5. 混凝土灌注

因加减导管，造成人员打击伤害；因进口未封闭造成人员坠落伤害；因罐车倒车造成人员或钻机伤害。

三、安全措施

1. 预防措施

(1)前期控制。工程开工前，编制施工组织设计或专项施工方案时，针对各种危险源制定安全防控措施。

(2)过程控制。在工程施工过程中，严格按照各项操作规程和专项安全施工方案要求进行施工，同时加强监督检查，认真落实整改。

2. 安全交底制度的落实

(1)安全交底必须在施工作业前进行，任何项目在交底前不准施工作业。

(2)交底工作一般在施工现场进行。

(3)交底必须履行交底人和被交底人的签字制度。

(4)被交底者在施工过程中必须接受管理、检查、监督、指导，交底人必须深入现场，检查交底后落实和执行情况，发现有不安全因素应马上采取有效措施进行处理，杜绝事故的发生。

3. 临时用电安全措施

对现场用电进行统一规划，对线路进行检查，老化、破损的线路及时进行整改。详细的临时用电管理措施如下：

(1)定期组织作业人员学习安全用电常识，增加安全意识提高安全作业水平。

(2)使用移动式用电设备(如振动器、水磨石米机、手持式电动工具)的操作者，必须穿绝缘鞋、戴绝缘手套。

(3)一切用电设备必须按"一机一闸一漏"开关控制保护的原则安装施工机具，严禁一闸或一漏电开关控制或保护多台用电设备(包括连接电气器具的插座)。

(4)必须由持有合格证件的专职电工，负责现场临时用电管理及安拆。专职电工对现场电器设备每月进行巡查，施工单位每月对施工用电系统、漏电保护器进行一次全面系统的检查。

(5)对新调入工地的电器设备，在安装使用前，必须进行检验测试。经检测合格方能投入使用。

(6)配电箱设在干燥通风的场所，周围不得堆放任何妨碍操作、维修的物品，并于被控制的固定设备距离不得超过 3m。安装和使用按"一机、一闸、一箱、一漏"的原则，不能同时控制两台或两台以上的设备，否则容易发生误操作事故。配电箱应标明其名称、用途，并做出分路标志，门应配锁，现场停止作业时，应将开关箱断电上锁。

(7)照明专用回路设专用漏电保护器，灯具金属外壳做接零保护，室内线路及灯具安装高度低于 2.5m 应使用安全电压。在潮湿和易触及带电体的照明电源必须使用安全电压，电气设备架设或埋设必须符合要求，并保证绝缘良好。任何场地均不能拖地。

(8)线路过道应按规定进行架空或地埋，破皮老化线路不准使用。

(9)使用移动电气工具和混凝土振捣作业时，必须按规定穿戴绝缘防护用品。

(10)凡从事与用电有关的施工作业时，必须实行电工跟班作业。

4. 钻孔施工

首先施工场地外围应设置钢结构围挡，钻机周围要用彩带再次进行隔离，确保闲杂人等不得靠近钻机。新进场的员工要及时进行培训、交底，令其明白并掌握操作要领后再进行钻机的各项操作，防止出现意外事故。钻机开钻后护筒顶面除钻杆范围外均要用木板进行覆盖，防止人或物品调入钻孔内。

5. 泥浆池

泥浆池应统一规划、按要求进行使用和排放，不得污染场地或河道。首先泥浆池的布置要进行统一规划，每排钻孔处要设 1 个循环池(长 8m，宽 4m，深 2～3m)，每 4 排桩基要设一处沉淀池(长 30m，宽 20m，深 2～3m)。钻孔时泥浆要在循环池与护筒之间流通，浆体要在开挖的槽内流动，不得溢流至地面上，循环池内浆体满了后要用罐车运至沉淀池内进行沉淀。泥浆在沉淀池内沉淀后，滤出的清水通过水泵抽入循环池内进行重复利用。

所有泥浆池周围要用挖出的泥土填筑围挡，围挡高 50cm 以上，围挡上要用竹竿和彩旗进行再次围挡。填土围挡上要插明显的警示表牌，注明"泥浆池危险"。

6. 钢筋笼吊装

桩基钢筋笼一般 1 节长 18m，另一节长 4～15m。现场先吊装长节，安装并临时固定后再吊短节，两者通过套筒连接后再一次下方到位。吊装要由有经验的人统一指挥，各项操作要按《起重机司机安全操作规程》执行。吊装过程中，现场要进行隔离，闲杂人等要禁止靠近。两节钢筋连接时人员要站在钢筋笼意外操作，严谨进入笼内操作，防止钢筋笼突然下落造成人员伤害。

7. 混凝土灌注

混凝土灌注的操作手要进行必要的培训和指导，熟练掌握导管的吊装和拆卸。灌注过程中，护筒顶面要用木板进行封闭防护，防止坠落。罐车的移动要按指挥进行，防止对钻机造成碰撞。

8. 预防中毒事故的防护措施

(1)凡从事有毒有害化学物品作业时，作业人员必须佩戴防毒面具，保证室内通风良好。

(2)宿舍内严禁存放有毒有害及化学物品。

(3)现场室内采取一律使用独立的锅炉供暖，严禁使用明火照明、取暖，以防止煤气中毒事故，需要独立用煤火取暖的屋室，其炉灶必须设在室外。

(4)食堂要有卫生许可证，炊事人员必须持有健康证和体检合格证上岗。其生、熟食物必须分别加工制作存放。凡变质、腐烂的食品，严禁食用，每天做好防蚊、蝇传染源的控制工作。

(5)食堂内严禁非炊事人员进入，炊事人员不能留长指甲，并保持个人卫生清洁，对食堂做到每日清扫。

9. 施工现场防火措施

(1)加强对员工的消防安全知识教育，提高消防安全意识和防火救灾技能。

(2)施工现场必须按上级要求建立义务消防队，成员应进行消防专业知识培训和教育，做到有备无患。

(3)建立明火作业报告制度，凡需明火作业的部位和项目需提前提出申请，经批准方可进行明火作业，危险性较大的明火作业应有派专人监护。

(4)配备足够的消防器器材、用具和水源，并保证其常备有效，做到防患于未然。

(5)严格对易燃易爆物查品的管理，禁止将燃油、油漆、乙炔等物品混存于一般材料库房，应有单独保管。

(6)对易燃物品仓库选址要远离员工宿舍及火源存在区域，同时要增加防护设施。

(7)临时用房，仓库必须留出足量的消防通道，以备应急之用。

(8)对于临时线路要加强管理和检查，防止因产生电火花造成火灾。

(9)冬季取暖炉应规范管理，符合防火中毒要求。

(10)定期对着火源、水源、消防器材等要害部位和设施进行安全检查，发现问题及时处理，将事故隐患消灭于萌芽状态。

第十五章 南接线高架桥现浇箱梁安全专项施工方案

第一节 编制范围、依据及原则

一、编制范围

南京长江第四大桥接线工程 S1 标段现浇箱梁施工，主要包括：支架搭设及拆除；模板、钢筋、混凝土施工；高空作业等专项施工方案；应急预案。

二、编制依据

(1)《合同文件》及《施工招标文件》

(2)《南京长江第四大桥 S1 标施工图纸》

(3)《公路桥涵施工技术规范》(JTG/T F50—2011)

(4)《公路路基施工技术规范》(JTG F10—2006)

(5)《公路工程施工安全技术规程》(JTJ 076—95)

(6)国家《建设工程施工项目管理规范》(GB 50216—001)

(7)其他有关《南京长江第四大桥接线工程》的文件

三、编制原则

充分考虑本工程的特点、工期要求，结合桩基所在地的地质、水文、气候、气象条件，以及工程规模、技术特点、工期要求、工程造价等方面的因素，以各工序施工注意事项为本专项安全方案的重点，结合类似工程安全施工经验及施工机械设备配套能力，力求达到技术先进、经济合理、切实可行、安全可靠，确保实现招标文件所要求的工期、质量、安全、环保目标。

(1)严格执行各项技术规范。

(2)实事求是，施工方案可行、适用、经济。

(3)采用项目法组织施工，推行标准化管理，达到安全、文明、高效。

(4)坚持技术创新，推广和应用“四新”成果。

四、工作目标

1. 安全目标

全面贯彻“安全第一，预防为主”的安全生产管理方针，不发生重大机械破损事故，杜绝因工造成的重大人身伤亡事故、重大设备事故、交通事故、火灾事故等事故。创建安全工地。

2. 文明施工目标

严格遵守国家和当地政府的环境保护法律、法规及业主的规定，保护生态环境，防止水土流失，并避免当地环境受到污染，杜绝环境污染事故。按业主要求进行工地建设，确保施工现场环境整洁、纪律严明、设备完好、物流有序，创文明施工样板工地。

3. 职业健康安全目标

严格遵守国家有关法律法规，对存在职业健康安全因素的岗位，采取增加职工休养时间、完备的劳动保护措施、提供岗位健康风险补贴等方式，确保本合同段无一人因职业环境安全因素而受到健康损害。

第二节　工程概况

一、气候、水文地质情况

1. 地形地貌

本标段展布在九乡河河谷平原以及底山剥蚀丘陵区和山前岗地过渡地带，地形起伏较大。其中，河谷平原区地面高程6～8m，岗地区地面高程8～18m，低山高程20～60m。河谷稳定地下水位埋深为0.4～1.5m，低山丘陵区稳定地下水位埋深为1.5～8.1m。箱梁支架基础总体上位于平缓、干燥、坚硬的平地上，局部位置有表面积水。

2. 气候

本标段所处地属热带湿润、半湿润气候区，雨量一半，主要为眉宇和台风雨两种。年内降水分布不均，汛期(6～9月)降水占全年的75%，雨量最小的月份为11月至次年3月。年平均气温在18～20℃左右，1月份平均气温5.5℃，7～8月份平均气温在33℃；年平均无霜期为296天，平均初霜期在11月中旬，终霜期在2月下旬。

3. 水文地质

场地范围内，基岩起伏较大，埋深约为0～30.1m，岩性为侏罗系象山群砂岩。地震裂度为Ⅶ度。地下水对混凝土无腐蚀性，对钢结构具有弱腐蚀性。

二、规范及技术标准

桥梁采用双向六车道高速公路标准建设，其主要技术指标为：

计算行车速度：100km/h

设计荷载标准：公路—I级

设计地震烈度：地震动峰值加速度为0.1g（相当于VII度），按提高1度设防。

三、箱梁结构形式

本合同现浇箱梁数量较多，主线有24联（单幅），匝道共20联。第15联需要跨国道312，其跨径达到43m，现专门编制施工方案，其余现浇箱梁跨径均在30m以内，参照标准钢管支架方案进行施工。

第15联现浇箱梁标准断面如图15-2-1所示。顶板宽20.5m，底板宽14.85m，梁高2.4m，横坡4%，纵坡1.8%，跨径为29m+43m+30m。跨径为43m单孔箱梁截面面积为14.79m²，单孔梁重1653.5t，计算荷载重2116t。

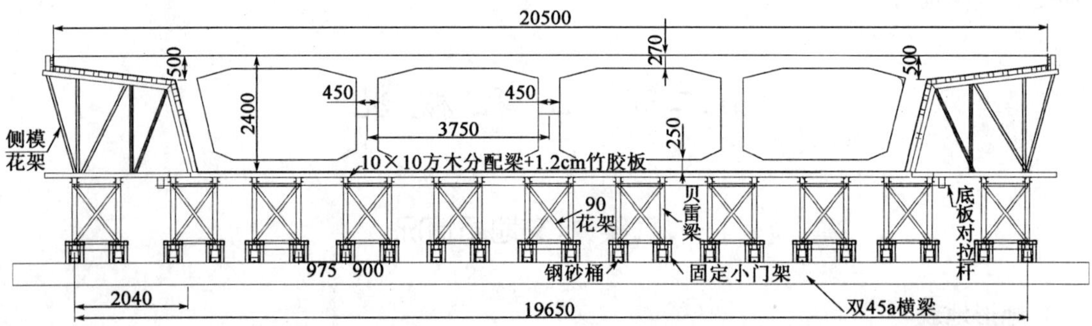

图15-2-1 现浇箱梁标准断面（尺寸单位：mm）

第三节 施工方法及注意事项

目前第15联的下部结构在G312路面范围以外且已经施工完毕，箱梁施工的主要内容是在采取相关交通管制措施后搭设安全合理的现浇支架，并在其上进行钢筋混凝土施工。箱梁施工期间要保证G312的正常通行，故要在G312南北幅路面上各搭设一个门洞，每个门洞要满足车辆双向通行的标准。目前交通管制方案已经通过交管部门的批准，主要思路是每封闭G312一幅车道前，均要设置或调整相关标志标牌和减速带，将车辆控制在指定的车道内通行，期间要切实做好人员和车辆的组织。为避免集中施工造成的交叉影响，第15联左右幅分开施工，先施工左幅，完成后再施工右幅。下面着重从箱梁的支架施工和交通组织方面对现浇箱梁方案进行介绍。

一、支架施工

支架上现浇混凝土箱梁，支架的安全稳定、支架的结构是施工成败的关键，箱梁的放样立模、钢筋绑扎、混凝土浇筑、预应力施工都在支架上进行，因此支架的纵向全长、横向全宽都处于工作状态。要保证支架在上面施工时的稳定和安全，支架的设计要求应满足：①支架的地基应满足承载力要求；②上部箱梁混凝土自重压力下保证支架稳定性；③在混凝土自重及浇筑时产生的水平力保证支架的承载力要求；④其他水平荷载作用下支架横向稳定。详细的支架计算参见《支架施工图》、《支架验算书》。

1. 支架结构形式

基础：墩身处利用承台作为基础，跨中位置换填灰土并放置混凝土垫块作为基础。

支撑桩：φ529×8mm 钢管，采用[20a 做剪刀撑，43m 跨径内 7 排、每排 6 根。

横梁：双肢 I45，支撑在钢管桩上。

砂筒：采用钢砂筒作为落架装置。砂筒直径 180mm，高 270mm，设计承载能力 30t。砂筒放置横梁与贝雷梁之间。

纵梁：11 组共 22 排贝雷梁，采用 900mm 花架连接。组与组之间间距 950mm，采用自制[8 剪刀撑作为横向联系。支撑在横梁上。

横向分配梁：贝雷梁上放置 10cm×10cm 方木作为分配梁，方木间距 30cm，在纵、横横隔梁处加密为 15cm。翼缘板处采用桁架梁以增加其整体稳定性。

面板：采用 1.5cm 厚竹胶板。面板与方木要钉成整体。

连接：贝雷梁与横梁采用门架连接以增加贝雷梁的稳定性。

2. 基础处理

跨中位置需要利用地面作为管桩基础。为提高地基承载力并减小沉降，先将地面软弱土挖除 1～2m(挖至原地表淤泥土层下的原状黄土为止)，换用 5%的石灰土分层压实(G312 路面上可以直接利用路面作为管桩基础)。灰土上再放置厚 50cm 的钢筋混凝土垫块。垫块预制时先预留地脚螺栓的预留孔，待垫块达到一定强度后，再利用标准小模具将地脚螺栓精确定位在预留孔内，并用高标号砂浆固定，最后将 4 根钢管桩焊接成框架后整体吊装穿过地脚螺栓后，拧上螺帽固定在混凝土垫块上。

墩身位置钢管桩固定在承台上。承台施工时同样先预留孔，再精确定位埋置地脚螺栓，将钢管桩 2 片焊接成一组并立在墩身两侧，利用对拉杆及将两组钢管桩连成一个整体。基础施工完成后要进行地基承载力试验，大于 200kPa 方为合格。基础周围要及时排水，防止浸泡。

3. 钢管桩施工

钢管桩 2～4 根为一组先在地面通过焊接平撑、斜撑将其组成一个整体，通过履带吊将其整体吊装并固定在基础的地脚螺栓上。在施工前精确计算每根钢管桩需要长度，在地面上就将钢管桩加工成设计长度并焊接上下封堵板。根据横坡将钢管桩桩顶切成斜坡确保每排钢管顶面在一条直线上。横梁采用双肢 I45a 型钢焊接，长度为 18m。横梁在地面上焊接成一个整

体后吊至钢管桩上并与之焊接成一个整体(两边焊缝长度均大于 20cm)

管桩施工要保证焊接质量满足规范要求，与基础要用螺栓连接牢固，垂直度不得大于1%。横梁施工时注意将接头错开，焊缝要饱满。为了确保横梁上部结构(砂桶、贝雷)施工时，人员横向通行的安全，需要在钢管内侧焊接操作平台。操作平台外端焊接钢管作为栏杆并挂设防护网，确保人员操作安全，操作平台设计如图 15-3-1 所示。

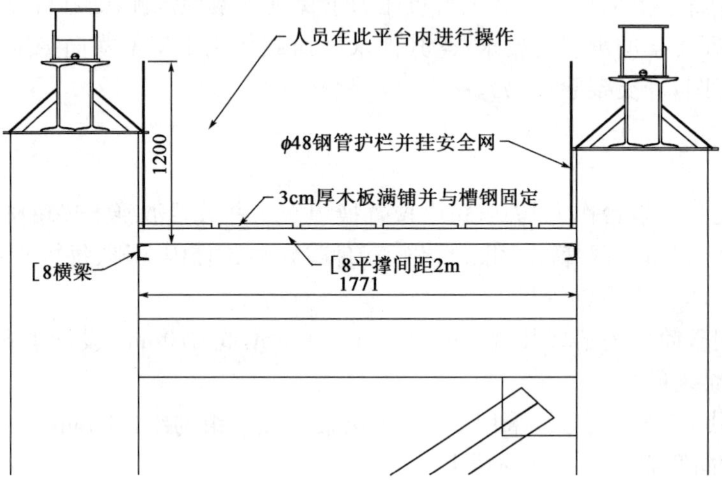

图 15-3-1　操作平台大样图

4. 贝雷梁及上部结构的安装

横梁安装完成后即可在其上摆放钢砂桶作为落架装置。砂桶上放置贝雷梁。本方案中贝雷梁为两肢一组，采用 90cm 花架连接且组与组之间用[8 平撑连接，提高了贝雷梁的整体稳定性。花架及平撑每 3m 设置一道。贝雷梁就位后，应用特制小门架将贝雷梁与横梁固定在一起，确保贝雷梁的定位及稳定性。贝雷梁摆放时要精确按设计间距摆放，贝雷梁之间最大间距不得大于 1m。贝雷梁上放置 10cm×10cm 方木分配梁，分配梁间距 0.3m，在纵、横隔梁处加密为 0.15m。方木上满铺厚 1.5cm 竹胶板作为面板。贝雷梁施工完毕后要利用其下弦杆挂设防坠网(跨 G312 部分用细目铁丝网)。

砂桶施工时要确保桶内砂体密实，顶面高度顺直，在横梁上摆放后要适当点焊。贝雷梁施工时要注意连接质量，摆放时要与其下砂桶中心重合。为了保证贝雷梁的长度与跨径相适应，贝雷梁在跨中横梁上错开重叠放置。

5. 支架拆除

(1)拆除横向联系，焊接滑道

混凝土达到一定强度(2 天左右)后，将贝雷梁组与组之间的上下平联拆除。在横梁顶面焊接横向滑道(直径 20mm 圆钢，可在横梁安装前焊接好)。

(2)落架

箱梁达到强度后进行张拉。张拉完成后开始落架。落架由墩顶向跨中、由翼缘板向底板中心依进行。落架时将砂桶内砂粒从其侧面的泻砂孔内放出，砂粒流出后，砂桶带着其上的贝雷及底模一起下降 5～10cm。有了间隙后即可将贝雷梁从砂桶上用撬棍撬下来，此时的落架空间会增加至 27cm 左右，可以方便的拆除底模。

(3)拆除底模和侧模

落架后，可以拆除底模和侧模。先拆侧模。拆除时先将侧模排架下方的对拉杆松开并抽出，然后将排架整体向外侧拉出 20～30cm，有了操作空间后即可将排架上的竹胶板和方木分离开并分类堆积在贝雷梁上，最后分批次将方木、竹胶板、排架用吊机吊放至地面上。侧模拆完后拆除底模。拆底模时也是先将底模的方木和竹胶板分离开(用撬棍将其间的钉子启开)并分类堆放在最外侧的贝雷上，用吊机分批次吊放至地面上。

(4)拆除贝雷

拆完模板系统后，拆除贝雷梁。拆除贝雷前已经在横梁上焊好了平移的滑道，横梁端头安装了定滑轮。最外侧的一组贝雷梁可以整体用 50t 履带掉吊起并放置在地面上。地板内侧的贝雷梁要逐组依次平移至横梁端头后才可以用吊机吊出。平移时用两台电动葫芦分别位于两道横梁上将 1 组贝雷梁匀速拉至横梁外端。贝雷梁移至横梁外端(箱梁翼缘板以外)后，直接用吊机将其吊起并放置在运输车上，运至指定地点。

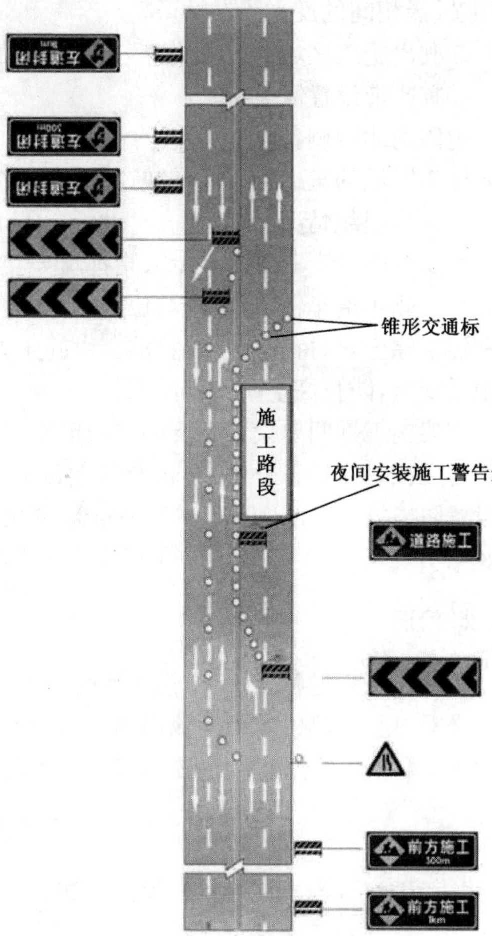

图 15-3-2　交通组织示意图

(5)拆除横梁和钢管支架

贝雷梁拆完后拆除横梁和钢管支架。拆除横梁前，先用两台吊机分别挂住横梁的东西两端，用气割将横梁和钢管分离后，两台吊机同时起钩，再稍微平移后将横梁放置地面后用装载机脱离至下一施工场地。钢管桩拆除时 4 根为一组整体吊出。先在钢管上拴好溜绳，防止其旋转或偏移，吊机的钩头上挂 4 根等长的钢丝绳分别挂在钢管之间的平撑上，解除钢管底部的定位螺栓后即可用吊机整体吊离。

(6)交通组织(图 15-3-2)

跨 312 国道第 13 联施工内容分布与国道 312 两侧，施工时先施工 312 北侧钢支墩和贝雷梁架设施工内容，完成后施工南侧施工内容。施工北侧时需要采取相关交通管制措施后将国道 312 下行车道(北半幅)封闭，上下行均在南侧半幅道路上通行；312 北侧施工内容完成后，再将上行车道(南半幅)封闭，上下行均在北侧半幅道路上通行。待全部钢支墩、贝雷梁架设完毕后，南北两侧各封闭超车道，南部车辆从最南车道通行施工区域后转至北侧通行，北部车辆从最北端车道通行，全部避开中央隔离带处钢支墩所在区域。正常情况下，施工区域处两个行车通道分别进行双车道的东西通行，在支架架立或拆除等情况下采用半侧封闭，半侧单车道东西通行的形式。避免施工和车辆通行交叉引起的隐患。

现浇箱梁施工时需要在国道 312 路面上设置跨路支架，南北半幅各设置 4m 车道 2 个，车道之间用灌砂水马连接隔离。根据施工需要，及时转换交通情况。交通标志布设如下：

①在支架前方 100m 处靠近中央分隔带、土路肩分别设置“前方施工，请减速慢行”标志“禁止超车”及“限速 20km/h”标志。

②在支架前方 50m 处靠近中央分隔带、土路肩分别设置“前方施工，请减速慢行”标志“禁止超车”及“限速 20k/h”标志。

③在支架前方 10m 处设置限宽、限高门架，门架喷涂黄、黑相间的反光漆。

④支架下方用宽 1m 高 0.5m 的混凝土浇注，混凝土周围喷涂黄、黑相间的反光漆，支架外围用黄、黑相间的反光膜粘贴。

⑤驶出施工区域 50m 处靠近土路肩设置“解除禁止超车”标志及“解除限速”标志。

a. 减速带设置情况

道路南北两侧各 12m 区域均在进出施工区域前后设置减速带，其中不论南北半幅，凡是进入施工区域的车道均设两道减速带，出施工区域的车道设一道减速带，共计 72m。

b. 人员组织情况

由安全部负责安排 4 名专人指挥疏导交通，调整水马和标志标牌位置(发现超宽车时及时限制另一侧车道车辆，调整水马位置，待其通过门洞后再恢复交通)，安排 2 人专门负责路面清扫和洒水除尘，保持通行道路整洁。由施工处负责要求施工队伍落实兼职安全员 2 人，负责桥上施工安全，防止高空坠物和抛洒。

支架施工期间要设置必要的防撞措施，防止下方车辆对支架造成危害。

首先在每排钢管外侧 50cm 处浇筑混凝土防撞条(宽 30cm，高 30cm)，其次在行车通道外侧设置防撞岛(半径 2100cm，厚 50cm)，再次在防撞岛上设置门架。门架上设置限宽、限高标志及照明装置，对过往车辆进行警示。

6. 门洞

为防止桥上抛物及拆、安钢排架时对下方车辆造成危害，在钢管桩至门架之间设置防坠门洞加强对过往车辆的保护。该门洞长 4.6m，高 5m，宽 9m。门洞立杆为直径 273mm 钢管，横梁为 I45 型钢，平杆为[10(间距 1.5m)，面板为竹胶板。

二、模板施工

箱梁模板分为底板、腹板、内模三部分。

1. 底模

底模采用方木、竹胶板结构。方木为 10cm×10cm，标准间距 0.3m，在纵、横横隔梁处加密为 0.15m。方木上满铺厚 1.5cm 竹胶板作为面板。两根方木接头处应搭接 20cm 以上，且不得出现悬臂现象。

2. 侧模

侧模也是方木、竹胶板结构，但是为了调整外形，其与贝雷梁之间设置钢排架进行调整。方木在钢排架上的间距要均匀，不得大于30cm。桥梁横行两排钢排架之间要设置对拉杆进行固定。对拉杆间距90cm，直径16mm。侧模安装完成后要及时在外端焊接护栏(跨G312部分护栏高度为1.8m，下端设30cm高的防踢落木板)，并挂设防护网进行防护，侧模翼板要铺设麻袋布进行防滑处理。

3. 内模

内模采用方木、木胶板结构。加工时要确保刚度和强度，防止变形和漏浆。

(1)内模骨架用8cm×10cm方木或角钢等制作成框架，间距1.2m，框架各板块间采用销结以利拆除。

(2)混凝土水平分两层浇筑，第一层浇筑至腹板上倒角位置，拆除部分底板模板后，支立内模顶板。

(3)侧模通过对拉杆、内模间设置支承杆，以保证模板的稳定。

(4)应采取措施防止内模上浮，如减慢混凝土的浇筑速度、焊接固定钢筋等。

(5)端模采用钢木组合模板，使其刚度大，拆装方便，以利周转。立模时位置角度要准确，保证锚垫板与钢绞线垂直。

三、钢 筋 施 工

钢筋在钢筋加工场内加工成半成品，加工好后应分门别类放置并挂设标牌。后场钢筋通过托盘车运至现场，现场用汽车吊吊装至模板内并进行绑扎。钢筋的吊装和绑扎要按规范要求进行，并安排有经验的专业人员进行指挥。

四、混凝土施工

混凝土由拌和站统一搅拌制作，混凝土搅拌车运输至施工现场。汽车泵泵送入模。

五、预应力施加及压浆

当混凝土强度达到设计值的90%而且龄期超过7d后，即进行张拉工作。张拉前检查梁体有无蜂窝麻面、孔洞、露筋、露钢束，锚垫处有无空洞等情况。清除钢束外露部分的污物，清除锚具上面的油污及卡片的毛刺。对锚头进行裂缝检查，对夹片进行硬度检查。标校千斤顶，计算延伸量。

第四节　危险源识别

一、危险源识别

根据现浇箱梁施工的特点，施工中容易造成不安全因素的危险源主要有支架坍塌、高处坠落、物体打击、机械伤害、触电。

二、危险源评价

1. 支架坍塌

因支架设计不科学、不合理，搭设不按要求进行，施工荷载超出设计值，造成支架坍塌，对人身或机械设备造成伤害或损害。

2. 高处坠落

在搭设支架或支架上安装模板、钢筋、混凝土浇注等高处作业时，物品坠落或人员坠落，而造成人体伤害，或机械设备损害。主要原因有：作业层未按规定设置围挡防护；作业层未满铺脚手板或架面与墙之间的间隙过大；脚手板和杆件因搁置不稳、扎结不牢或发生断裂而坠落；不当操作产生的碰撞或闪失等。

3. 物体打击

高空坠落及水平喷溅等物体造成人身伤害。主要原因有：在搭设或拆除时，高空抛掷构配件，砸伤工人或路过行人；架体上物体堆放不牢或意外碰落，砸伤工人或路过行人；整架倾倒、垂直坍塌或局部垮架，砸伤工人或路过行人等。

4. 机械伤害

机械（混凝土搅拌机、混凝土罐车、吊机、装载机等）运转工作时，因机械意外故障或违规操作对人身造成伤害或机械损害。

5. 触电

用电设备未能良好接地、或保护设施失效、或违规施工电气设备、或距离高压线路太近等原因对人身造成伤害。

第五节　安全控制措施

一、预防措施

（1）危险源的综合预防、控制措施。

（2）前期控制。工程开工前，编制施工组织设计或专项施工方案时，针对各种危险源制定出安全防控措施。

（3）过程控制。在工程施工过程中，严格按照各项操作规程和专项安全施工方案要求进行施工，同时加强监督检查，认真落实整改。

二、安全交底制度的落实

(1)安全交底必须在施工作业前进行,任何项目在交底前不准施工作业。

(2)交底工作一般在施工现场进行。

(3)交底必须履行交底人和被交底人的签字制度。

(4)被交底者在施工过程中必须接受施工单位的管理、检查、监督、指导,交底人必须深入现场,检查交底后落实和执行情况,发现有不安全因素应马上采取有效措施进行处理,杜绝事故的发生。

三、支架搭设安全措施

(1)支架搭建前,进行场地整平压实及硬化处理,保证地基具有足够强度,避免支架底座下沉变形。

(2)严格控制支架材料的进场质量,使用符合国家标准的钢管和扣件,由技术、质检、物资部门把关,严禁劣质产品进入施工现场。

(3)支架搭建必须由专业架子工完成,必须持证上岗,严格按照技术设计要求及安全技术交底实施。

(4)作业人员必须严格遵守高空作业安全操作规程。使用的各种用具、工具应有防止坠落的防护措施,严禁随意向下抛掷各种工具、物料。

(5)高空作业必须设置安全设施,如作业平台的走道板、安全网、护栏、井子爬墙等,并进行检查,发现问题及时解决,确保安全可靠。

(6)搭设时必须在脚手架外围增加剪刀斜撑,确保支架整体牢固可靠。

(7)施工中扣件螺栓必须上平拧牢,特别是立杆对接扣件的质量及螺栓必须全包牢固可靠,并应由专人检查使用质量。

(8)夜间或恶劣天气(遇有 6 级以上风力)不得进行脚手架搭设工作。

(9)支架搭设完成,必须经过预压,用箱梁自重及模板、机具、人员等各种荷载总重的120%进行分跨加载预压,满足要求后方可进行后续施工。

(10)凡患有高血压、心脏病及不宜从事高空作业的人员,严禁参加高处作业工作。

(11)施工过程中对支架运营情况全程监控。主要观测基础沉降,主要部分的焊缝情况,支架的平面尺寸、位移等。

(12)建立支架验收签字制度和现场巡查整改制度。

四、钢筋、模板、混凝土施工安全措施

(1)支架搭设完成,满足要求后进行箱梁模板施工,模板采用定型组合钢模拼接而成,钢模上的横、竖肋间距根据计算确定,以保证钢模版的刚度。

(2)模板安装由专职起重指挥吊车作业,在安装前要熟知作业区域的地形、地质情况,选择可靠的基础区域停车支腿作业,并做到平稳、牢固、可靠。施工前必须认真检查使用的工具、用具的安全性能,特别是钢丝扣、卡环的磨损情况,发现问题及时报告或更换。

(3)钢筋在加工场加工,现场进行钢筋绑扎,作业人员严格按照钢筋操作规程实施。

(4)作业人员必须严格遵守高空作业安全操作规程，使用的各种工具、用具应有防止坠落的防护措施，严禁随意向下抛掷各种工具、物料。

(5)高空作业必须设置安全设施，如作业平台的走道板、安全网、护栏、井子爬墙等，并进行检查，发现问题及时解决，确保安全可靠。

(6)混凝土浇注施工大部分人员集中在作业平台上，作业面必须由足够的空间，便于施工人员的位置转换及工具、用具摆放。

(7)为防止高空坠落和物体打击，在其周围边沿 10m 范围设置安全警戒线，并设置警示标志。

(8)夜间施工保证投入足够的照明设施。

(9)全体施工人员必须服从安排，听从指挥；严格遵守施工现场的“三个必须”，严格执行施工现场安全管理规定，规范自身行为，严格执行各自工种、设备的安全操作规程。

(10)箱梁施工时，应保证城铁安全畅通，并设置安全警示标志。

(11)凡患有高血压、心脏病及不宜从事高空作业的人员，严禁参加高处作业工作。

五、预防物体打击安全措施

(1)加强对员工的安全知识教育，提高安全知识和技能。

(2)凡现场人员必须正确佩戴符合标准要求的安全帽。

(3)进场进行安全检查，对于凡有可能造成落物或对人员形成打击威胁的部位，必须进行日巡查，保证其安全可靠。

(4)对于吊装作业除设指挥人员外，对有危险区域应增设警戒人员，以确保人身安全。

(5)施工现场严禁抛掷作业(其中包括假体拆除，模板支撑拆除及垃圾废料清理)。

(6)起重作业人员必须做到持证上岗，同时有一定的操作经验和技能，熟悉操作规程。司索人员应有严格注意被吊物的整体状态，严禁钢筋混合吊装。机器司机应定期检查钢丝绳的磨损情况。

六、触电安全措施

(1)定期组织作业人员学习安全用电常识，增加安全意识，提高安全作业水平。

(2)使用移动式用电设备(如振动器、水磨石米机、手持式电动工具)的操作者，必须穿绝缘鞋，戴绝缘手套。

(3)一切用电设备必须按“一机一闸一漏电”开关控制保护的原则安装施工机具，严禁一闸或一漏电开关控制或保护多台用电设备(包括连接电气器具的插座)。

(4)必须由持有合格证件的专职电工，负责现场临时用电管理及安拆。

(5)对新调入工地的电器设备，在安装使用前，必须进行检验测试。经检测合格方能投入使用。

(6)专职电工对现场电器设备每月进行巡查，施工单位每月对施工用电系统、漏电保护器进行一次全面系统的检查。

(7)配电箱设在干燥通风的场所，周围不得堆放任何妨碍操作、维修的物品，并于被控制的固定设备距离不得超过 3m。安装和使用按“一机、一闸、一箱、一漏”的原则，不能同时控制两台或两台以上的设备，否则容易发生误操作事故。

(8)配电箱应标明其名称、用途，并做出分路标志，门应配锁，现场停止作业时，应将开关箱断电上锁。

(9)照明专用回路设专用漏电保护器，灯具金属外壳做接零保护，室内线路及灯具安装高度低于2.5m应使用安全电压。在潮湿和易触及带电体的照明电源必须使用安全电压，电气设备架设或埋设必须符合要求，并保证绝缘良好。任何场地均不能拖地。

(10)线路过道应按规定进行架空或地埋，破皮老化线路不准使用。

(11)使用移动电气工具和混凝土振捣作业时，必须按规定穿戴绝缘防护用品。

(12)凡从事与用电有关的施工作业时，必须实行电工跟班作业。

七、预防中毒事故的防护措施

(1)凡从事有毒有害化学物品作业时，作业人员必须佩戴防毒面具，保证室内通风良好。

(2)宿舍内严禁存放有毒有害及化学物品。

(3)现场室内采取一律使用独立的锅炉供暖，严禁使用明火照明、取暖，以防止煤气中毒事故，需要独立用煤火取暖的屋室，其炉灶必须设在室外。

(4)食堂要有卫生许可证，炊事人员必须持有健康证和体检合格证上岗。其生、熟食物必须分别加工制作存放。凡变质、糜烂的食品，严禁食用，每天做好防蚊、蝇传染源的控制工作。

(5)食堂内严禁非炊事人员进入，炊事人员不能留长指甲，并保持个人卫生清洁，对食堂做到每日清扫。

八、施工现场防火措施

(1)加强对员工的消防安全知识教育，提高消防安全意识和防火救灾技能。

(2)施工现场必须按上级要求建立义务消防队，成员应进行消防专业知识培训和教育，做到有备无患。

(3)建立明火作业报告制度，凡需明火作业的部位和项目需提前向施工单位提出申请，经批准方可进行明火作业，危险性较大的明火作业应有派专人监护。

(4)配备足够的消防器材、用具和水源，并保证其常备有效，做到防患于未然。

(5)严格对易燃易爆物品的管理，禁止将燃油、油漆、乙炔等物品混存于一般材料库房，应有单独保管。

(6)对易燃物品仓库选址要远离员工宿舍及火源存在区域，同时要增加防护设施。

(7)临时用房，仓库必须留出足量的消防通道，以备应急之用。

(8)对于临时线路要加强管理和检查，防止因产生电火花造成火灾。

(9)冬季取暖炉应规范管理，符合防火中毒要求。

(10)定期对着火源、水源、消防器材等要害部位和设施进行安全检查，发现问题及时处理，将事故隐患消灭于萌芽状态。

第六节 应急预案

一、安全领导组织机构与职责

组长：×××

副组长：×××

成员：××× ××× ×××

物资保障组：机料部、安全部、财务部（救援设备、物资和急救药品、器材）。

对外联络部：综合办、机料部（联系交管、路政部门或急需物料供应单位）。

对内联络部：现场办、安全部（协调内部救援指令通畅，及时向四桥指挥部、总监办、公司安全部汇报事故和救援进展情况）。

技术保障部：工程部、现场办（防止二次事故发生，确保救援措施科学合理）。

善后处理组：综合办、财务部（伤员医疗、保险理赔、伤亡家属协调、事故赔偿等）。

事故调查组：安全部、工程部、现场办（按照“四不放过”处理事故）。

领导小组下设办公室，办公室设在安全部。值班电话为：××× ×××。

在领导小组的统一指挥下，安全部负责本预案的实施。救援队伍以现场施工人员为主。

二、职责范围

组长：负责应急救援总调度工作。

副组长：负责现场指挥，掌握了解事故情况，组织现场抢救。

组员：根据应急指挥小组命令，及时布置现场抢救。

各应急小组根据分工负责事故现场应急救援工作，服从应急领导小组的统一调度指挥。项目所属各队伍和人员都有参加急救抢险的义务。

(1)按照“预案”迅速开展施救工作。

(2)根据事故发生状态制定并组织实施防止事故扩大的安全防范措施。

(3)迅速预测事故的性质及初步原因，及时向指挥部、总监办、公司安全部汇报。

(4)迅速调集抢险队伍，并指挥其进行抢险救灾、伤员救治转送、物资转移，由抢险指挥部负责与外部救援119、120取得联系，寻求社会帮助。

(5)负责调集抢险物资到位；指挥抢险队伍按抢险方案进行施救；及时组织事故现场无关人员撤离、伤员救治转送和物资转移。

(6)收集应急救援工作情况和事故信息，汇总形成书面材料报应急指挥中心。

(7)配合进行事故调查处理，做好受伤人员的善后和安抚工作及信息联络工作。

(8)完成应急处理指挥部及公司领导交办的其他事项。

三、应急物资

应急所需设备有：专项安全资金、打架、现场急救箱、车辆、安全绳、安全带、灭火器、灭火砂、铁锹、吊机、挖机等设备和机械。

四、应急响应程序

应急响应程序如图 15-6-1 所示。

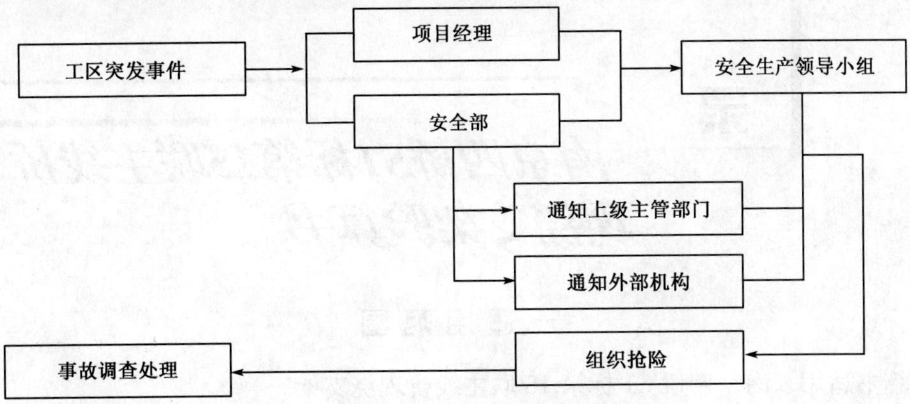

图 15-6-1　应急响应程序

发生事故的现场人员一旦发现突发事件，在积极自救的同时，应立即向总指挥或安全部及时报告，由施工单位统一实施救援。

附录

南京四桥S1标第15联主线桥现浇支架验算书

一、适用范围

本验算书适用于南京四桥 S1 标第 15 联主线桥现浇支架。

二、设计依据

南京四桥 S1 标施工图。

三、主要参考资料

(1)《钢结构设计规范》(GB 50017—2011)
(2)《公路桥涵施工技术规范》(JTG/T F50—2011)
(3)《公路桥涵设计规范》
(4)《公路桥涵设计通用规范》(JTG D60—2004)
(5)《公路桥涵地基与基础设计规范》(JTG D63—2007)
(6)《装配式公路钢桥多用途使用手册》
(7)《钢结构设计手册》(第三版)
(8)《路桥施工计算手册》

四、主要技术标准

1. 永久荷载

箱梁自重、支架自重。

2. 其他荷载

(1)风力:6 级风力,设计速度取 V_d=13.8m/s;20 年一遇风速为 33.5m/s;级别为 11 级。
(2)振捣力:20kN/m^2。

五、主要材料及性能

主要材料及性能见附表 1。

主要材料及性能　　附表1

所用钢材性能参照							
材料	弹模 (MPa)	屈服极限 (MPa)	容许弯曲应力 (MPa)	提高后容许弯曲应力 (MPa)	容许剪应力 (MPa)	提高后容许剪应力 (MPa)	参考资料
Q235	2.1E+5	235	145	188.5	85	110.5	路桥施工计算手册
Q345	2.1E+5	345	210	273	120	156	路桥施工计算手册
贝雷梁	2.1E+5	345	240	—	24.5T/肢	—	装配式公路钢桥多用途使用手册

根据《公路桥涵设计规范》第392页说明临时性结构容许应力可按提高30%～40%后使用。

六、设计要点

支架结构形式如附图1、附图2所示。

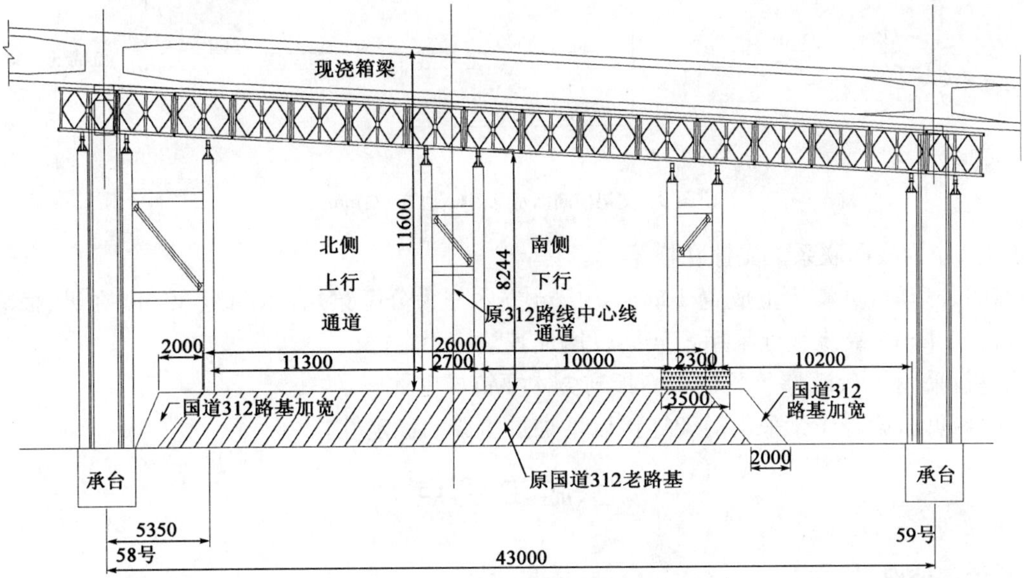

附图1　支架纵断面图(尺寸单位:mm)

基础:墩身处利用承台作为基础,跨中位置换填软弱土(可利用G312老路面),并放置混凝土垫块作为基础。

支撑桩:ϕ529×8mm钢管,采用[20a作剪刀撑。

横梁:双肢I45,支撑在钢管桩上。桩距大于6.75m时采用三肢I45横梁。

砂筒:采用钢砂筒作为落架装置。砂筒直径180mm,高270mm,设计承载能力30t。砂筒放置横梁与贝雷梁之间。

纵梁:11组共22排贝雷梁,采用900mm花架连接。组与组之间间距950mm,采用自制

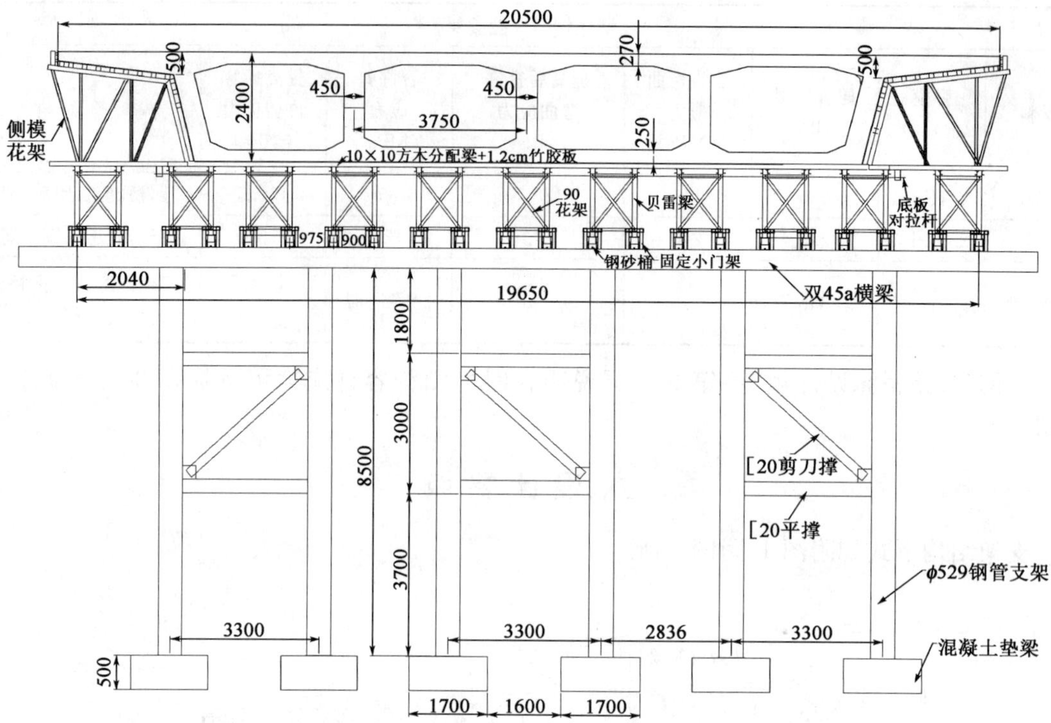

附图 2　支架横断面示意图(尺寸单位:mm)

[8 剪刀撑作为横向联系。支撑在横梁上。

横向分配梁:贝雷梁上放置 10cm×10cm 方木作为分配梁,方木间距 30cm,在纵、横隔梁处加密为 15cm。翼缘板处采用桁架梁以增加其整体稳定性。

面板:采用 1.5cm 厚竹胶板。面板与方木要钉成整体。

连接:贝雷梁与横梁采用门架连接以增加贝雷梁的稳定性。

七、施 工 要 点

1. 地基处理

跨中位置需要利用地面作为管桩基础。为提高地基承载力并减小沉降,先清除地表软土并填筑建筑垃圾后用机械压实。建筑垃圾上再放置厚 50cm 的钢筋混凝土垫块。垫块预制时先预留地脚螺栓的预留孔,待垫块达到一定强度后再利用标准小模具将地脚螺栓精确定位在预留孔内并用高标号砂浆固定,最后将 4 根钢管桩焊接成框架后整体吊装穿过地脚螺栓后,拧上螺帽固定在混凝土垫块上。

墩身位置钢管桩固定在承台上。承台施工时同样先预留孔,再精确定位埋置地脚螺栓,将钢管桩 2 片焊接成一组并立在墩身两侧,利用对拉杆及方木垫块将两组钢管桩夹紧在墩身上(与墩身组成整体以增加整体稳定性)。

2. 管桩施工

钢管桩 2～4 根为一组先在地面通过焊接平撑、斜撑将其组成一个整体，通过履带吊将其整体吊装并固定在基础的地脚螺栓上。在施工前精确计算每根钢管桩需要长度，在地面上就将钢管桩加工成设计长度并焊接上下封堵板。根据横坡将钢管桩桩顶切成斜坡确保每排钢管顶面在一条直线上。横梁采用双肢 I45a 型钢焊接，长度为 18m。焊接时注意将接头错开。

3. 贝雷梁及上部结构的安装

横梁安装完成后即可在其上放置贝雷梁。本方案中贝雷梁为两肢一组，采用 90cm 花架连接且组与组之间用[8 剪刀撑连接，提高了贝雷梁的整体稳定性。花架及剪刀撑每 3 米设置一道。贝雷梁就位后，应用特制小门架将贝雷梁与横梁固定在一起，确保贝雷梁的定位及稳定性。贝雷梁摆放时要精确按设计间距摆放，贝雷梁之间最大间距不得大于 1m。贝雷梁上放置 10cm×10cm 方木分配梁，分配梁间距 0.3m，在纵、横横隔梁处加密为 0.15m。方木上满铺厚 1.5cm 竹胶板作为面板。

4. 支架拆除

在贝雷与横梁之间放置钢砂筒便于落架。横梁安装完后精确测定其顶面高程，通过计算确定每个砂筒的工作高度。将调整好的砂筒放置在横梁的指定位置并临时点焊住，再在其上安装贝雷梁等结构。

箱梁浇筑完成并张拉完毕后，由跨中向墩顶、由翼缘板向底板中心依次将砂筒内的砂放出进行落架，落架高度约 8～10cm. 先将侧模逐块拆除，再将脱离底板的竹胶板及方木逐块拆除，再将贝雷梁逐组拖至横梁的外端后整组吊放在地面上，拆除横梁后将钢管桩 4 根 1 组吊离箱梁底板转移至下一联进行安装施工。

八、结构验算

1. 计算荷载

(1)竖向荷载

第 15 联分左右幅，跨径为 29m+43m+30m。跨 G312 为 1 跨跨越，跨径为 43m。箱梁高 2.4m，顶板宽度从 21.29m 变化至 20m。标准断面宽 20.5m，高 2.4m，断面面积为 14.79m^2。钢筋混凝土密度按 2.6t/m^3 计算。荷载线密度为 38.45t/m，最大跨(跨 G312 的 43m)箱梁自重为 1653.5t，单跨支架自重约 110t。竖向总重=(1653.5+110)×1.2=1094t=2116kN。

(2)水平荷载

水平荷载为风载

$$F_{wh}=k_0k_1k_3W_dA_{wh}$$

式中：F_{wh}——横向风荷载标准值(kN)；

W_d——设计基准风压(kN/m^2)，公式为 $W_d=\frac{\gamma V_d^2}{2g}$；

A_{wh}——横向迎风面积(m^2),此处取 $A_{wh}=14m^2$;

V_d——设计高度 Z 的风速(m/s),此处取 $V_d=33.5m/s$;

Z——距地面的高度(m),此处 $Z=15m$;

γ——空气重力密度(kN/m^3),其中 $\gamma=0.012017e^{-0.0001Z}$;

k_0——设计风速重现期换算系数,此处取 $k_0=0.9$;

k_1——风载阻力系数,此处取 $k_1=0.9$;

k_3——地形、地理条件系数,此处取 $k_3=1.00$;

g——重力加速度,$g=10m/s^2$。

所以有:

$$\gamma = 0.012017e^{-0.0001Z} = 0.012017e^{-0.0005} = 0.012004kN/m^3$$

$$W_d = \frac{\gamma V_d^2}{2g} = \frac{0.012004 \times 33.5^2}{2 \times 10} = 0.674kN/m^2$$

$$F_{wh} = k_0 k_1 k_3 W_d A_{wh} = 0.9 \times 0.9 \times 1 \times 0.674 \times 39 = 21.29kN$$

2. 结构计算

采用 MDT2007 结构计算软件分析计算。

(1)面板计算

面板受力有两种情况:

①纵、横横隔梁处

该处混凝土高度 2.4m,方木跨径 15cm。取 1m 宽、0.15m 长板条进行计算。荷载集度 $q=2.4\times1\times2.6\times1.2=7.5t/m$,跨径为 15cm。

受力情况经 MDT2007 分析情况如附图 3 所示。

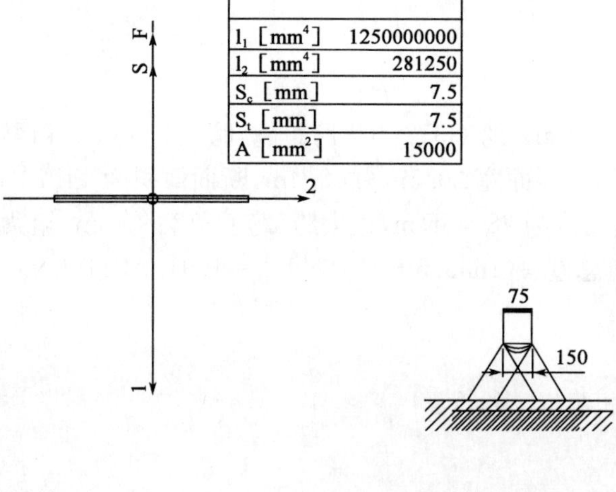

I_1 [mm^4]	1250000000
I_2 [mm^4]	281250
S_e [mm]	7.5
S_t [mm]	7.5
A [mm^2]	15000

有效惯性矩	I1	[mm^4]	1250000000
有效惯性矩	I2	[mm^4]	281250
有效惯性矩	Ieff	[mm^4]	281250
最大边界距离		[mm]	7.5
安全系数			41.7778
屈服极限		[N/mm^2]	235
弹性模量		[N/mm^2]	210000
材料			S235JR
最大变形量	S1	[mm]	8.370536E-3
最大弯矩	Mb1	[Nm]	210.93
最大变形量	S2	[mm]	0
最大弯矩	Mb2	[Nm]	0
最大应力	Res	[N/mm^2]	5.625
最大变形量	Sres	[mm]	8.370536E-3
最大弯矩	Mbres	[Nm]	210.93
变形量曲线的比例			2240∶1
弯矩曲线的比例			1∶5.625

附图 3　纵、横隔梁处受力经 MDT2007 分析情况

经计算竹胶板应力为5.6MPa，小于竹胶板的容许应力80MPa，最大变形为0.008mm，满足使用要求。

②箱梁空腹处

空腹处，顶板、底板总厚52cm，方木跨径0.3m。取1m宽、0.3m长板条进行计算。荷载集度$q=0.52\times1\times2.6\times1.2=1.62$t/m，跨径为30cm。

箱梁空腹处受力经MDT2007分析情况如附图4所示。

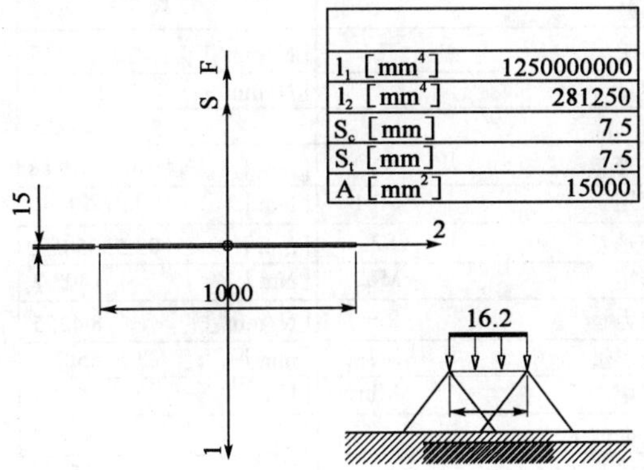

I_1 [mm^4]	1250000000
I_2 [mm^4]	281250
S_c [mm]	7.5
S_t [mm]	7.5
A [mm^2]	15000

有效惯性矩	I1	[mm^4]	1250000000
有效惯性矩	I2	[mm^4]	281250
有效惯性矩	Ieff	[mm^4]	281250
最大边界距离		[mm]	7.5
安全系数			48.3539
屈服极限		[N/mm^2]	235
弹性模量		[N/mm^2]	210000
材料			S235JR
最大变形量	S1	[mm]	28.92857E-3
最大弯矩	Mb1	[Nm]	182.25
最大变形量	S2	[mm]	0
最大弯矩	Mb2	[Nm]	0
最大应力	Res	[N/mm^2]	4.86
最大变形量	Sres	[mm]	28.92857E-3
最大弯矩	Mbres	[Nm]	182.25
变形量曲线的比例			1296.3∶1
弯矩曲线的比例			1∶2.43

附图4　箱梁空腹处受力计算情况

经计算竹胶板应力为4.86MPa，小于竹胶板的容许应力80MPa，最大变形为0.029mm，满足使用要求。

(2)横向分配梁10cm×10cm方木计算

方木也分为两种受力状态。

①纵、横横隔梁处

该处，混凝土高度2.4m，方木间距为0.15m，贝雷间距计算时取1m(实际为95cm)。荷载集度$q=2.4\times0.15\times2.6\times1.2=1.123$t/m，跨径为1m。受力情况经MDT2007分析情况如附图5所示。

经计算方木应力为8.4MPa，小于方木的容许应力9MPa，最大变形为0.08mm。考虑到实际浇筑时混凝土水平方向分两次浇筑，第一次高度仅为1.9m，故方木实际应力要小于8.4MPa，第二次浇筑时，箱梁底板混凝土已经具备一定强度，基本不再依靠方木受弯提供支撑。故可认为方木满足使用要求。

②箱梁空腹处

空腹处，顶板、底板总厚52cm，方木间距0.3m。贝雷间距计算时取1m(实际为95cm)。荷载集度$q=0.52\times0.3\times2.6\times1.2=0.486$t/m，跨径为1m。受力情况状态小于状态1，故不再计算。

(3)贝雷梁计算

一般情况下：箱梁标准断面20.5m，梁高2.4m，荷载集度为38.45t/m。每组贝雷自身间距为 0.9m，组与组之间间距为 0.95m，当箱梁加宽时，贝雷在保持间距不变的情况下相应增加组数。标准断面下共 22 排贝雷片，每排分担荷载 $q=38.45\times1.2/22=2.1$t/m。贝雷根据其下钢管桩位置分为 7 个支点。钢管最大跨径为 11.3m，其分担箱梁荷载长度 15.4m。每排贝雷受力经 MDT2007 分析情况如附图 6 所示。

l_1 [mm^4]	8333330
l_2 [mm^4]	8333330
S_c [mm]	50
S_t [mm]	50
A [mm^2]	10000

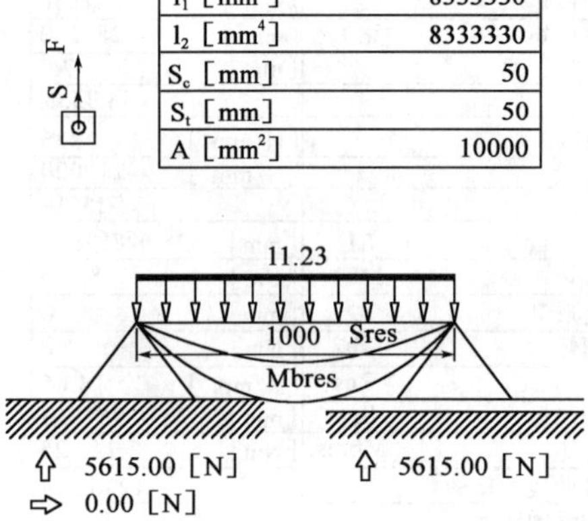

有效惯性矩	I1	[mm^4]	8333330
有效惯性矩	I2	[mm^4]	8333330
有效惯性矩	Ieff	[mm^4]	8333330
最大边界距离		[mm]	50
安全系数			27.9014
屈服极限		[N/mm^2]	235
弹性模量		[N/mm^2]	210000
材料			S235JR
最大变形量	S1	[mm]	4.160219E-18
最大弯矩	Mb1	[Nm]	0.0722E-12
最大变形量	S2	[mm]	83.55658E-3
最大弯矩	Mb2	[Nm]	1403.7
最大应力	Res	[N/mm^2]	8.4225
最大变形量	Sres	[mm]	83.55658E-3
最大弯矩	Mbres	[Nm]	1403.7
变形量曲线的比例			1496:1
弯矩曲线的比例			1:5.615

附图 5　横向分配梁 10cm×10cm 方木受力计算情况

l_1 [mm^4]	2538200000
l_2 [mm^4]	23652000
S_c [mm]	750
S_t [mm]	750
A [mm^2]	5163.537

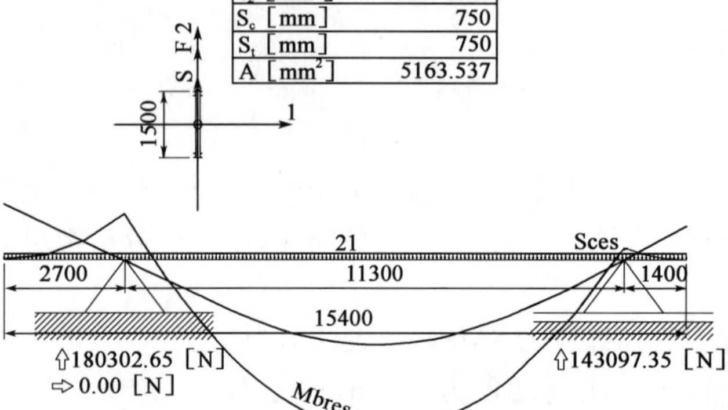

有效惯性矩	I1	[mm^4]	2538200000
有效惯性矩	I2	[mm^4]	23652000
有效惯性矩	Ieff	[mm^4]	2538200000
最大边界距离		[mm]	750
安全系数			2.7691
屈服极限		[N/mm^2]	235
弹性模量		[N/mm^2]	210000
材料			S235JR
最大变形量	S1	[mm]	0.045215E-12
最大弯矩	Mb1	[Nm]	0.0174E-9
最大变形量	S2	[mm]	6.91232
最大弯矩	Mb2	[Nm]	287.20E3
最大应力	Res	[N/mm^2]	84.865
最大变形量	Sres	[mm]	6.91232
最大弯矩	Mbres	[Nm]	287.20E3
变形量曲线的比例			278.5:1
弯矩曲线的比例			1:74.6

附图 6　每排贝雷受力计算情况

经计算贝雷梁应力为 84.8MPa，小于贝雷梁的容许应力 240MPa，最大变形为 6.9mm，小于 11300/400＝28.25mm，满足使用要求。贝雷梁最大支点力(横梁)为 18.03t。

(4)横梁计算

由上一步贝雷梁计算中得到每排贝雷对横梁的最大支点力为 18.03t。考虑到翼缘板处荷载较小，为增加精确度将其进行单独分析。翼缘部分断面面积为 0.875m^2，荷载集度 $q_1=0.875\times2.6\times1.2=2.73$t/m。实际上翼缘板越往外侧越薄，故荷载主要集中在内侧的两支贝雷上作用，每排为 21.02t(=2.73×15.4/2)，其余 16 排贝雷梁支点力变为 19.54t[(18.03×22−21.02×4)/16]。横梁采用双肢 I45a 型钢，支放在钢管桩上，6 根钢管可以看作 6 个支点。每道横梁受力经 MDT2007 分析情况如附图 7 所示。

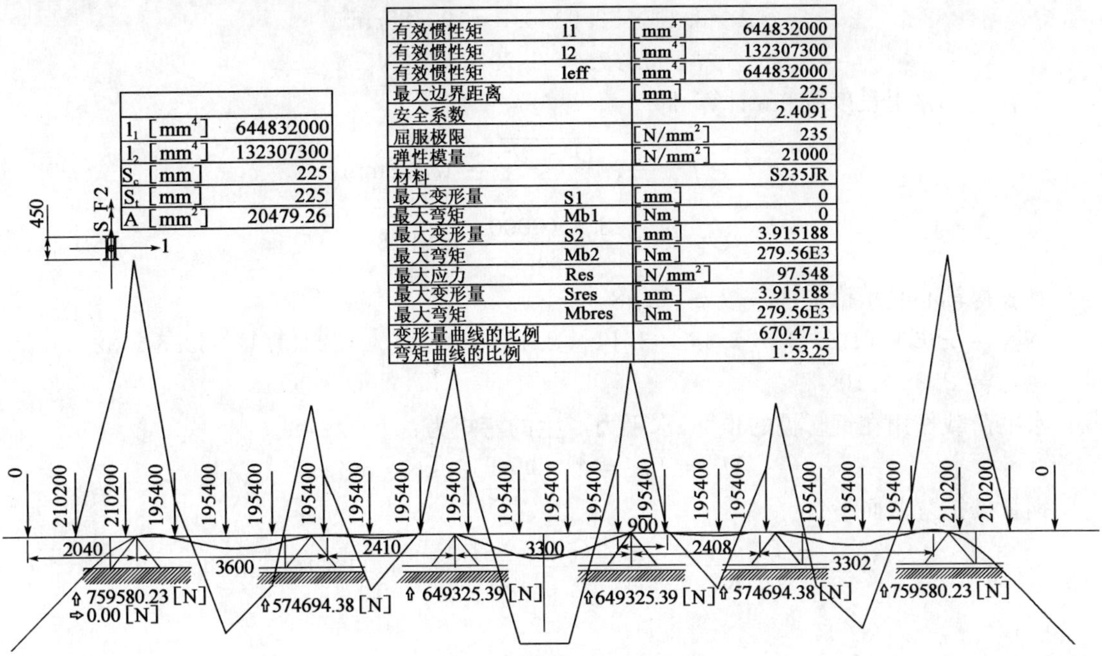

I_1 [mm^4]	644832000
I_2 [mm^4]	132307300
S_e [mm]	225
S_t [mm]	225
A [mm^2]	20479.26

有效惯性矩	I1	[mm^4]	644832000
有效惯性矩	I2	[mm^4]	132307300
有效惯性矩	Ieff	[mm^4]	644832000
最大边界距离		[mm]	225
安全系数			2.4091
屈服极限		[N/mm^2]	235
弹性模量		[N/mm^2]	21000
材料			S235JR
最大变形量	S1	[mm]	0
最大弯矩	Mb1	[Nm]	0
最大变形量	S2	[mm]	3.915188
最大弯矩	Mb2	[Nm]	279.56E3
最大应力	Res	[N/mm^2]	97.548
最大变形量	Sres	[mm]	3.915188
最大弯矩	Mbres	[Nm]	279.56E3
变形量曲线的比例			670.47∶1
弯矩曲线的比例			1∶53.25

附图 7　每道横梁受力分析计算情况

经计算横梁应力为 97.55MPa，小于型钢的容许应力 188.5MPa，最大变形为 3.9mm，满足使用要求。横梁最大支点力(钢管桩)为 75.96t。通过计算横梁的最大弯矩出现在两端的悬臂端。

(5)钢管桩计算

由上一步计算知单根钢管桩受力为 75.96t(箱梁总重 2116t，共 42 根钢管，平均每根分担 50.4t)。钢管采用直径 529mm 壁厚 8mm 的钢管，其截面面积为 132.88cm^2，钢管桩的设计承载力 $N=132.88\times1.885=250.5$t，远大于 75.96t，故钢管桩受力满足要求。

(6)钢管桩的压杆稳定验算

钢管桩稳定性主要是压弯和水平荷载的稳定性。

弯矩作用在对称轴平面内的实腹式压弯构件稳定性计算公式：

$$\frac{N}{\varphi A}+\frac{\beta_{mx}M_x}{\gamma_x W_{1x}\left(1-0.8\dfrac{N}{N'_{EX}}\right)}<f$$

式中：N——构件轴心压力；

N'_{EX}——参数，$N'_{EX}=\pi^2 EA/(1.1\lambda_x^2)$；

φ——轴心受压构件稳定性系数；

M_x——构件计算范围内最大弯矩；

γ_x——截面塑性发展系数，查规范，圆形截面取 1.15；

W_{1x}——毛截面模量；

β_{mx}——等效弯矩系数，无端弯矩但有横向荷载作用时为 1.0。

钢管桩的截面面积为：

$$A=3.14\times52.9\times0.8=132.88\text{cm}^2$$

$$N=79.7t=0.797\times10^6N$$

钢管上部自由长度按 9m 计算，即

$$i=\sqrt{\frac{I_y}{A}}=\sqrt{\frac{D^2+d^2}{16}}=184.2\text{mm}$$

$$\lambda=\frac{\mu l}{i}=\frac{1\times(9000)}{184.2}=48.86$$

查表得轴心受压稳定性系数 $\varphi=0.88$。

$$N'_{EX}=\pi^2EA/(1.1\lambda_x^2)=3.14\times3.14\times2.1\times10^{11}\times0.0132/(1.1\times32.5\times32.5)$$
$$=2.35\times10^7$$

水平荷载作用在钢管桩的顶部，水平力产生的弯矩为：

$$M_x=PL=2\times9=180\text{kN}\cdot\text{m}$$

钢管桩抗弯截面系数

$$W_x=\frac{\pi(D^4-d^4)}{64R}=\frac{\pi}{64}\times\frac{(529^4-513^4)}{400}=1.11\times10^6\text{mm}^3$$

故有：

$$\frac{N}{\varphi A}+\frac{\beta_{mx}M_x}{\gamma_xW_{1x}\left(1-0.8\frac{N}{N'_{EX}}\right)}=\frac{7.595\times10^5}{0.88\times13288}+\frac{1.0\times180\times10^6}{1.15\times1.11\times10^6\left(1-0.8\frac{7.97\times10^5}{2.35\times10^7}\right)}$$
$$=65+14.4=79.4\text{MPa}<[\sigma]=188.5\text{MPa}$$

满足稳定性要求。

参考文献

[1] 中华人民共和国行业标准. 建设工程安全生产管理条例. 北京:中国建筑工业出版社,2003.

[2] 中华人民共和国行业标准. JTJ 076—95 公路工程施工安全技术规程. 北京:人民交通出版社,2005.

[3] 工程建设标准强制性条文——公路工程部分. 北京:人民交通出版社,2002.

[4] 中华人民共和国行业标准. JTS 205-1—2008 水运工程施工安全防护技术规范. 北京:人民交通出版社,2008.

[5] 中华人民共和国行业标准. JGJ 59—99 建筑施工安全检查标准. 北京:中国建筑工业出版社,2003.

[6] 中华人民共和国行业标准. 建筑施工安全技术操作操作规程. 北京:中国建筑工业出版社,2004.

[7] 江苏省地方标准. 江苏省交通建设工程施工安全技术标准. 南京:江苏省质量技术监督局,2008.

[8] 中华人民共和国交通部. 守护平安——交通建设工程安全生产要点集. 北京:人民交通出版社,2006.

[9] 沈其明,等. 公路工程施工安全管理手册. 北京:人民交通出版社,2008.

[10] 梅钰. 建设工程监理安全责任与工作指南. 北京:中国建筑工业出版社,2008.

[11] 石少华. 安全生产法及相关法律知识. 北京:中国大百科全书出版社,2011.

[12] 王炜. 公路工程施工安全生产指南. 北京:人民交通出版社,2005.

[13] 吴宗之. 安全生产技术. 北京:中国大百科全书出版社,2011.

[14] 李克荣. 安全生产管理知识. 北京:中国大百科全书出版社,2011.